Organtransplantation und Strafrecht

Europäische Hochschulschriften
Publications Universitaires Européennes
European University Studies

Reihe II
Rechtswissenschaft

Série II Series II
Droit
Law

Bd./Vol. 4047

PETER LANG
Frankfurt am Main · Berlin · Bern · Bruxelles · New York · Oxford · Wien

Ho-No Joo

Organtransplantation und Strafrecht

Eine vergleichende Untersuchung zwischen deutschem und koreanischem Transplantationsgesetz

PETER LANG
Europäischer Verlag der Wissenschaften

Bibliografische Information Der Deutschen Bibliothek
Die Deutsche Bibliothek verzeichnet diese Publikation in der Deutschen Nationalbibliografie; detaillierte bibliografische Daten sind im Internet über <http://dnb.ddb.de> abrufbar.

Zugl.: Marburg, Univ., Diss., 2004

D 4
ISSN 0531-7312
ISBN 3-631-53140-0

www.peterlang.de

Meinem Vater und meiner verstorbenen Mutter,
meinem verstorbenen Schwiegervater und meiner Schwiegermutter
und meinen Geschwistern.
Besonders meiner Frau und meinen Kindern

Vorwort

Die vorliegende Arbeit wurde im Sommersemester 2004 von der Rechtwissenschaftlichen Fakultät der Philipps-Universität Marburg als Dissertation angenommen. Sie ist hinsichtlich Transplantationsgesetzes auf dem Stand von Juni 2004. Rechtsprechung, Literatur und Internetfundstellen sind bis zu diesem Zeitpunkt berücksichtigt.

Mein erster Dank gebührt meinem verehrten Doktorvater, Herrn Prof. Dr. Georg Freund für die Annahme als Doktorand, die freundliche Unterstützung und die herzliche Betreuung der Arbeit. An dieser Stelle möchte ich auch dem zweiten Gutachter meiner Dissertation, Herrn Prof. Dr. Dieter Rössner für die gute Betreuung danken. Ich danke ferner meinem koreanischen Doktorvater, Herrn Prof. Dr. Jae Sang Lee, der Präsident vom koreanischen Institut für Kriminologie ist und Herrn Prof. Dr. Joon Sang Lee, der Präsident vom Institut für Medizinrecht an der Universität Korea ist, für ihre vielfältige Unterstützung.

Schließlich möchte ich mich bei meiner Frau für ihren Beistand und ihre Geduld während meines gesamten Promotionsverfahrens bedanken. Ohne ihres Vertrauen und ihre Hilfe wäre diese Arbeit unmöglich. Außerdem zeige ich meinen Kindern Liebe, die mir in schwierigsten Zeiten Traum und Hoffnung gegeben haben.

Marburg an der Lahn, im Juli 2004

Ho No Joo

Inhaltsverzeichnis

INHALTSVERZEICHNIS IX

ABKÜRZUNGSVERZEICHNIS XXI

ERSTES KAPITEL : EINLEITUNG

§ 1 PROBLEMATIK 1
I. Mangel an Spenderorganen *1*
II. Offene Fragen des Hirntodkriteriums *2*
III. Schutz des Organspenders *3*

§ 2 ZIEL, REICHWEITE UND AUFBAU DER UNTERSUCHUNG 4
I. Ziel der Untersuchung *4*
II. Reichweite der Untersuchung *5*
III. Aufbau der Untersuchung *7*

ZWEITES KAPITEL : GESCHICHTE DER GESETZGEBUNG UND ÜBERBLICK ÜBER DIE TRANSPLANTATIONSGESETZE IN DEUTSCHLAND UND KOREA

§ 3 GESCHICHTE DER GESETZGEBUNG 9
I. dTPG *9*
A. Gesetzgebungsversuche der 70er Jahre 10
1. Entwurf der Bundesregierung 10
2. Entwurf des Bundesrates 10
B. Gesetzgebungsversuche der 90er Jahre 11
1. Vorbild-Entwürfe 11
a) Entwurf der Arbeitsgemeinschaft der Deutschen Transplantationszentren e.V. und der DSO 11
b) Verordnung der ehemaligen DDR 12
c) Gesetzesbeschluss des Landes Rheinland-Pfalz 13
2. Entwürfe auf Bundesebene 13
a) Gesetzentwurf der Fraktion von Bündnis 90/Die Grünen 14
b) Gesetzentwurf der Fraktionen von CDU/CSU, SPD und F.D.P. 15

C. Gesetzgebungsverfahren des geltenden Gesetzes 16
II. kTPG *17*
A. Diskussion über den Hirntod in den 70er Jahren 17
B. Aufforderungen der 80er Jahre zur Gesetzgebung 17
C. Gesetzgebungsversuche der 90er Jahre 18
1. Geändertes „Gesetz über Sektion und Bewahrung von Leichen" 20
2. Entwurf der Gesetzgebungskommission 21
3. Geänderter Entwurf der Gesetzgebungskommission 22
4. Entwurf für Anhörung 23
5. Entwurf der Regierung von 1997 23
6. Entwurf des Parlaments 24
7. Entwurf der Regierung von 1998 24
D. Gesetzgebungsverfahren des geltenden Gesetzes 25
III. Zusammenfassung *26*

§ 4 ÜBERSICHT ÜBER DIE TRANSPLANTATIONSGESETZE IN DEUTSCHLAND UND KOREA 28
I. dTPG *28*
A. Änderung des Gesetzes 28
B. Struktur des Gesetzes 28
C. Inhaltliche Übersicht 28
II. kTPG *31*
A. Änderungen des Gesetzes 31
1. Erste Änderung 31
2. Zweite Änderung 32
3. Ein Änderungsentwurf 32
B. Struktur des Gesetzes 33
C. Inhaltliche Übersicht 33
III. Zusammenfassung *36*

DRITTES KAPITEL : HAUPTPROBLEME DES TRANSPLANTATIONSRECHTS

§ 5 ANWENDUNGSBEREICH DER TRANSPLANTATIONSGESETZE 39
I. dTPG *39*
A. Anwendungsbereich 39
1. Menschliche Organe, Organteile oder Gewebe 39
2. Zum Zwecke der Übertragung auf andere Menschen 43
3. Vorbereitungsmaßnahmen 43

B. Ausschluss des Anwendungsbereichs 44
1. Blut 44
2. Knochenmark 44
3. Embryonale und fetale Organe und Gewebe 45
II. kTPG *45*
A. Anwendungsgegenstand 45
B. Zum Zwecke der Heilung anderer Menschen 46
III. Vergleich und kritische Würdigung *46*
A. Grundsätzliche Erfassungsbereiche 46
B. Grenzen des Anwendungsbereichs 47
1. Organe innerhalb des Anwendungsbereichs 47
2. Organe außerhalb des Anwendungsbereichs 49
C. Besonderheiten bei Gewebe 50

§ 6 OFFENE FRAGEN DES HIRNTODKRITERIUMS 52
I. dTPG *52*
A. Begriff des Todes 52
1. Hirntod 53
2. Gesamthirntod im Transplantationsgesetz 54
B. Kriterien für die Hirntodfeststellung 54
1. Übertragung von Kriterienkompetenz auf die Bundesärztekammer 54
2. Regeln nach dem Stand der medizinischen Wissenschaft 55
a) Voraussetzungen 55
b) Klinische Symptome des Ausfalls der Hirnfunktionen 55
c) Nachweis der Irreversibilität des Hirnfunktionsverlustes 56
aa) Ergänzende apparative Untersuchungen 56
bb) Beobachtungszeitraum 56
d) Bei Kindern 57
C. Nachweisverfahren für Hirntodfeststellung 57
1. Untersuchung und Feststellung des Hirntodes 57
a) Untersuchung und Feststellung von zwei qualifizierten Ärzten 57
b) Untersuchung und Feststellung von einem Arzt 58
2. Unabhängigkeit der Ärzte 58
3. Dokumentationspflicht und Einsichtsrecht 58
4. Protokollierung zur Hirntodfeststellung 59
II. kTPG *59*
A. Begriff des Todes 59
1. Hirntod 60
2. Gesamthirntod im Transplantationsgesetz 61
B. Kriterien für die Hirntodfeststellung 61
1. Gesetzlich bestimmte Hirntodfeststellungskriterien 61

2. Kriterien unter medizinischen Gesichtspunkten 61
a) Bei Personen nicht unter 6 Lebensjahre 61
aa) Notwendige vorausgehende Voraussetzungen 62
bb) Klinische Symptome 62
b) Bei Kindern unter 6 Lebensjahre 62
C. Nachweisverfahren für Hirntodfeststellung 63
1. Anmeldung zur Hirntodfeststellung 63
2. Feststellung des Hirntodes 63
a) Untersuchung durch Ärzte 63
b) Feststellung durch Kommission 63
3. Unabhängigkeit der Ärzte 64
a) Unabhängigkeit bei Teilnahme 64
b) Unabhängigkeit bei Bestrafung 64
4. Dokumentations- und Übermittlungspflicht 64
5. Protokollierung zur Hirntodfeststellung 64
III. Vergleich und kritische Würdigung *64*
A. Streitfrage des Todesbegriffs 64
1. Begriff des Hirntodes 65
a) Meinungsstreit zum Hirntod 65
b) Vertretener Gesamthirntod 67
2. Hirntod als neuer Todesbegriff 68
3. Hirntodkriterium als allgemeines Todeskriterium 69
B. Streitpunkte beim Hirntodkriterium 70
1. Regelungsmöglichkeiten zu den Kriterien der Hirntodfeststellung 70
2. Zeitraum der Beobachtung 71
3. Besonderheiten bei Kindern 71
4. Zeitpunkt des Todes 71
C. Streitpunkte im Hirntodnachweisverfahren 72
1. Untersuchung durch Facharzt 72
2. Recht zur Hirntodfeststellung 72
3. Unabhängigkeit der Ärzte 73
4. Dokumentationspflicht 74
5. Protokollierung zur Hirntodfeststellung 74
6. Einhaltung der Kriterien für die Hirntodfeststellung 75

§ 7 ORGANENTNAHME BEI TOTEN 76
I. dTPG *76*
A. Einwilligung oder Zustimmung 76
1. Erweiterte Zustimmungslösung 76
2. Einwilligung des Organspenders 77
a) Einwilligungsfähige 77

aa) Volljährige ··· 77
bb) Minderjährige nicht unter 16. Lebensjahr ··· 78
b) Einwilligungsunfähige ··· 78
aa) Minderjährige unter 16. Lebensjahr ··· 78
bb) Geistig Behinderte ··· 78
c) Beim Widerspruch des Organspenders ··· 78
3. Zustimmung anderer Personen ··· 79
a) Zustimmung der nächsten Angehörigen ··· 79
aa) Nächster Angehöriger ··· 79
bb) Kreis und Rangfolge von nächsten Angehörigen ··· 80
cc) Verfahren der Zustimmung ··· 81
b) Entscheidung der Vertrauensperson ··· 82
c) Keine Angehörige bzw. Vertrauensperson oder nicht erreichbar ··· 83
4. Erklärungsumfang ··· 83
5. Freiwilligkeit der Spendeerklärung ··· 84
6. Zeitpunkt der Erklärung und Möglichkeit des Widerrufs ··· 84
7. Formbedürftigkeit ··· 84
a) Form der Erklärung ··· 84
b) Form des Widerrufs ··· 85
B. Eingriff durch einen Arzt ··· 85
C. Achtung der Würde des Organspenders ··· 86
II. kTPG ··· *86*
A. Einwilligung und Zustimmung ··· 86
1. Bedingt erweiterte Zustimmungslösung ··· 86
2. Einwilligung des Organspenders ··· 87
a) Einwilligungsfähige ··· 87
aa) Volljährige ··· 87
bb) Minderjährige ··· 88
cc) Psychisch Kranke oder Geistig Behinderte ··· 88
b) Einwilligungsunfähige ··· 88
c) Kein Widerspruch des Familienmitglieds oder des Angehörigen ··· 89
3. Zustimmung des Familienmitglieds oder des Angehörigen ··· 89
a) Familienmitglied oder Angehöriger ··· 89
b) Kreis und Rangfolge von Familienmitgliedern oder Angehörigen ··· 90
c) Verfahren der Zustimmung ··· 90
4. Erklärungsumfang ··· 91
a) Gesetzlich verbotene Organe ··· 91
b) Vorrang der Sektion oder Leichenschau ··· 92
5. Freiwilligkeit der Spendeerklärung ··· 92
6. Zeitpunkt der Erklärung und Möglichkeit des Widerrufs ··· 92
7. Formbedürftigkeit ··· 93

a) Form der Einwilligung des Spenders 93
aa) Schriftliche Einwilligung 93
bb) Einwilligung in Testamentsform 93
b) Form der Zustimmung des Angehörigen 94
c) Form des Widerrufs 94
B. Eingriff nach ethischen Maßstäben und medizinischer Kunstgerechtigkeit 95
C. Nachforschungspflicht der Ärzte 95
III. Entnahme ohne Einwilligung oder Zustimmung *96*
A. Notstand nach deutschem Strafrecht 96
B. Notstand nach koreanischem Strafrecht 97
C. Ergebnis 98
IV. Vergleich und kritische Würdigung *99*
A. Streitpunkte der Regelungsmodelle 99
1. Aufriss der verschiedenen Regelungsmodelle 99
a) Widerspruchslösung 99
b) Zustimmungslösung 102
c) Informationslösung 105
2. Regelung des (bedingten) erweiterten Zustimmungsmodells 107
B. Rechtliche Aspekte bei Einwilligung und Zustimmung 108
1. Einwilligungsfähigkeit 108
a) Minderjährige 109
b) Geistig Behinderte 111
2. Zustimmungsbefugte 113
a) Kreis 113
b) Reihenfolge 115
3. Rangfolge zwischen Einwilligung und Zustimmung 116
a) Bei Einwilligung des Organspenders 116
b) Bei Widerspruch des Organspenders 118
c) Bei fehlender Erklärung des Organspenders 118
4. Erklärungsumfang 121
5. Erklärungsfreiwilligkeit 123
6. Zeitpunkt der Erklärung und Freiheit des Widerrufs 124
a) Zeitpunkt der Erklärung 124
b) Freiheit des Widerrufs 125
7. Formbedürftigkeit 125
a) Form der Erklärung 125
b) Form des Widerrufs 128
C. Diskussionspunkte zu den übrigen Voraussetzungen 128
1. Keine ärztliche Aufklärung 128
2. Eingriffsbefugte 129

3. Würde des Organspenders 130
D. Kein Streitpunkt bezüglich Notstandsentnahme 130
§ 8 ORGANENTNAHME BEI LEBENDEN 131
I. dTPG *131*
A. Einwilligung 131
1. Einwilligungsfähigkeit 131
a) Einwilligungsfähige 132
b) Einwilligungsunfähige 132
aa) Minderjährige 132
bb) Geistig Behinderte 133
2. Einwilligungsumfang 133
a) Geeignetheit 133
b) Subsidiarität 134
c) Empfängerkreis bei nicht regenerierungsfähiger Organe 134
3. Freiwilligkeit der Einwilligung 136
4. Zeitpunkt der Einwilligung und Widerrufsmöglichkeit 136
5. Formbedürftigkeit 136
a) Form der Einwilligung 136
b) Form des Widerrufs 137
B. Ärztliche Aufklärung 137
C. Eingriff durch einen Arzt 137
D. Bereiterklärung zur Nachbetreuung 138
E. Gutachten einer Landeskommission 138
II. kTPG *139*
A. Einwilligung 139
1. Einwilligungsfähigkeit 139
a) Einwilligungsfähige 140
aa) Volljährige 140
bb) Minderjährige nicht unter 16 Lebensjahre 140
cc) Minderjährige unter 16 Lebensjahre nur bei Knochenmark 140
b) Einwilligungsunfähige 141
aa) Minderjährige unter 16. Lebensjahr 141
bb) Schwangere oder Wöchnerin innerhalb von 3 Monaten nach der Entbindung 141
cc) Psychisch Kranke und geistig Behinderte 141
dd) Drogenabhängige 141
2. Einwilligungsumfang 142
a) Gesetzlich verbotene Organe 142
b) Spezielle Regelungen bei Lebendspendern 142
aa) Gesetzlich eingeschränkte Spenderorgane 142
bb) Zulässiger Empfängerkreis bei Minderjährigen 143

3. Freiwilligkeit der Einwilligung 143
4. Zeitpunkt der Einwilligung und Widerrufsmöglichkeit 143
5. Formbedürftigkeit 144
a) Form der Einwilligung oder Zustimmung 144
b) Form des Widerrufs 144
B. Eingriff nach ethischen Maßstäben und medizinischer Kunstgerechtigkeit 144
C. Nachforschungs- und Aufklärungspflicht der Ärzte 144
D. Gutachten bei Direktspende 145
III. Entnahme ohne Einwilligung oder Zustimmung *145*
A. Notstand im deutschen Strafrecht 146
B. Notstand im koreanischen Strafrecht 146
C. Ergebnis 146
IV. Vergleich und kritische Würdigung *147*
A. Rechtsfragen der Einwilligung 147
1. Einwilligungsfähigkeit 147
a) Minderjährige 148
b) Geistig Behinderte 150
2. Einwilligungsumfang 152
3. Freiwilligkeit der Einwilligung 157
4. Zeitpunkt und Widerrufsmöglichkeit der Einwilligung 158
a) Zeitpunkt der Erklärung 158
b) Freiheit des Widerrufs 158
5. Formbedürftigkeit 159
a) Form der Einwilligung 159
b) Form des Widerrufs 160
B. Diskussionspunkte der übrigen Sonderbereiche der Lebendspende 160
1. Wachsende Bedeutung der Lebendspende 160
2. Gesteigerte Aufklärungspflicht 162
3. Eingriffsbefugte 163
4. Sonstige 163
C. Kein Streitpunkt bezüglich Notstandsentnahme 164

§ 9 VERTEILUNG VON SPENDERORGANEN 165
I. dTPG *165*
A. Vermittlungspflichtige Organe 165
B. Internationale Vermittlungsstelle 165
C. Kriterien für die Vermittlung 166
1. Chancengleichheit 166
2. Regeln nach dem Stand der medizinischen Wissenschaft 166
a) Erfolgsaussicht 167

b) Dringlichkeit 167
3. Weitere Kriterien 167
a) Wartezeit 168
b) Ischämiezeit 168
c) HLA-Merkmale 169
4. Übertragung von Kriterienkompetenz an die Bundesärztekammer 169
D. Verfahren zur Vermittlung 169
1. Aufnahme in die Warteliste 170
2. Vermittlung durch Eurotransplant 170
II. kTPG *171*
A. Nationale Auswahlstelle 171
B. Kriterien für die Auswahl 171
1. Chancengleichheit 172
2. Allgemeine Kriterien 172
a) Blutgruppe 172
b) Reihenfolge bei Toten 172
aa) Verwandte des Hirntoten 172
bb) Nieren-Bedürftige der Fachkontrollstelle für Als-Hirntot-Vermutete 172
cc) Organ-Bedürftige der gleichen Region 173
dd) Organ-Bedürftige aus allen Teilen des Landes 173
c) Subsidiäre Reihenfolge bei kombinierten Organtransplantationen usw. 173
3. Einzelne Kriterien 173
a) HLA-Merkmale 174
b) Gewicht des Spenders 174
c) Größe des Organs 174
d) Reihenfolge nach Dringlichkeitsstufen bei Augenhornhaut 174
4. Übertragung von Kriterienkompetenz auf die Präsidentenverordnung 174
C. Verfahren der Auswahl 174
1. Matching durch die nationale Organtransplantationskontrollstelle 175
2. Ausnahme 175
a) Matching durch das Transplantationskrankenhaus 175
b) Direktspende 176
III. Vergleich und kritische Würdigung *176*
A. Streitpunkte bei verteilungspflichtigen Organen 176
B. Streitpunkte bei der Verteilungsstelle 177
C. Zur Problematik der Verteilungskriterien 177
1. Gleichbehandlung 178
2. Medizinische Kriterien 178

3. Nichtmedizinische Kriterien 178
a) Dringlichkeit 179
b) Regionalisierung 179
c) Motivierung 179
4. Kompetenz zur Bestimmung der Verteilungskriterien 180
D. Diskussionspunkte in Verteilungsverfahren 180
1. Internationaler Organaustausch 180
2. Verteilung unter staatlicher Kontrolle 181
3. Achtung des Willens des Organspenders 182

§ 10 VERBOT DES ORGANHANDELS 183
I. dTPG *183*
A. Tatobjekte 183
1. Alle Organe innerhalb des Anwendungsbereichs 183
2. Zweck der Heilbehandlung 184
B. Tathandlung 184
1. Handeltreiben 184
a) Übernahme aus dem Betäubungsmittelrecht 184
b) Auslegung des Handeltreibens 185
aa) Auf Umsatz von Organen gerichtet 185
bb) Eigennützig 186
2. Ausnahme vom Handeltreiben 186
a) Angemessenes Entgelt 186
b) Arzneimittel 187
C. Bestrafung 188
II. kTPG *188*
A. Tatobjekte 189
1. Alle Organe des Anwendungsgegenstandes 189
2. Zweck der Heilbehandlung 189
B. Tathandlungen 189
1. Organhandel 189
a) Organhandel von Dritten 189
b) Organhandel zwischen Betroffenen 190
2. Anstiftung, Verkaufsvermittlung oder Beihilfe 190
a) Anstiftung, Verkaufsvermittlung oder Beihilfe gegen Entgelt 190
b) Anstiftung, Verkaufsvermittlung oder Beihilfe ohne Entgelt 190
C. Bestrafung 191
III. Vergleich und kritische Würdigung *191*
A. Unklarheit des Schutzgutes 191
B. Diskussionspunkte bei den Voraussetzungen 193
1. Tatobjekte 193

2. Tathandlungen 193
3. Strafbarer Organhandel 194
4. Täterschaft und Teilnahme 195
C. Spezielle Rechtsfragen der Bestrafung 195
1. Strafbarkeit des Arztes 195
2. Gewerbsmäßiger Organhandel 196
3. Absehen oder Milderung von Strafe 196
4. Sonstiges 197
D. Zulässigkeit des Organhandels 197

§ 11 ORGANISATION 199
I. dTPG *199*
A. Koordinierungsstelle 199
B. Vermittlungsstelle 200
C. Organspenderegister 201
D. Transplantationszentren 201
E. Bundesärztekammer 202
F. Landeskommission 203
II. kTPG *203*
A. Bioethikkommission 203
B. Nationale Organtransplantationskontrollstelle 204
C. Organspenderegister 204
D. Medizinische Institution für Hirntodfeststellung 205
E. Medizinische Institution für Organtransplantation 206
F. Medizinische Versorgungsfachstelle für Als-Hirntot-Vermutete 206
III. Vergleich und kritische Würdigung *207*

VIERTES KAPITEL : RECHTSPOLITISCHE VORSCHLÄGE

§ 12 OPTIMIERUNG DES ORGANAUFKOMMENS 208
I. Förderung der Spendebereitschaft *208*
II. Förderung der Lebendspende *209*

§ 13 VORANTREIBEN DER ALTERNATIVEN ERSATZTHERAPIEN 211
I. Künstliche Organe *211*
II. Xenotransplantation *211*
III. Tissue Engineering *213*

LITERATURVERZEICHNIS **214**

ANHANG **226**

Das koreanische Transplantationsgesetz *226*
Die Kriterien für die Hirntodfeststellung (Verbunden mit § 16 Abs. 2) *246*

Abkürzungsverzeichnis

Abs.	Absatz
AG	Amtsgericht
AMG	Arzneimittelgesetz
Art.	Artikel
Ärztebl.	Ärzteblatt
Aufl.	Auflage
Az.	Aktenzeichen
BÄK	Bundesärztekammer
BAnz.	Bundesanzeiger
BÄO	Bundesärzteordnung
Bd.	Band
BGB	Bürgerliches Gesetzbuch
BGBl.	Bundesgesetzblatt
BGH	Bundesgerichtshof
BGHSt	Entscheidungen des Bundesgerichtshofs in Strafsachen
BR	Bundesrat
BT	Bundestag
Buchst	Buchstabe
BVerfG	Bundesverfassungsgericht
BVerfGE	Entscheidungen des Bundesverfassungsgerichts
bzw.	beziehungsweise
ca.	circa
CDU	Christlich-Demokratische Union
CSU	Christlich-Soziale Union
d.h.	das heißt
DÄBl.	Deutsches Ärzteblatt (Zeitschriftenreihe)
dBGB	deutsches Bürgerliches Gesetzbuch
DDR	Deutsche Demokratische Republik
ders.	derselbe
DGMR	Deutsche Gesellschaft für Medizinrecht
Diss.	Dissertation
Dr.	Drucksache
DSO	Deutsche Stiftung Organtransplantation
dStGB	deutsches Strafgesetzbuch
DTG	Deutsche Transplantationsgesellschaft
dTPG	deutsches Transplantationsgesetz
e.V.	eingetragener Verein
EschG	Embryonenschutzgesetz
ET	Eurotransplant

f.	folgende
F.D.P.	Freie Demokratische Partei
FamRZ	Ehe und Familie im privaten und öffentlichen Recht, Zeitschrift für das gesamte Familienrecht
FBG	Feurbestattungsgesetz
ff.	fortfolgende
Fn.	Fußnote
GBl	Gestzblatt
gem.	gemäß
GG	Grundgesetz
ggf.	gegebenenfalls
GVBl.	Gesetz- und Verordnungsblatt
HLA	Humanes Lymphozyten Antigen
HNO	Hals-Nasen-Ohren
HOPO	Hospital based Organ Procecurement Organization
Hrsg.	Herausgeber
i.d.R.	in der Regel
i.e.S.	in enge Sinne
i.w.S.	in weitere Sinne
insbes.	insbesonders
JAMA	Journal of the American Medical Association
JGG	Jugendgerichtsgesetz
JR	Juristische Rundschau
JuS	Juristische Schulung
JZ	Juristenzeitung
kBGB	koreanisches deutsches Bürgerliches Gesetzbuch
KfH	Kuratorium für Dialyse und Nierentransplantation
KfH	Kuratorium für Dialyse und Nierentransplantation
KMA	Korean Medical Association
kMDG	Koreanisches Gesetz über den medizinischen Dienst
KONOS	KOrean Network for Organ Sharing
kQG	koreanisches Quarantänegesetz
kSC	Korean Supreme Court Decision
kStGB	koreanisches Strafgesetzbuch
kStPO	koreanische Strafprozessordnung
kTPG	koreanisches Transplantationsgesetz
KunstUrhG	Gesetz betreffend das Urheberrecht an Werken der bildenden Künste und der Fotografie
kV	koreanische Verfassung
LG	Landgericht
LT	Landtag

m.w.N.	mit weiteren Nachweisen
MedR	Zeitschrift für Medizinrecht
MOHW	Ministry of Health and Welfare
MOLEG	Ministry of Legislation
MOLEG	The Ministry of Legislation
MPG	Medizinproduktegesetz
NJW	Neue Juristische Wochenschrift
NMC	National Medical Center
Nr.	Nummer
NRW	Nordrhein Westfalen
NStZ	Neue Zeitschrift für Strafrecht
OLG	Oberlandesgericht
OPO	Organ Procurement Organization
RelKEG	Gesetz über die religiöse Kindererziehung
RelKErzG	Gesetz über die religiöse Kindererziehung
RG	Reichsgericht
RGBl.	Reichsgesetzblatt
RGSt	Entscheidungen des Reichsgerichts in Strafsachen
RGZ	Entscheidungen des Reichsgerichts in Zivilsachen
Rn.	Randnummer
S.	Satz, Seite
Ser.	Serie(n)
SGB	Sozialgesetzbuch
SGB	Sozoal Gesetzbuch
SGV	Sondergeneralversammlung
sog.	sogenannt
SPD	Sozialdemokratische Partei Deutschlands
StGB	Strafgesetzbuch
TFG	Transfusionsgesetz
TFG	Transfusionsgesetz
TierSchG	Tierschutzgesetz
TK	Transplantationskodex
TPG	Transplantationsgesetz
U.	Urteil
u.a.	unter andere(m)
u.ä.	und ähnliche
u.U.	unter Umstände
UrhG	Gesetz über Urheberrecht und verwandte Schutzrechte
Urt.	Urteil
usw.	und so weiter
v.	von(m)

VersR	Zeitschrift für Versicherungsrecht
vgl.	vergleiche
VO	Verordnung
Vol.	Volume
WHO	World Health Organization
WP	Wahlperiode
z.B.	zum Beispiel
z.T.	zum Teil
ZRP	Zeitschrift für Rechtspolitik

Erstes Kapitel : Einleitung

§ 1 Problematik

I . Mangel an Spenderorganen

Durch eine Übertragung von Organen und Geweben, die aufgrund der Entwicklung in der Medizin heute zum Standard der medizinischen Versorgung gehört,[1] kann vielen schwerkranken Menschen heute durch eine Organtransplantation das Leben gerettet oder die Krankheit weitgehend geheilt oder gelindert und damit die Lebensqualität entscheidend verbessert werden.[2]

In Deutschland entwickelte sich in den siebziger Jahren die Transplantation der Niere (erste Nierentransplantation 1963) und in den achtziger Jahren die Transplantation der Leber sowie des Herzens (bei beiden Organen erfolgte die erste Transplantation 1969) zu einer anerkannten Behandlungsmethode; die Transplantation der Lunge (erste Lungentransplantation 1983) und der Bauchspeicheldrüse (erste Pankreastransplantation 1979) gewinnt erst seit den neunziger Jahren mehr an Bedeutung.[3]

In Korea wurde die Organtransplantation ebenfalls mit Nierentransplantationen begonnen (erste lebende Nierentransplantation 1969). Bei Transplantation vom Hirntoten hat die erste Nierentransplantation 1979, die erste Lebertransplantation 1988, ist erste Bauchspeicheldrüsetransplantation und Herztransplantation und die erste Lungentransplantation 1996 erfolgt. Seit der „Deklaration zum Hirntod" der „koreanischen medizinischen Ärztekammer" („Korean Medical Association", im folgenden „KMA") am 4. März 1993 haben sich die Zahlen der Organtransplantation gesteigert.

Die rechtlichen Voraussetzungen für die Spende, Entnahme und Übertragung von Organen oder Geweben sind zunächst nicht in einem einheitlichen Gesetz geregelt. Sie bestimmen sich vielmehr nach allgemeinen Regeln und Grundsätzen, teilweise nach landesrechtlichen Regelungen sowie nach privaten Richtlinien und Empfehlungen. Auch in Korea wurden die Organe vor Inkrafttreten des Transplantationsgesetzes durch das einzelne Krankenhaus nach privaten Richtlinien und Empfehlungen entnommen und verteilt. Hier ist die Rechtsunsicherheit hinsichtlich der Organtransplantation größer geworden und der Mangel an Spende-

---

1 *Uhlenbruck/Ulsenheimer*, „Die zivilrechtliche Problematik der Organtransplantation", in: *Laufs/Uhlenbruck*, Handbuch des Arztrechts, 3. Aufl., 2002, § 131 Rn. 2; *Nickel/Schmidt-Preisigke/Sengler*, Transplantationsgesetz, Kommentar, 2001, Einführung Rn. 1.

2 Siehe *Uhlenbruck/Ulsenheimer*, „Die zivilrechtliche Problematik der Organtransplantation", in: *Laufs/Uhlenbruck*, Handbuch des Arztrechts, 3. Aufl., 2002, § 131 Rn. 2.

3 *Nickel/Schmidt-Preisigke/Sengler*, Transplantationsgesetz, Kommentar, 2001, Einführung Rn. 1.

organen hat das unter anderem das Übel des illegalen Organhandels mit sich gebracht.

Die Erwartungen an ein Transplantationsgesetz sind hoch. In Deutschland wurde ein Transplantationsgesetz am 5. November 1997 verabschiedet und ist am 1. Dezember 1997 in Kraft getreten, während in Korea ein Transplantationsgesetz am 8. Februar 1999 geschafft wurde und am 9. Februar 2000 in Kraft getreten ist. Damit verfügen Deutschland und Korea über positiv-gesetzliche Regelungen zur Organtransplantation.

Nach dem Inkrafttreten des Transplantationsgesetzes ist in Korea die Bereitschaft zur Organspende anders als erwartet zurückgegangen, während die Zahl der potentiellen Organspender in Deutschland kontinuierlich anstieg.[4] Die Zahl der Hirntotenspender war in Korea mit 64 Fällen im Jahre 2000 stark zurückgegangen, während die Zahl mit 97 Fällen im Jahre 1997, 125 Fällen im Jahre 1998 und 162 Fällen im Jahre 1999 zunächst größer geworden war.[5] Das Hauptproblem der deutschen und koreanischen Transplantationsmedizin ist nach wie vor der eklatante Mangel an Spenderorganen.

II. Offene Fragen des Hirntodkriteriums

Der Tod eines Menschen wird herkömmlich - nämlich in rund 99% der Todesfälle - durch den Nachweis äußerer sicherer Todeszeichen (darunter versteht die medizinische Wissenschaft vor allem Totenflecke, Totenstarre und Fäulniserscheinungen) festgestellt, die als Folge des endgültigen, nicht behebbaren Stillstands von Herz und Kreislauf eingetreten sind (sog. „Herztod"). Nur in 0,5 bis 1 % aller Todesfälle stirbt das Gehirn unter intensivmedizinischen Bedingungen vor dem übrigen Körper ab (8 bis 10 % aller Todesfälle auf Intensivstationen).[6]

Nach dem derzeitigen Stand der medizinischen Wissenschaft wird man den Hirntod als maßgebende Scheidelinie zwischen Leben und Tod ansehen müssen. Der irreversible Ausfall der gesamten Hirnfunktion bedeutet, dass der menschliche Organismus unwiderruflich zu einer zentralen Selbststeuerung nicht mehr in der Lage ist und eine Wiedererlangung des Bewusstseins ebenfalls ausgeschlossen ist. Anders als andere Organe wie etwa Herz, Lunge und Niere ist das Gehirn in seiner Funktion insgesamt weder durch technische Apparate noch durch eine Transplantation ersetzbar. Die intensivmedizinische Aufrechterhaltung von

---

4 Siehe *Deutsche Stiftung Organtransplantation (DSO)*, Organspende und Transplantation in Deutschland, Jahresbericht 2001, S. 11.

5 Siehe *Korean Network for Organ Sharing (KONOS)*, Bericht über Transplantation bei Hirntoten (1979-2000), 2001, S. 8.

6 *Nickel*, Die Entnahme von Organen und Geweben bei Verstorbenen zum Zwecke der Transplantation, 1999, S. 87.

Kreislauf und Atmung für einen begrenzten Zeitraum ändert an der prinzipiellen Unersetzlichkeit des Gehirns nichts.[7]

Die Transplantationsmedizin ist im Interesse einer risikoarmen Organtransplantation auf möglichst „lebensfrische“ Organe angewiesen. Je weniger Zeit also zwischen Entnahme und Übertragung vergeht, desto geringer sind die Vorschädigungen des Transplantats und um so größer sind die Chancen für eine erfolgreiche Verpflanzung. Daraus wiederum folgt, dass im Interesse des späteren Organempfängers der frühestmögliche Todeszeitpunkt angenommen wird.[8]

Ein Hirntoter kann eine sog. „Leiche mit frischen Organen“ sein, wenn der Hirntod ein inneres sicheres Todeszeichen darstellt. Das deutsche und koreanische Transplantationsgesetz enthalten beide ausdrückliche Regelungen über den Hirntod.

Aber den Hirntod kann nur der Spezialist feststellen, weil der einfache Arzt und der Laie in gleicher Weise den Zustand des Hirntodes nicht durch das Vorliegen der äußeren sicheren klassischen Todeszeichen wahrnehmen. In Bezug auf den Hirntod besteht trotzdem noch Unklarheit darüber, wann genau ein Mensch tot ist. Die Tragfähigkeit des Hirntodkriteriums als Zeichen für den Tod des Menschen wird immer wieder in Frage gestellt.

III. Schutz des Organspenders

Mit der Menschenwürde des Grundgesetzes ist der höchste Wert unserer freiheitlichen Demokratie gemeint (Vgl. § 1 Abs. 1 GG, § 10 S. 1 kV).[9] Eine Verletzung der Menschenwürde ist nach der Objektsformel dann anzunehmen, wenn der Einzelne als bloßes Objekt, insbesondere nur als Mittel zum Zweck, behandelt wird.[10]

Das Transplantationsgesetz muss die empfangende und die spendende Person gleichermaßen schützen. Die Organtransplantation ist bisher im Rahmen der Spendebereitschaft des Organspenders möglich. Trotzdem dient die Entnahme eines Organs zum Zweck der Übertragung in keinem Fall der Heilung des Organspenders. Daher soll der Schutz des Organspenders vor allem von entscheidender Bedeutung sein.

---

7 *Nickel*, Die Entnahme von Organen und Geweben bei Verstorbenen zum Zwecke der Transplantation, 1999, S. 92.

8 *Borowy*, Die Postmortale Organentnahme und ihre zivilrechtlichen Folgen, 2000, S. 94 f.

9 *Tag*, Der Körperverletzungstatbestand im Spannungsfeld zwischen Patientenautonomie und Lex artis, 2000, S. 289. „§ 10 Allen Bürgern werden menschliche Würde und Wert zugesichert und alle Bürger haben das Recht, Glück nachzugehen (§ 10 S. 1 kV)“.

10 BT-Dr. 13/4355, S. 18.

§ 2 Ziel, Reichweite und Aufbau der Untersuchung

I. Ziel der Untersuchung

Seit seiner Begründung hat Korea eine Reihe von Gesetzeswerken geschaffen, die durchweg von chinesischen Mustern beeinflusst waren. Zur Zeit der Lie-Dynastie wurde das letzte und umfangreichste dieser Werke (die sogenannte Gesetzessammlung „Kyung-Kook-Tai-Chun“) abgefasst, das stark konfuzianisch orientiert war, da die herkömmlichen chinesischen Gesetzbücher traditionell in Konfuzianischer Philosophie verwurzelt sind.[11]

Drei Jahre nach der Annexion hat der japanische Generalgouverneur dem koreanischen Volke das damals in Japan geltende, vom deutschen Strafgesetzbuch von 1871 beeinflusste, japanische Strafgesetzbuch von 1908 auferlegt. Dieses oktroyierte Gesetzbuch war während der ganzen Dauer von Japans Herrschaft über Korea und auch weiterhin nach Koreas Befreiung in Geltung, bis es durch das gegenwärtige Strafgesetzbuch ersetzt wurde. Nach der Befreiung von Fremdherrschaft hat das koreanische Volk begreiflicherweise auf Behauptung seiner geistigen wie auch politischen Unabhängigkeit von Japan bestanden und vor allem die Abschaffung des Japanischen Strafgesetzbuches verlangt. Das gegenwärtige Strafgesetzbuch wurde geradezu improvisiert, um diesem Verlangen des Volkes entgegenzukommen, trotz Warnung von Seiten akademischer Kreise gegen voreilige Gesetzgebung. Das neue Strafgesetzbuch, das erste autonome moderne Koreanische Strafgesetz, ist am 3. Oktober 1953 in Kraft getreten (Erlass 18. September 1953, Gesetz-Nummer 293) und löste das vorher vierzig Jahre hindurch in Geltung gewesene Japanische Strafgesetzbuch ab.[12]

Auch nach der gesellschaftlichen Veränderung durch die Befreiung des Landes zieht es viele koreanische Wissenschaftler zum Studium nach Deutschland und ist die deutsche Rechtswissenschaft für das koreanische Recht von Bedeutung. Schon deshalb lohnt eine vergleichende Untersuchung des deutschen und des koreanischen Transplantationsrechts mit den jeweiligen Gemeinsamkeiten, aber auch den Unterschieden. Es ist das Ziel dieser Arbeit, durch eine rechtsvergleichende wissenschaftliche Untersuchung der Hauptprobleme des deutschen und koreanischen Organtransplantationsrechts zu einer Verbesserung der jeweiligen Problemlösungen beizutragen – insbesondere auch die Bereitschaft zur Organspende zu vergrößern und nicht zuletzt (mögliche) Organspender angemessen zu schützen.

---

[11] *Ryu*, Das koreanische Strafgesetzbuch, 1968, S. 1.
[12] *Ryu*, Das koreanische Strafgesetzbuch, 1968, S. 2.

II. Reichweite der Untersuchung

Die Transplantation bezeichnet eine chirurgische Maßnahme, bei der lebende Zellen, Gewebe oder Organe (u.a. Transplantat) von einem Lebenden oder Toten explantiert und an eine andere Stelle des gleichen Organismus oder in einen anderen Organismus zu Heilzwecken übertragen werden.[13]

Die Verpflanzung von Organen oder Geweben verfolgt im wesentlichen zwei Zielsetzungen. Zum einen dient eine Transplantation der Lebenserhaltung des Patienten, indem die irreparabel ausgefallene Funktion lebenswichtiger Organe oder Gewebe dem Empfänger wiedergegeben wird. Dies trifft in erster Linie für Herz, Leber und Lunge zu. Zum anderen soll, wenn das Leben des Kranken aufgrund alternativer Behandlungsmethoden (wie z.B. Dialyse, Insulintherapie) nicht akut bedroht ist, eine Verbesserung der Lebensqualität erreicht werden, indem die Verpflanzung Komplikationen des Organversagens vermeiden hilft oder zur Rückbildung bringt.[14]

Wegen des Bedarfs an fremden menschlichen Organen wirft die Organtransplantation zahlreiche rechtliche Fragen auf. Die Probleme der Transplantation lassen sich in Probleme auf der Seite des Empfängers und in Probleme auf der Seite des Spenders einteilen.

Die Probleme auf Seiten des Empfängers liegen zum einen darin, ob die Implantation eine Heilbehandlung darstellt und unter welchen Voraussetzungen sie als solche gegenüber dem Empfänger zulässig ist.

Im Grundsatz ist die Implantation eines (fremden) Organs relativ unproblematisch als Heilbehandlung gegenüber dem Empfänger aufzufassen.[15] Insoweit gelten die strafrechtlichen und arztrechtlichen allgemeinen Grundsätze der Einwilligung und Aufklärung. Die Implantationsoperation muss ferner nach den Regeln der ärztlichen Kunst vorgenommen werden.[16] Als solche werden sie hier nicht behandelt, weil sie kein Untersuchungsobjekt dieser Arbeit sind.

---

13 Siehe *Hoffmann-La Roche AG/Urban & Fischer* (Hrsg.), Roche Lexikon Medizin, 4. Aufl., 1998, Stichwort: „Transplantation"; *Thiele* (Hrsg.), Thiele Handlexikon der Medizin, Studienausgabe, 1991, Stichwort: „Transplantation".

14 *Bock*, Rechtliche Voraussetzungen der Organentnahme von Lebenden und Verstorbenen, 1999, S. 45 f.; *Borowy*, Die Postmortale Organentnahme und ihre zivilrechtlichen Folgen, 2000, S. 29.

15 *Borowy*, Die postmortale Organentnahme und ihre zivilrechtlichen Folgen, 2000, S. 29; *Clement*, „Transplantation", in: *Rieger* (Hrsg.), Lexikon des Arztrechts, 2. Aufl., 2001, 5150 Rn. 29; *Knauer*, „Ärztlicher Heileingriff, Einwilligung und Aufklärung", in: *Roxin/Schroth* (Hrsg.), Medizinstrafrecht, 2. Aufl., 2001, S. 13 ff.; *Herrig*, Gewebetransplantation nach dem Transplantationsgesetz, 2002, S. 203 ff.; *Uhlenbruck/Ulsenheimer*, „Die zivilrechtliche Problematik der Organtransplantation", in: *Laufs/Uhlenbruck*, Handbuch des Arztrechts, 3. Aufl., 2002, § 142 Rn. 34; *Ugowski*, Rechtsfragen der Lebendspende von Organen, 1998, S. 25; *Kwak*, Organtransplantation vom Hirntoten, Journal of the Korean Medical Association Vol. 42 Nr. 4, The Korean Medical Association, 1999, S. 338 (338).

16 *Herrig*, Gewebetransplantation nach dem Transplantationsgesetz, 2002, S. 203 ff.

Problematischer ist indessen die Organtransplantation auf Seiten des Organspenders. Die Entnahme eines gesunden Organs zu Transplantationszwecken dient in keinem Fall der Heilung des Organspenders. Denn der Heilzweck ist ausschließlich auf Dritte, nicht auf den Spender bezogen. Die Fragen der Organtransplantation werden weiterhin in Fragen bei der Entnahme von Lebenden und Fragen bei der Entnahme von Toten eingeteilt. Denn die Organentnahme vom Lebenden kann auf Spenderseite unzweifelhaft den Tatbestand der Körperverletzung bzw. des Todschlags erfüllen (§§ 223, 226, 212 dStGB; §§ 257, 258, 250 kStGB),[17] während die Organentnahme vom Toten den Tatbestand der Störung der Totenruhe verwirklichen kann (§ 168 dStGB; § 161 kStGB).[18] Bei Entnahme vom Hirntoten hängt allerdings Leben und Tod des Spenders vom relevanten Todeskriterium ab. Die Anerkennung des Hirntodkriteriums und die zuverlässige Feststellung des Hirntodes sind in besonderem Maße auch für das Ende des strafrechtlichen Lebensschutzes von Bedeutung.

Das Strafrecht stieß im Hinblick auf die neuen Fragen der Transplantation – insbesondere die Voraussetzungen der Organentnahme und die Anerkennung und Feststellung des Hirntodes sowie den Organhandel – an gewisse Grenzen. Mit den allgemeinen strafrechtlichen Regeln und Grundsätzen waren jedenfalls manche Probleme nicht angemessen zu bewältigen.

Nicht zuletzt deshalb wurden die Organtransplantationsgesetze in Deutschland und Korea geschaffen. Sie sollten die gewünschte Rechtssicherheit im Spannungsfeld herbeiführen und eine verlässliche positivgesetzliche Transplantationsregelung bewirken. So unterscheiden die Transplantationsgesetze zwischen

---

17 „§ 257 (Körperverletzung, Körperverletzung gegen Aszendenten) (1) Wer einem anderen einen körperlichen Schaden zufügt, wird mit Zuchthausstrafe bis zu 7 Jahren, Einstellung von Rechtsfähigkeiten bis zu 10 Jahren oder Geldstrafe bis zu 10 Millionen Won bestraft. (2) Wer das Delikt des vorangehenden Absatzes gegen seinen oder seines Ehegatten Verwandten in gerader aufsteigender Linie begeht, wird mit Zuchthausstrafe bis zu 10 Jahren oder Geldstrafe bis zu 15 Millionen Won bestraft. (3) Der Versuch der Delikt der vorangehenden 2 Absätze ist strafbar." „§ 258 (Schwere Körperverletzung, schwere Körperverletzung gegen Aszendenten) (1) Wer einem anderen körperlichen Schaden zufügt und dadurch dessen Leben gefährdet, wird mit Zuchthausstrafe von einem Jahr bis zu 10 Jahren bestraft. (2) Der vorangehende Absatz ist auf denjenigen anzuwenden, der einem anderen körperlichen Schaden zufügt und dadurch dessen Verkrüppelung oder eine nicht oder schwer heilbare Krankheit verursacht. (3) Wer eines der Delikte der vorangehenden 2 Absätze gegen seinen oder seines Ehegatten Verwandten in gerader aufsteigender Linie begeht, wird mit zeitigem Zuchthausstrafe nicht unter 2 Jahren bestraft." „§ 250 (Totschlag, Aszendententotschlag) (1) Wer einen Menschen tötet, wird mit dem Todesstrafe, lebenslangem Zuchthausstrafe oder Zuchthausstrafe nicht unter 5 Jahren bestraft. (2) Wer seinen oder seines Ehegatten Verwandten in gerader aufsteigender Linie tötet, wird mit Todesstrafe, lebenslangem Zuchthausstrafe oder Zuchthausstrafe nicht unter 7 Jahren bestraft."

18 „§ 161 (Leichenwegnahme usw.) (1) Wer eine Leiche, irdische Überreste oder Haare eines Toten oder eine im Grab hinterlegte Sache beschädigt, wegschafft, verbirgt oder sich aneignet, wird mit Zuchthausstrafe bis zu 7 Jahren bestraft. (2) Wer das Delikt des vorangehenden Absatzes durch Öffnen eines Grabes begeht, wird mit Zuchthausstrafe bis zu 10 Jahren bestraft."

der Organentnahme bei toten und bei lebenden Organspendern und unterwerfen beide Entscheidungsformen unterschiedlichen Voraussetzungen. Die Transplantationsgesetze enthalten ferner die Regelungen zur Feststellung des Hirntodes. Darüber hinaus umfassen die Transplantationsgesetze die ausdrücklichen Regelungen über Organverteilung und Verbot des Organhandels. Denn das allgemeine Strafrecht konnte diese Aufgaben nicht effizient regeln.

Diese Arbeit beschränkt ihren Untersuchungsgegenstand als Mittelpunkt der oben erwähnten Fragen auf die Transplantationsgesetze. Die Arbeit behandelt rechtsvergleichend die Entstehung und den Inhalt des deutschen und koreanischen Transplantationsgesetzes. Die Untersuchung wird auf der Grundlage von Rechtsprechung und Lehre in der deutschen und koreanischen Literatur durchgeführt.

III. Aufbau der Untersuchung

In dieser Arbeit geht es, wie oben gesagt, nur um eine rechtswissenschaftliche Untersuchung der Transplantation von menschlichen Organen. Dabei stehen die besonders problematischen Rechtsfragen auf der Spenderseite im Vordergrund.

Die Arbeit gibt zunächst einen Überblick über eine Geschichte der Gesetzgebung in Deutschland und Korea, eine Übersicht über die Transplantationsgesetze und den Anwendungsbereich des Transplantationsgesetzes. Die nachfolgende Untersuchung beginnt mit Fragen nach der Todesfeststellung. Hieran schließt sich die Auseinandersetzung um die rechtlichen Zulässigkeitsvoraussetzungen der Organentnahme bei Toten an. Nach diesen Ausführungen werden die Rechtsfragen der Organentnahme bei Lebenden erörtert. Im übrigen umfasst diese Arbeit auch die Probleme der Verteilung von Spendeorganen, des Verbots des Organhandels und der organisatorischen Einrichtungen. Schließlich endet die Arbeit mit den rechtspolitischen Vorschlägen als Schlussthesen.

Systematisch gliedert sich die Arbeit wie folgt: Im ersten Kapitel wird in die Problematik eingeführt. Hierzu gehören „§ 1 Problematik“ und „§ 2 Ziel, Reichweite und Aufbau der Untersuchung“. Im Anschluss daran, im Rahmen des zweiten Kapitels, erfolgt eine kurze Darstellung der Geschichte der Gesetzgebung und ein skizzenhafter Überblick über die Transplantationsgesetze in Deutschland und Korea. Dieses Kapitel enthält „§ 3 Geschichte der Gesetzgebung“ und „§ 4 Übersicht über die Transplantationsgesetze in Deutschland und Korea“. Im dritten Kapitel, dem Hauptteil dieser Arbeit, werden die Hauptprobleme des Transplantationsrechts behandelt. Dabei folgt die Darstellung streng nach der gesetzlich vorgegebenen Reihenfolge. Dieses Kapitel umfasst „§ 5 Anwendungsbereich der Transplantationsgesetze“, „§ 6 Offene Fragen des Hirntodkriteriums“, „§ 7 Organentnahme bei Toten“, „§ 8 Organentnahme bei Lebenden“, „§ 9 Verteilung von Spendeorganen“, „§ 10 Verbot des Organhandels“ und „§ 11 Organisation“.

Zum Schluss der Arbeit werden im vierten Kapitel die rechtspolitischen Vorschläge als Schlussthesen vorgestellt. Das sind „§ 12 Optimierung des Organaufkommens“ und „§ 13 Vorantreiben der alternativen Ersatztherapien“.

Zweites Kapitel : Geschichte der Gesetzgebung und Überblick über die Transplantationsgesetze in Deutschland und Korea

§ 3 Geschichte der Gesetzgebung

I. dTPG

Am 1. Dezember 1997 trat in Deutschland das „Gesetz über die Spende, Entnahme und Übertragung von Organen", kurz „Transplantationsgesetz (TPG)", vom 5. November 1997 in Kraft.[19]

Auch in Deutschland, als einer der letzten europäischen Nationen, wurde damit der Hirntod als „nicht manipulierbare, nicht mehr rückgängig zu machende definitive Grenze des Lebens des Menschen als Organismus" gesetzlich festgeschrieben und so Rechtsklarheit und Rechtsdeutlichkeit auch für die Transplantationsmedizin geschaffen.[20] Zugleich hatte mit der Ratifizierung dieses Gesetzes aber auch eine lang und zäh geführte Auseinandersetzung um die Regelung eines bis dato offenen Fragenkreises nach fast 30 Jahren zu einem Ergebnis geführt.[21]

Bereits zu Anfang der 70er Jahre wurden die ersten Gesetzentwürfe zur Regelung des Transplantationswesens konzipiert, die jedoch keine Mehrheit fanden und demzufolge im Ergebnis scheiterten. Danach kam die transplantationsrechtliche Diskussion zwar nie ganz zur Ruhe, doch blieb die Legislative in den 80er Jahren abstinent. Nachdem sich die Beteiligten (Spender und Empfänger ebenso wie Ärzte) über lange Zeit mit der lediglich praktikablen (Nicht-) Lösung abgefunden zu haben schienen, ist der Disput über die Notwendigkeit einer gesetzlichen Regelung zu Beginn der 90er Jahre wieder aufgeflammt.

---

19 BGBl. I, S. 2631 - 2639. Gleichzeitig sind gem § 26 Abs. 2 dTPG außer Kraft getreten die Verordnung über die Durchführung von Organtransplantationen vom 4. Juli 1995 und die Erste Durchführungsbestimmung zur Verordnung über die Durchführung von Organtransplantationen vom 29. März 1977.

20 Mit Beginn der Transplantation parenchymatöser Organe in Deutschland gewann auch die Frage der rechtlichen Zulässigkeit der Organentnahme mehr und mehr an Bedeutung. Den juristischen Auftakt setzte das LG Bonn mit einer Entscheidung über die Schmerzensgeldklage der Witwe und der Mutter eines in der Bonner Universitätsklinik verstorben Mannes, dem ohne seine oder seiner Angehörigen Einwilligung nach Feststellung seines Todes eine Leber entnommen wurde, um diese auf einen anderen schwerkranken Menschen zu übertragen. Die Klage wurde abgewiesen, weil den Arzt nach Ansicht des Gerichts im Hinblick auf die bestehende Rechtsunsicherheit lediglich ein fahrlässiger Schuldvorwurf traf (LG Bonn, Urteil vom 25. 5. 1970, JZ 1971, 56 f.). Siehe *Nickel*, Die Entnahme von Organen und Geweben bei Verstorbenen zum Zwecke der Transplantation, 1999, S. 59.

21 *Kühn*, „Das neue deutsche Transplantationsgesetz", MedR 1998, S. 455 (455).

Es gilt nun, die Gesetzgebungsversuche aus den vergangenen Jahren in Form eines historischen Überblicks vorzustellen.

A. Gesetzgebungsversuche der 70er Jahre

Am Ende der siebziger Jahre des neunzehnten Jahrhunderts gab es in einzelnen Bundesländern und auf Bundesebene Überlegungen zu einem Transplantationsgesetz. 1978 sprach sich der Bayerische Landtag für die Widerspruchslösung aus.[22] Ein erster Gesetzgebungsversuch war Ende der siebziger Jahre aufgrund unüberbrückbarer Gegensätze über das vorzugswürdige Entnahmemodell (Widerspruchslösung vs. Erweiterte Zustimmungslösung) gescheitert.

1. Entwurf der Bundesregierung

Die Bundesregierung legte 1978 nach Vorarbeiten einer hierzu schon 1973 gebildeten Bund-Länder-Arbeitsgruppe[23] den „Entwurf eines Gesetzes über Eingriffe an Verstorbenen zu Transplantationszwecken" vor.[24] Der Regelung der Zulässigkeit der Entnahme von Körperteilen bei einem Verstorbenen zu Transplantationszweck lag die „Widerspruchslösung" zugrunde. Danach sollte eine Explantation zulässig sein, wenn der potentielle Spender zu Lebzeiten einer Organtransplantation nicht widersprochen hat.

2. Entwurf des Bundesrates

Der Bundesrat konnte und wollte dem Entwurf der Bundesregierung nicht folgen.[25] Er sprach sich demgegenüber in seiner Stellungnahme zum Gesetzentwurf der Bundesregierung für die sogenannte „erweiterte Zustimmungslösung" aus.[26] Danach können, wenn ein entgegenstehender Wille des Verstorbenen nicht vorliegt, die nächsten Angehörigen einer Organentnahme zustimmen. Zu einer ab-

---

22 *Miserok/Sasse/Hall/Seidenath*, Transplantationsrecht des Bundes und der Länder mit Transfusionsgesetz Kommentar, 2001, Einführung S.1.

23 Eine Bund-Länder-Arbeitsgruppe, die auf Beschluss der 42. Konferenz der Justizminister und –senatoren beim Bundesministerium der Justiz gebildet worden war, legte 1975 zunächst einen Arbeitsentwurf für ein Transplantationsgesetz vor, der auf der Widerspruchslösung beruhte. Dieser Arbeitsentwurf bildete die Grundlage für einen Referentenentwurf des Bundesministeriums der Justiz. In ihrem Abschlussbericht von 1976 stellte die Bund- Länder-Arbeitsgruppe dem ersten Arbeitsentwurf als Alternativmodell noch die Informationslösung gegenüber. Siehe *Nickel/Schmidt-Preisigke/Sengler,* Transplantationsgesetz, Kommentar, 2001, Einführung Rn. 18; *Nickel*, Die Entnahme von Organen und Geweben bei Verstorbenen zum Zwecke der Transplantation, 1999, S. 61 f.

24 BT-Dr. 8/2681.

25 BT-Dr. 395/78.

26 BT-Dr. 8/2681.

schließenden Behandlung im Deutschen Bundestag ist es nicht mehr gekommen, weil der Gesetzentwurf schließlich der Diskontinuität anheim fiel.[27]

B. Gesetzgebungsversuche der 90er Jahre

Nach der Wiedervereinigung flammte die Diskussion um den Erlass eines Transplantationsgesetzes erneut auf. Die ausschlaggebenden Gründe waren insbesondere aufgekommene Unsicherheiten über Kriterien und Zeitpunkt der Todesfeststellung, neue Möglichkeiten der Lebendspende unter Nichtverwandten (die es Ende der siebziger Jahre praktisch noch nicht gab), Gefahren einer Kommerzialisierung der Organspende, die zunehmende Zahl von Mehrorganentnahmen und die als belastend empfundenen Aufklärungsgespräche hierüber, die Tatsache, dass die Bundesrepublik zu den wenigen europäischen Ländern ohne Transplantationsgesetz zählt, und die verfassungsrechtliche Streitfrage, ob das frühere DDR-Transplantationsrecht als Landesrecht fortgalt.[28]

1. Vorbild-Entwürfe

a) Entwurf der Arbeitsgemeinschaft der Deutschen Transplantationszentren e.V. und der DSO

Die Arbeitsgemeinschaft der Deutschen Transplantationszentren e.V., später Deutsche Transplantationsgesellschaft (DTG), gab sich 1987, geändert 1992,[29] - in Zusammenarbeit mit der DSO -, im Wege einer freiwilligen Selbstverpflichtung einen einheitlichen „Transplantationskodex“ (TK).[30]

Dieser Kodex enthält eine Zusammenfassung wichtiger medizinischer, ärztlicher, ethischer und juristischer Grundsätze für Organtransplantationen, insbesondere nähere Vorgaben für die Feststellung der Einwilligung in eine Organentnahme, die Durchführung der Organentnahme, Grundsätze für die Organentnahme bei Lebenden, eine ausdrückliche Ablehnung jeder Art von Kommerzia-

27 *Nickel/Schmidt-Preisigke/Sengler,* Transplantationsgesetz, Kommentar, 2001, Einführung Rn.18.

28 *Rixen*, „Einführung“, in: *Höfling* (Hrsg.), Transplantationsgesetz, Kommentar, 2003, Rn. 1; *Bock*, Rechtliche Voraussetzungen der Organentnahme von Lebenden und Verstorbenen, 1999, S. 75; *Borowy*, Die postmortale Organentnahme und ihre zivilrechtlichen Folgen, 2000, S. 57.

29 Abgedruckt in Transplantationsmedizin Bd. 7 (1995), S. 154-156.

30 *Bock*, Rechtliche Voraussetzungen der Organentnahme von Lebenden und Verstorbenen, 1999, S. 78; *Borowy*, Die postmortale Organentnahme und ihre zivilrechtlichen Folgen, 2000, S. 57; *Junghanns*, Verteilungsgerechtigkeit in der Transplantationsmedizin, 2001, S. 158; *Deutsche Transplantationsgesellschaft*, Transplantationsmedizin, 1995, S. 154 ff.; *Uhlenbruck/Ulsenheimer*, „Die zivilrechtliche Problematik der Organtransplantation“, in: *Laufs/Uhlenbruck*, Handbuch des Arztrechts, 3. Aufl., 2002, § 131 Rn. 2.

lisierung der Organspende und -transplantation sowie Kriterien und Empfehlungen für die Organvermittlung. Die Transplantationszentren haben sich in einer Selbstverpflichtung auferlegt, diese Regeln einzuhalten und entsprechend den dort geregelten Vorgaben zu verfahren. Auf dieser Grundlage wurde von den Ärzten schon bisher die erweiterte Zustimmungslösung für die Organentnahme bei Verstorbenen praktiziert.[31] Diese Praxis der erweiterten Zustimmungslösung ist durch Entscheidungen der ordentlichen Gerichte bestätigt worden[32] und entspricht der überwiegenden Ansicht in der juristischen Literatur.[33]

Das geltende deutsche Transplantationsgesetz beinhaltet sowohl die speziellen Kriterien der Dringlichkeit und der Erfolgsaussicht als auch das Vermittlungsverfahren von Eurotransplant in diesem Kodex (§ 12 dTPG).[34]

b) Verordnung der ehemaligen DDR

Durch die Wiedervereinigung am 3. Oktober 1990 kam für die Transplantationsmedizin in den alten Bundesländern mit dem Recht der ehemaligen DDR auch eine eigenständige Rechtsgrundlage der Transplantationsmedizin hinzu.

Die DDR hatte bereits unter dem 4. Juli 1975 die sog. „Verordnung über die Durchführung von Organtransplantationen"[35] erlassen – geändert durch Verordnung über die Durchführung von Organtransplantationen vom 5. August 1987 –[36], welche die dortige Transplantationspraxis im Verbund mit der ersten Durchführungsbestimmung vom 29. März 1977[37] auf der Grundlage einer konsequenten Widerspruchslösung ohne eigene Entscheidungsrechte der Angehörigen regelte(§ 4 Abs. 1 DDR-VO).[38]

Diese Vorschriften galten ab dem 3. Oktober 1990 gemäß dem Einigungsvertrag (Art.9 Abs.1 S.1 Einigungsvertrag) zunächst auf dem Gebiet der fünf neuen Länder als Landesrecht fort, soweit sie mit dem Grundgesetz vereinbar waren. Aber gerade aufgrund verfassungsrechtlicher Bedenken, insbesondere gegen die nicht geregelte Möglichkeit und Pflicht des Arztes zur Prüfung, ob der Verstorbene zu Lebzeiten einer Organentnahme widersprochen hatte, fanden diese Ver-

31 *Nickel*, Die Entnahme von Organen und Geweben bei Verstorbenen zum Zwecke der Transplantation, 1999, S. 59.
32 LG Bonn, Urt. vom 25. 5. 1970, JZ 1971, 56 f; AG Berlin-Schöneberg, FamRZ 1979, 633.
33 Siehe *Nickel*, Die Entnahme von Organen und Geweben bei Verstorbenen zum Zwecke der Transplantation, 1999, S. 59.
34 *Junghanns*, Verteilungsgerechtigkeit in der Transplantationsmedizin, 2001, S. 158.
35 DDR-GBl. I Nr. 32, 1975, S. 597.
36 DDR-GBl. I Nr. 19, 1987, S. 199.
37 DDR-GBl. I 1977, 141.
38 Siehe hierzu *Borowy*, Die postmortale Organentnahme und ihre zivilrechtlichen Folgen, 2000, S. 56 Fn. 138; *Conrads*, Rechtliche Grundsätze der Organallokation, 2000, S. 186; *Nickel*, Die Entnahme von Organen und Geweben bei Verstorbenen zum Zwecke der Transplantation, 1999, S. 60.

ordnungen und Bestimmungen nach der Wiedervereinigung insgesamt keine Anwendung mehr.[39] Im Übrigen tritt innerhalb des Bundesgebiets eine „erweiterte Zustimmungslösung" in Kraft.

c) Gesetzesbeschluss des Landes Rheinland-Pfalz

Am 23. Juni 1994 verabschiedete der Landtag von Rheinland-Pfalz ein Transplantationsgesetz für das Land Rheinland-Pfalz,[40] das auf der Widerspruchslösung basierte.[41] Der Widerspruch sollte in einem besonderen Ausweis erklärt werden, den der Kranke mit sich geführt oder dem Krankenhaus vorgelegt hat. Allerdings sollte auch dem entnehmenden Arzt ein auf andere Weise der Entnahme entgegenstehender Wille des Verstorbenen bekannt sein können. Der Gesetzentwurf regelte auch die Entnahme von Explantaten bei lebenden Spendern, die Behandlung von ausländischen Spendern und die Reihenfolge der Vergabe von Organen.

Aufgrund der meist negativen öffentlichen Reaktion wurde das Gesetz am 25. August 1994, 8 Wochen nach seiner Verabschiedung, vom Mainzer Landtag einstimmig wieder aufgehoben,[42] sodass zu keiner Zeit ein Landestransplantationsgesetz in Geltung oder gar in Kraft war.

2. Entwürfe auf Bundesebene

Durch das Gesetz zur Änderungen des Grundgesetzes vom 27. Oktober 1994 wurde eine Nummer angefügt (Vgl. Art.74 Abs.1 Nr.26 GG)[43] und dem Bund mit Wirkung zum 15. November 1994 die konkurrierende Gesetzgebungskompetenz zur Regelung der Transplantation von Organen und Geweben zugewiesen.[44]

---

39 *Conrads*, Rechtliche Grundsätze der Organallokation, 2000, S. 186; *Junghanns*, Verteilungsgerechtigkeit in der Transplantationsmedizin, 2001, S. 159; *Uhlenbruck/Ulsenheimer*, „Die zivilrechtliche Problematik der Organtransplantation", in: *Laufs/Uhlenbruck*, Handbuch des Arztrechts, 3. Aufl., 2002, § 131 Rn. 2; *Nickel*, Die Entnahme von Organen und Geweben bei Verstorbenen zum Zwecke der Transplantation, 1999, S. 60.

40 LT-Dr. 12/2094/5037.

41 *Miserok/Sasse/Hall/Seidenath*, Transplantationsrecht des Bundes und der Länder mit Transfusionsgesetz Kommentar, 2001, Einführung S.1; *Nickel/Schmidt-Preisigke/Sengler*, Transplantationsgesetz, Kommentar, 2001, Einführung Rn.19; *Rixen*, „Einführung", in: *Höfling* (Hrsg.), Transplantationsgesetz, Kommentar, 2003, Rn. 1; *Uhlenbruck/Ulsen-heimer*, „Die zivilrechtliche Problematik der Organtransplantation", in: *Laufs/Uhlenbruck*, Handbuch des Arztrechts, 3. Aufl., 2002, § 131 Rn. 2; *Bock*, Rechtliche Voraussetzungen der Organentnahme von Lebenden und Verstorbenen, 1999, S. 81; *Borowy*, Die postmortale Organentnahme und ihre zivilrechtlichen Folgen, 2000, S. 58; *Conrads*, Rechtliche Grundsätze der Organallokation, 2000, S. 65; *Deutsch*, „Das Transplantationsgesetz vom 5.11.1997", NJW 1998, 777 (777).

42 LT-Dr. 12/5174/5181/5243/5291.

43 BGBl. I, S. 3146.

44 Nähes zur Gesetzgebungskompetenz des Bundes für die Organtransplantation *Nickel*, Die

Der Ausschuss für Gesundheit des Deutschen Bundestages führte am 28. Juni 1995 zur Vorbereitung eines Bundestransplantationsgesetzes eine öffentliche Anhörung von Sachverständigen durch, in der die Bedeutung des Hirntodes und die Vorzugswürdigkeit von erweiterter und enger Zustimmungslösung kontrovers diskutiert wurden.[45] In der Folge kam es zur Vorlage eines Gesetzentwurfes der Fraktion Bündnis 90/Die Grünen, der unter der Prämisse, dass der hirntote Mensch ein Lebender ist, im Kern auf einer engen Zustimmungslösung basiert.[46] Im April 1996 legten die Fraktionen der CDU/CSU, der SPD und F.D.P. einen Gegenentwurf vor, der jedoch keinen kompletten Gesetzgebungsvorschlag enthielt.[47] Vielmehr handelte es sich um ein sogenanntes „Containergesetz“, bei dem der besonders kritische Themenkomplex der Voraussetzungen für die Organentnahme bei Verstorbenen (Hirntod als maßgebliches Todeskriterium; enge und erweiterte Zustimmungslösung) ausgeklammert blieb. Diese „Leerstellen“ wurden zunächst im Interesse eines späteren möglichst breiten Konsenses offengelassen und während des Gesetzgebungsverfahrens, unter Einbeziehung der Ergebnisse in den Ausschüssen, ergänzt.[48] Im Folgenden soll der Inhalt der beiden Gesetzesvorschläge kurz vorgestellt werden.

a) Gesetzentwurf der Fraktion von Bündnis 90/Die Grünen

Die Fraktion Bündnis 90/Die Grünen legte, nach langjährigem Diskussionsprozess, am 7. November 1995 den Entwurf eines Transplantationsgesetzes vor.[49]

Danach wurde zwischen einer Organentnahme bei Lebenden, bei Hirntoten und bei Verstorbenen differenziert. Die Organspende im Zustand des irreversiblen Ausfalls der gesamten Hirnfunktion wird ausdrücklich als Sonderfall der Organentnahme bei Lebenden definiert. Hirntote wurden darin zwar als sterbende aber noch lebende Menschen betrachtet.

Durch die Verwendung des Kriteriums irreversibler Ausfall aller messbaren Hirnfunktionen sollte klargestellt werden, dass diese medizinische Voraussetzung ausschließlich als formelles Entnahmekriterium, nicht aber als materielles Todeszeichen anzusehen sei. Dabei wurden die im Zusammenhang mit dem sogenannten Hirntod zu diagnostizierenden medizinischen Kriterien im Gesetz selbst

---

Entnahme von Organen und Geweben bei Verstorbenen zum Zwecke der Transplantation, 1999, S. 48 ff.

45 Siehe *Borowy*, Die postmortale Organentnahme und ihre zivilrechtlichen Folgen, 2000, S. 59.

46 BT-Dr. 13/2926.

47 BT-Dr. 13/4355.

48 *Borowy*, Die postmortale Organentnahme und ihre zivilrechtlichen Folgen, 2000, S. 59.

49 BT-Dr. 13/2926.

festgelegt und nicht einer Regelung durch Richtlinien der Bundesärztekammer überlassen.[50]

Die Zulässigkeit der Organentnahme bei Hirntoten und bei Herztoten wird auf der Grundlage der engen Zustimmungslösung geregelt (§§ 15, 18 des Gesetzentwurfs). Die Organentnahme bei Lebenden sollte nur in engen Grenzen, u.a. nur zwischen Verwandten ersten oder zweiten Grades, zulässig sein.[51]

Der Vorschlag enthielt ein strafbewehrtes Verbot des Organhandels und eine Regelung, in der der Ausschluss einer Berufung auf den Tatbestand des rechtfertigenden Notstandes bei einer Organentnahme ausdrücklich klargestellt wurde.[52]

b) Gesetzentwurf der Fraktionen von CDU/CSU, SPD und F.D.P.

Die Fraktionen von CDU/CSU, SPD und F.D.P. haben nach der Anhörung vom 28. Juni 1995 am 16. April 1996 einen gemeinsamen Gesetzentwurf in den Bundestag eingebracht,[53] aus dem das später verabschiedete Gesetz nach einigen kleinen Änderungen hervorging.[54]

Im Gegensatz zu dem Gesetzesvorschlag der Fraktion Bündnis 90/Die Grünen enthielt der Entwurf keine verbindliche Festlegung hinsichtlich der gültigen Entnahmevoraussetzungen bei einer postmortalen Organspende. In der Begründung zum Gesetzentwurf befürwortete man zwar eine Regelung im Sinne der Zustimmungslösung und erteilte der Widerspruchslösung wie auch dem Informationsmodell eine klare Absage, ließ jedoch offen, ob einer engen oder erweiterten Zustimmungslösung der Vorzug gegeben werden sollte.[55]

Eine ausdrückliche Definition des Todes bzw. des Todeszeitpunktes enthielt der Vorschlag ebenfalls nicht. Gleichwohl zeigte der Entwurf, wonach der endgültige, nicht behebbare Ausfall der gesamten Hirnfunktion nach Regeln, die dem Stand der medizinischen Wissenschaft entsprechen, nachzuweisen ist, deutlich, dass an dem Hirntodkriterium festgehalten werden sollte (§ 5 Entwurf).[56]

---

50 *Borowy*, Die postmortale Organentnahme und ihre zivilrechtlichen Folgen, 2000, S. 60.

51 Vgl. *Nickel/Schmidt-Preisigke/Sengler,* Transplantationsgesetz, Kommentar, 2001, Einführung Rn. 24; *Borowy*, Die postmortale Organentnahme und ihre zivilrechtlichen Folgen, 2000, S. 60.

52 *Borowy*, Die postmortale Organentnahme und ihre zivilrechtlichen Folgen, 2000, S. 60.

53 BT-Dr. 13/4355, Entwurf eines Gesetzes über die Spende, Entnahme und Übertragung von Organen (Transplantationsgesetz - TPG).

54 *Junghanns*, Verteilungsgerechtigkeit in der Transplantationsmedizin, 2001, S. 162; *Miserok/Sasse/Hall/Seidenath*, Transplantationsrecht des Bundes und der Länder mit Transfusionsgesetz Kommentar, 2001, Einführung S.1; *Rixen*, „Einführung", in: *Höfling* (Hrsg.), Transplantationsgesetz, Kommentar, 2003, Rn. 2.

55 *Borowy*, Die postmortale Organentnahme und ihre zivilrechtlichen Folgen, 2000, S. 61.

56 *Borowy*, Die postmortale Organentnahme und ihre zivilrechtlichen Folgen, 2000, S. 61.

Der interfraktionelle Gesetzentwurf klammerte gleichwohl die strittigen Fragenkreise um die Bewertung und das Zustimmungserfordernis der Angehörigen aus. Diese Lücken sollten im Verlauf des Gesetzgebungsverfahrens durch gesonderte Anträge zur Ergänzung des gemeinsamen interfraktionellen Gesetzentwurfs ausgefüllt werden.[57]

Der Änderungsantrag legt als gesetzliche Mindestvoraussetzung für die Zulässigkeit einer Organentnahme das Gesamthirntodkriterium fest. Daneben bedarf es grundsätzlich einer Einwilligung des Verstorbenen selbst. Nur für den Fall, dass eine ausdrückliche Erklärung des Verstorbenen nicht zu ermitteln ist, soll den Angehörigen oder anderen Vertrauenspersonen ein Zustimmungsrecht zustehen, bei dessen Ausübung sie den mutmaßlichen Willen des Verstorbenen zu beachten haben. Damit legt der maßgebliche Änderungsantrag eine Regelung im Sinne der erweiterten Zustimmungslösung vor.[58] Das geltende Transplantationsgesetz basiert in weiten Teilen auf dem interfraktionellen Entwurf von CDU/CSU, der SPD und F.D.P.

C. Gesetzgebungsverfahren des geltenden Gesetzes

Es war kein gewöhnliches Gesetzgebungsverfahren. Am 25. Juni 1997 musste sich schließlich der Deutsche Bundestag zwischen dem Gesetzentwurf der Fraktion von BÜNDNIS 90/DIE GRÜNEN und dem Gesetzentwurf der Fraktionen von CDU/CSU, SPD und F.D.P. entscheiden.

Die abschließende Plenardebatte des Deutschen Bundestages kann zu Recht als Glanzstück parlamentarischer Kultur in die Geschichte eingehen. Mit großem Respekt vor dem Thema und der Meinung des anderen wurden ein letztes Mal die Argumente ausgetauscht. Die Abstimmung endete unerwartet deutlich mit einer Mehrheit von Mehr als zwei Dritteln der abgegebenen Stimmen für die vorgeschlagene Hirntodregelung und insbesondere die erweiterte Zustimmungslösung.[59]

Auch der Bundesrat stimmte dem vom Deutschen Bundestag verabschiedeten Transplantationsgesetz am 26. September 1997 mit großer Mehrheit zu (Vgl. Art.84 Abs.1 GG). Der Bundespräsident nahm sich vor der Ausfertigung des Gesetzes ebenfalls viel Zeit, um die Verfassungsmäßigkeit zu prüfen. Das ursprünglich für 1. November 1997 geplante Inkrafttreten konnte aus diesem Grund

[57] Nähres hierzu *Nickel/Schmidt-Preisigke/Sengler,* Transplantationsgesetz, Kommentar, 2001, Einführung Rn. 23; *Miserok/Sasse/Hall/Seidenath,* Transplantationsrecht des Bundes und der Länder mit Transfusionsgesetz Kommentar, 2001, Einführung S. 1.

[58] *Borowy,* Die postmortale Organentnahme und ihre zivilrechtlichen Folgen, 2000, S. 61.

[59] *Miserok/Sasse/Hall/Seidenath,* Transplantationsrecht des Bundes und der Länder mit Transfusionsgesetz Kommentar, 2001, Einführung S. 2; *Nickel,* Die Entnahme von Organen und Geweben bei Verstorbenen zum Zwecke der Transplantation, 1999, S. 75 ff.

nicht eingehalten werden. Der Bundespräsident fertigte das Gesetz am 5. November 1997 aus.[60]

Das geltende deutsche Transplantationsgesetz („Gesetz über die Spende, Entnahme und Übertragung von Organen") wurde am 11. November 1997 im Bundesgesetzblatte veröffentlicht und trat am 1. Dezember 1997 in Kraft.[61] Damit trat zugleich das Transplantationsrecht der ehemaligen DDR außer Kraft (Vgl. § 26 Abs. 2 dTPG).

II. kTPG

In Korea stammt das „Gesetz über die Transplantation von Organen" (Gesetz-Nummer 5858) vom 8. Februar 1999.

Bis zur Schaffung des Transplantationsgesetzes gab es die erste Diskussion über den Hirntod in den 70er Jahren. Danach wurde eine gesetzliche Regelung von Medizinern in den 80er Jahren angefordert, in den 90er wurden Gesetzentwürfe, die auf den Diskussionen basierten, hauptsächlich von der Regierung konzipiert. Im Folgenden sollen der Inhalt der Diskussionen und der Gesetzgebungsversuche über den Hirntod und die Organtransplantation bis zur Schaffung des Transplantationsgesetzes kurz vorgestellt werden.

A. Diskussion über den Hirntod in den 70er Jahren

Die Gesetzgebungsgeschichte des Transplantationsgesetzes begann mit der Diskussion über den Hirntod. Die erste Diskussion über den Hirntod war „Ein Seminar über Organtransplantation", das am 18. Juni 1970 von dem Institut für Rechtsprobleme an der Universität Yonsei stattfand.[62]

B. Aufforderungen der 80er Jahre zur Gesetzgebung

In Korea wurde die Problematik des Hirntodes hauptsächlich seit 1983 von der KMA zur Diskussion gestellt. Die KMA hatte die „Expertenkommission zum Tod" eingerichtet. Der Hirntod wurde danach als eine Todesform deklariert und die Richtlinien zur Hirntodfeststellung, die jeweils dem neuesten Kenntnisstand der medizinischen Wissenschaft entsprechen sollten, veröffentlicht.

Im Oktober 1988 führte die KMA die erste öffentliche Anhörung zum Hirntod als einen Teil des 80. Gründungsfestes durch. 1989 richtete die KMA die „Ex-

[60] Vgl. BGBl. 1997 I, S. 2631, 2639.

[61] BGBl. 1997 I, S. 2631-2639.

[62] *Das Institut für die Rechtsprobleme an der Universität Yonsei*, Ein Seminar über Organtransplantation, 1970; Siehe *Park*, Hirntod, Journal of the Korean Medical Association Vol. 35 Nr. 3 (1992), S. 290 (292).

pertenkommission zum Hirntod“ ein, definierte den Ausfall des Herzens und der Lunge oder den nicht behebbaren Ausfall der Gesamtfunktion des Gehirn einschließlich des Hirnstamms als den Tod und hielt an den darin verankerten Richtlinien zur Hirntodfeststellung fest. Danach forderte die KMA das erste Mal gegenüber dem „Ministerium für Gesundheit und Wohlfahrt“ („Ministry of Health and Welfare“, im folgenden „MOHW“) sofortige legislative Maßnahmen zur Regelung des Hirntodes.

C. Gesetzgebungsversuche der 90er Jahre

Am 16. Januar 1991 hatte die KMA die Antwort auf die 1990 vom MOHW geforderte Zusammenarbeit bei der Forschung zum Hirntod gegeben, indem sie den Änderungsvorschlag hinsichtlich des sog. „Gesetzes über den medizinischen Dienst“ (im folgenden „kMDG“)[63] bzw. des „Sektions- und Bewahrungsgesetzes“ festgelegt hatte, der nach der sog. Zweispurigkeit sowohl den Herztod als auch den Hirntod im Todesbegriff beinhalte. Der Änderungsvorschlag des kMDG enthielt die Legaldefinition über den Hirntod.[64] Der Änderungsvorschlag des „Sektions- und Bewahrungsgesetzes“ enthielt ferner die auf diesem Hirntod basierenden neuen Voraussetzungen zur Organentnahme bei Hirntoten mit Einwilligung des Organspenders oder Zustimmung eines Angehörigen.[65]

Im September 1992 bestand Konsens in der zweiten öffentlichen Anhörung von KMA zum Hirntod darin, dass die öffentliche Meinung zum Hirntod hinreichend betrachtet werden sollte, dass sofortige legislative Maßnahmen zum Hirntod und zur Organtransplantation eingeleitet bzw. sonstige rechtliche Maßnahmen in dieser medizinischen, sozialen und rechtlichen Problematik ergriffen werden sollten. Infolge dieses Konsenses veröffentlichte die KMA die Richtlinien zur Hirntodfeststellung und den Voraussetzungen der medizinischen Institution für Organtransplantation, um das Vertrauen der Bevölkerung in das Hirntodkriterium zu gewinnen. Am 4. März 1993 hatte die KMA eine „Deklaration zum Hirntod“, worin auch der Hirntod als menschlicher Tod angesehen wird, abgegeben. Danach soll der Tod des Menschen durch den Stillstand von Atmungs- und Herztätigkeit (sog. Herz- und Atemtod) oder den Verlust der Gesamtfunktion des

---

63 Dieses Gesetz entspricht der deutschen „Ärzteordnung“.

64 Im Änderungsvorschlag des kMDG ist der „Ausfall des Herzens und der Lunge oder der nicht behebbare Ausfall der Gesamtfunktion des Gehirn einschließlich Hirnstamm“ als der menschlichen Tod definiert worden (§ 18 Änderungsvorschlag des kMDG). Siehe *Joo*, Rechtswissenschaft von Hirntod und Transplantationsgesetz, 1997, S. 38.

65 Nach dem Änderungsvorschlag des „Sektions- und Bewahrungsgesetzes“ wurde eine neue Regelung angefügt. Danach ist die Entnahme von Organen des Hirntoten zulässig, wenn der Organspender in die Entnahme eingewilligt oder die Angehörige der Entnahme zugestimmt hatte und der Tod des Organspenders nach medizinischen Kriterien festgestellt wurde. Siehe *Joo*, Rechtswissenschaft von Hirntod und Transplantationsgesetz, 1997, S. 38.

Gehirns (sog. Hirntod) festgestellt werden (§ 1 Deklaration). Die Feststellung des Hirntodes ist nur zulässig, wenn man die sinnlosen lebenserhaltender Maßnahmen, die die Lebenswürde verletzen, abbricht oder man Organe spenden will, um das Leben zu retten (§ 2 Deklaration). Aus der Deklaration ergaben sich auch die Richtlinien zur Hirntodfeststellung (§ 5 Deklaration) und die Voraussetzungen der „medizinischen Institution für Organtransplantation" (§ 6 Deklaration).[66] Im Jahre 1995 wurde das „Sektions- und Bewahrungsgesetz" (Erlass 9. Februar 1962, Gesetz-Nummer 1021) geändert, um die soziale Kampagne für die Bereitschaft zur Organspende rechtlich zu gewährleisten und um durch Ergänzung des Verfahrens zur Organspende diese Kampagne zu vergrößern. Zugleich wurde auch der Titel des „Sektions- und Bewahrungsgesetzes" in „Gesetz über Sektion und Bewahrung von Leichen" (völlig geändert 5. Januar 1995, Gesetz-Nummer 4915) umbenannt.

Im Mai 1996 richtete MOHW eine Gesetzgebungskommission für den Entwurf des sog. „Gesetzes über die Transplantation von Organen" ein. Der Kommission sollten Mediziner, Juristes, Wissenschaftler, Vertreter von Religionsgemeinschaften und Bürgerinitiativen usw. angehören. Die Gesetzgebungskommission beschloss im Juni 1996 (im folgenden „Entwurf der Gesetzgebungskommission"), geändert im Oktober 1996 (im folgenden „geänderter Entwurf der Gesetzgebungskommission") einen Entwurf des „Gesetzes über die Transplantation von Organen". Dazu führte MOHW am 30. Oktober 1996 eine öffentliche Anhörung durch (im folgenden „Entwurf für Anhörung"), wobei die Bedeutung des Hirntodes, die Voraussetzungen der Organentnahme und die Verbotsvorschläge des Organhandels usw. diskutiert wurden.[67] Im August 1997 wurde die legislative Voranzeige für den geänderten Entwurf der Gesetzgebungskommission (im folgenden „Entwurf der Regierung von 1997"), der fast ähnlich wie der Entwurf für Anhörung war, gemacht.[68] Das „Ministerium für Gesetze" („The Ministry of Legislation", im folgenden „MOLEG") wollte dem „Entwurf der Regierung von 1997" nicht folgen. MOHW konnte den „Entwurf der Regierung von 1997" nicht in das Parlament einbringen. Im Oktober 1998 veröffentlichte die KMA die neuen Richtlinien zur Hirntodfeststellung[69] und begann vom 1. Januar 1999 an „die medizinische Institution für Hirntodfeststellung" und die „medizinische Institution für Organtransplantation" neu anzuerkennen.[70] Am 12. Oktober 1998 wurde

---

66 *Korean Medical Association*, „Deklaration zum Hirntod", 4. März 1993, S. 6 ff.; Ders., „Jahresbericht über Hirntod und Transplantation vom Hirntoten", 1998, S. 5, 91 f.

67 Abgedruckt in *Joo*, Rechtswissenschaft von Hirntod und Transplantationsgesetz, 1997, S. 269-284.

68 *Ministry of Health and Welfare*, Anzeige-Nummer 1997-61. Abgedruckt in Ärztezeitung, am 11. August 1997, S. 11, 12, 15, 16.

69 Abgedruckt in *Kim/Lee*, „Kriterien für Hirntod", Journal of the Korean Medical Association Vol. 42 Nr. 4 (1999), S. 349 (350).

70 Siehe *Lee*, „Medizinische Todesdefinition und Entwicklung der Lehre vom Hirntod",

der „geänderte Entwurf der Regierung von 1997“ von Gesetzgeber in das Parlament eingebracht (im folgenden „Entwurf des Parlaments“). Zugleich wurde der „andere geänderte Entwurf der Regierung von 1997“ am 2. Dezember 1998 von der Regierung in den Parlament eingebracht (im folgenden „Entwurf des Regierung von 1998“).

1. Geändertes „Gesetz über Sektion und Bewahrung von Leichen“

In Korea wurde das „Sektions- und Bewahrungsgesetz“ (Erlass 9. Februar 1962, Gesetz-Nummer 1021) zum Zweck der Regelungen über Sektion, Bewahrung und Entnahme von Leichenteilen (einschließlich toter Föten nicht unter 4 Monaten) geschaffen (§ 1 Sektions- und Bewahrungsgesetz), um die Volksgesundheit zu bessern und um der medizinischen Ausbildung und Forschung zu dienen.

Dieses Gesetz stellte die Grenzziehung zwischen Sektion und Bewahrung von Leichen klar dadurch, wie oben gesagt, dass der Titel des „Sektions- und Bewahrungsgesetzes“ in das „Gesetz über Sektion und Bewahrung von Leichen“ (völlig geändert 5. Januar 1995, Gesetz-Nummer 4915) umbenannt wurde, sowohl um die zu Lebzeiten abgegebenen Erklärungen des Verstorbenen zu achten als auch um die soziale Kampagne für die Bereitschaft zur Organspende rechtlich zu fördern.

Soweit es um die Organtransplantation geht, verbietet zunächst dieses Gesetz Organe von Leichen, die wegen der Gefahr einer Übertragung von spenderseitigen Krankheiten oder wegen Verletzungen den Empfänger von Leichenteilen gefährden können, zu entnehmen (§ 5 Abs. 1 S. 2 Gesetz über Sektion und Bewahrung von Leichen).

Darüber hinaus bedarf die Entnahme von Leichenteilen der Zustimmung des Angehörigen bei fehlender Erklärung des Toten zur Organspende (§ 5 Abs. 2 S. 1 Gesetz über Sektion und Bewahrung von Leichen). Bei schriftlicher Einwilligung des Toten in die Organspende ist die Entnahme zulässig, unabhängig von der Zustimmung der Angehörigen (§ 5 Abs. 2 S. 2 Nr. 1 Gesetz über Sektion und Bewahrung von Leichen). Bei fehlender Einwilligung des Toten und fehlender Zustimmung des Angehörigen bedarf die Entnahme der Zulassung des Bürgermeisters der Gemeinde (§ 5 Abs. 2 S. 2 Nr. 2 Gesetz über Sektion und Bewahrung von Leichen).

Auch dieses Gesetz, das nur die Entnahme von Leichenteilen regelt, konnte ausreichende positivegesetzliche Regelungen über Organtransplantation nicht mehr bieten.

Journal of the Korean Medical Association Vol. 42 Nr. 4 (1999), S. 342 (347).

2. Entwurf der Gesetzgebungskommission

Der „Entwurf der Gesetzgebungskommission" enthielt die Regelungen sowohl über die Organentnahme von lebenden Spendern als auch über die Organentnahme von toten Spendern unter dem gleichen Abschnitt (zweiter Abschnitt des Entwurfs der Gesetzgebungskommission). Darüber hinaus enthielt der Entwurf die Regelungen über die Organentnahme von Hirntoten unter einem anderen Abschnitt (vierter Abschnitt des Entwurfs der Gesetzgebungskommission).

Die Entnahme von Organen bei Lebenden ist nur zulässig, wenn der Organspender in die Entnahme schriftlich eingewilligt hat (§ 12 Abs. 1 S. 1 Entwurf der Gesetzgebungskommission). Als Organspender absolut ausgeschlossen sind Schwangere, Wöchnerinnen, Minderjährige, geistig Behinderte und andere Personen, deren Leben oder Leib durch die Entnahme von Organen erheblich gefährdet werden kann oder die als Organspender nicht geeignet sind (§ 12 Abs. 1 S. 2 Entwurf der Gesetzgebungskommission). Die Organentnahme bei Minderjährigen bedarf noch der schriftlichen Zustimmung der Eltern oder des gesetzlichen Vertreters und ist nur zum Zweck der Übertragung auf einen Verwandten (Vgl. § 777 kBGB)[71] zulässig (§ 12 Abs. 2 Entwurf der Gesetzgebungskommission).

Die Entnahme von Organen bei Toten ist grundsätzlich zulässig, wenn der Organspender in die Entnahme eingewilligt hatte (§ 13 Abs. 1 Nr. 1 Entwurf der Gesetzgebungskommission). Nur mit Zustimmung des Angehörigen und bei keinem ausdrücklichen Widerspruch des Organspenders ist die Organentnahme auch zulässig (§ 13 Abs. 1 Nr. 2 Entwurf der Gesetzgebungskommission). Auch nach Präsidentenverordnung ist die Organentnahme zulässig, wenn kein Familienmitglied, kein Angehöriger oder kein sonstiger Übernehmer der Leiche vorhanden ist (§ 13 Abs. 1 Nr. 3 Entwurf der Gesetzgebungskommission). Als Familienmitglieder oder Angehörige werden Ehegatten, volljährige Verwandte in gerader absteigender Linie, Verwandte in gerader aufsteigender Linie und Geschwister angesehen (§ 6 Abs. 1 Entwurf der Gesetzgebungskommission).

Als Hirntoter wurde derjenige definiert, bei dem gemäß Präsidentenverordnung festgestellt wurde, dass die gesamten Gehirnfunktionen (einschließlich der des Hirnstamms) irreversibel erloschen sind (§ 3 Nr. 7, § 28 Abs. 1 Entwurf der Gesetzgebungskommission). Gleiches wie bei Toten gilt für die Voraussetzungen der Organentnahme vom Hirntoten (§ 28 Abs. 2 Entwurf der Gesetzgebungskommission).

---

[71] „§ 777 (Verwandtschaftskreis) Die sich aus der Verwandtschaft ergebenden rechtlichen Wirkungen erstrecken sich, sofern nicht dieses oder ein anderes Gesetz besondere Bestimmungen vorschreibt, auf alle Personen, die durch die folgenden Verandtschaftskreise erfasst werden: 1. Blutverwandte bis zum achten Grad, 2. Verwandte durch Heirat bis zum vierten Grad, 3. Ehegatten."

Die Feststellung des Hirntodes ist grundsätzlich nach dem durch Präsidentenverordnung bestimmten Kriterium für Hirntodfeststellung durch die Kommission für Hirntodfeststellung einschließlich eines behandelnden Arztes und zwei dafür qualifizierten Fachärzte zu treffen (§ 30 Abs. 1 S. 1 Entwurf der Gesetzgebungskommission). Es genügt auch die Hirntodfeststellung eines behandelnden Arztes und zweier dafür qualifizierten Fachärzte, wenn der Hirntod durch die Kommission für Hirntodfeststellung zwangläufig nicht festzustellen ist (§ 30 Abs. 1 S. 2 Entwurf der Gesetzgebungskommission).

Die Organempfänger sollen grundsätzlich durch das sog. „Organtransplantationsinformationszentrum" nach dem durch Präsidentenverordnung bestimmten Auswahlkriterium ausgewählt werden (§ 22 Abs. 1 S. 1, Abs. 2 Entwurf der Gesetzgebungskommission). Dies gilt nicht für den Fall, dass bis zur Empfängerauswahl des Organtransplantationsinformationszentrums das Ziel der Übertragung nicht erreicht werden kann oder andere dafür zwangsläufige Gründe vorhanden sind (§ 30 Abs. 1 S. 2 Entwurf der Gesetzgebungskommission).

Weiterhin enthielt dieser Entwurf die Vorschriften über das Verbot des Organhandels (§ 15 Entwurf der Gesetzgebungskommission), die Bioethikkommission (§ 16 Entwurf der Gesetzgebungskommission), das Organtransplantationsinformationszentrum (§ 20 Entwurf der Gesetzgebungskommission), den Fonds für Organtransplantation (§ 21 Entwurf der Gesetzgebungskommission), die Kommission für Hirntodfeststellung (§ 29 Abs. 3 Entwurf der Gesetzgebungskommission) und das durch Präsidentenverordnung bestimmte Hirntodfeststellungskriterium (§ 30 Abs. 1 Entwurf der Gesetzgebungskommission).

3. Geänderter Entwurf der Gesetzgebungskommission

Der sog. „geänderte Entwurf der Gesetzgebungskommission" regelt die Entnahme bei Lebenden und Toten in einem anderen Abschnitt (zweiter und dritter Abschnitt des geänderten Entwurfs der Gesetzgebungskommission). Der Abschnitt über die Entnahme bei Toten enthält auch die Vorschriften über die Entnahme bei Hirntoten.

Die Entnahme von Organen bei lebenden Minderjährigen ist zulässig, wenn der Organspender in die Entnahme eingewilligt hatte, daneben die Eltern ihr zugestimmt haben und die Bioethikkommission sie zugelassen hat (Vgl. § 13 Abs. 1, Abs. 2 geänderter Entwurf der Gesetzgebungskommission).

Ein neuer Paragraph bestimmt eine sog. „Direktspende", um den Willen des Lebendspenders zu achten (§ 14 geänderter Entwurf der Gesetzgebungskommission). Bei Direktspende kann der lebende Organspender den Empfänger von seinen Organen direkt bestimmen. Die Organentnahme vom Toten bedarf zusätzlich der Zustimmung des Angehörigen auch für den Fall, dass der Organspender in die Organentnahme eingewilligt hat (§ 15 Abs. 1 Nr. 1 geänderter

Entwurf der Gesetzgebungskommission). Nur Angehörige (Ehegatten, volljährige Verwandte in gerader absteigender Linie, Verwandte in gerader aufsteigender Linie und volljährige Geschwister) wurden als zustimmungsbefugt bei der Entnahme vom Toten geregelt (§ 16 Abs. 1 geänderter Entwurf der Gesetzgebungskommission).

4. Entwurf für Anhörung

Die Regelungen über die Organentnahme werden in die Organentnahme bei Lebenden, die Organentnahme bei Toten und die Organentnahme bei Hirntoten eingeteilt (zweiter, dritter und vierter Abschnitt des Entwurfs für Anhörung).

Die Organentnahme vom Minderjährigen bedarf neben Einwilligung des Spenders zusätzlich sowohl der Zustimmung seiner Eltern oder seines gesetzlichen Vertreters als auch der Zulassung der sog. „Organtransplantationskommission" (§ 13 Abs. 2 Entwurf für Anhörung). Die neue Organtransplantationskommission wurde unter der Bioethikkommission eingerichtet, um ein Gutachten über die Freiwilligkeit der Organentnahme bei Minderjährigen und bei sog. Direktspende zu erstellen (§ 21 Abs. 3 Entwurf für Anhörung).

5. Entwurf der Regierung von 1997

Trotz des absoluten Organspendeunfähigen (§ 13 Abs. 1 S. 2 Nr. 3 Entwurf der Regierung von 1997) ist die Organentnahme vom lebenden Minderjährigen zulässig, wenn der Organspender die natürliche Willensfähigkeit besitzt, in die Organentnahme eingewilligt hat und zusätzlich sowohl die Zustimmung seiner Eltern oder seines gesetzlichen Vertreters als auch die Zulassung des Ministers für Gesundheit und Wohlfahrt vorhanden sind (§ 13 Abs. 2 S. 1 Entwurf der Regierung von 1997).

Der Kreis des Organempfängers bei lebenden Minderjährigen wird auf Blutverwandte in gerade Linie, Geschwister, Ehegatten oder Verwandte bis zum vierten Grad beschränkt (§ 13 Abs. 2 S. 2 Entwurf der Regierung von 1997).

Bei Einwilligung des Organspenders ist die Entnahme von Organen zulässig, wenn kein ausdrücklicher Widerspruch des Angehörigen vorhanden ist (§ 16 Abs. 1 Nr. 1 Entwurf der Regierung von 1997). Der Kreis der Angehörigen sind Ehegatten, Verwandte in gerader absteigender Linie, Verwandte in gerader aufsteigender Linie und Geschwister (§ 17 Abs. 1 Entwurf der Regierung von 1997). Bei Minderjährigen als Angehörigen bedarf es zusätzlich noch der Zustimmung seiner Eltern oder seines gesetzlichen Vertreters (Vgl. § 17 Abs. 2 S. 2 Entwurf der Regierung von 1997).

Der Hirntod soll grundsätzlich von allen Mitgliedern der Hirntodfeststellungskommission einstimmig festgestellt werden (§ 20 Abs. 2 S. 1 Entwurf der

Regierung von 1997). Auch der Direktor der „medizinischen Institution für Hirntodfeststellung“ kann den Hirntod nach Befunden des behandelnden Arztes und zwei dafür qualifizierten Fachärzten feststellen, wenn der Hirntod durch die Hirntodfeststellungskommission nicht festgestellt werden kann (§ 20 Abs. 2 S. 2 Entwurf der Regierung von 1997).

Darüber hinaus gibt es neue Vorschriften über die Todesursache (§ 19 Abs. 4 Entwurf der Regierung von 1997) und die sog. „Organtransplantationskontrollzentrale“ statt „Organtransplantationsinformationszentrums“ (§ 28 Entwurf der Regierung von 1997). Es gibt aber keine Regelungen über Fonds für Organtransplantationen.

6. Entwurf des Parlaments

Der Hirntod soll ausnahmslos durch die Hirntodfeststellungskommission mit einstimmiger Zustimmung aller Mitglieder festgestellt werden (§ 20 Abs. 2 Entwurf des Parlaments).

Bei der Minderjährigenspende wird der absolut Organspendeunfähige auf Minderjährige unter 18 Lebensjahre beschränkt (§ 13 Abs. 1 Nr. 2 Entwurf des Parlaments). Die Entnahme von Organen bei Minderjährigen ist nur zulässig, wenn neben der Einwilligung des Minderjährigen zusätzlich sowohl die Zustimmung seiner Eltern oder seines gesetzlichen Vertreters als auch das Gutachten der Bioethikkommission und die Zulassung des Ministers für Gesundheit und Wohlfahrt vorhanden sind (§ 13 Abs. 2 S. 1 Entwurf des Parlaments). Die „Organtransplantationskontrollzentrale“ wird durch „Organtransplantationskontrollzentrum“ ersetzt (§ 28 Entwurf des Parlaments).

7. Entwurf der Regierung von 1998

Ein Paragraph regelt sowohl die Organentnahme bei Lebenden als auch die Organentnahme bei Hirntoten und Toten gemeinsam (Vgl. § 18 Abs. 1, 2 Entwurf der Regierung von 1998).

Die Entnahme oder Übertragung von Organen wird auf Niere, Leber, Bauchspeicheldrüse, Herz, Lunge und Knochenmark beschränkt (§ 3 Nr. 1 Entwurf der Regierung von 1998). Besonders bei Lebenden wird sie ausschließlich auf eine von zwei gesunden Nieren, Teile von Knochenmark, Leber und anderen durch Präsidentenverordnung bestimmte Organen in Rahmen der medizinischen Anerkennung stärker beschränkt (§ 10 Abs. 5 Entwurf der Regierung von 1998).

Bei der Minderjährigenspende umfasst die absolut Entnahmeunfähigen nur Minderjährige unter 16 Lebensjahren (§ 10 Abs. 3 S. 1 Nr. 1 Entwurf der Regierung von 1998). Hiervon ist das Knochenmark ausgeschlossen (§ 10 Abs. 3 S. 2 Entwurf der Regierung von 1998). Die Entnahme bei Minderjährigen bedarf neben der Einwilligung des Spenders zusätzlich nur der Zustimmung der Eltern (§ 18 Abs. 1 S. 2 Entwurf der Regierung von 1998). Der Empfängerkreis von Organen bei Minderjährigen unter 16 Lebensjahren wird auf Ehegatten, Verwandte in gerader absteigender Linie und Verwandte in gerader aufsteigender Linie, Geschwister sowie Verwandte bis zum vierten Grad beschränkt (§ 10 Abs. 4 Entwurf der Regierung von 1998). Die Entnahme von Knochenmark bei Minderjährigen hat keine Beschränkung des Empfängerkreises (§ 10 Abs. 4 Entwurf der Regierung von 1998).

Bei der Totenspende ist die Entnahme von Organen des Organspenders ohne Angehörigen verboten (Vgl. § 18 Abs. 2 S. 1 Entwurf der Regierung von 1998). Denn eine Regelung, nach der die Organentnahme bei Toten aufgrund einer Präsidentenverordnung zulässig ist, wenn Angehörige des Organspenders nicht vorhanden sind, wurde wieder fallen gelassen (Vgl. § 13 Abs. 1 Nr. 3 Entwurf der Gesetzgebungskommission; § 15 Abs. 1 Nr. 3 geänderter Entwurf der Gesetzgebungskommission; § 15 Abs. 1 Nr. 3 Entwurf für Anhörung; § 16 Abs. 1 Nr. 3 Entwurf der Regierung von 1997; § 16 Abs. 1 Nr. 3 Entwurf des Parlaments). Die Entnahme von Organen bei psychisch Kranken und geistig Behinderten ist nur zulässig, wenn der Organspender eingewilligt hatte und das Familienmitglied oder der Angehörige nicht ausdrücklich widersprochen hat (§ 18 Abs. 2 S. 2 Entwurf der Regierung von 1998). Familienmitglieder oder Angehörige als Zustimmungsbefugte (Vgl. § 18 Abs. 2 Nr. 1, Nr. 2 Entwurf der Regierung von 1998) werden auf Ehegatten, Verwandte in gerader absteigender Linie, Verwandte in gerader aufsteigender Linie, Geschwister und Verwandte bis zum vierten Grad beschränkt und die Person unter 14 Lebensjahren ist hiervon ausgeschlossen (§ 3 Nr. 5 Entwurf der Regierung von 1998).

Der Hirntod soll durch die Hirntodfeststellungskommission mit Anwesenheit von mindestens zwei Dritteln der Mitglieder und einstimmiger Zustimmung der anwesenden Mitglieder einschließlich mindestens zwei dafür qualifizierten Fachärzten festgestellt werden (§ 16 Abs. 2 Entwurf der Regierung von 1998).

Darüber hinaus umfasst der Entwurf eine „nationale Organtransplantationskontrollstelle“ als sog. Verteilungsstelle (§ 9 Entwurf der Regierung von 1998).

D. Gesetzgebungsverfahren des geltenden Gesetzes

Der Ausschuss für Gesundheit und Wohlfahrt des koreanischen Parlaments arbeite am 30. Dezember 1998 einen neuen Entwurf aus. Als Basis dienten der „Entwurf des Parlamentes“ und der „Entwurf der Regierung von 1998“.

Der neue Entwurf war dem „Entwurf der Regierung von 1998“ sehr ähnlich und wurde am 5. Januar 1999 vom koreanischen Parlament verabschiedet. Das geltende koreanische Transplantationsgesetz (Gesetz-Nummer 5858) wurde am 8.

Februar 1999 öffentlich bekannt gemacht und trat am 9. Februar 2000 in Kraft (§ 1 Schlussvorschriften kTPG).

III. Zusammenfassung

Bis zum Erlass des Transplantationsgesetzes dauerte das Gesetzgebungsunternehmen etwa 30 Jahre in Deutschland, während das koreanische Transplantationsgesetz nur eine Geschichte von ungefähr 10 Jahren hatte. Das am 5. November 1997 verabschiedete und am 1. Dezember 1997 in Kraft getretene deutsche Transplantationsgesetz ging dem am 8. Februar 1999 geschaffenen und am 9. Februar 2000 in Kraft getretenen koreanischen Transplantationsgesetz ungefähr 2 Jahre voraus.

Das deutsche Transplantationsgesetz und das koreanische Transplantationsgesetz haben spezialgesetzliche Regelung über Organtransplantationen als Gemeinsamkeit. Die Organtransplantation wurde in beiden Länder bereits vor Erlass von Transplantationsgesetzen durchgeführt. Dies bedeutete zwar kein Rechtsvakuum. Jedoch führten die heranzuziehenden allgemeinen Regeln und Grundsätze zu erheblichem Meinungsstreit und zu gewissen Rechtsunsicherheiten.[72] Das deutsche und das koreanische Transplantationsgesetz – jeweils als Ausdruck des sozialen Konsenses – beinhalten Regelungen zum Hirntod, zu den Voraussetzungen der Organentnahme, zu den Kriterien für die Organverteilung, zum Verbot des Organhandels und zu den weiteren Rechtsfragen. Mit dem Erlass eines Transplantationsgesetzes wurde größere Rechtssicherheit sowohl für die Ärzte als auch für die Betroffenen erwartet.

Das Ziel des deutschen Transplantationsgesetzes ist die zivil- und strafrechtliche Absicherung der Organspende und Organentnahme zum Zwecke der Übertragung auf andere Menschen, die gesundheitsrechtliche Absicherung der Organübertragung sowie das strafbewehrte Verbot des Organhandels.[73]

Im Folgenden soll das Ziel des koreanischen Transplantationsgesetzes kurz skizziert werden. Das Ziel des Gesetzes ist zunächst die effiziente Verteilung von Spendeorganen. Bis zum Erlass des Transplantationsgesetzes wurden Organtransplantationen nach privaten Richtlinien und Empfehlungen einiger privater Institutionen und Krankenhäuser vereinzelt durchgeführt.[74] Teilweise fanden

---

72 *Sabass*, „Die postmortale Organspende“, in: *Roxin/Schroth* (Hrsg.), Medizinstrafrecht, 2. Aufl., 2001, S. 251; *Uhlenbruck/Ulsenheimer*, „Die zivilrechtliche Problematik der Organtransplantation“, in: *Laufs/Uhlenbruck*, Handbuch des Arztrechts, 3. Aufl., 2002, § 142 Rn. 1.

73 BT-Dr. 13/4355, S. 11.

74 *Han/Hwang/Meng/Lee/Um/Koo*, „Organtransplantation und Biomedizin-Ethik: Analyse von Krankenhaus Organtransplantation Politik und Vorschlag für Ethik-Richtlinien“, Journal of the Korean Society for Transplantation Vol. 12 Nr. 1, The Korean Society for Transplantation, 1998, S. 7 ff.; *Joo*, „Organtransplantation und Anwendung des Trans-

entnommene Organe hierbei keine geeigneten Empfänger innerhalb des transplantierfähigen Zeitraums. Das Transplantationsgesetz wollte deshalb eine gerechte Verteilung von Organen gewährleisten, und zwar dadurch, dass die Spendeorgane mit einheitlichen Daten aus allen Teilen der Länder über mögliche Spender und Empfänger verteilt werden.

Weiterhin war das Ziel des koreanischen Transplantationsgesetzes die Lösung des Hirntod-Problems. Die Organentnahme vom Hirntoten betraf unvermeidliche strafrechtliche Fragen unabhängig davon, ob der Hirntote als Lebender oder Toter ansehen wird. Das Transplantationsgesetz schuf einen Weg zur gerechtigfertigten Entnahme von Organen dadurch, dass die Zulässigkeitsvoraussetzungen der Organentnahme bei Hirntoten in dieses Gesetz geregelt wurden.

Das Ziel des Transplantationsgesetzes umfasst auch die Schaffung eines strafbewehrten Verbots des Organhandels, der aufgrund der mangelnden Tatbestandsmäßigkeit nach herrschender Ansicht vor Erlass des Transplantationsgesetzes straflos bleiben musste. Die an der Schaffung des koreanischen Transplantationsgesetzes hauptsächlich interessierte Gruppe waren die Ärzte. Diese hatten große Angst vor der Strafdrohung bei der Feststellung des Hirntodes und der Organentnahme von Hirntoten. Zu fragen ist, ob der soziale Konsens genügt, um das Vertrauen der Bevölkerung in die Feststellung des Hirntodes und die Organentnahme von Hirntoten zu gewinnen. Denn nur 70% der Bevölkerung sprachen sich damals für den Hirntod und die Organspende aus, nur 71% erklärten ihre Bereitschaft zur Organspende.[75]

Das koreanische Transplantationsgesetz ist meines Erachtens ein Produkt des rechtspolitischen Kompromisses, um möglichst rasch ein Gesetz zu erhalten. Daher besteht beim koreanischen Transplantationsgesetz immer noch die Möglichkeit der Änderung nach dem sozialen Konsens über den Hirntod.

---

plantationsgesetzes", in: Entsprechung des Medizinrecht nach der Entwicklung der Medizintechnik, Journal of Korea-Japan Law Association Vol. 18, Korea-Japan Law Association, 1999, 307 (311 f.).

75 *Korea Institute for Health and Social Affairs*, Öffentliche Anhörung zur Gesetzgebung des „Gesetzes über die Transplantation von Organen", Anhörungsmaterial Nr. 96-10, 30. 10. 1996, S. 10.

§ 4 Übersicht über die Transplantationsgesetze in Deutschland und Korea

I. dTPG

A. Änderung des Gesetzes

Das deutsche Transplantationsgesetz vom 5. November 1997 (BGBl. I S. 2631) wird durch Gesetz vom 23. Oktober 2001 (BGBl. I S. 2702) zuletzt geändert. Danach werden die Wörter „fünfzigtausend Deutsche Mark“ durch die Wörter „fünfundzwanzigtausend Euro“ und die Wörter „fünftausend Deutsche Mark“ durch die Wörter „zweitausendfünfhundert Euro“ ersetzt (§ 20 Abs. 2 dTPG).

B. Struktur des Gesetzes

Das deutsche Transplantationsgesetz gliedert sich in 8 Abschnitte und regelt in insgesamt 26 Paragraphen die Grundzüge des deutschen Transplantationswesens. Dieses Gesetz enthält im ersten Abschnitt „Allgemeine Vorschriften“(§§ 1, 2 dTPG). Es behandelt im zweiten Abschnitt die „Organentnahme bei toten Organspendern“(§§ 3 bis 7 dTPG), im dritter Abschnitt die „Organentnahme bei lebenden Organspendern“(§ 8 dTPG), im vierten Abschnitt die „Entnahme, Vermittlung und Übertragung bestimmter Organe“(§§ 9 bis 12 dTPG), im fünften Abschnitt die „Meldung, Datenschutz, Fristen, Richtlinien zum Stand der Erkenntnisse der Medizinischen Wissenschaft“(§§ 13 bis 16 dTPG), im sechsten Abschnitt die „Verbotsvorschriften“(§ 17 dTPG) und im siebten Abschnitt „Straf- und Bußgeldvorschriften“(§§ 18 bis 20 dTPG). Schließlich werden im achten Abschnitt die „Schlussvorschriften“(§§ 21 bis 26 dTPG) geregelt.

C. Inhaltliche Übersicht

Die Inhaltliche Übersicht des deutschen Transplantationsgesetzes lässt sich entsprechend den Abschnitten und Paragraphen wie folgt skizzieren.

Der erste Abschnitt beschreibt den Anwendungsbereich des Gesetzes (§ 1 dTPG) und enthält Vorschriften zur Aufklärung der Bevölkerung über die Organspende (§ 2 Abs. 1 dTPG). Weiterhin enthält er Vorschriften über die freie Willenserklärung zur postmortalen Organspende mittels Organspendeausweis (§ 2 Abs. 2 dTPG) sowie über die Möglichkeit der Organisation eines Organspenderegisters (§ 2 Abs. 3 dTPG).

Der zweite Abschnitt betrifft die Organentnahme bei Verstorbenen. Diese ist nur zulässig, wenn der Betroffene hierzu zu Lebzeiten eingewilligt hatte, der Tod des Spenders nach den Regeln der medizinischen Wissenschaft festgestellt wurde und ein Arzt die Organentnahme vornimmt (§ 3 Abs. 1 dTPG). Hatte der Verstorbene zu Lebzeiten keine Erklärung zur Organspende abgegeben, sind die nächsten Angehörigen zu einer Entscheidung über eine mögliche Organspende berufen (§ 4 Abs. 1 S. 1 dTPG). Eine Organentnahme ist in diesem Fall nur zulässig, wenn ein Arzt die nächsten Angehörigen über eine in Frage kommende Organentnahme unterrichtet hat und die Angehörigen ihr zugestimmt haben (§ 4 Abs. 1 S. 2 dTPG). Dieses Zustimmungsmodell entspricht der „erweiterten Zustimmungslösung“. Hat der Verstorbene zu Lebzeiten eine bestimmte andere Person mit der Entscheidung zur Organentnahme beauftragt, tritt diese an die Stelle des nächsten Angehörigen (§ 4 Abs. 3 dTPG). Der nächste Angehörige und eine diesem gleich gestellte Person ist jedoch nur dann zur Entscheidung über die Organentnahme berufen, wenn er in den letzten zwei Jahren vor dem Tod des möglichen Organspenders zu diesem persönlichen Kontakt hatte (§ 4 Abs. 2 S. 2 dTPG).

Eine Organentnahme darf erst dann erfolgen, wenn der Tod des Organspenders eindeutig und zweifelsfrei nach Regeln, die dem Erkenntnisstand der medizinischen Wissenschaft entsprechen, ärztlich festgestellt ist (§ 3 Abs. 1 Nr. 2 dTPG). Die Entnahme von Organen ist unzulässig, wenn nicht vor der Entnahme bei dem Organspender der endgültige, nicht behebbare Ausfall der Gesamtfunktion des Großhirns, des Kleinhirns und des Hirnstamms ärztlich festgestellt ist (§ 3 Abs. 2 Nr. 2 dTPG). Das Verfahren für die Feststellung dieser Befunde ist geregelt (§ 5 dTPG).

Weitere Regelungen betreffen die Sicherstellung eines würdigen Umgangs mit dem Organspender (§ 6 dTPG) sowie die ärztliche Auskunftspflicht gegenüber den von einer Koordinierungsstelle beauftragten Personen (§ 7 dTPG).

Im dritten Abschnitt wird die Lebendspende behandelt (§ 8 dTPG). Die Lebendspende ist nur zulässig, wenn ein geeignetes Organ eines Verstorbenen zum Zeitpunkt der Organentnahme nicht zur Verfügung steht. Die Entnahme von Organen einer lebenden Person ist nur zulässig, wenn die Person volljährig und einwilligungsfähig ist, umfassend aufgeklärt worden ist und in die Entnahme eingewilligt hat. Die Spende eines nicht regenerierungsfähigen Organs, z.B. einer Niere, darf nur erfolgen zwischen Verwandten ersten oder zweiten Grades, Ehegatten, Verlobten oder anderen Personen, die sich in besonderer persönlicher Verbundenheit offenkundig nahe stehen. Grundvoraussetzung jeder Lebendspende ist die freiwillige Einwilligung des Spenders in die Organentnahme.

Dazu schreibt das Gesetz u.a. vor, dass ein Organ erst entnommen werden darf, wenn der Spendewillige durch zwei Ärzte eingehend aufgeklärt worden ist. Darüber hinaus soll die gutachtliche Stellungnahme der nach Landesrecht zuständigen Kommission in jedem Einzelfall sicherstellen, dass eine Lebendspende freiwillig und nicht durch Druck oder durch Vorteilsgewährung zustande kommt.

Im vierten Abschnitt wird die Übertragung „vermittlungspflichtiger“ Organe (Herz, Niere, Leber, Lunge, Darm, Bauchspeicheldrüse) auf “Transplantationszentren“ beschränkt (§ 9 dTPG), um eine „bedarfsgerechte, leistungsfähige und wirtschaftliche Versorgung zu gewährleisten und die erforderliche Qualität der Organübertragung zu sichern“ (§ 10 Abs. 1 dTPG).

Die Transplantationszentren werden verpflichtet, „Wartelisten“ aufzustellen; die Aufnahme oder Herausnahme eines Patienten von der Warteliste hat nach Kriterien zu erfolgen, welche dem aktuellen Stand der Wissenschaft entsprechen; sie muss – jederzeit nachvollziehbar – dokumentiert werden. Auch wird den Transplantationszentren die Sicherstellung einer psychischen Weiterbetreuung der Organempfänger (bzw. Lebendspender) aufgetragen (§ 10 Abs. 2 dTPG).

Die Zusammenarbeit zwischen den Transplantationszentren und anderen Krankenhäusern wird durch die Schaffung einer „Koordinierungsstelle“ geregelt (§ 11 dTPG). Während vor Inkrafttreten des deutschen Transplantationsgesetzes eine Meldung Hirntoter seitens der Krankenhäuser nur auf freiwilliger Basis erfolgte, werden diese durch das deutsche Transplantationsgesetz jetzt verpflichtet, geeignete Patienten mit diagnostiziertem Hirntod dem zuständigen Transplantationszentrum mitzuteilen, welches wiederum die Koordinierungsstelle unterrichtet.

Die Aufgaben der Koordinierungsstelle und die Rahmenregelungen für die Zusammenarbeit der Beteiligten bei der Entnahme dieser Organe regeln die Beteiligten durch gemeinsamen Vertrag nach den gesetzlichen Vorgaben (§ 11 dTPG) unter Einbeziehung entsprechender Richtlinien der Bundesärztekammer (§ 16 Abs. 1 S. 1 Nr. 4, 6 dTPG). Zu den gesetzlichen Vorgaben gehört auch die vertragliche Regelung eines jährlichen Berichts, der die Tätigkeit jedes Transplantationszentrums nach einheitlichen Vorgaben darstellt.

Die Vermittlung von vermittlungspflichtigen Organen muss nach Regeln erfolgen, die dem Erkenntnisstand der medizinischen Wissenschaft entsprechen (§ 12 Abs. 3 dTPG). Die Bundesärztekammer stellt in Richtlinien den Erkenntnisstand der medizinischen Wissenschaft für die Regeln zur Organvermittlung fest (§ 16 Abs. 1 S. 1 Nr. 5 dTPG).

Für die Organvermittlung werden als allgemeine Kriterien die Erfolgaussicht und die Dringlichkeit einer Organübertragung genannt (§ 12 Abs. 3 dTPG). Seit 1968 sind die Transplantationszentren in Deutschland in die internationale Organvermittlung durch die private gemeinnützige Stiftung Eurotransplant in Leiden / Niederlande einbezogen. Das deutsche Transplantationsgesetz trägt dem dadurch Rechnung, dass das deutsche Transplantationsgesetz vor seinem Inkrafttreten vereinbarte Regelungen mit Eurotransplant bis zum Abschluss eines Vertrages (§ 12 Abs. 1 und 4 dTPG) oder einer Rechtsverordnung des Bundesministerium für Gesundheit für den Bereich der Organvermittlung (§ 12 Abs. 6 dTPG) weitergelten lässt (§ 25 Abs. 2 dTPG).

Gegenstand des fünften Abschnitts sind Regelungen zum Datenschutz (§§ 13, 14 dTPG), zu Aufbewahrungs- und Löschungsfristen (§ 15 dTPG) und zum Auftrag an die Bundesärztekammer, den Stand der Erkenntnisse der medizinischen Wissenschaft zu bestimmten Sachgebieten in Richtlinien festzustellen (§ 16 dTPG).

Im sechsten Abschnitt ist das Verbot des Organhandels normiert. Jegliche Form des gewinnorientierten Umgangs mit menschlichen Organen ist verboten (§ 17 dTPG) und unter Strafe gestellt (§ 18 dTPG). Nach dem Gesetz macht sich auch strafbar, wer Organe, die Gegenstand verbotenen Handeltreibens sind, entnimmt, auf einen anderen Menschen überträgt oder sich übertragen lässt. Im Gesetz finden sich auch die Ausschlusstatbestände zum Verbot des Organhandels, z.B. mit Blick auf ein angemessenes Entgelt und Arzneimittel (§ 17 Abs. 1 S. 2 dTPG).

Im siebten Abschnitt werden darüber hinaus Straf- und Bußgeldvorschriften für alle am Organhandel vorsätzlich oder fahrlässig beteiligten Personen festgelegt. Strafbar ist dabei nicht nur die Verkaufsvermittlung, Entnahme und Transplantation von Organen im Rahmen eines Organhandels, sondern auch die Annahme eines gehandelten Organs (§ 18 dTPG). Wer Aufzeichnungen zur Hirntodfeststellung oder Organübertragung – vorsätzlich oder fahrlässig – überhaupt nicht, nicht richtig, nicht vollständig oder nicht in der vorgeschriebenen Weise durchführt oder in unzulässiger Weise ein Organ überträgt, kann bestraft werden (§ 20 dTPG).

Schließlich regelt der achte Abschnitt das Inkrafttreten des deutschen Transplantationsgesetzes sowie Änderungs- und Übergangsvorschriften hinsichtlich der Arzneimittel-, Straf- und Sozialgesetzgebung (§§ 21 bis 26 dTPG).

II. kTPG

A. Änderungen des Gesetzes

Das koreanische Transplantationsgesetz wurde schon am 7. September 1999 – bevor es überhaupt in Kraft getreten war – zum ersten Mal geändert (Gesetz-Nummer 6023), eine zweite Gesetzesänderung erfolgte am 26. August 2002 (Gesetz-Nummer 6725). Ein Änderungsentwurf für das Transplantationsgesetz wurde am 23. März 2003 in das Parlament eingebracht.

1. Erste Änderung

Hinsichtlich der Tathandlungen des Organhandels und der Rangfolge der Angehörigen wurde das Gesetz zum ersten Mal geändert (7. September 1999, Gesetz-Nummer 6023), um Unklarheiten des Gesetzeswortlauts zu beseitigen.

Das geänderte Gesetz umfasst auch das Zusagen einer Lieferung oder Annahme der Organe als eine verbotene Handlung des Organhandels (§ 6 Abs. 1 Nr. 1, Abs. 2 Gesetz vom 7. 9. 1999). Das geänderte Gesetz ersetzt als die nicht zu entnehmenden oder zu übertragenden Organe „die anderen durch Präsidentenverordnung bestimmten Organe“ durch „die anderen eine Gefahr für Leben oder Leib des Organempfängers herbeiführenden durch Präsidentenverordnung bestimmten Organe“ (§ 10 Abs. 1 Nr. 3 Gesetz vom 7. 9. 1999). Nach dem geänderte Gesetz sollen die zwei vorrangigen Angehörigen als Zustimmungsbefugte zur Organspende nach Grad und Alter festgestellt werden (§ 11 Abs. 3 Gesetz vom 7. 9. 1999).

2. Zweite Änderung

Mit dieser Änderung (26. August 2002, Gesetz-Nummer 6725) wurde eine neue Vorschrift über die soziale Respektierung des Organspenders eingefügt. Die Nächstenliebe und Opferbereitschaft des Organspenders ist ewig zu achten (§ 2 a Gesetz vom 26. 8. 2002).

Auch ein nachrangiges Familienmitglied oder Angehöriger kann zustimmen, wenn der vorrangig Zustimmungsbefugte nicht auffindbar ist oder aus anderen zwingenden Gründen nicht zustimmen kann (§ 11 Abs. 1 Nr. 2 Gesetz vom 26. 8. 2002). Die Zahl der Mitglieder der Kommission für die Hirntodfeststellung wurde von 7 bis 10 auf 6 bis 10 reduziert (§ 14 Abs. 3 Gesetz vom 26. 8. 2002). Eine neue Regelung über die sog. „Fachkontrollstelle für Als-hirntot-Vermuteten“ liegt vor, um den potentiellen Hirntoten fachlich zu kontrollieren (§ 16 a Gesetz vom 26. 8. 2002). Neben der Aufklärung ist der Arzt verpflichtet, bei Lebendspende Nachforschungen darüber anzustellen, ob der Organspender freiwillig handelt, und entsprechend zu gutachten (§ 19 Gesetz vom 26. 8. 2002). Bei Augenhornhaut kann auch der Direktor der „medizinischen Institution für Organtransplantation“ den Empfänger auswählen, wenn es notwendig ist (§ 22 Abs. 2 Gesetz vom 26. 8. 2002).

3. Ein Änderungsentwurf

Am 28 Februar 2003 wurde ein Änderungsentwurf in das Parlament eingebracht. Der Entwurf beinhaltet neue Regelungen über die sog. „nationale koreanische Stiftung Organtransplantation“ statt „nationale Organtransplantationskontrollstelle“ und den angemessen Ersatz für den Organspender. Die Regelung über die Hirntodfeststellungskommission soll aber beseitigt werden. Im Folgenden wird der Inhalt dieses Entwurfs nicht behandelt. Denn dieser Entwurf ist noch nicht verabschiedet.

B. Struktur des Gesetzes

Das koreanische Transplantationsgesetz (Gesetz-Nummer 6725) gliedert sich in 6 Abschnitte und regelt in insgesamt 49 Paragraphen die Grundzüge des koreanischen Transplantationswesens. Dieses Gesetz enthält im ersten Abschnitt „Allgemeine Vorschriften" (§§ 1 bis 4 kTPG). Im zweiten Abschnitt beinhaltet es Regelungen zur „Bioethikkommission und Organtransplantationskontrollstelle" (§§ 7 bis 9 kTPG) und im dritten Abschnitt Regelungen zur „Entnahme und Übertragung usw. von Organen" (§§ 10 bis 27 kTPG). Im vierten Abschnitt enthält es Vorschriften zur „Überwachung" (§§ 28 bis 31 kTPG), im fünften Abschnitt „Ergänzende Vorschriften" (§§ 32 bis 38 kTPG) und im sechsten Abschnitt „Straf- und Bußgeldvorschriften" (§§ 39 bis 49 kTPG). Schließlich werden auch die „Schlussvorschriften" (§§ 1 bis 3 der Schlussvorschriften kTPG) geregelt.

Der dritte Abschnitt dieses Gesetzes ist in fünf Titel unterteilt. Dieser Abschnitt beinhaltet im ersten Titel „Allgemeine Regelungen" (§§ 10, 11 kTPG), im zweiten Titel die „Registrierung des Organspenders und Organbedürftigen" (§§ 12, 13 kTPG), im dritten Titel die „Feststellung des Hirntodes" (§§ 14, 15 kTPG), im vierten Titel die „Entnahme und Übertragung von Organen" (§§ 18 bis 23 kTPG) und im fünften Titel die „Dokumentation und Einsicht usw." (§§ 23 bis 27 kTPG).

C. Inhaltliche Übersicht

Die inhaltliche Übersicht des koreanischen Transplantationsgesetzes lässt sich entsprechend den Abschnitten und Paragraphen wie folgt skizzieren.

Der erste Abschnitt beschreibt den Zweck des Gesetzes (§ 1 kTPG) und enthält Vorschriften zu dessen Grundidee (§ 2 kTPG). Der erste Abschnitt gibt weiterhin eine Legaldefinition des „Anwendungsgegenstands". Zu diesem zählen Niere, Leber, Bauchspeicheldrüse, Herz, Lunge, Knochenmark, Augenhornhaut und andere durch die Präsidentenverordnung bestimmte Organe, die zum Zweck der Wiederherstellung der Organe oder Gewebe eines anderen Menschen zu entnehmen und zu übertragen sind (§ 3 Nr. 1 kTPG). Im ersten Abschnitt wird außerdem eine Legaldefinition für den „Hirntoten" gegeben. Dieser wird aus der Sicht des Gesamthirntodesbegriffes als derjenige definiert, bei dem nach den Hirntodfeststellungskriterien und dem Hirntodfeststellungsverfahrens des Gesetzes der nicht behebbare Ausfall der Gesamthirnfunktion festgestellt wurde (§ 3 Nr. 4 kTPG). Der erste Abschnitt enthält auch Vorschriften über den Anwendungsbereich des Gesetzes (§ 4 kTPG) und die Pflicht des Staates und der Gemeinde (§ 5 kTPG). Im ersten Abschnitt ist schließlich das Verbot des Organhandels normiert (§ 6 kTPG). Jegliche Form des Organhandels wird unter Strafe gestellt (§ 40 kTPG).

Der zweite Abschnitt betrifft die Bioethikkommission (§ 7 kTPG), ihre Struktur und ihr Management (§ 8 kTPG). Der zweite Abschnitt betrifft ferner die nationale Organtransplantationskontrollstelle (§ 9 kTPG).

Die dritte Abschnitt ist in allgemeine Regelungen (erster Titel), Registrierung des Organspenders und Organbedürftigen (zweiter Titel), Feststellung des Hirntodes (dritter Titel), Entnahme und Übertragung von Organen (vierter Titel) und Dokumentation und Einsicht usw. (fünfter Titel) eingeteilt. Der erste Titel des dritten Abschnitts behandelt die Organe, deren Entnahme oder Übertragung verboten sind. Hierzu zählen die zur Übertragung nicht geeigneten (mit einer Krankheit) infizierten Organe, die durch Krebszellen befallende Organe und andere, eine Gefahr für Leben oder Leib des potentiellen Empfängers herbeiführenden Organe, die durch Präsidentenverordnung bestimmt werden (§ 10 Abs. 1 kTPG). Bei der Lebendspende sind ferner sog. absolute Entnahmeunfähige betroffen, deren Organe auf keinen Fall entnommen werden dürfen. Die Lebendspende ist immer unzulässig für Minderjährige unter 16 Jahren, Schwangere, Wöchnerinnen, deren Entbindung nicht länger als drei Monate zurückliegt, psychisch Kranke, geistig Behinderte oder Drogenabhängige (§ 10 Abs. 3 kTPG). Die Organe von Minderjährigen nicht unter 16 Jahren ist ausschließlich bei Knochenmarksspenden zulässig und kann nur auf Ehegatten, Verwandte in gerader ab- und aufsteigender Linie, Geschwistern sowie Verwandte vierten Grades übertragt werden (§ 10 Abs. 4 kTPG). Die Entnahme von Organen bei Lebenden ist auf eine von beiden gesunden Nieren oder Teile der Leber, von Knochenmark und anderen durch Präsidentenverordnung bestimmten Organe im Rahmen der medizinischen Anerkennung beschränkt (§ 10 Abs. 5 kTPG). Schließlich behandelt der erste Titel des dritten Abschnitts die Form der Einwilligung des Organspenders und der Zustimmung der Familienmitglieder oder Angehörigen (§ 11 kTPG). Im zweiten Titel des dritten Abschnitts sind die Vorschriften über das Organspenderegister (§ 12 kTPG) und die Registrierung des Organspenders usw. enthalten (§ 13 kTPG). Im dritten Titel des dritten Abschnitts wird zunächst die Feststellung des Hirntodes behandelt. Zur sorgfältigen und sicheren Feststellung des eingetretenen Hirntodes soll die Feststellung des Hirntodes nur in einer „medizinischen Institution für Hirntodfeststellung"erfolgen (§ 14 Abs. 5 kTPG). Dieser Titel beinhaltet weiterhin die Anmeldung zur Hirntodfeststellung (§ 15 kTPG). Der Hirntod soll durch die „Kommission für Hirntodfeststellung" mit Anwesenheit von mindestens zwei Dritteln ihrer Mitglieder und einstimmiger Zustimmung der anwesenden Mitglieder einschließlich mindestens zweier dafür qualifizierter Fachärzte festgestellt werden (§ 16 Abs. 2 S. 1 kTPG). Die Hirntodfeststellungskriterien sind im Gesetz selbst festgelegt (§ 16 Abs. 2 S. 2 kTPG). Nach diesem Titel wird die den Hirntod herbeiführende Krankheit oder Verletzung als die Todesursache angesehen, wenn der Hirntote bei der Organentnahme stirbt (§ 17 kTPG). Nach dem vierten Titel des dritten Abschnitts ist die Entnahme von Organen bei Lebenden nur dann zulässig, wenn der Organspender in die Spende von Organen eingewilligt hat (§ 18 Abs. 1 S. 1 kTPG). Die Entnahme bei Minderjährigen bedarf neben der Einwilligung des Minderjährigen zusätzlich auch der Zustimmung seiner Eltern (§ 18 Abs. 1 S. 2 kTPG). Die Entnahme von Organen bei Toten bzw. Hirntoten ist zulässig, wenn der Organspender zu Lebzeiten in die Entnahme von Organen eingewilligt hatte und Familienmitglieder oder Angehörige der Entnahme von Organen nicht ausdrücklich widersprochen hatten (§ 18 Abs. 2 Nr. 1 kTPG). Die Entnahme ist auch zulässig, wenn zu Lebzeiten des möglichen Organspenders weder eine Einwilligung noch ein Widerspruch bekannt ist und ein Familienmitglied oder Angehöriger der Organentnahme zugestimmt hatte (§ 18 Abs. 2 Nr. 2 kTPG). Dieses Zustimmungsmodell entspricht der sog. „bedingten erweiterten Zustimmungslösung". Der vierte Titel des dritten Abschnitts beinhaltet ferner die Nachforschungspflicht des Arztes bei der Entnahme von Organen (§ 19 kTPG), den Vorrang der Sektion oder Leichenschau (§ 20 kTPG) und die „medizinische Institution für Organtransplantation" (§ 21 kTPG). Der Organempfänger soll im Grundsatz durch den Direktor der „nationalen Organtransplantationskontrollstelle" nach den durch die Präsidentenverordnung bestimmten Auswahlkriterien ausgewählt werden (§ 22 Abs. 1 kTPG). Der Organempfänger kann auch durch den Direktor des „medizinischen Institution für Organtransplantation" ausgewählt werden, wenn ansonsten – wie bei der Augenhornhaut – die deutliche Gefahr eines Chancenverlustes für eine Übertragung besteht; entsprechendes gilt für andere durch Präsidentenverordnung bestimmte zwingende Gründe (§ 22 Abs. 2 kTPG). Bei Lebendspende kann ein Organspender ab 20 Jahren und ein Knochenmarksspender unter 20 Jahren (sog. Minderjähriger) den Empfänger von Organen mit Zulassung des Direktors der „nationalen Organtransplantationskontrollstelle" direkt benennen (sog. „Direktspende") (§ 22 Abs. 3 kTPG). Schließlich behandelt der vierte Titel auch die Unabhängigkeit der Ärzte (§ 23 kTPG). Der fünfte Titel des dritten Abschnitts beinhaltet die Dokumentation und Mitteilung usw. über die Entnahme von Organen (§ 24 kTPG), die Aufbewahrung der Dokumentation (§ 25 kTPG), die Einsicht in die Dokumentation usw. (§ 26 kTPG) und die Schweigepflicht der Mitarbeiter im organisatorischen Bereich des Transplantationswesens (§ 27 kTPG).

Der vierte Abschnitt regelt die Berichts- und Untersuchungspflicht (§ 28 kTPG), Korrekturanordnung (§ 29 kTPG), Zurücknahme der Bestimmung (§ 30 kTPG) und Bericht, Mitteilung der Geschäftsaufgabe und Datenübertragung (§ 31 kTPG).

Der fünfte Abschnitt beinhaltet die Unterstützung der nationalen Organtransplantationskontrollstelle (§ 32 kTPG), das Verbot der Namensverwendung der nationalen Organtransplantationskontrollstelle (§ 34 kTPG), die Übertragung der Befugnisse (§ 35 kTPG), die Anhörung (§ 36 kTPG), die Kostentragung für die Entnahme und Übertragung von Organen (§ 37 kTPG) und die Höhe der Gebühren (§ 38 kTPG).

Der sechste Abschnitt regelt die Straf- und Bußgeldvorschriften (§ 39 bis 49 kTPG). Schließlich werden in den Schlussvorschriften das Inkrafttreten des Gesetzes (§ 1 Schlussvorschrift des kTPG), die Übergangvorschriften hinsichtlich des Registers usw. (§ 2 Schlussvorschrift des kTPG) und die Änderungsvorschrift des „Gesetzes über Sektion und Bewahrung von Leichen" (§ 3 Schlussvorschrift des kTPG) geregelt.

III. Zusammenfassung

Sowohl nach dem deutschen als auch nach dem koreanischen Transplantationsgesetz müssen bestimmte Voraussetzungen für die Organentnahme sowohl bei Lebenden als auch bei Toten bzw. Hirntoten erfüllt sein. Diese Voraussetzungen stimmen bei Herztoten und bei Hirntoten überein.

Das deutsche und koreanische Transplantationsgesetz stimmen auch darin überein, dass der Hirntod als Gesamthirntod definiert wird. Die den Tod feststellenden Ärzte sollen von die Organe entnehmenden oder übertragenden Ärzten unabhängig sein. Es gibt inhaltliche und verfahrensrechtliche Kriterien für die Organvermittlung und die Empfängerauswahl. Der kommerzielle Organhandel ist verboten.

Im Folgenden werden zusammenfassend die Unterschiede zwischen dem deutschen und dem koreanischen Transplantationsgesetz dargestellt.

Nach dem deutschen Transplantationsgesetz ist die Bundesärztekammer dafür zuständig, die Kriterien für eine Hirntodfeststellung in Richtlinien festzulegen. Die Feststellung des Gesamthirntodes ist grundsätzlich jeweils durch zwei dafür qualifizierte Ärzte zu treffen, die den Organspender unabhängig voneinander zu untersuchen haben.

Nach dem koreanischen Transplantationsgesetz werden die Kriterien für die Hirntodfeststellung im Gesetz selbst festgelegt. Der Hirntod soll durch die „Kommission für Hirntodfeststellung" festgestellt werden, um Vertrauen in der Bevölkerung zu bilden und um Transparenz zu sichern. Als Todesursache wird die den Hirntod herbeiführende Krankheit oder Verletzung angesehen, wenn der Hirntote bei der Organentnahme stirbt.

Nach dem deutschen Transplantationsgesetz ist primär eine (ausdrückliche) Erklärung des Organspenders bei Toten maßgeblich. Liegt keine Erklärung des Organspenders vor, hängt die Organentnahme bei Toten von der Entscheidung des nächsten Angehörigen ab. Dies entspricht einer sog. „erweiterte Zustimmungslösung". Der Kreis der entscheidungsberechtigten Angehörigen wird auf diejenigen begrenzt, die mit dem Verstorbenen in den letzten zwei Jahren vor seinem Tod persönlichen Kontakt hatten. Hat der Verstorbene zu Lebzeiten eine bestimmte andere Person mit der Entscheidung über die Organentnahme beauftragt, tritt diese an die Stelle des nächsten Angehörigen.

Nach dem koreanischen Transplantationsgesetz hat die Erklärung des Familienmitglieds oder Angehörigen den relativen Vorrang. Die Entnahme von Organen ist bei Einwilligung des Organspenders zulässig, wenn kein ausdrücklicher Widerspruch des Familienmitglieds oder Angehörigen vorhanden ist. Sie ist dagegen trotz Einwilligung des Organspenders unzulässig, wenn es einen solchen ausdrücklichen Widerspruch gibt. Bei fehlender Erklärung des Organspenders ist die Organentnahme vom Toten zulässig, wenn das Familienmitglied oder der Angehörige der Organentnahme zugestimmt hat. Dies entspricht der sog. „bedingten erweiterten Zustimmungslösung".

Nach dem deutschen Transplantationsgesetz setzt die Entnahme von Organen bei Lebenden voraus, dass ein geeignetes Organ eines toten Organspenders im Zeitpunkt der Organentnahme nicht zur Verfügung steht. Hier ist die Lebendspende gegenüber der postmortalen Organspende subsidiär. Die Entnahme von Organen einer lebenden Person ist nur zulässig, wenn die Person volljährig und einwilligungsfähig ist. Minderjährige und geistig Behinderte sind als Organspender ausgeschlossen. Der zulässige Empfängerkreis bei der Entnahme nicht regenerierungsfähiger Organe ist beschränkt auf Verwandte ersten oder zweiten Grades, Ehegatten, Lebenspartner, Verlobte oder andere Personen, die dem Spender in besonderer persönlicher Verbundenheit offenkundig nahe stehen. Die Organentnahme bei Lebenden setzt weiter voraus, dass die Prüfung einer Gutachterkommission keine Anhaltspunkte dafür ergeben hat, dass der Organspender durch Druck oder materielle Anreize zur Spende bewogen worden ist.

Nach dem koreanischen Transplantationsgesetz ist die Entnahme von Organen bei Lebenden ohne gesonderte Beschränkung zulässig, wenn der Organspender in die Spende von Organen eingewilligt hat. Die Entnahme von Organen bei Lebenden ist auf eine der beiden gesunden Nieren oder Teile der Leber, Knochenmark und andere durch Präsidentenverordnung bestimmte Organe im Rahmen der medizinischen Anerkennung beschränkt. Die Entnahme von Organen bei Minderjährigen bedarf neben der Einwilligung des Minderjährigen zusätzlich der Zustimmung seiner Eltern. Die Entnahme von Organen bei Minderjährigen ist nur zum Zwecke der Übertragung auf Ehegatten, Verwandte in gerader ab- und aufsteigender Linie, Geschwister sowie Verwandte vierten Grades zulässig. Das Knochenmark hat keine Einschränkung des Empfängerkreises.

Nach dem deutschen Transplantationsgesetz muss die Vermittlung von vermittlungspflichtigen Organen nach Regeln erfolgen, die dem Erkenntnisstand der medizinischen Wissenschaft entsprechen, insbesondere nach Erfolgsaussicht und

Dringlichkeit. Die Vermittlung der vermittlungspflichtigen Organe erfolgt durch Eurotransplant als Vermittlungsstelle.

Nach dem koreanischen Transplantationsgesetz erfolgt die Auswahl des Organempfängers nach den durch Präsidentenverordnung bestimmten Auswahlkriterien. Die Auswahl des Organempfängers nimmt der Direktor der nationalen Organtransplantationskontrollstelle als Auswahlstelle vor. Bei Lebenden kann der Organspender den Organempfänger bestimmen (sog. „Direktspende").

Das koreanische Transplantationsgesetz wurde oft geändert. Das ist Ausdruck des Kompromisscharakters der Gesetzgebung. Neue Umstände, z.B. eine überraschende Abnahme von Spendeorganen, werden wahrscheinlich zu weiteren Änderungen des koreanischen Transplantationsgesetzes führen.

Drittes Kapitel : Hauptprobleme des Transplantationsrechts

§ 5 Anwendungsbereich der Transplantationsgesetze

I. dTPG

Dieses Gesetz gilt für die Spende und die Entnahme von menschlichen Organen, Organteilen oder Geweben (Organe) zum Zwecke der Übertragung auf andere Menschen sowie für die Übertragung der Organe einschließlich der Vorbereitung dieser Maßnahmen (§ 1 Abs. 1 S. 1 dTPG). Es gilt ferner für das Verbot des Handels mit menschlichen Organen (§ 1 Abs. 1 S. 2 dTPG). Dieses Gesetz gilt nicht für Blut und Knochenmark sowie embryonale und fetale Organe und Gewebe (§ 1 Abs. 2 dTPG).

A. Anwendungsbereich

Die Regelung des deutschen Transplantationsgesetzes gilt umfassend für menschliche Organe, Organteile und Gewebe, die gemäß der Legaldefinition des Gesetzes als Organe bezeichnet werden.

Zum Anwendungsbereich des deutschen Transplantationsgesetzes zählt auch das Verbot des Handels mit menschlichen Organen (§ 1 Abs. 1 S. 2 dTPG). Das ist unabhängig von diesem Anwendungsbereich. Diese Norm bezieht sich auf den verbotenen Organhandel (§ 17 dTPG).[76]

1. Menschliche Organe, Organteile oder Gewebe

Der Anwendungsbereich des Gesetzes erstreckt sich nur auf die Entnahme von menschlichen (verstorbenen oder lebenden) Organen. Unter menschlichen Organen ist letztlich jeder natürliche Bestandteil des Körpers zu verstehen.[77]

Ebenso gilt das Gesetz nur für die Entnahme und Übertragung der menschlichen Organe, nicht dagegen für künstliche Produkte, wie z.B. Herzschrittmacher oder Endoprothesen, die in den Körper eingefügt werden.[78] Tierische Organe sind

---

[76] Siehe § 10 „Verbot des Organhandels" dieser Arbeit.

[77] BT-Dr. 13/4355, S. 16.

[78] *Borowy*, Die postmortale Organentnahme und ihre zivilrechtlichen Folgen, 2000, S. 93; *Uhlenbruck/Ulsenheimer*, „Die zivilrechtliche Problematik der Organtransplantation", in: *Laufs/Uhlenbruck*, Handbuch des Arztrechts, 3. Aufl., 2002, § 131 Rn. 4. Im Hinblick darauf, dass diese künstlichen Implantate unter den Begriff des Medizinprodukts (nach § 3 Nr. 3 MPG) fallen, sind insoweit die Regelungen des MPG einschlägig. Die in Nährlösungen gezüchteten „künstlichen Organe", beispielsweise Hautpräparate, sind im Umkehrschluss zu § 2 Abs. 3 Nr. 8 AMG als Arzneimittel(im Sinne des § 2 Abs. 2 Nr. 4

nicht vom Geltungsbereich des deutschen Transplantationsgesetzes erfasst.[79] Selbst wenn Tierorgane durch Einschleusung von menschlichen Genen „humanisiert“ werden, bleibt der Ursprung tierisch. Die Züchtung, Entnahme, Implantation der transgenen Spenderorgane unterfallen mithin nicht dem Transplantationsgesetz.[80] Ebenfalls nicht vom Transplantationsgesetz erfasst wird die Xenotransplantation.[81]

Dem Begriff Organ definiert die medizinische Wissenschaft als eine aus Zellen und Geweben zusammengesetzte funktionelle Einheit einen Organismus. Darunter sind neben den vermittlungspflichtigen Organen, d.h. Herz, Niere, Leber, Lunge, Bauchspeicheldrüse und Darm (Vgl. § 9 dTPG), vor allem auch die Haut zu subsumieren. Organteile sind beispielsweise Leberlappen und Lungenflügel, die ebenfalls erfolgreich auf andere Menschen übertragen werden können.[82] Gewebe ist ein durch spezifische Leistungen gekennzeichneter Verband gleichartig entwickelter differenzierter Zellen. Beispiele für Gewebe sind die Augen-

---

AMG) einzustufen. Siehe *Nickel/Schmidt-Preisigke/Sengler,* Transplantationsgesetz, Kommentar, 2001, § 1 Rn. 6; *Nickel*, Die Entnahme von Organen und Geweben bei Verstorbenen zum Zwecke der Transplantation, 1999, S. 139; *Tag*, „Transplantationsgesetz“, in: Münchener Kommentar zum Strafgesetzbuch, Bd. 5, 2004, § 1, Rn. 10.

79 *Rixen*, „§ 1 Anwendungsbereich“, in: *Höfling* (Hrsg.), Transplantationsgesetz, Kommentar, 2003, Rn. 19; *Tag*, „Transplantationsgesetz“, in: Münchener Kommentar zum Strafgesetzbuch, Bd. 5, 2004, § 1, Rn. 11; *Uhlenbruck/Ulsenheimer,* „Die zivilrechtliche Problematik der Organtransplantation“, in: *Laufs/Uhlenbruck,* Handbuch des Arztrecht, 3. Aufl., 2002, § 131 Rn. 4. Die Zulässigkeit der Entnahme von Organen bei Tieren richtet sich nach dem Tierschutzgesetzes(TierSchG). Nach dem Tierschutzgesetz darf ein Organ bei einem Tier zum Zwecke der Transplantation entnommen werden (§ 6 Abs. 1 S. 2 Nr. 4 TierSchG). Der Begriff Transplantation wird insoweit als medizinisch begründete Verpflanzung eines Organs oder Gewebes von einem Tier auf ein anderes Tier oder den Menschen definiert. Werden Organe oder Gewebe von einem lebenden Tier entnommen, das vorbehandelt wurde, handelt es sich um einen Teil eines genehmigungspflichtigen Tierversuchs (Vgl. § 7 Abs. 1 TierSchG). Soweit Tiere im Vorfeld einer Xenotransplantation gentechnisch modifiziert werden, kommen die Vorschriften des Gentechnikgesetzes zur Anwendung. Für die Übertragung tierischer Organe auf den Menschen (Xenotransplantation) kommt vor allem die Anwendung des Arzneimittelgesetzes – hier insbesondere § 13 AMG (Herstellungserlaubnis) und § 67 AMG (Anzeigeverpflichtung) in Betracht. Nach den Vorschriften des AMG zur klinischen Prüfung und den berufsrechtlichen Regelungen zum klinischen Versuch müssen insbesondere Ethikkommissionen eingeschaltet werden, die u.a. die wissenschaftliche und ethische Vertretbarkeit eines klinischen Xenotransplantationsvorhabens im Einzelfall zu prüfen hätten. Siehe *Nickel/Schmidt- Preisigke/Sengler,* Transplantationsgesetz, Kommentar, 2001, § 1 Rn. 8; *Nickel*, Die Entnahme von Organen und Geweben bei Verstorbenen zum Zwecke der Transplantation, 1999, S. 138.

80 *Tag*, „Transplantationsgesetz“, in: Münchener Kommentar zum Strafgesetzbuch, Bd. 5, 2004, § 1, Rn. 11.

81 *Clement*, „Transplantation“, in: *Rieger* (Hrsg.), Lexikon des Arztrechts, 2. Aufl., 2001, 5150 Rn.2; *Tag*, „Transplantationsgesetz“, in: Münchener Kommentar zum Strafgesetzbuch, Bd. 5, 2004, § 1, Rn. 11.

82 *Nickel/Schmidt-Preisigke/Sengler,* Transplantationsgesetz, Kommentar, 2001, § 1 Rn. 1; *Nickel*, Die Entnahme von Organen und Geweben bei Verstorbenen zum Zwecke der Transplantation, 1999, S. 130.

hornhaut,[83] die harte Hirnhaut (dura mater), Knochen, Knorpel und Sehnengewebe (fascia lata).[84]

Dieser weite Anwendungsbereich wird in mehrfacher Hinsicht wieder eingeschränkt. Aus medizinischer Sicht versteht man unter „Gewebe" die einzelnen Arten der Zellverbände, die eine gemeinsame Funktion besitzen und die den Körper aufbauen.[85] Demgemäß liegt es nahe, dass auch aus verschiedenen Geweben zusammengesetzte Körperteile mit einer bestimmten Funktion, so z.B. die Transplantation einer Hand, vom Geltungsbereich erfasst werden.[86] Vom Gewebe abzugrenzen sind einzelne Zellen. Eine Zelle ist die kleinste lebensfähige Einheit eines Körpers mit eigenem Stoffwechsel und mit Stoffwechselprodukten. Obgleich Zellen transplantiert werden, um z.B. in ihrer natürlichen Funktion Gewebedefekte zu reparieren, vgl. Haut- oder Knorpelzellen, oder um mangelnde Stoffwechselprodukte zu produzieren, vgl. Insulin, gilt das deutsche Transplantationsgesetz nicht für deren isolierte Entnahme.[87] Der Geltungsbereich des Gesetzes erstreckt sich nach der Einzelbegründung[88] auch nicht auf Zellbestandtei-

83 Vgl. die Richtlinien der Bundesärztekammer zum Führen einer Hornhautbank, DÄBl 2000, A-2122 ff.

84 *Clement*, „Transplantation", in: *Rieger* (Hrsg.), Lexikon des Arztrechts, 2. Aufl., 2001, 5150 Rn.2; *Tag*, „Transplantationsgesetz", in: Münchener Kommentar zum Strafgesetzbuch, Bd. 5, 2004, § 1, Rn. 3.

85 *Pschyrembel* (Hrsg.), Klinisches Wörterbuch, Stichwort: „Gewebe".

86 *Tag*, „Transplantationsgesetz", in: Münchener Kommentar zum Strafgesetzbuch, Bd. 5, 2004, § 1, Rn. 3.

87 *Tag*, „Transplantationsgesetz", in: Münchener Kommentar zum Strafgesetzbuch, Bd. 5, 2004, § 1, Rn. 4.

88 BT-Dr. 13/4355, S. 16.

le,[89] insbesondere Gene oder andere DNA-Teile,[90] Ei- und Samenzellen,[91] weil sie keine Gewebe sind. Haare sind Gewebe.[92]

Grundsätzlich werden vom lebenden Körper abgetrennte natürliche Körperteile, Organe und Gewebe zur Sache.[93] Nur in engen Grenzen besteht von diesem Grundsatz dann eine Ausnahme, wenn das entnommene Organ nur kurzfristig vom Körper getrennt wird, um es im Rahmen derselben Behandlung wieder in den Ursprungskörper zu integrieren und damit in einem engen raum-zeitlichen Zusammenhang zurückzuversetzen. In diesem Ausnahmefall ist das Band zwischen menschlichem Körper und dem entnommenen Organ so eng gewoben, die Struktur- und Wertegleichheit mit den fest verbundenen natürlichen Körperteilen dergestalt gegeben, dass diese kurzfristige Ausgliederung das entnommene Organ nicht zur Sache umgestaltet.[94] Aber auch z.B. das konservierte Sperma kann für seinen Rechtsträger im rechtlichen Sinne zum Körper gehören.[95]

---

89 *Borowy*, Die postmortale Organentnahme und ihre zivilrechtlichen Folgen, 2000, S. 92; *Nickel/Schmidt-Preisigke/Sengler,* Transplantationsgesetz, Kommentar, 2001, § 1 Rn. 1; *Uhlenbruck/Ulsenheimer,* „Die zivilrechtliche Problematik der Organtransplantation", in: *Laufs/Uhlenbruck,* Handbuch des Arztrechts, 3. Aufl., 2002, § 131 Rn. 4.

90 Für die Beurteilung der rechtlichen Rahmenbedingungen der somatischen Gentherapie sind das Arzneimittelrecht und das ärztliche Berufsrecht von zentraler Bedeutung. Darüber hinaus finden die Vorschriften des Genthechnikgesetzes, des Arbeitsschutzrechts, des Seuchenrechts sowie des Zivil- und Strafrechts Anwendung. Siehe *Nickel/Schmidt- Preisigke/Sengler,* Transplantationsgesetz, Kommentar, 2001, § 1 Rn. 5; *Nickel,* Die Entnahme von Organen und Geweben bei Verstorbenen zum Zwecke der Transplantation, 1999, S. 137.

91 Hier gilt insbesondere das Embryonenschutzgesetz (13.12.1990, BGBl. I S. 2746), das beispielsweise die Übertragung von Eizellen (§ 1 Abs. 1 Nr. 1 EschG) verbietet und unter Strafe stellt. Auch die künstliche Befruchtung einer Eizelle mit dem Samen eines Mannes nach dessen Tod ist verboten (§ 4 Abs. 1 Nr. 3 EschG) und mit Strafe bedroht. Die Übertragung von Eierstöcken, die einer toten Spenderin entnommen wurden, auf andere Menschen ist ebenfalls vom Verbot erfasst (§ 1 Abs. 1 Nr. 1 EschG), auch wenn sie zum Zwecke einer endokrinen Therapie erfolgen soll. Für die Transplantation von Hoden gibt es kein spezialgesetzliches Verbot. Siehe *Nickel/Schmidt-Preisigke/Sengler,* Transplantationsgesetz, Kommentar, 2001, § 1 Rn. 4; *Nickel,* Die Entnahme von Organen und Geweben bei Verstorbenen zum Zwecke der Transplantation, 1999, S. 137; *Rixen,* „§ 1 Anwendungsbereich", in: *Höfling* (Hrsg.), Transplantationsgesetz, Kommentar, 2003, Rn. 16; *Tag,* „Transplantationsgesetz", in: Münchener Kommentar zum Strafgesetzbuch, Bd. 5, 2004, § 1, Rn. 7.

92 *König,* Strafbarer Organhandel, 1999, S. 148; *Deutsch,* „Das Transplantationsgesetz vom 5.11.1997", NJW 1998, 777 (782); *Rixen,* „§ 1 Anwendungsbereich", in: *Höfling* (Hrsg.), Transplantationsgesetz, Kommentar, 2003, Rn. 15.

93 *Tag,* „Transplantationsgesetz", in: Münchener Kommentar zum Strafgesetzbuch, Bd. 5, 2004, § 1, Rn. 5.

94 *Tag,* „Transplantationsgesetz", in: Münchener Kommentar zum Strafgesetzbuch, Bd. 5, 2004, § 1, Rn. 6.

95 Näher zum funktionalen Körperbegriff *Freund/Heubel,* „Der menschliche Körper als Rechtsbegriff", MedR 1995, S. 194 (196 ff.).

2. Zum Zwecke der Übertragung auf andere Menschen

Die Regelungen des deutschen Transplantationsgesetzes gelangen ferner nur zur Anwendung, soweit die Organe zum Zwecke der Übertragung auf andere Menschen entnommen werden (§ 1 Abs. 1 dTPG).

Die Übertragung dient in der Regel der Heilbehandlung. Die Übertragung zum Heilzweck wird aber vom Gesetz nicht verlangt, so dass auch Übertragungen zu anderen Zwecken, wie z.B. kosmetischen Zielen, erfasst werden.[96] Das gleiche muss für wissenschaftliche Zwecke oder zum Zwecke der Erforschung der Todesursache gelten.[97]

Andererseits ist unerheblich, aus welchem Anlass das Organ sonst noch entnommen wird. So richtet sich die Zulässigkeit der bei einer Obduktion (auch) zum Zwecke der Übertragung auf andere Menschen entnommenen harten Hirnhaut (auch) nach den Vorschriften des Transplantationsgesetzes. Entscheidend ist der überhaupt vorhandene Zwecke der Übertragung auf andere Menschen.[98]

3. Vorbereitungsmaßnahmen

Das deutsche Transplantationsgesetz gilt für die Übertragung der Organe einschließlich der Vorbereitung dieser Maßnahmen (§ 1 Abs. 1 S. 1 dTPG).

Zum Anwendungsbereich des Gesetzes gehören auch die Vorbereitungsmaßnahmen für Eingriffe zur Organentnahme und -übertragung, einschließlich aller zur Organentnahme, -vermittlung und -übertragung erforderlichen Maßnahmen (Vgl. §§ 9 bis 11 dTPG). Darunter fallen z.B. die Feststellung des Todes, die Klärung der Zulässigkeit einer Organentnahme, die intensivmedizinischen Maßnahmen zur künstlichen Aufrechterhaltung der Atmungs- und Kreislauffunktionen, die Organisation der Organentnahme, die erforderlichen klinischen und labortechnischen Untersuchungen zur Eignung des Organspenders und der entnommenen Organe sowie die Konservierung und Beförderung der Organe zu denjenigen Transplantationszentren, in denen sie auf die durch Entscheidung der Vermittlungsstelle bestimmten Empfänger übertragen werden sollen.[99]

---

96 BT-Dr. 13/4355, S. 16.

97 *König*, Strafbarer Organhandel, 1999, S. 147; *Rixen*, „§ 1 Anwendungsbereich“, in: *Höfling* (Hrsg.), Transplantationsgesetz, Kommentar, 2003, Rn. 27; *Tag*, „Transplantationsgesetz“, in: Münchener Kommentar zum Strafgesetzbuch, Bd. 5, 2004, § 1, Rn. 19.

98 *Nickel/Schmidt-Preisigke/Sengler*, Transplantationsgesetz, Kommentar, 2001, § 1 Rn. 3; *Nickel*, Die Entnahme von Organen und Geweben bei Verstorbenen zum Zwecke der Transplantation, 1999, S. 132.

99 BT-Dr. 13/4355, S. 16.

B. Ausschluss des Anwendungsbereichs

Mit einer Antidefinition wird die Anwendung des Gesetzes auf Blut und Knochenmark sowie embryonale und fetale Organe und Gewebe ausgeschlossen (§ 1 Abs. 2 dTPG). Da diese bereits entweder gesetzlich oder standesrechtlich geregelt sind.

1. Blut

Der Geltungsbereich des Gesetzes erstreckt sich nicht auf Blut. Das gilt auch für periphere Blutstammzellen.[100]

Auch Blut wird medizinisch als Organ definiert.[101] Die Übertragung von Blut oder Blutbestandteilen von einem Blutspender auf einen Empfänger wird in der medizinischen Wissenschaft hingegen nicht mit dem Begriff Bluttransplantation, sondern als Bluttransfusion umschrieben.[102] Dieser Bereich ist im Transfusionsgesetz (TFG)[103] geregelt, das die Blutspende und das Transfusionswesen auf eine gesetzliche Grundlage stellt und detaillierte Anforderungen an die Gewinnung von Blut und Blutbestandteilen sowie die Anwendung von Blutprodukten enthält.

2. Knochenmark

Die Regelung nimmt ebenfalls das Knochenmark ausdrücklich vom Anwendungsbereich des Transplantationsgesetzes aus. Die Knochenmarkspende, die im Wesentlichen auf einer Lebendspende aufbaut, ist im ärztlichen Berufsrecht geregelt.[104]

Im Hinblick auf diese Regeln bestand für den Gesetzgeber keine Veranlassung, die Entnahme und Übertragung von Knochenmark im Transplantationsgesetz zu regeln.[105] Die Zulässigkeit der Knochenmarkspende richtet sich deshalb weiterhin nach den allgemeinen zivil- und strafrechtlichen Regeln und Grundsätzen.[106]

---

[100] Hierzu Richtlinien der Bundesärztekammer zur Transplantation peripherer Blutstammzellen, DÄBI 1997; 97, S. C-1177 und Richtlinien zur Transplantation von Stammzellen aus Nabelschnurblut, DÄBI 1999; 96, S. C-914.

[101] *Hoffmann-La Roche AG/Urban & Fischer* (Hrsg.), Roche Lexikon Medizin, 4. Aufl., 1998, Stichwort „Blut".

[102] *Hoffmann-La Roche AG/Urban & Fischer* (Hrsg.), Roche Lexikon Medizin, 4. Aufl., 1998, Stichwort „Bluttransfusion".

[103] Transfusionsgesetz vom 1. Juli 1998, BGBl. I, S. 1752.

[104] Siehe die Richtlinien für die allogene Knochenmarktransplantation mit nichtverwandten Spendern, aufgestellt vom Wissenschaftlichen Beirat der Bundesärztekammer, DÄBl. 91 (1994), B-578 ff.

[105] Siehe BT-Dr. 13/4355, S. 16.

[106] Zur Knochenmarkspende *Nickel/Schmidt-Preisigke/Sengler,* Transplantationsgesetz, Kommentar, 2001, § 1 Rn. 10; *Rixen,* „§ 1 Anwendungsbereich", in: *Höfling* (Hrsg.), Transplantationsgesetz, Kommentar, 2003, Rn. 40 ff.; *Nickel,* Die Entnahme von Organen und

3. Embryonale und fetale Organe und Gewebe

Embryonale und fetale Organe und Gewebe sind ebenfalls nicht vom Geltungsbereich des Gesetzes erfasst (§ 1 Abs. 2 dTPG). Fetus ist nach der medizinischen Definition das ungeborene Kind während der Entwicklung ab der 9. Woche bis zum Ende der Schwangerschaft.[107]

Am Tag der Verabschiedung des Transplantationsgesetzes hat der Bundestag auch Folgendes beschlossen: „Der Deutsche Bundestag fordert die Bundesregierung auf, so bald wie möglich einen Gesetzentwurf vorzulegen, in dem die Transplantation fetalen Gewebes geregelt wird."[108]

Bis auf weiteres gelten die allgemeinen arztrechtlichen Regeln über Heilversuche bzw. Humanexperimente, die ergänzt werden durch Richtlinien der Bundesärztekammer über die Forschung an menschlichen Embryonen und das Embryonenschutzgesetz.[109]

II. kTPG

Das koreanische Transplantationsgesetz gibt die Legaldefinition des Abwendungsgegenstands (Vgl. § 3 Nr. 1 kTPG). Das koreanische Transplantationsgesetz gilt auch für die Organe, die zum Zweck der Übertragung zur Wiederherstellung fremder Organe vom Lebenden usw. entnommen oder übertragen werden (§ 4 kTPG).

A. Anwendungsgegenstand

Im koreanischen Transplantationsgesetz sind die Organe innerhalb seines Anwendungsbereichs als sog. „Anwendungsgegenstand" ausdrücklich geregelt (Vgl. § 3 Nr. 1 kTPG). Hierzu zählen als menschliche innere Organe die Niere, die Leber, die Bauchspeicheldrüse, das Herz, die Lunge, Knochenmark, die Augenhornhaut und andere menschliche durch Präsidentenverordnung bestimmte Organe oder Gewebe, die zum Zweck der Wiederherstellung der Funktion fremder Organe zu entnehmen und zu übertragen sind (§ 3 Nr. 1 kTPG).

Das koreanische Transplantationsgesetz gilt nur für die menschlichen Organe bzw. Gewebe. Daher gilt dieses Gesetz nur für „allogene Transplantation", nicht

---

Geweben bei Verstorbenen zum Zwecke der Transplantation, 1999, S. 133 f.

107 *Hoffmann-La Roche AG/Urban & Fischer* (Hrsg.), Roche Lexikon Medizin, 4. Aufl., 1998, Stichwort "Fetus".

108 BT-Dr. 13/8017, S. 6 (Nr.1 Buchst. d).

109 Die Richtlinien der BÄK sind veröffentlicht in DÄBl. 88 (1991), B-2788-2791; Embryonenschutzgesetz v. 13. Dezember 1990 (BGBl. I S. 2746).

für „xenogene Transplantation“, die beispielsweise die Übertragung von künstlichen Organen oder tierischen Organen auf Menschen bedeutet.[110]

B. Zum Zwecke der Heilung anderer Menschen

Das koreanische Transplantationsgesetz gilt nur für die Organe, die zum Zweck der Wiederherstellung von fremden Organen zu entnehmen oder übertragen sind (§ 3 Nr. 1, § 4 kTPG). Dieses Gesetz verlangt ausdrücklich ein Handeln „zum Zweck der Heilung“. Daher gilt das Transplantationsgesetz nicht für die Organe, die zu anderen Zwecken, wie z.B. experimentelle Untersuchungen, wissenschaftliche Ausbildung und Forschung usw., entnommen oder übertragen werden.[111] Die Anwendbarkeit auf den kosmetischen Eingriff hängt von dessen Heilcharakter ab.

Das koreanische Transplantationsgesetz umfasst ferner nicht die autogene Transplantation, die zum Heilzweck für den betroffenen Spender selbst vorgenommen wird. Denn das Gesetz gilt nur für Ex- und Transplantationen zum Zweck der Heilbehandlung anderer Menschen.

III. Vergleich und kritische Würdigung

A. Grundsätzliche Erfassungsbereiche

Das deutsche Transplantationsgesetz umfasst die Ex- und Transplantation von Organen, Organteilen und Geweben einschließlich der Vorbereitung dieser Maßnahmen. Von seinem Regelungsbereich ausgenommen sind Blut und Knochenmark sowie embryonale und fetale Organe und Gewebe.

Nach dem koreanischen Transplantationsgesetz wird demgegenüber der Anwendungsgegenstand auf die bezeichneten Organe, nämlich Niere, Leber, Bauchspeicheldrüse, Herz, Lunge, Knochenmark und Augenhornhaut, ausdrücklich beschränkt und kann durch Präsidentenverordnung erweitert werden.

Im deutschen Transplantationsgesetz erstreckt der Anwendungsbereich sich umfassend auf menschliche Organe, Organteile und Gewebe. Von seinem Anwendungsbereich ausgenommen sind die gesetzlich bestimmte Organe bzw. Gewebe.

Im koreanischen Transplantationsgesetz wird demgegenüber der Anwendungsgegenstand auf die gesetzlich bestimmten einzelnen Organe bzw. Gewebe beschränkt. Allerdings ermöglicht es das Gesetz, seinen Anwendungsgegenstand

---

110 *Joo*, Transplantationsgesetz, Kommentar, 2000, S. 67.
111 *Joo*, Transplantationsgesetz, Kommentar, 2000, S. 67.

durch Präsidentenverordnung auszudehnen, um der weiteren medizin-technischen Entwicklung gerecht werden zu können.[112]

B. Grenzen des Anwendungsbereichs

1. Organe innerhalb des Anwendungsbereichs

Das deutsche Transplantationsgesetz gilt für Organe, Organteile oder Gewebe. Dieses Gesetz gilt ferner umfassend für die Spende, die Entnahme und Übertragung dieser Organe einschließlich der Vorbereitung dieser Maßnahmen.

Das koreanische Transplantationsgesetz gilt demgegenüber nur für sieben gesetzlich ausdrücklich bestimmte Organe oder Gewebe, nämlich Niere, Leber, Bauspeicheldrüse, Herz, Lunge, Knochenmark und Augenhornhaut.

Das deutsche und koreanische Transplantationsgesetz stimmen darin überein, dass beide Gesetze nicht nur für Organe gelten, sondern für menschliche Organe und Gewebe.

Die Transplantationen lassen sich nach der Art des Transplantats in unterschiedliche Formen einteilen.[113] Man unterscheidet im Hinblick auf die unterschiedliche Herkunft des Transplantats vier verschiedene Formen von Verpflanzungen. Es handelt sich insoweit um die autogene Transplantation, die syngene Transplantation, die allogene Transplantation und die xenogene Transplantation.[114]

Die autogene Transplantation[115] meint die Übertragung des Gewebes bzw. Organs von einer Stelle des Körpers an eine andere Stelle des gleichen Körpers. Praktiziert wird dieses Verfahren vor allem nach schweren Verbrennungen sowie bei Bypassoperationen. Den Patienten werden dabei gesunde Hautteile bzw. Blutgefäße, in anderen Fällen auch Knochen, Sehnen und Nervengewebe entnommen, um sie an anderer Stelle wieder zu implantieren. Die autogene Transplantation fällt nicht unter den Anwendungsbereich des Transpantationsgesetzes,

---

112 *Joo*, Transplantationsgesetz, Kommentar, 2000, S. 63.

113 Zum Beispiel sind sie Nierentransplantation, Herztransplantation, Lebertransplantation, Pankreastransplantation, Lungentransplantation, Augenhornhauttransplantation und Gewebetransplantation usw.. Siehe *Bock*, Rechtliche Voraussetzungen der Organentnahme von Lebenden und Verstorbenen, 1999, S. 50 ff.; *Borowy*, Die postmortale Organentnahme und ihre zivilrechtlichen Folgen, 2000, S. 33 ff.

114 *Bock*, Rechtliche Voraussetzungen der Organentnahme von Lebenden und Verstorbenen, 1999, S. 46; *Borowy*, Die postmortale Organentnahme und ihre zivilrechtlichen Folgen, 2000, S. 30 f.; *Carstens*, Das Recht der Organtransplantation: Stand und Tendenzen des deutschen Rechts im vergleich zu ausländischen Gesetzen, 1978, S. 13.

115 Diese wird auch als autologe Transplantation oder Auto-Transplantation bezeichnet. Siehe *Hoffmann-La Roche AG/Urban & Fischer* (Hrsg.), Roche Lexikon Medizin, 4. Aufl., 1998, Stichwort: „Transplantation"; *Thiele* (Hrsg.), Thiele Handlexikon der Medizin, Studienausgabe, 1991, Stichwort: „Transplantation".

weil hier Spender und Empfänger identisch sind. Die Zulässigkeit der autogenen Transplantation richtet sich folglich nicht nach den speziellen Regeln des Transplantationsgesetzes, sondern nach den allgemeinen – teils ungeschriebenen – Regeln des Arztes.[116]

Die syngene(tische) Transplantation[117] zeichnet sich dadurch aus, dass die Gewebeübertragung zwischen genetisch identischen Individuen (etwa zwischen eineiigen Zwillingen) stattfindet und daher eine immunologische Abwehrreaktion des Empfängers gewöhnlich ausbleibt. Sie fällt unter den Anwendungsbereich des Transplantationsgesetzes, weist aus juristischer Sicht aber keine Besonderheiten gegenüber der allogenen Organtransplantation auf, so dass eine gesonderte Untersuchung nicht erforderlich ist.[118]

Die allogene(tische) Transplantation,[119] die die häufigste Form der Organverpflanzung ist, betrifft die Verpflanzung eines Transplantats von einem Organismus auf einen anderen. Spender und Empfänger sind hier nicht genidentisch, gehören aber derselben Spezies (z.B. Mensch) an. Neben den medizinisch-immunologischen Problemen stellen sich auch die verschiedenen (straf-) rechtlichen Fragen. Das Hauptproblem dieser Transplantationsart besteht aus medizinischer Sicht darin, dass es sich bei dem implantierten Organ um einen „Fremdkörper" handelt, der vom Immunsystem des Empfängers als solcher erkannt und abgewehrt wird.[120] Auch in juristische Hinsicht wirft diese Trasplantationsform besondere Probleme deshalb auf, weil es sich um die „Entnahme"eines Transplantats von einem lebenden oder verstorbenen fremden Spender handelt. Die allogene Transplantation fällt in den Anwendungsbereich der geltenden Transplantationsgesetze (Vgl. § 1 dTPG; §§ 3, 4 kTPG).

---

116 *Rixen*, „§ 1 Anwendungsbereich", in: *Höfling* (Hrsg.), Transplantationsgesetz, Kommentar, 2003, Rn. 30.

117 Früher wird diese auch als isogene Transplantation, isologe Transplantation oder Iso-Transplantation bezeichnet. Siehe *Hoffmann-La Roche AG/Urban & Fischer* (Hrsg.), Roche Lexikon Medizin, 4. Aufl., 1998, Stichwort: „Transplantation"; *Thiele* (Hrsg.), Thiele Handlexikon der Medizin, Studienausgabe, 1991, Stichwort: „Transplantation".

118 *Borowy*, Die postmortale Organentnahme und ihre zivilrechtlichen Folgen, 2000, S. 30.

119 Früher wird diese auch als homogene Transplantation, homologe Transplantation oder Homo-Transplantation bezeichnet. Siehe *Hoffmann-La Roche AG/Urban & Fischer* (Hrsg.), Roche Lexikon Medizin, 4. Aufl., 1998, Stichwort: „Transplantation"; *Thiele* (Hrsg.), Thiele Handlexikon der Medizin, Studienausgabe, 1991, Stichwort: „Transplantation".

120 Um das Immunsystem des Empfängers zu „überlisten", werden von der Transplantationsmedizin zwei Strategien verfolgt. Zum einen wird versucht, nur solche Organe zu verpflanzen, die eine möglichst hohe Übereinstimmung in den Blutgruppen und Gewebsmerkmalen (sog. Histokompatibilität, Gewebeverträglichkeit) aufweisen, so dass das Immunsystem des Empfängers das transplantierte Organ nicht als „fremd" erkennt. Zum anderen wird durch Medikamentengabe versucht, das Immunsystem des Empfängers zu unterdrücken, um so die gefürchtete Abstoßung zu verhindern. Beide Strategien sind mit Problemen behaftet, auf die an anderer Stelle näher eingegangen werden soll. Siehe *Borowy*, Die postmortale Organentnahme und ihre zivilrechtlichen Folgen, 2000, S. 31.

Eine Transplantation liegt nur vor, wenn es um die Übertragung auf einen anderen Menschen geht. Die Übertragung menschlicher Organe auf Tiere ist demnach ausgeschlossen. Organempfänger muss ein Angehöriger der Spezies homo homo sapiens sein.[121]

Der Geltungsbereich der Transplantationsgesetze lässt sich zum einen sachlich-materiell und zum anderen funktional-final abgrenzen. Kennzeichnend dafür sind zum einen der Organbegriff und zum anderen der Transplantationszweck.[122]

Für die Anwendung des deutschen Transplantationsgesetzes ist der „Zweck der Übertragung" von Bedeutung. Demgegenüber stellt das koreanische Transplantationsgesetz speziell auf den Zweck der Heilbehandlung ab. Gerade hier besteht ein großer Unterschied zwischen beiden Transplantationsgesetzen. So wird etwa die Übertragung zu kosmetischen Zwecken vom deutschen Gesetz ohne weiteres erfasst. Soweit es keinen Heilzweck gibt, greift das koreanische Gesetz dagegen nicht ein.

2. Organe außerhalb des Anwendungsbereichs

Im deutschen Transplantationsgesetz gibt es Regelungen zum Ausschluss aus dem Anwendungsbereich. Von der Anwendung des Gesetzes sind ausdrücklich Blut und Knochenmark sowie embryonale und fetale Organe und Gewebe ausgeschlossen.

Das koreanische Transplantationsgesetz hat zwar keine entsprechende Ausschlussregelung. Es gilt indessen ohnehin nicht für die im Gesetz nicht ausdrücklich aufgezählten Organe oder Gewebe.

Als Ergebnis wird man festzuhalten haben, dass die beiden Gesetze gemeinsam nicht für Blut sowie embryonale und fetale Organe und Gewebe gelten.[123] Im Unterschied zum deutschen Transplantationsgesetz gilt das koreanische Transplantationsgesetz jedoch für Knochenmark.

Im Hinblick auf die verschiedenen Formen der Transplantation verdient die xenogene(tische) Transplantation besonderes Augenmerk.[124] Diese Transplantation bedeutet schließlich die Übertragung von Organen oder Gewebe zwischen verschiedenen Spezies, beispielsweise vom Tier zum Mensch. Diese Art der

---

121 *Rixen*, „§ 1 Anwendungsbereich", in: *Höfling* (Hrsg.), Transplantationsgesetz, Kommentar, 2003, Rn. 28.

122 *Herrig*, Gewebetransplantation nach dem Transplantationsgesetz, 2002, S. 70.

123 Nach dem koreanischen Recht gilt das „Blutmanagementgesetz" (7. August 1970, Gesetz-Nummer 2229; geändert 29. Dezember 2001, Gesetz-Nummer 6555) für das Blut.

124 Früher wird diese auch als heterogene Transplantation, heterologe Transplantation oder Hetero-Transplantation bezeichnet. Siehe *Hoffmann-La Roche AG/Urban & Fischer* (Hrsg.), Roche Lexikon Medizin, 4. Aufl., 1998, Stichwort: „Transplantation"; *Thiele* (Hrsg.), Thiele Handlexikon der Medizin, Studienausgabe, 1991, Stichwort: „Transplantation".

Transplantation i.w.S. enthält auch die alloplastische Transplantation, nämlich die Einpflanzung künstlicher Organe.[125]

Die Transplantationsgesetze gelten nur für die Entnahme und Übertragung menschlicher Organe. Darunter sind natürliche Bestandteile des menschlichen Körpers zu verstehen, nicht jedoch in den Körper eingefügte künstliche Produkte, wie z.B. Herzschrittmacher oder Endoprothesen.[126]

Diese sehr umstrittene Transplantationsart der xenogenen Transplantation wirft eine Vielzahl ethischer, juristischer und medizinischer Probleme auf. Angesichts der Knappheit an Spenderorganen werden in diesem Bereich jedoch große Anstrengungen unternommen, Organe bzw. Gewebe genetisch veränderter Tiere für den Menschen therapeutisch nutzbar zu machen. Hierauf soll daher im Zusammenhang mit den alternativen Ersatztherapien zur herkömmlichen Transplantation eingegangen werden.

Das deutsche und koreanische Transplantationsgesetz klammern beide diese Transplantationsart aus, da nur die Entnahme von menschlichen Organen zum Zweck der Übertragung auf andere Menschen geregelt wird.

C. Besonderheiten bei Gewebe

Das deutsche und das koreanische Transplantationsgesetz stimmen darin überein, dass sie die Organe und die Gewebe innerhalb des Anwendungsbereiches grundsätzlich zusammen erfassen.

Zwischen Organen und Gewebe gibt es indessen gewisse Unterschiede. Die Gefahr des kommerziellen Gewebehandels ist etwas anders zu beurteilen als die des kommerziellen Organhandels. Denn für den Erfolg einer Knochenmarktransplantation ist gerade die Übertragung von Knochenmark eines HLA-identischen Geschwisters absolute Voraussetzung.[127]

Anders verhält es sich allerdings bei Hornhäuten, Gehörknöchelchen und den meisten übrigen Geweben. Zum einen können sie noch eine geraume Zeit nach dem Herz-Kreislauf-Stillstand dem Leichnam entnommen werden, ohne in ihrer Funktionstüchtigkeit wesentlich beeinträchtigt worden zu sein. Zum anderen ist durch Konservierung eine längerfristige Aufbewahrung von präparierten Transplantaten möglich, wodurch Kontraindikationen überprüft und sogar einzelne Transplantateigenschaften verbessert werden können. Auch aufgrund dieser unterschiedlichen tatsächlichen Voraussetzungen bei der Entnahme und wegen ihrer unterschiedlichen Funktionsbedeutung für den Empfänger wurden vor Inkrafttreten des Transplantationsgesetzes Transplantationen grundsätzlich unterteilt in

---

[125] *Hoffmann-La Roche AG/Urban & Fischer* (Hrsg.), Roche Lexikon Medizin, 4. Aufl., 1998, Stichwort: „Transplantation".

[126] BT-Dr. 13/4355, S. 16.

[127] *Ugowski*, Rechtsfragen der Lebendspende von Organen, 1998, S. 82.

Organ- und Gewebetransplantationen und auch in ihren rechtlichen Voraussetzungen unterschiedlich beurteilt.[128]

Schließlich blieb umstritten, ob Gleiches wie für Organe auch für Gewebe, etwa Knochenmark und Augenhornhaut, gelten soll.[129] Im Korea gibt es ein „Gesetz über Sicherheit und Management usw. des menschlichen Gewebes“ (Erlass 22. Dezember 2003, Gesetz-Nummer 7097). Dieses Gesetz tritt am 1. Januar 2005 in Kraft.

[128] *Herrig*, Gewebetransplantation nach dem Transplantationsgesetz, 2002, S. 72 ff.

[129] *Joo*, „Rechtsprobleme und Änderungsrichtung des Transplantationsgesetzes“, in: *MOHW/ NMC/KONOS*, Ein Symposion über die Entwicklung der Organtransplantation und die Verbesserung des damit verbundenen Systems zur 1 jährigen Gründungsfeier des KONOS, S. 1.

§ 6 Offene Fragen des Hirntodkriteriums

I . dTPG

Die Feststellung des Hirntodes ist Zulässigkeitsvoraussetzung für die Organentnahme vom Hirntoten. Das deutsche Transplantationsgesetz schreibt auch die Feststellung des Hirntodes als Voraussetzung für die Organentnahme vom Hirntoten vor (Vgl. § 3 Abs. 1 Nr. 2, Abs. 2 Nr. 2 dTPG).

Nach dem deutschen Transplantationsgesetz ist die Entnahme von Organen nur zulässig, wenn der Tod des Organspenders nach Regeln, die dem Stand der Erkenntnisse der medizinischen Wissenschaft entsprechen, festgestellt worden ist (§ 3 Abs. 1 Nr. 2 dTPG).

Die Entnahme von Organen ist unzulässig, wenn vor der Entnahme bei dem Organspender der endgültige, nicht behebbare Ausfall der Gesamthirnfunktion des Großhirns, des Kleinhirns und des Hirnstamms nach Verfahrensregeln, die dem Stand der Erkenntnisse der medizinischen Wissenschaft entsprechen, nicht festgestellt ist (§ 3 Abs. 2 Nr. 2 dTPG).

Herkömmlicherweise wird zwischen den folgenden drei Ebenen unterschieden, nämlich der Todesdefinition, dem Todeskriterium und dem Testverfahren.[130]

A. Begriff des Todes

Der lange Zeit gebräuchliche traditionelle Todesbegriff orientierte sich in Deutschland am sogenannten Herztod. Nach diesem sog. klassischen Todesbegriff, der bis in die 1960er Jahre für das Recht maßgeblich war,[131] ist der Tod bei Ausfall der Herz- und Kreislaufaktion eingetreten.[132]

Im 19. Jahrhundert sah die Rechtswissenschaft keinen Bedarf, den Tod juristisch zu definieren oder den Zeitpunkt des Todes explizit zu regeln. Der Herztod zeigte dem Arzt die tatsächlichen Grenzen seiner auf Schutz bzw. Wiederherstellung der Gesundheit sowie auf Schmerzlinderung ausgerichteten Tätigkeit auf. Es verwundert daher nicht, dass die Rechtswissenschaft keine eigene juristische

---

130 *Herrig*, Gewebetransplantation nach dem Transplantationsgesetz, 2002, S. 73 f.; *Höfling/Rixen*, „§ 3 Organentnahme mit Einwilligung des Organspenders", in: *Höfling* (Hrsg.), Transplantationsgesetz, Kommentar, 2003, Rn. 10. Teilweise wird die Frage des Subjekts und der Definition auch getrennt erörtert, so dass von einem 4-Ebenen-Modell gesprochen wird. Siehe *Borowy*, Die postmortale Organentnahme und ihre zivilrechtlichen Folgen, 2000, S. 97.

131 *Borowy*, Die postmortale Organentnahme und ihre zivilrechtlichen Folgen, 2000, S. 99.

132 *Herrig*, Gewebetransplantation nach dem Transplantationsgesetz, 2002, S. 84; *Tag*, Der Körperverletzungstatbestand im Spannungsfeld zwischen Patientenautonomie und Lex artis, 2000, S. 140.

Begriffsbildung vornahm, sondern den medizinischen Begriff des klinischen Todes in das Recht importierte und die Gesetzesanwendung zugrunde legte.[133]

Durch die Entwicklung und den Einsatz von Respiratoren, Herz-Lungen-Maschinen sowie Methoden künstlicher Ernährung wurde es möglich, die Atmungs- und Kreislauffunktion auch nach dem Absterben des Gehirns künstlich aufrechtzuerhalten. Ein derart behandelter Patient galt nach damaligem Todesverständnis nicht als tot. Ein Mensch war erst dann tot, wenn mit dem irreversiblen Ausfall von Kreislauf und Atmung alle vitalen Funktionen für immer erloschen waren. Die von Barnard am 3. Dezember 1967 in Kapstadt durchgeführte erste Herztransplantation machte deutlich, dass die hergebrachten Todeskriterien des „klassischen Todesbegriffs“ überholt waren.[134]

Der klassische Todesbegriff stand zum einen dem medizinischen Interesse an möglichst „frischen“ Transplantaten entgegen. Zum anderen wäre die Entnahme lebensnotwendiger Organe aus einem Körper mit abgestorbenem Gehirn, aber aufrechterhaltenem Kreislauf und Atmung, die strafbare Tötung eines lebenden Menschen gewesen.

Die Fortschritte in der Medizin hatten also ein Überprüfen und Überdenken der bis dahin geltenden Kriterien zur Feststellung des Todes erforderlich gemacht. Dabei musste man zum einen den Erfordernissen der Transplantationsmedizin gerecht werden und zum anderen bei künstlich beatmeten Intensivpatienten den Punkt herausarbeiten, an dem die Pflicht zu lebenserhaltenden Maßnahmen endet, an dem also die Geräte abgestellt und anderen Patienten zur Verfügung gestellt werden können.[135]

1. Hirntod

Nachdem in Deutschland das sogenannte Hirntodkriteium weitgehend Zustimmung gefunden hatte, veröffentlichte der Wissenschaftliche Beirat der Bundesärztekammer am 9. April 1982[136] erstmals „Richtlinien zur Feststellung des Hirntodes“, die am 22. Oktober 1986[137] und am 29. Juni 1991[138] fortgeschrieben worden sind.

---

133 *Borowy*, Die postmortale Organentnahme und ihre zivilrechtlichen Folgen, 2000, S. 100; *Tag*, Der Körperverletzungstatbestand im Spannungsfeld zwischen Patientenautonomie und Lex artis, 2000, S. 140.

134 *Borowy*, Die postmortale Organentnahme und ihre zivilrechtlichen Folgen, 2000, S. 100 f.

135 *Borowy*, Die postmortale Organentnahme und ihre zivilrechtlichen Folgen, 2000, S. 101; *Tag*, Der Körperverletzungstatbestand im Spannungsfeld zwischen Patientenautonomie und Lex artis, 2000, S. 141.

136 DÄBl. (1982) 79, B-45 ff.

137 DÄBl. (1986) 83, A-2940 ff.

138 DÄBl. (1991) 88, B-2417 ff.

In der aktuellen Fortschreibung am 9. Mai 1997 wird der Gesamthirntod als Zustand des irreversiblen Erloschenseins aller Funktionen des Groß- und Kleinhirns sowie des Hirnstammes (Ausfall der gesamten Hirnfunktionen), bei einer durch kontrollierte Beatmung noch aufrechterhalten Herz-Kreislauf-Funktion definiert.[139]

2. Gesamthirntod im Transplantationsgesetz

Das Transplantationsgesetz schreibt die Feststellung des Todes als Voraussetzung für die Organentnahme nach Regeln vor, die dem Stand der Erkenntnisse der medizinischen Wissenschaft entsprechen (§ 3 Abs. 1 Nr. 2 dTPG). Die Bundesärztekammer erstellt Richtlinien zur Feststellung des Hirntodes, die Verfahren und Ablauf genau festlegen (§ 16 Abs. 1 dTPG).

Als Hirntod wird der Zustand der irreversibel erloschenen Funktionen des gesamten Gehirns, also des Großhirns, des Kleinhirns und des Hirnstamms, bezeichnet (§ 3 Abs. 2 Nr. 2 dTPG). Dabei werden durch Beatmung und Medikamente Herz- und Kreislauffunktion des Verstorbenen künstlich aufrechterhalten.

Mit diesem Gesamthirntod hat das Transplantationsgesetz allen Konzepten des Teilhirntodes, beispielsweise des Großhirntodes, der den Ausfall des Großhirns bzw. von dessen Rinde als Todeszeichen bezeichnet, oder des Hirnstammtodes, der den Ausfall des Hirnstamms als Todeszeichen anerkennt, eine deutliche Absage erteilt.

B. Kriterien für die Hirntodfeststellung

1. Übertragung von Kriterienkompetenz auf die Bundesärztekammer

Die Entscheidung über das maßgebliche Todeskriterium hat der Gesetzgeber eigentlich in eigener Kompetenz zu treffen.[140] Er überträgt allerdings die Festlegung der Todeskriterien der medizinischen Wissenschaft, ohne den Tod selbst ausdrücklich zu definieren.

Der Gesetzgeber hat die Bundesärztekammer damit beauftragt, die Todeskriterien in Richtlinien festzulegen (§ 16 Abs. 1 Nr. 1 dTPG). Die Bundesärztekammer soll demnach die Kompetenz erhalten, über die Kriterien für die Hirntodfeststellung zu entscheiden.

---

[139] *Wissenschaftlicher Beirat der Bundesärztekammer*, Richtlinien zur Feststellung des Hirntodes: Dritte Fortschreibung 1997 mit Ergänzungen gemäß Transplantationsgesetz (TPG), Deutsches Ärzteblatt 95, Heft 30, 24. Juli 1998 (53), A-1861 ff.

[140] *Kühn*, „Das neue Deutsche Transplantationsgesetz“, MedR 1998, S. 455 (459).

2. Regeln nach dem Stand der medizinischen Wissenschaft

Die Bundesärztekammer ist bei der Ausgestaltung der Richtlinien indessen nicht völlig frei. Die Kriterien für die Hirntodfeststellung sind nach Regeln, die dem Stand der Erkenntnisse der medizinischen Wissenschaft entsprechen, festzustellen (§ 3 Abs. 1 Nr. 2 dTPG).

Aufgrund dieser Richtlinien erfolgt die Hirntodfeststellung nach einem dreistufigen Diagnoseschema.[141] Die Diagnose des Hirntodes erfordert die Erfüllung der Voraussetzungen, die Feststellung der klinischen Symptome und den Nachweis der Irreversibilität der klinischen Ausfallsymptome. Dabei kann der Nachweis des endgültigen Hirnfunktionsausfalls entweder durch erneute Untersuchungen nach angemessener Beobachtungszeit erfolgen, die sich nach der Art und Lage der Hirnschädigung und dem Alter der Patienten richten, oder durch ergänzende apparative Untersuchungsverfahren.

a) Voraussetzungen

Voraussetzung für die Diagnose des Hirntodes ist der zweifelsfreie Nachweis einer schweren primären oder sekundären Hirnschädigung. Bei primären Hirnschädigungen ist das Gehirn selbst unmittelbar betroffen. Dazu zählen Blutungen, Durchblutungsstörungen, Tumore und Entzündungen des Gehirns sowie schwere Schädel-Hirn-Verletzungen. Man unterscheidet zwischen supratentoriellen (im Bereich des Großhirns) und infratentoriellen Schädigungen (im Bereich Kleinhirn/Hirnstamm). Sekundäre Hirnschädigungen betreffen das Gehirn mittelbar über den Stoffwechsel und können Folge beispielsweise eines Kreislaufstillstandes oder einer Vergiftung sein.

Vor Beginn der eigentlichen Diagnostik müssen außerdem alle anderen Ursachen für eine tiefe Bewusstlosigkeit des Patienten ausgeschlossen werden. Diese können unter anderem sein: Intoxikation, dämpfende Wirkung von Medikamenten, primäre Unterkühlung, Kreislaufschock, Koma bei endokriner, metabolischer oder entzündlicher Erkrankung.

b) Klinische Symptome des Ausfalls der Hirnfunktionen

Erst wenn der zweifelsfreie Nachweis einer schweren primären oder sekundären Hirnschädigung erfolgt ist und alle anderen Ursachen ausgeschlossen wurden, kann mit der klinischen Untersuchung begonnen werden. Sie umfasst den gleichzeitigen Nachweis einer tiefen Bewusstlosigkeit (Koma) und des Ausfalls

[141] Wissenschaftlicher Beirat der BÄK, 1982; 1986; 1991; 1997; 1998.

der Spontanatmung (Apnoe) sowie des Ausfalls aller Hirnstammreflexe (Hirnstammareflexie)

Der Nachweis der Hirnstamm-Areflexie erfolgt durch Prüfung von fünf verschiedenen Reflexmustern, welche die Funktion des Hirnstamms auf unterschiedlichen anatomischen Ebenen repräsentieren, nämlich die Pupillenreaktion, der okulozephale Reflex, der Hornhautreflex, Schmerzreaktionen im Gesicht und der Tracheal- und Pharyngealreflex.

Alle Untersuchungen müssen jeweils von zwei dafür qualifizierten Ärzten durchgeführt werden, die weder an der Entnahme noch an der Übertragung der Organe beteiligt sind. Sie dürfen auch nicht Weisungen von Ärzten unterstehen, die an der Entnahme oder der Organübertragung beteiligt sind.

c) Nachweis der Irreversibilität des Hirnfunktionsverlustes

Abschließend muss die Irreversibilität der klinischen Ausfallsymptome nachgewiesen werden. Dies kann durch eine wiederholte klinische Untersuchung nach einem angemessenen Beobachtungszeitraum erfolgen oder durch apparative Zusatzuntersuchungen.

aa) Ergänzende apparative Untersuchungen

Apparative Untersuchungsverfahren erbringen entweder den elektrophysiologischen Nachweis des Funktionsverlusts des Gehirns oder weisen einen Stillstand der Hirndurchblutung nach EEG-Untersuchung, Untersuchung der akustisch-evozierten Potentiale (AEP) und der somatosensibel-evozierten Potentiale (SEP), Doppler-Sonographie, Perfusionsszintigraphie sowie Angiographie.

bb) Beobachtungszeitraum

Der Nachweis der Irreversibilität kann bei primär supratentorieller Hirnschädigung auch ohne den Einsatz apparativer Zusatzuntersuchungen erbracht werden. Dazu werden die beschriebenen Untersuchungen der klinischen Symptome nach einem festgelegten Beobachtungszeitraum von beiden Untersuchern wiederholt. Die Dauer der Beobachtungszeit variiert je nach Alter des Patienten und der Art der Hirnschädigung und kann zwischen 12 und 72 Stunden liegen.

Die Irreversibilität des Hirnfunktionsausfalls und damit der Hirntod sind erst dann nachgewiesen, wenn die klinischen Ausfallsymptome bei Erwachsenen und bei Kindern ab dem dritten Lebensjahr mit primärer Hirnschädigung nach mindestens 12 Stunden noch vorliegen. Bei einer sekundären Hirnschädigung ist ein Beobachtungszeitraum von 72 Stunden zwingend vorgeschrieben.

d) Bei Kindern

Bei Frühgeborenen (unter 37 Wochen postmenstruell) ist das den Richtlinien zugrunde liegende Konzept der Hirntodfeststellung bisher nicht anwendbar.

Bei reifen Neugeborenen (0-28 Tage), Säuglingen (29-365 Tage) und Kleinkindern bis zum vollendeten zweiten Lebensjahr (366-730 Tage) gelten die unten genannten Voraussetzungen und die unten beschriebenen klinischen Ausfallsymptome. Ihre Überprüfung erfordert jedoch wegen der reifungsbedingten patho-physiologischen Umstände besondere Kenntnisse und Erfahrungen.

Die Beobachtungszeit der klinischen Ausfallsymptome beträgt unabhängig von ihrer Ursache bei reifen Neugeborenen mindestens 72 Stunden, bei Säuglingen und Kleinkindern mindestens 24 Stunden.

C. Nachweisverfahren für Hirntodfeststellung

Vor der Entnahme von Organen vom verstorbenen Spender müssen der eingetretene Tod (§ 3 Abs. 1 Nr. 2 dTPG) und der Hirntod (i.S.d. § 3 Abs. 2 Nr. 2 dTPG) zweifelsfrei festgestellt worden sein. Daher darf die Entnahme von Organen erst dann erfolgen, wenn bei dem Verstorbenen neben dem Tod der Hirntod festgestellt und nachgewiesen ist. Die einzelnen Bedingungen des Nachweisverfahrens sind näher geregelt (§ 5 dTPG).

Das Feststellungsverfahren stellt sowohl in personeller Hinsicht als auch verfahrensrechtlich Anforderungen auf, die zu einem großen Teil auch Bestandteil der Richtlinien der Bundesärztekammer geworden sind (§ 5 dTPG).[142] Im übrigen sollte die Feststellung des Hirntodes nach dem Protokoll zur Feststellung des Hirntodes durchgeführt werden, um die erforderliche Sicherheit zu gewährleisten.

1. Untersuchung und Feststellung des Hirntodes

Nach dem deutschen Transplantationsgesetz kann die Todesfeststellung auf zweierlei Weise erfolgen (§ 5 dTPG).

a) Untersuchung und Feststellung von zwei qualifizierten Ärzten

Die Feststellungen des Todes und im Zusammenhang damit auch des Gesamthirntodes sind jeweils durch zwei dafür qualifizierte Ärzte zu treffen, die den Organspender unabhängig voneinander untersucht haben (§ 5 Abs. 1 S. 1 dTPG).

Die für die Feststellungen erforderliche Qualifikation der beiden Ärzte sind in den Richtlinien der Bundesärztekammer festgelegt (§ 16 Abs. 1 S. 1 Nr. 1 dTPG).

---

142 *Herrig*, Gewebetransplantation nach dem Transplantationsgesetz, 2002, S. 101.

In der Praxis sind dies in der Regel Fachärzte für Neurologie oder Neurochirurgie. Die Ärzte müssen gemäß den Anforderungen der „Richtlinien zum Inhalt der Weiterbildung“ über eine mehrjährige Erfahrung in der Intensivbehandlung von Patienten mit schweren Hirnschädigungen verfügen.[143]

b) Untersuchung und Feststellung von einem Arzt

Die indirekte Feststellung des Gesamthirntodes nach Eintritt des Herzstillstandes kann auch mittels der herkömmlichen Todeszeichen erbracht werden.[144] Für die Feststellung des Todes genügt die Untersuchung und Feststellung durch einen Arzt, wenn der endgültige, nicht behebbare Stillstand von Herz und Kreislauf eingetreten ist und seitdem mehr als 3 Stunden vergangen sind (§ 5 Abs. 1 S. 2 dTPG).

Drei Stunden nach Eintritt des Herz-Kreislauf-Todes ist der Organismus im Sterbeprozess schon so weit fortgeschritten, dass der Individualtod aufgrund äußerer Zeichen sicher festgestellt werden kann. Das Hirntodkriterium i.e.S. kann für diesen Zeitraum eine zusätzliche schützende Wirkung nicht mehr entfalten.[145] Vor Ablauf der 3 Stundenfrist ist daher immer auch der indirekt nachgewiesene Hirntod von zwei dafür qualifizierten Ärzten zu bestätigen.[146]

2. Unabhängigkeit der Ärzte

Die an den Untersuchungen zur Feststellung des Gesamthirntodes und des Todes beteiligten Ärzte dürfen weder an der Entnahme noch an der Übertragung der Organe des Organspenders beteiligt sein und auch nicht Weisungen eines Arztes unterstehen, der an diesen Maßnahmen beteiligt ist (§ 5 Abs. 2 S. 1, 2 dTPG).

3. Dokumentationspflicht und Einsichtsrecht

Die Feststellung der Untersuchungsergebnisse und ihr Zeitpunkt sind von den Ärzten unter Angabe der zugrundeliegenden Untersuchungsbefunde jeweils in einer Niederschrift aufzuzeichnen und zu unterschreiben (§ 5 Abs. 2 S. 3 dTPG). Die Aufzeichnungen zur Feststellung der Untersuchungsergebnisse sind mindestens zehn Jahre aufzubewahren (§ 15 S. 1 dTPG).

Dem nächsten Angehörigen sowie gewissen weiteren Personen ist Gelegenheit zur Einsichtnahme zu geben (§ 5 Abs. 2 S. 4 dTPG). Sie können eine Person ihres Vertrauens hinzuziehen (§ 5 Abs. 2 S. 5 dTPG).

---

143 Vgl. Stellungnahme des Wissenschaftlichen Beirats der Bundesärztekammer „Kriterien des Hirntodes“, Anmerkung 5, DÄBI 1997 (94), vom 9.5.1997, S. B-1032(1035).
144 *Borowy*, Die postmortale Organentnahme und ihre zivilrechtlichen Folgen, 2000, S. 122.
145 *Herrig*, Gewebetransplantation nach dem Transplantationsgesetz, 2002, S. 105.
146 Richtlinien der Bundesärztekammer, DÄBl. 1998, A-1861, 1868.

4. Protokollierung zur Hirntodfeststellung

Die gesamte Hirntoddiagnose muss auf einem standardisierten Formular, dem sogenannten „Protokoll zur Feststellung des Hirntodes“schriftlich festgehalten werden. Das Protokoll ist Bestandteil der Richtlinien der Bundesärztekammer.[147]

Dieses Protokoll wird von beiden Ärzten separat unterzeichnet. Erst wenn das Hirntodprotokoll vollständig ausgefüllt ist, ist der Tod des Menschen festgestellt und dürfen dem Toten Organe entnommen werden. Todeszeitpunkt ist der Zeitpunkt der abgeschlossenen Hirntoduntersuchung.

II. kTPG

Die Mindestvoraussetzungen für die Organentnahme bei Toten ist zunächst die Feststellung des Todes des Organspenders. Im Folgenden sollen der Begriff des Todes, die Kriterien für die Hirntodfeststellung und das Nachweisverfahren für die Hirntodfeststellung vorgestellt werden.

A. Begriff des Todes

Im koreanischen Recht findet sich keine Legaldefinition des Todesbegriffs. In der juristischen Literatur ist das Herztodkonzept noch heute als Todesdefinition anzutreffen.[148]

Nach dem Herztodbegriff ist der Individualtod des Menschen durch den endgültigen, nicht behebbaren Stillstand von Herzschlag nach dem Ausfall der Atmung eingetreten. Auch der medizinische Laie kann den Herztod einfach wahrnehmen und sicher feststellen. Daraus ergibt sich, dass der Herztod als sicheres Todeszeichen angesehen wird.[149]

Moderne künstliche Reanimationsmaßnahmen ermöglichen es, die Atmungs- und Kreislauffunktion für eine begrenzte Zeit künstlich aufrecht zu erhalten. Die

---

147 Siehe „Protokoll zur Feststellung des Hirntodes“, in: Bundesärztekammer, Richtlinien zur Feststellung des Hirntodes, Deutsches Ärzteblatt 95, Heft 30, 24. Juli 1998 (58), A-1866.

148 *Bae*, Strafrecht Besonderer Teil, 5. Aufl., 2003, S. 51ff.; *Chin*, Strafrecht Besonderer Teil, 5. Aufl., 2003, S. 39 f. (Lehre der Zweispurigkeit; Herztod und Hirntod) ; *Chong*, Strafrecht Besonderer Teil, 5. Aufl., 1983, S. 217; *Hwang*, Strafrecht Besonderer Teil, 6. Aufl., 1984, S. 163; *Kim*, neu bearbeitetes Strafrecht Besonderer Teil, 2001, S. 22; *Kim*, Strafrecht Besonderer Teil I, 1977, S. 30; *Kim/Suh*, neu bearbeitete Strafrecht Besonderer Teil, 5. Aufl., 2003, S. 22 f.; *Lee*, koreanisches Strafrecht (Lehre vom Besonderer Teil), Sookmyung Women's University Verlag, 2003, S. 21 ff.; *Paek*, Strafrecht Besonderer Teil, 2002, S. 18; *Ryu*, Strafrecht Besonderer Teil I, neu bearbeitete, 1989, S. 29; *Suh*, Strafrecht Besonderer Teil, 1982, S. 19; *Huh*, „Ende des Lebens“, Die Forschung des Strafrechts II, 1997, S. 374; *Ahn*, „Hirntod und Organtransplantations“, in: Lebensschutz im Strafrecht, Journal of the Korean Criminal Law Association Vol. 16 Sondernummer, Korean Criminal Law Association, 2001, S. 125.

149 Siehe *Joo*, Rechtswissenschaft von Hirntod und Transplantationsgesetz, 1997, S. 13 ff.

Entwicklung der Medizin machte deutlich, dass das „Zentralorgan Gehirn" für die Aufrechterhaltung der biologischen Lebensfunktion des Gesamtorganismus unverzichtbar ist.

Die Entwicklung neuer Transplantationstechniken gab den Anstoß, nicht nur die Reanimationstechniken zu verbessern, sondern auch den Fortschritt auf dem Gebiet der Transplantation von Organen toter Spender voranzutreiben. Je frischer die Organe sind, desto größer sind die Chancen für eine erfolgreiche Verpflanzung und für ein Funktionieren im Empfängerorganismus. Die erfolgreiche Transplantation von lebenswichtigen Organen, wie insbesondere des Herzens, ist unmöglich, wenn sie nur nach Feststellung des Herztodes erlaubt wird.[150] Für die Entnahme von Organen wird deshalb ein neues Kriterium für die Todesfeststellung verlangt.

1. Hirntod

In Korea veröffentlichte die unter der KMA eingerichtete „Expertenkommission zum Tod" 1983 erstenmalig „Richtlinien zur Hirntodfeststellung". Im Jahre 1989 veröffentlichte die unter der KMA eingerichtete „Expertenkommission zum Hirntod" zum zweiten Mal „Richtlinien zur Hirntodfeststellung". Diese waren strenger als die Richtlinien 1983 und bezeichneten den Ausfall der Herz- und Atmungstätigkeit oder den nicht behebbaren Ausfall der Gesamtfunktion des Gehirns einschließlich des Hirnstamms als den menschlichen Tod.

Im März 1993 veröffentlichte die KMA die „Deklaration zum Hirntod". Nach der Deklaration wird der menschliche Tod durch den Herztod, als Ausfall der Herz- und Atmungstätigkeit, oder den Hirntod, als Ausfall der gesamten Hirnfunktion, definiert (§ 1 Deklaration zur Hirntod).[151] Auch in der jüngsten koreanischen strafrechtlichen Literatur wird der Hirntod bzw. Gesamthirntod mehr und mehr vertreten und überwiegt inzwischen als Konzept.[152]

---

150 *Joo*, Rechtswissenschaft von Hirntod und Transplantationsgesetz, 1997, S. 59 ff.

151 *KMA*, „Deklaration zum Hirntod", 4. März 1993.

152 *Chin*, Strafrecht Besonderer Teil, 5. Aufl., 2003, S. 39 f. (Lehre der Zweispurigkeit; Herztod und Hirntod); *Choung*, völlig geänderte Strafrecht Besonderer Teil, 1996, S. 51; *Choung/Park*, Strafrecht Besonderer Teil, 2002, S. 20; *Im*, geändert Strafrecht Besonderer Teil, 2003, S. 16 ff.; *Jo*, Strafrecht Besonderer Teil, 2002, 27 f.; *Kim/Kim*, Strafrecht Besonderer Teil, 2000, S. 18; *Lee*, Strafrecht Besonderer Teil, 4. Aufl., 2004, S. 15 ff.; *Lee*, Strafrecht Besonderer Teil, 3. Aufl., 2003, S. 38; *Oh*, Strafrecht Besonderer Teil, 2. Aufl., 2003, S. 17 ff. (nur bei Organentnahme); *Park*, Strafrecht Besonderer Teil, 4. Aufl., 2002, S. 25ff.; *Joo*, Rechtswissenschaft von Hirntod und Transplantationsgesetz, 1997, S. 65 ff.; *Chang*, „Strafrechtliche Probleme über den Hirntod und Organtransplantation", Festschrift Hae Mok Son zum 60. Geburtstag, 1993, S. 636 ff.; *Choi*, „Sterbehilfe und würdiger Tod: Recht für schönen Tod", Welt des Staatsexamens, 2.1989, S. 39; *Choung*, „Todesbegriff und Lehre vom Hirntod im Strafrecht", Festschrift Hae Mok Son zum 60. Geburtstag, 1993, S. 622; *Jang*, Abgrenzung des Grundsatzes des absoluten Lebensschutzes, in: Festschrift für Prof. Dr. *Choung Soung Kown* zum 60. Geburtstag, 1997, S. 669; *Kim*, „Strafrechtliche

2. Gesamthirntod im Transplantationsgesetz

Als Hirntoter wird derjenige bezeichnet, dessen nicht behebbarer Ausfall der gesamten Hirnfunktion nach Hirntodfeststellungskriterien und Hirntodfeststellungsverfahren dieses Gesetzes festgestellt ist (§ 3 Nr. 4 kTPG). Mit diesem Gesamthirntod hat das Transplantationsgesetz den Konzepten des Teilhirntodes, beispielsweise des Großhirntodes oder Hirnstammtodes, eine deutliche Absage erteilt.

Das koreanische Transplantationsgesetz regelt auch die Kriterien und das Nachweisverfahren für die Hirntodfeststellung, um Vertrauen der Bevölkerung zu bilden, um Transparenz zu sichern und um Missbrauch zu unterbinden.

B. Kriterien für die Hirntodfeststellung

1. Gesetzlich bestimmte Hirntodfeststellungskriterien

Nach dem koreanischen Transplantationsgesetz werden die Kriterien für die Hirntodesfeststellung im Gesetz selbst festgelegt (Vgl. § 16 Abs. 2 kTPG). Diese entsprechen den privaten Richtlinien zur Hirntodfeststellung der KMA.

2. Kriterien unter medizinischen Gesichtspunkten

Die Kriterien für die Hirntodfeststellung richten sich nach den medizinischen Gesichtspunkten, da sie von Medizinern aufgestellt werden. Die damals von der KMA aufgestellten Richtlinien zur Hirntodfeststellung waren im internationalen Vergleich sehr streng. Sie sollten Vertrauen zu bilden und Transparenz sichern.

Nach dem Transplantationsgesetz werden die Kriterien für Hirntodfeststellung in „Kriterien bei Personen nicht unter 6 Lebensjahre“ und „Kriterien bei Kindern unter 6 Lebensjahre“ eingeteilt. Die Kriterien „bei Personen nicht unter 6 Lebensjahre“ werden in „notwendige vorausgehende Voraussetzungen“ und „klinische Symptome“ unterteilt.

a) Bei Personen nicht unter 6 Lebensjahre

Für die Diagnose des Hirntodes bei Personen nicht unter 6 Jahre müssen zunächst folgende notwendige vorausgehende Voraussetzungen und klinischen Symptome zusammen erfüllt sein.

Forschung über den Hirntod“, Kangwon Uni. Diss., 1992, S. 117; *Lee*, „Beginn und Ende des menschlichen Lebens im Strafrecht“, Forschung des Staatsexamens, 9.1979, S. 38; *Oh*, „Strafrechtliche Probleme über die Organtransplantation bei Hirntoten“, Medizin und Strafrecht: 10. Kriminalpolitik Seminar, The Korean Institute of Criminology, 10. 1993, S. 136.

aa) Notwendige vorausgehende Voraussetzungen

Notwendige vorausgehende Voraussetzung für die Diagnose des Hirntodes ist aufgrund des klinischen Befundes eine anzunehmende Ursache für den Hirntod. Diese Ursache verlangt das Vorliegen der organischen Hirnläsion, deren Ursache feststellbar ist und die unheilbar ist, und die künstliche Aufrechterhaltung der Atmung wegen fehlender Spontanatmung als Zustand einer tiefen Bewusstlosigkeit (Koma).

Als zweite Voraussetzung müssen die möglichen Ursachen eines reversiblen Hirnfunktionsausfalls zweifelsfrei ausgeschlossen werden. Sodann müssen bestimmte Erkrankungen ausgeschlossen werden, die zu einem potenziell rückbildungsfähigen, dem Hirntod ähnlichen Zustand führen können. Dazu zählen heilbare Intoxikation (Betäubungsmittel, Schlafmittel, Beruhigungsmittel, Muskelentspannungsmittel oder Vergiftung durch Giftstoffe usw.), metabolische oder endokrine Störung [hepatisches Koma, urämisches Koma oder hopoglykämisches Enzephalopathie (encephalophathy) usw.], Unterkühlung (unter 32□ Rektaltemperatur) oder Kreislaufschock.

bb) Klinische Symptome

In einem zweiten Schritt muss das klinische Hirntodsyndrom festgestellt werden. Es müssen tiefe, jeglichen hirnbedingten Reflex auf äußere Reize vermissende Komazustände, irreversibler Ausfall der Spontanatmung, Erweiterung und Starre beider Pupillen, Fehlen von Hirnstammreflexen (Licht-Reflex, Korneal-Reflex, Okulozephaler-Reflex, Vestibulookulärer-Reflex, Zilio-spinaler-Reflex, Würg-Reflex und Husten-Reflex) und Ausfall der Spontanbewegung, der Dezerebrationsstarre (decerebrated rigidity), Dekortikationsstarre (decorticates rigidity) und des Krampfs usw. festgestellt werden.

Abschließend muss die Irreversibilität der klinischen Ausfallsymptome nachgewiesen werden. Der Ausfall der Spontanatmung soll durch eine spezielle Prüfung (Apnoe-Test) festgestellt werden. Eine Wiederholung dieser obigen klinischen Kriterien mit übereinstimmendem Ergebnis soll über 6 Beobachtungszeiten durchgeführt werden. Nach diesen Wiederholungsuntersuchungen ist ein EEG durchzuführen. Dabei soll mindestens 30 Minuten lang eine hirnelektrische Stille festgestellt werden.

b) Bei Kindern unter 6 Lebensjahre

Für Kinder unter 6 Lebensjahre gelten zunächst dieselben Kriterien die auch für ältere Personen als notwendige vorausgehende Voraussetzungen und für die klinischen Symptome gelten.

Bei der Kindergruppe zwischen 1 Jahr und unter 6 Jahre beträgt die Beobachtungszeit mindestens 24 Stunden. Bei der Kindergruppe zwischen 2 Monate und unter 1 Jahr beträgt die Beobachtungszeit mindestens 48 Stunden, und je vor und nach der Wiederholungsuntersuchung ist ein EEG durchzuführen.

C. Nachweisverfahren für Hirntodfeststellung

Das koreanische Transplantationsgesetz sieht strenge Kriterien für die Hirntodfeststellung vor, die nur der Spezialist treffen kann.

1. Anmeldung zur Hirntodfeststellung

Der Hirntod soll grundsätzlich durch Anmeldung beim Direktor der „medizinischen Institution für Hirntodfeststellung" festgestellt werden (§ 15 Abs. 1 kTPG). Das Familienmitglied des Als-Hirntot-Vermuteten kann die Hirntodfeststellung anmelden. Auch der behandelnde Arzt kann die Anmeldung für die Hirntodfeststellung vornehmen, wenn kein Familienmitglied vorhanden ist (§ 15 Abs. 2 kTPG).

2. Feststellung des Hirntodes

a) Untersuchung durch Ärzte

Die Untersuchungen zur Feststellung des Gesamthirntodes sollen durch mindestens zwei dafür qualifizierte Fachärzte und einen behandelnden Arzt durchgeführt werden (§ 16 Abs. 1 kTPG).

b) Feststellung durch Kommission

Der Hirntod ist durch die dafür nötige Hirntodfeststellungskommission bei Anwesenheit von mindestens zwei Dritteln der Mitglieder und einstimmiger Zustimmung der anwesenden Mitglieder einschließlich mindestens zweier dafür qualifizierter Fachärzte als Mitglieder der Hirntodfeststellungskommission festzustellen (§ 16 Abs. 2 S. 1 kTPG).

Die Hirntodfeststellungskommission kann die die Hirntoduntersuchungsergebnisse aufzeichnenden Fachärzte und den behandelnden Arzt in der Hirntodfeststellungskommission aussagen lassen, wenn das für die Hirntodfeststellung nötig ist (§ 16 Abs. 3 kTPG).

3. Unabhängigkeit der Ärzte

a) Unabhängigkeit bei Teilnahme

Die an den Untersuchungen zur Feststellung des Hirntodes beteiligten Ärzte und die den Hirntod des Organspenders feststellenden Ärzte der Hirntodfeststellungskommission dürfen sich weder an der Entnahme noch an der Übertragung der Organe des Organspenders beteiligen (§ 23 kTPG).

b) Unabhängigkeit bei Bestrafung

Die den Hirntod herbeiführende Krankheit oder Verletzung gilt als die Todesursache, wenn der Hirntote bei der Organentnahme stirbt (§ 17 kTPG).

4. Dokumentations- und Übermittlungspflicht

Die Hirntodfeststellungskommission ist verpflichtet, das von allen Anwesenden unterschriebene Hirntodfeststellungsergebnis und das Sitzungsprotokoll dem Direktor der Hirntodfeststellungsstelle zu übergeben (§ 16 Abs. 4 kTPG).

Der Direktor der Hirntodfeststellungsstelle muss die Aufzeichnungen zur Feststellung der Untersuchungsergebnisse, zum Sitzungsprotokoll und zur anderen mit der Hirntodfeststellung verbundenen Dokumentation mindestens fünfzehn Jahre aufbewahren (§ 25 Abs. 1 kTPG).

Der Direktor der Hirntodfeststellungsstelle ist verpflichtet, dem Direktor der nationalen Organtransplantationskontrollstelle die Kopie des Hirntodfeststellungsergebnisses und des Sitzungsprotokolls sowie andere mit der Hirntodfeststellung verbundene Daten und dem Anmeldenden der Hirntodfeststellung die Kopie des Hirntodfeststellungsergebnisses zu übermitteln (§ 16 Abs. 5 kTPG).

5. Protokollierung zur Hirntodfeststellung

Die vom behandelnden Arzt aufgezeichneten Untersuchungsbefunde sind auf einem standardisierten Formular, das durch Ministersverordnung bestimmt wird, schriftlich festzuhalten (§ 7 Abs. 3 Ministersverordnung des kTPG).

III. Vergleich und kritische Würdigung

A. Streitfrage des Todesbegriffs

Begrifflich lässt der Tod sich nur als Ende oder Verlust des Lebens bestimmen. Das Leben kann begrifflich nicht scharf definiert, aber sein Ende hinreichend genau beschrieben werden. Was Tod bedeutet, ist allerdings nicht rein empirisch-deskriptiv zu bestimmen, sondern hängt von bestimmter Wertvorstellung ab.

1. Begriff des Hirntodes

Seit 1968 hat man das irreversible Koma als Hirntod bezeichnet[153] und so den Todeszeitpunkt entweder neu definiert oder jedenfalls den Hirntod dem Herztod an die Seite gestellt.[154]

Die von der 22. Generalversammlung des Weltärztebundes im August 1968 verabschiedete und von der 35. Generalversammlung im Oktober 1983 revidierte Deklaration des Weltärztebundes zur Definition des Todes sieht es für die Todesfeststellung als unerlässlich an, den irreversiblen Verlust aller Funktionen des gesamten Gehirns einschließlich des Hirnstamms festzustellen.[155]

a) Meinungsstreit zum Hirntod

Es stehen sich bis jetzt die Lehren vom oder gegen den Hirntod sowohl im Deutsch als auch im Korea gegenüber.

Die Lehre vom maßgeblichen Hirntod basiert darauf, dass der Hirntod ein sicheres Zeichen für den eingetretenen Tod des Menschen ist,[156] dass die teilweise geäußerten Zweifel an der Sicherheit der Hirntoddiagnose naturwissenschaftlich-medizinisch unbegründet sind,[157] dass der Hirntod durch Wiederbelebungsmaßnahmen nicht überwindbar, sondern definitiv ist,[158] dass die Hirntodzustände zum Herztod innerhalb von 14 Tagen trotz künstlicher Aufrechterhaltung der Atmungs- und Kreislauffunktion führt,[159] dass die fortlaufende Heilbehandlung

---

153 Im Jahr 1968 veröffentlichte das Ad Hoc Committee der Harvard Medical School zum ersten Mal eine Stellungnahme, die den Vorschlag beinhaltete, das sogenannte „irreversible coma" als maßgeblichen Todeszeitpunkt festzulegen. A Definition of Irreversible Coma, JA- MA 205 (1968), 337 ff. Siehe *Nickel*, Die Entnahme von Organen und Geweben bei Verstorbenen zum Zwecke der Transplantation, 1999, S. 83 f.

154 Siehe *Borowy*, Die postmortale Organentnahme und ihre zivilrechtlichen Folgen, 2000, S. 102; *Deutsch*, „Das Transplantationsgesetz vom 5.11.1997", NJW 1998, 777 (778).

155 *Nickel*, Die Entnahme von Organen und Geweben bei Verstorbenen zum Zwecke der Transplantation, 1999, S. 84.

156 LG Bonn, Az 7 O 230/69, VersR 1970, 715 (716); OLG Köln, Az 2 Wx 41/91, FamRZ 1992, 860 (862); OLG Frankfurt a. M., Az 20W 254/95, NJW 1997, 3099 (3100); AG Hersbruck, Az XVII 1556/92, FamRZ 1992, 1471; Stellungnahme des Wissenschaftlichen Beirates der BÄK, DÄBl (1997) 94, B-1033; *Pschyrembel* (Hrsg.), Stichwort Todeszeichen; Roche Lexikon Medizin (Fn. 2), Stichwort Todeszeichen.

157 *Nickel/Schmidt-Preisigke/Sengler*, Transplantationsgesetz, Kommentar, 2001, § 3 Rn. 13.

158 *Uhlenbruck/Ulsenheimer*, „Die zivilrechtliche Problematik der Organtransplantation", in: *Laufs/Uhlenbruck*, Handbuch des Arztrechts, 3. Aufl., 2002, § 131 Rn. 8.

159 Nähes zur Lehre für oder gegen einen Hirntod Siehe *Joo*, Rechtswissenschaft von Hirntod

unmenschlich und sinnlos ist,[160] dass den Familienmitgliedern geistige und ökonomische Belastungen erspart werden sollen,[161] dass beschränkte medizinische Ressourcen nicht verschwendet werden sollen[162] und dass die Organe vom Hirntoten zur Verbesserung oder Wiederherstellung von Leben bzw. Gesundheit anderer Menschen dienen können.[163]

Die Lehre gegen die Hirntod basiert demgegenüber darauf, dass der Hirntote noch „lebender Sterbender" ist,[164] dass der Hirntod die gesetzliche Voraussetzung für die Entnahme lebenswichtiger Organe vom Hirntoten ist,[165] dass auch der Hirntote ggf. Körpertemperatur oder Herzschlag haben kann,[166] dass Erektion, Samenerguss, Schwangerschaft und Geburt bei Hirntoten möglich ist,[167] dass die Organentnahme vom Hirntoten unter dem maßgeblichen Herztodbegriff nicht unmöglich ist[168] und dass der soziale Konsens zum Hirntod noch nicht hinreicht.[169]

Seit der Vorstellung des Hirntod-Konzepts in Korea sind etwa 30 Jahre vergangen. In der Frage des Todeskriteriums stützt sich das Transplantationsgesetz auf das „Hirntod"- Konzept, wonach der Mensch tot ist, wenn die Gesamtfunktionen seines Gehirns, einschließlich des Hirnstamms, irreversibel ausgefallen

---

und Transplantationsgesetz, 1997, S. 40 ff.

160 Nähes zur Lehre für oder gegen einen Hirntod Siehe *Joo*, Rechtswissenschaft von Hirntod und Transplantationsgesetz, 1997, S. 40 ff.

161 Nähes zur Lehre für oder gegen einen Hirntod Siehe *Joo*, Rechtswissenschaft von Hirntod und Transplantationsgesetz, 1997, S. 40 ff.

162 Nähes zur Lehre für oder gegen einen Hirntod Siehe *Joo*, Rechtswissenschaft von Hirntod und Transplantationsgesetz, 1997, S. 40 ff.

163 Nähes zur Lehre für oder gegen einen Hirntod Siehe *Joo*, Rechtswissenschaft von Hirntod und Transplantationsgesetz, 1997, S. 40 ff.

164 BT-Dr. 13/2926, S. 2; *Kim*, neu bearbeitete Strafrecht Besonderer Teil, 2001, S. 23 f.; *Kim*, „Ethische und theologische Überprüfung über die Probleme nach Legislation des Hirntod und der Organtransplantation", Journal of Catholic Thought Institute Vol. 17, Catholic Thought Institute Catholic University of Daegu, 1997 Herbst, S. 89.

165 BT-Dr. 13/2926, S. 5; *Lee*, „Hirntod und Menschenrecht: Kommunikationstheoretische Rekonstruktion des Todesbegriff", Journal of Rechtsphilosophie Vol. 2, Korean Rechtsphilosophie e.V., 1999, S. 265, 267.

166 Zur Gefühl der pflegenden Krankenschwester Siehe *Oduncu*, „Der „Hirntod" als Todeskriterium", in: *Roxin/Schroth* (Hrsg.), Medizinstrafrecht, 2. Aufl., 2001, S. 199 (224).

167 Siehe *Won*, „Hirntod und Organtransplantation", in: Lebensschutz im Strafrecht, Journal of the Korean Criminal Law Association Vol. 16 Sondernummer, Korean Criminal Law Association, 2001, S. 103 (105, 107).

168 *Oh*, „Strafrechtliche Probleme über die Organtransplantation bei Hirntoten", Korean Criminological Review Vol. 4 Nr. 4, The Korean Institute of Criminology, 1993 Winter, S. 106, 115 f.; *Oh*, „Gesetzgeberische Überprüfung über Hirntod und Organtransplantation", Journal of unständigen Forscher Vol. 11, Legal Research and Training Institute, 1997, S. 104 f.

169 Das erste Bedenken zur Lehre von Hirntod basierte auf dessen Unsicherheit, dessen Uneinheitlichkeit, Kluft zwischen Hirntod und herkömmlichen Herztod, Misstrauen gegen medizinischen Personen usw. Dazu *Oh/Lee*, „Strafrechtliche Forschung über den Hirntod und die Organtransplantation", The Korean Institute of Criminology, 1994, S. 91 ff.

sind. Das koreanische Transplantationsgesetz erkennt den Hirntod für den Fall einer Organentnahme als sicheres Todeszeichen an.

b) Vertretener Gesamthirntod

Es besteht weitgehende Einigkeit im deutschen und koreanischen Transplantationsgesetz darüber, dass der Gesamthirntod als „Zustand der irreversibel erloschenen Funktionen des gesamten Gehirns, also des Großhirns, des Kleinhirns und des Hirnstamms" definiert werden.

Jeglichem Teilhirntodkonzept, etwa dem des Großhirntodes[170] und dem des Hirnstammtodes[171], erteilen die Gesetzgeber in Deutschland und Korea eine Absage.

Der Gesamthirntod ist allerdings noch Kritik ausgesetzt. Die Kritik beruht insbesondere darauf, dass das verfassungsrechtlich geschützte Selbstbestimmungsrecht des Patienten also über den Hirntod bis zum Herz-Kreislauf-Tod hinaus reiche.[172]

Meiner Meinung nach sprechen die Bedingungen, unter denen der Gesamthirntod anzunehmen ist, dafür,[173] dass das Gesamthirntodkriterium mit dem verfassungsrechtlichen Lebensschutz vereinbar ist,[174] dass der rechtlich relevante Tod tatsächlich eingetreten ist, wenn das menschliche Zentralorgan, das Gehirn, seine Tätigkeit endgültig eingestellt hat,[175] dass die an Anencephalie oder an dem apallischen Syndrom leidenden Patienten unter dem Schutz des Gesamthirntod-Konzepts stehen,[176] dass sinnlos lebenserhaltende Maßnahmen abzubrechen

---

170 Nähres zum Großhirntod Siehe *Bock*, Rechtliche Voraussetzungen der Organentnahme von Lebenden und Verstorbenen, 1999, S. 180; *Borowy*, Die postmortale Organentnahme und ihre zivilrechtlichen Folgen, 2000, S. 114 f.

171 In Großbritannien und Polen ist der Hirnstammtod als Todeszeichen anerkannt. Nähres zum Hrinstammtod Siehe *Nickel/Schmidt-Preisigke/Sengler*, Transplantationsgesetz, Kommentar, 2001, § 3 Rn. 18; *Haupt*, „Anhang 1 zu § 16 Hirntodkonzeption und Hirntoddiagnostik aus neurologischer Perspektive, in: *Höfling* (Hrsg.), Transplantationsgesetz, Kommentar, 2003, Rn. 33; *Joo*, Rechtswissenschaft von Hirntod und Transplantationsgesetz, 1997, S. 69 ff.

172 Siehe *Deutsch*, „Das Transplantationsgesetz vom 5.11.1997", NJW 1998, 777 (778).

173 Siehe *Joo*, Rechtswissenschaft von Hirntod und Transplantationsgesetz, 1997, S. 79 f.

174 *Nickel*, Die Entnahme von Organen und Geweben bei Verstorbenen zum Zwecke der Transplantation, 1999, S. 119.

175 *Choung*, Strafrecht Besonderer Teil, 1996, S. 51; *Lee*, Strafrecht Besonderer Teil, 4. Aufl., 2000, S. 15; *Chang*, „Strafrechtliche Probleme über den Hirntod und Organtransplantation", Festschrift *Hae Mok Son* zum 60. Geburtstag, 1993, S. 636, 651. Nach derzeitigem, weltweit allgemein anerkannten naturwissenschaftlichmedizinischen Erkenntnisstand ist der Gesamthirntod als der irreversible Ausfall der Gesamtfunktion von Großhirn, Kleinhirn und Hirnstamm ein inneres sicheres Zeichen für den eingetretenen Tod des Menschen [BÄK, Richtlinien zur Feststellung des Hirntodes, DÄBl. 95 (1998), S. B-1509, B1516].

176 BT-Dr. 13/4368; *Joo*, Rechtswissenschaft von Hirntod und Transplantationsgesetz, 1997, S. 74.

sind, dass die diagnostischen Schwierigkeiten bei der Feststellung der Hirnstammaktivität bleiben, dass Pflanzenzustände und Hirntodzustände nur durch das Gesamthirntod-Konzept zu unterscheiden sind.[177]

2. Hirntod als neuer Todesbegriff

Das deutsche und koreanische Transplantationsgesetz enthalten keine ausdrückliche Todesdefinition. Umstritten blieb, ob die Hirntodfeststellung lediglich eine formale Entnahmegrenze oder eine materielle Todesbestimmung darstellt.

Als Tod bezeichnet man einen unumkehrbaren Zustand des Sterbeprozesses, als Todeskriterium bezeichnet man einen Maßstab für einzelne Feststellungen der Todeszustände.[178] Tatsächlich dürfte der Hirntodbegriff einen neuen Todesbegriff darstellen,[179] und das Kriterium der Hirntodfeststellung ist auch ein neues Kriterium der Todesfeststellung sein, nach dem die gleichen Zustände wie durch den Herztod durch neue Merkmale bzw. besondere Kriterien festzustellen sind.[180]

Dies Einschätzung beruht darauf, dass das Transplantationsgesetz ansonsten mit der Kritik zu konfrontieren wäre, es den Tod nach seinem Ziel relativierte, dass die Zustimmung des Familienmitglieds oder Angehörigen für die Organentnahme unangemessen ist, wenn der Hirntod kein Tod ist, und dass die Voraussetzungen für die Organentnahme vom Hirntoten und vom Toten durch den gleichen Paragraph geregelt werden (Vgl. § 18 Abs. 2 kTPG).

Als Ergebnis lässt sich festhalten, dass der Hirntod im koreanischen Transplantationsgesetz als menschlicher Tod angesehen wird, obwohl es einige Unsicherheit des Gesetzeswortlauts gibt.[181] Damit ist der irreversible Ausfall der ge-

---

177 Zur Unterschied zwischen Hirntod und vegetative Zustand *Lee*, „Hirntod und persistierende vegetative Zustand", Journal of the Korean Medical Association Vol. 30 Nr. 2, The Korean Medical Association, 1987, S. 170 (176 f.).

178 *Chang*, „Strafrechtliche Probleme über Hirntod und Organtrasplantation", in: Rechtslehre von dem Hirntod und der Organtransplantation, Schriftenreihe Vol. 155, Ministry of Justice, 1992, S. 142.

179 Zur Auffassungen, die den Gesamthirntod als zulässiges Todeskriterium anerkennen. BT-Dr. 13/4368, S. 6; *Deutsch*, „Das Transplantationsgesetz vom 5.11.1997", NJW 1998, 777 (778); *Dufková*, Die Zulässigkeit und Strafbarkeit der Organentnahme zu Transplantationszwecken im Vergleich zu klinischen Sektionen, MedR 1998, 304 (305); *Kühn*, „Das neue deutsche Transplantationsgesetz", MedR 1998, 455 (459) (insbes. Fn. 28); *Laufs/ Uhlenbruck*, § 131, Rn. 6. Mit der Anerkennung des Gesamthirntodes als zulässiges Todeskriterium ist damit zugleich die Aussage des Gesetzgebers verbunden, dass ein hirntoter Patient tot ist und als solcher behandelt werden darf. Siehe *Borowy*, Die postmortale Organentnahme und ihre zivilrechtlichen Folgen, 2000, S. 120. Kritik dazu *in der Schmitten*, „Anhang zu § 3: Zur Entwicklung der „Hirntod"-Konzeption", in: *Höfling* (Hrsg.), Transplantationsgesetz, Kommentar, 2003, Rn. 30 ff.

180 *Joo*, Rechtswissenschaft von Hirntod und Transplantationsgesetz, 1997, S. 82, 86.

181 Das koreanische Transplantationsgesetz ist nicht folgerichtig, denn der Lebende enthält der Hirntote (Vgl. § 3 Nr. 4 kTPG), Familienmitglied wird auf dem Hirntoten und Angehöriger wird auf den Toten angewendet (Vgl. § 11 Abs. 2 kTPG) oder der Hirntote wird als nicht

samten Hirnfunktion als neuer eigener Todesbegriff anzusehen. Mit dieser Zweispurigkeit werden sowohl der Herztod als auch der Hirntod zum Todeskriterium.[182]

3. Hirntodkriterium als allgemeines Todeskriterium

Nach der herrschenden Ansicht in der deutschen Literatur[183] ist der Eintritt des Hirntodes das allein gültige Todeskriterium, das, unabhängig von den konkreten Todesumständen, für alle Rechtsgebiete einheitlich gilt.[184]

In Korea wird demgegenüber der Hirntod nur in Bezug auf die Organentnahme als Todeszeichen akzeptiert. Der Hirntod kann in Korea nur durch Anmeldung zur Hirntodfeststellung festgestellt werden.

Ausweislich dieses Sinns und Zwecks der Norm kann man sagen, dass das koreanische Transplantationsgesetz das sog. „Hirntotentransplantationsgesetz“ ist, um eine Organentnahme vom Hirntoten zuzulassen. Die Feststellung des Todes in Korea richtet sich nach dem sog. „System der Zweispurigkeit“ des Herztodes und des Hirntodes.[185]

Das sog. „System der Zweispurigkeit“ kann den Todesbegriff relativieren. Zwei Todesbegriffe können ferner dem Grundsatz der Einheit der Rechtsordnung widersprechen und zu Rechtsunsicherheiten über den Begriff des Todes und die Kriterien der Todesfeststellung führen.

Der Hirntod markiert das Ende der ärztlichen Behandlungspflicht, relevant etwa für den Abbruch der sinnlosen lebenserhaltenden Maßnahmen, und des strafrechtlichen Schutzes für menschliches Leben. Aus diesen Gründen erscheint es angemessen, dass die KMA den Hirntod als allgemeinen Todesbegriff anerkennt.[186] Daher erscheint es richtig, für alle Rechtsgebiete einheitlich auf den Gesamthirntod als entscheidendes Todeskriterium abzustellen.[187]

Toter dargestellt (§ 17 kTPG). Dieses Gesetz hat dennoch Hirntote als Tote dadurch wesentlich angesehen, dass die Voraussetzungen zur Organentnahme bei Toten und Hirntoten im gleichen Absatz geregelt werden (Vgl. § 18 Abs. 2 kTPG). Vgl. *Lee*, „Die Gegenwart und Zukunft des Transplantationsgesetzes in Korea“, Forschungsbericht 00-15, The Korean Institute of Criminology, 2000, S. 25 f.

182 *Joo*, Transplantationsgesetz, Kommentar, 2000, S. 33.

183 *Kühn*, Die Motivationslösung, 1998, S. 70 f.; *Lüttger*, Der Tod und das Strafrecht, JR 1971, S. 309 (311).

184 *Borowy*, Die postmortale Organentnahme und ihre zivilrechtlichen Folgen, 2000, S. 132 f., 135.

185 *Joo*, Transplantationsgesetz, Kommentar, 2000, S. 33.; *Moon*, „Probleme und Gegenmaßnahmen der medizinischen Bioethik“, in: *Kim/Moon/Hyun/Lee*, Gesellschaftliche und staatliche Gegenmaßnahme über die Bioethik, Journal of the National Academy of Science, Republic of Korea (the natural Science edition) Vol. 39, 2000, S. 86.

186 *Korean Medical Association*, Ärztliche Berufsordnung, 15.11.2001.

187 *Borowy*, Die postmortale Organentnahme und ihre zivilrechtlichen Folgen, 2000, S. 137. Zur Bedenken über Hirntod als allgemeine Todeskriterien Siehe *Lee*, „Die Gegenwart und

B. Streitpunkte beim Hirntodkriterium

1. Regelungsmöglichkeiten zu den Kriterien der Hirntodfeststellung

Die Kriterien der Hirntodfeststellung bleiben im deutschen Transplantationsgesetz der Bundesärztekammer überlassen, die in eigener Verantwortung die Kriterien nach dem jeweiligen Stand der wissenschaftlichen Erkenntnis festlegen und gegebenenfalls modifizieren soll.

Soweit es um die umfassende Übertragung von Richtlinienkompetenz auf die Bundesärztekammer als eine private Institution geht, stellt sich das verfassungsrechtliche Bedenken in Bezug auf den Parlamentsvorbehalt und den einfachen Gesetzesvorbehalt.[188]

Das koreanische Transplantationsgesetz legt die Kriterien der Hirntodfeststellung im Gesetz selbst fest. Das war eine vorläufige Maßnahme, um den Verzicht der Legislative zu vermeiden. Denn in der Bevölkerung waren zumindest zunächst Misstrauen gegenüber den den Hirntod feststellenden Ärzten bzw. Missverständnisse in Bezug auf die Kriterien der Hirntodfeststellung vorhanden. Daher wurde erwartet, dass Rechtssicherheit und Vertrauen gewonnen werden.

Aus meiner Sicht erscheint es angemessen, dass die Kriterien der Hirntodfeststellung nicht im Gesetz selbst, sondern in Normen minderen Ranges, etwa einer Präsidentenverordnung oder in Richtlinien der medizinischen Organisationen, festgelegt werden. Die Kriterien der Hirntodfeststellung sollen nach dem jeweiligen Stand der wissenschaftlichen Erkenntnis Festlegungen treffen diese und gegebenenfalls modifizieren.[189]

Zukunft des Transplantationsgesetzes in Korea", Forschungsbericht 00-15, The Korean Institute of Criminology, 2000, S. 100; *Park*, „Bei Abtritt des Inkrafttretten des Transplantationsgesetzes", The Korean Journal of Internal Medicine Vol. 58 Nr. 5, The Korean Association of Internal Medicine, 2000, S. 492; *Shim*, „Rechtliche Probleme über Organtransplantation des Hirntoten", Journal of Sungkok Stiftung e.V. Vol. 27 Nr.3, Sungkok Stiftung e.V., 1996, S. 935.

188 Siehe *Borowy*, Die postmortale Organentnahme und ihre zivilrechtlichen Folgen, 2000, S. 124; *Kühn*, „Das neue deutsche Transplantationsgesetz", MedR 1998, S. 455 (459); *Nickel/Schmidt-Preisigke/Sengler*, Transplantationsgesetz, Kommentar, 2001, § 3 Rn. 2.

189 *Herrig*, Gewebetransplantation nach dem Transplantationsgesetz, 2002, S. 98; *Joo*, Transplantationsgesetz, Kommentar, 2000, S. 125; *Joo*, „Rechtsprobleme und Änderungsrichtung des Transplantationsgesetzes", in: *MOHW/NMC/KONOS*, Ein Symposion über Entwicklung der Organtransplantation und Verbesserung des mit dem verbundenen Systems zur 1 jährigen Gründungsfeier des KONOS, S. 11; *Lee*, „Die Gegenwart und Zukunft des Transplantationsgesetzes in Korea", Forschungsbericht 00-15, The Korean Institute of Criminology, 2000, S. 126.

2. Zeitraum der Beobachtung

Nach dem deutschen Transplantationsgesetz ist bei Erwachsenen und älteren Kindern mit einer primären Hirnschädigung ein Mindestbeobachtungszeitraum von 12 Stunden einzuhalten. Bei Patienten mit einer sekundären Hirnschädigung ist eine dreitägige Beobachtungszeit einzuhalten.

Nach dem koreanischen Transplantationsgesetz ist die zweite Untersuchung demgegenüber 6 Stunden nach der ersten Untersuchung zu wiederholen.

3. Besonderheiten bei Kindern

Das deutsche und koreanische Transplantationsgesetz stimmen darin überein, dass je jünger Kind ist, desto länger muss Beobachtungszeitraum sein.

Nach dem deutschen Transplantationsgesetz sind bei Neugeborenen in den ersten vier Lebenswochen 72 Stunden und bei Kleinkindern bis zum vollendeten 2. Lebensjahr 24 Stunden einzuhalten.

Nach dem koreanischen Transplantationsgesetz gilt für Kinder nicht unter dem 6. Lebensjahr das Gleiche wie für Erwachsene. Bei Kindern unter dem 6. Lebensjahr wird ein längerer Zeitraum verlangt. Bei der Kindergruppe zwischen 1. Jahr und unter vollendetem 6. Lebensjahr 24 Stunden, bei der Kindergruppe zwischen 2 Monaten und unter vollendetem 1. Lebensjahr sind 48 Stunden als Beobachtungszeitraum einzuhalten. Besonders bei der Kindergruppe unter 1. Lebensjahr muss das EEG zweimal erfolgen.

Dies hängt damit zusammen, dass Kinder eine größere Widerstandsfähigkeit gegen Hirnverletzungen besitzen und höhere Wiederbelebungsmöglichkeiten haben als Erwachsene.[190]

4. Zeitpunkt des Todes

Das deutsche und koreanische Transplantationsgesetz stimmen darin überein, dass die Entnahme von Organen vor der Hirntodfeststellung ausdrücklich unter Strafe gestellt wird. Die Transplantationsgesetze treffen keine Aussage über den Todeszeitpunkt. Er soll dem gegenwärtigen medizinischen Erkenntnisstand entsprechen.[191]

Hinsichtlich des Todeszeitpunktes bei Hirntod werden verschiedene Meinungen in der Literatur vertreten. Diskutiert werden der Erfüllungszeitpunkt der ersten Hirntodfeststellungskriterien, der Erfüllungszeitpunkt der zweiten Hirn-

---

190 *Joo*, Transplantationsgesetz, Kommentar, 2000, S. 125, 131.

191 *Tag*, Der Körperverletzungstatbestand im Spannungsfeld zwischen Patientenautonomie und Lex artis, 2000, S. 139.

todfeststellungskriterien und der Erfüllungszeitpunkt der ersten Hirntodfeststellungskriterien nach der Erfüllung der zweiten Hirntodfeststellungskriterien.[192]

Meiner Meinung nach spricht einiges dafür, dass der Zeitpunkt des anzunehmenden Hirntodes der Zeitpunkt der Erfüllung der zweiten Hirntodfeststellungskriterien ist. Liegt keine Erfüllung der zweiten Kriterien für die Hirntodfeststellung vor, müssen die ersten Kriterien für die Hirntodfeststellung von neuem festgestellt werden.[193]

C. Streitpunkte im Hirntodnachweisverfahren

Das Nachweisverfahren für die Feststellung des Gesamthirntodes kann eine verfahrensrechtliche Absicherung zum Schutz des Organspenders sein. Das strenge Nachweisverfahren für die Hirntodfeststellung kann der Vertrauensbildung und Transparenzsicherung dienen.

1. Untersuchung durch Facharzt

Das deutsche und koreanische Transplantationsgesetz legen übereinstimmend fest, dass der Hirntod nur durch Fachärzte untersucht werden soll. Nach dem koreanischen Transplantationsgesetz ist der Hirntod durch mindestens zwei Fachärzte und einen behandelnden Arzt zu untersuchen.

2. Recht zur Hirntodfeststellung

Der große Unterschied des koreanischen Transplantationsgesetzes zum deutschen Transplantation liegt darin, dass der Hirntod nicht durch Ärzte sondern durch die Hirntodfeststellungskommission festgestellt wird.

Nach dem deutschen Transplantationsgesetz ist die Feststellung des Hirntodes jeweils durch zwei Fachärzte zu treffen, die den Organspender unabhängig voneinander untersucht haben.

Die Untersuchung und Feststellung durch einen Arzt genügt auch für die Hirntodfeststellung, wenn der endgültige, nicht behebbare Stillstand von Herz und Kreislauf eingetreten ist und seitdem mehr als 3 Stunden vergangen sind. Dies bedeutet, dass eine Entnahme von Organen nicht nur nach festgestelltem

---

192 Nähes dazu *Moon*, „Probleme und Gegenmaßnahmen der medizinischen Bioethik“, in: *Kim/Moon/Hyun/Lee*, Gesellschaftliche und staatliche Gegenmaßnahme über die Bioethik, Journal of the National Academy of Science, Republic of Korea (the natural Science edition) Vol. 39, 2000, S. 89; *Joo*, Rechtswissenschaft von Hirntod und Transplantationsgesetz, 1997, S. 96 f.

193 *Joo*, „Rechtsprobleme und Änderungsrichtung des Transplantationsgesetzes“, in: *MOHW/NMC/KONOS*, Ein Symposion über Entwicklung der Organtransplantation und Verbesserung des damit verbundenen Systems zur 1 jährigen Gründungsfeier des KONOS, S. 12.

Hirntod, sondern auch nach „klassischer" Todesfeststellung statthaft ist. Die vom Gesetzgeber vorgeschriebene Wartezeit von mindestens 3 Stunden, welche prinzipiell eine Beurteilung sicherer Todeszeichen zulässt, begrenzt die verwendbaren Organe allerdings auf wenige, stoffwechselinaktive Gewebe.[194] Dem Konzept der „Non-Heart-Beating Donors" wird hiermit eine klare Absage erteilt.[195]

Nach dem koreanischen Transplantationsgesetz wird die Hirntodfeststellung durch die Hirntodfeststellungskommission durchgeführt. Sie soll den Hirntod bei Anwesenheit von mindestens zwei Dritteln der Mitglieder und einstimmiger Zustimmung der anwesenden Mitglieder einschließlich mindestens zweier dafür qualifizierter Fachärzte als Mitglieder der Hirntodfeststellungskommission feststellen.

In der Zeit der Gesetzgebung des Transplantationsgesetzes gab es Zweifel am Hirntodkonzept, Passivität bei der Organspende und Misstrauen gegenüber der Ärzteschaft. Der Konsens zum Hirntod hatte fast 70% in der Zeit der Gesetzgebung erreicht.[196] Unter diesen Umständen war meines Erachtens das koreanische Transplantationsgesetz ein Produkt des legislativen Kompromisses, um zu einem sofortigen Gesetz zu gelangen.

Der Arzt hat sowohl das Recht zur Herztodfeststellung als auch das Recht zur Hirntodfeststellung. Die Verantwortung für fahrlässige oder mißbräuliche Hirntodfeststellung trägt nicht die Hirntodfeststellungskommission, sondern der Arzt. Der Hirntod ist durch Mehrheitsbeschluss der Hirntodfeststellungskommission nicht zu feststellen.

3. Unabhängigkeit der Ärzte

Nach dem deutschen und koreanischen Transplantationsgesetz müssen die den Tod feststellenden Ärzte von dem Transplantationsteam unabhängig sein. Durch die personelle Trennung[197] soll die Unabhängigkeit der für die Hirntodfeststellung verantwortlichen Ärzte von den transplantierenden Ärzten gewährleistet werden und gleichzeitig die Transparenz und Vertrauensbildung gefördert wer-

---

194 Bestimmte Organe, z.B. Augenhornhaut, Gehörknöchelchen, Knochen, harte Hirnhaut, äußere Haut und Faszien können noch Stunden nach eingetretenem Herz-Kreislauf-Stillstand transplantierfähig entnommen werden. Vgl. BT-Dr. 13/4355, S. 19.

195 *Schlake/Roosen*, Der Hirntod als der Tod des Menschen, Deutsche Stiftung Organtransplantation, 2001, S. 48 f.

196 *Korea Institute for Health and Social Affairs*, öffentliche Anhörung zum Gesetzgebung des „Gesetz über die Transplantation von Organen", Anhörungsmaterial Nr. 96-10, 30.10.1996, S. 10.

197 In der Praxis bedeutet die personelle Trennung, dass alle operierenden Ärzte, insbesondere Chirurgen, aber auch alle anderen operierenden Fachgruppen (z.B. Augenärzte, HNO-Ärzte) von der Hirntodfeststellung ausgeschlossen sind. Siehe *Borowy*, Die postmortale Organentnahme und ihre zivilrechtlichen Folgen, 2000, S. 138.

den.[198] Diese gesetzlichen Vorgaben sollen mögliche Interessenkonflikte zwischen beiden Seiten vermeiden.[199]

Speziell nach dem koreanischen Transplantationsgesetz wird die den Hirntod herbeiführende Krankheit oder Verletzung als Todesursache angesehen, wenn der Hirntote bei der Organentnahme stirbt. In der Literatur wurde die Beseitigung dieses Paragraph diskutiert, da die Todesursache bei der Organentnahme nach der allgemeinen strafrechtlichen Kausalitätstheorie geklärt werden müsse. Daher sei die gesetzliche Regelung überflüssig.[200] Meiner Meinung nach spricht einiges dafür, dass dieser Paragraph vor allem eine Regelung für den Schutz des Entnahme-Arztes ist. Denn diese klarstellende Regelung kann die Erstreckung der Schuld des fahrlässigen Hirntodfeststellungs-Arztes auf den Entnahme-Arzt vermeiden.

4. Dokumentationspflicht

Im deutschen und koreanischen Transplantationsgesetz besteht eine umfassende Dokumentationspflicht. Diese Dokumentationspflicht dient der Transparenz und Vertrauensbildung.[201] Nach dem deutschen Transplantationsgesetz haben der nächste Angehörige und die seitens des Spenders beteiligten Personen auch ein Einsichtsrecht.

5. Protokollierung zur Hirntodfeststellung

Die Dokumentation muss auf einem vorgeschriebenen Protokoll erfolgen. Die gesamte Hirntod-Diagnose muss in einem standardisierten Protokoll zur Feststellung des Hirntodes schriftlich festgehalten werden.

Durch die Protokollierung der Untersuchungsbefunde wird gewährleistet, dass die Todeszeichen mit der erforderlichen Sorgfalt festgestellt werden, der explantierende Arzt sich vor der Organentnahme von der einwandfreien Todesdiagnose überzeugen und auch später die Todesfeststellung von dritter Seite überprüft werden kann. Hierzu sieht das Gesetz ergänzend ein Recht des nächsten Angehörigen auf Einsicht in die Organentnahme-Unterlagen vor.[202] Das Protokoll kann ferner dazu dienen, die Hirntod-Diagnose zu sichern und Unterschiede nach dem jeweiligen Arzt zu beseitigen, indem Auslassungen oder Abweichungen in der äußeren Reihenfolge der Diagnosen vermieden werden.

---

198 BT-Dr. 13/4355, S. 19.

199 BT-Dr. 13/4355, S. 19.

200 Siehe *Lee*, „Die Gegenwart und Zukunft des Transplantationsgesetzes in Korea", Forschungsbericht 00-15, The Korean Institute of Criminology, 2000, S. 107 f., 126.

201 BT-Dr. 13/4355, S. 19.

202 *Borowy*, Die postmortale Organentnahme und ihre zivilrechtlichen Folgen, 2000, S. 128.

6. Einhaltung der Kriterien für die Hirntodfeststellung

Nach dem deutschen Transplantationsgesetz wird die Einhaltung des Standes der Erkenntnisse der medizinischen Wissenschaft angenommen, wenn die Richtlinien der Bundesärztekammer beachtet worden sind.

§ 7 Organentnahme bei Toten

I. dTPG

Die Entnahme von Organen bei Toten ist nur zulässig, wenn der Organspender in die Entnahme eingewilligt hatte und der endgültige, nicht behebbare Ausfall der Gesamthirnfunktion des Großhirns, des Kleinhirns und des Hirnstamms nach Verfahrensregeln, die dem Stand der Erkenntnisse der medizinischen Wissenschaft entsprechen, festgestellt ist (§ 3 Abs. 1 dTPG).

Unzulässig ist die Organentnahme, wenn der potentielle Organspender der Entnahme widersprochen hatte oder nicht vor der Entnahme bei dem Organspender der endgültige, nicht behebbare Ausfall der Gesamtfunktion des Großhirns, des Kleinhirns und des Hirnstamms nach Verfahrensregeln, die dem Stand der Erkenntnisse der medizinischen Wissenschaft entsprechen, festgestellt ist (§ 3 Abs. 2 dTPG).

Ist weder eine schriftliche Einwilligung noch ein schriftlicher Widerspruch des möglichen Organspenders bekannt, so ist die Entnahme nur zulässig, wenn ein Arzt den nächsten Angehörigen über eine in Frage kommende Organentnahme unterrichtet und dieser ihr zugestimmt hat (§ 4 Abs. 1 dTPG).

Im folgenden sollen insbesondere die Einwilligung bzw. Zustimmung auf Seiten des Organspenders als Voraussetzung zur Organentnahme bei Toten vorgestellt und kritisch hinterfragt werden. Denn die Feststellung des Hirntodes als andere Voraussetzung zur Organentnahme bei Toten wurde bereits diskutiert.[203]

A. Einwilligung oder Zustimmung

Eine postmortale Organentnahme setzt neben dem Nachweis des eingetretenen Gesamthirntodes die Einwilligung des Spenders (§ 3 Abs. 1 Nr. 1 dTPG) oder die Zustimmung anderer Personen (§ 4 dTPG) voraus.

1. Erweiterte Zustimmungslösung

Das deutsche Transplantationsgesetz bestimmt bei Fehlen einer schriftlichen Einwilligung oder eines schriftlichen Widerspruchs des möglichen Organspenders, dass der nächste Angehörig zu befragen ist, ob ihm von diesem eine Erklärung zur Organspende bekannt ist (§ 4 Abs. 1 S. 1 dTPG).

Ist auch dem Angehörigen eine solche Erklärung nicht bekannt, so ist die Entnahme nur zulässig, wenn ein Arzt den Angehörigen über eine in Frage kommende Organentnahme unterrichtet und dieser ihr zugestimmt hat (§ 4 Abs. 1

[203] Nähres zum Hirntod in § 6 „Offene Fragen des Hirntodkriteriums" dieser Arbeit.

S. 2 dTPG). Das deutsche Transplantationsgesetz sieht eine sog. „erweiterte Zustimmungslösung“ vor.[204]

2. Einwilligung des Organspenders

Die Entnahme von Organen bei Toten ist nur dann zulässig, wenn der Organspender selbst in die Entnahme eingewilligt hatte (§ 3 Abs. 1 Nr. 1 dTPG). Hier handelt es sich um das Erfordernis einer wirksamen Einwilligung.

Weiterhin bestimmt das deutsche Transplantationsgesetz, dass auch wenn der Organspender eingewilligt hatte, der nächste Angehörige über die beabsichtigte Organentnahme zu unterrichten ist (§ 3 Abs. 3 S. 1 dTPG).

a) Einwilligungsfähige

Nur die Einwilligung des Einwilligungsfähigen ist wirksam. Das Transplantationsgesetz enthält keine Aussage über die Einwilligungsfähigkeit zur Organspende. Diese Fähigkeit ist weder von der zivilrechtlichen Geschäftsfähigkeit noch von der strafrechtlichen Schuldfähigkeit abhängig. Sie bestimmt sich vielmehr danach, ob der Verfügende die erforderliche Einsichts- und Urteilsfähigkeit hat, um die Bedeutung und Tragweite der Organspende zu ermessen. Für die Einwilligungsfähigkeit zur Organspende genügt grundsätzlich die tatsächliche Einsichts- und Urteilsfähigkeit. Die Frage der Einwilligungsfähigkeit ist besonders bei geistig Behinderten und bei Jugendlichen mit Erreichen des 16. Lebensjahres problematisch.

aa) Volljährige

Eine volljährige Person,[205] die die zivilrechtliche Geschäftsfähigkeit hat, verfügt ohne Zweifel auch über die Einwilligungsfähigkeit zur Organspende. Erklärt ein gesunder, erwachsener Mensch zu Lebzeiten seine Einwilligung zur Organentnahme, so bestehen hinsichtlich der Wirksamkeit dieser Willensäußerung keine Bedenken.

---

[204] *Dettmeyer*, Medizin & Recht für Ärzte, 2001, S. 240; *Nickel/Schmidt-Preisigke/Sengler*, Transplantationsgesetz, Kommentar, 2001, vor § 3 Rn. 1; *Uhlenbruck/Ulsenheimer*, „Die zivilrechtliche Problematik der Organtransplantation“, in: *Laufs/Uhlenbruck*, Handbuch des Arztrechts, 3. Aufl., 2002, § 142 Rn. 21. Zur Verfassungsrechtlichen Verhältnismäßigkeit *Nickel/Schmidt-Preisigke/Sengler*, Transplantationsgesetz, Kommentar, 2001, vor § 3 Rn. 3; *Deutsch*, „Das Transplantationsgesetz vom 5.11.1997“, NJW 1998, 777 (778).

[205] Nach dem deutschen Recht tritt der Volljährigkeit mit der Vollendung des 18. Lebensjahres ein (§ 2 dBGB).

bb) Minderjährige nicht unter 16. Lebensjahr

Im Zusammenhang mit der Einwilligungsfähigkeit zur Organspende bei Minderjährigen enthält das deutschen Transplantationsgesetz ausdrückliche Regelungen darüber, dass die Einwilligung in eine postmortale Spende vom vollendeten 16. Lebensjahr an erklärt werden kann (§ 2 Abs. 2 S. 3 dTPG). Unzulässig ist daher aufgrund einer bloßen eigenen Erklärung die postmortale Organentnahme bei Minderjährigen, die vor Vollendung des sechzehnten Lebensjahres verstorben sind.

b) Einwilligungsunfähige

Die Personen, die aufgrund ihres Alters oder ihres Gesundheitszustandes nicht die erforderliche Einsichtsfähigkeit besitzen, können keine wirksame Einwilligung in eine postmortale Organentnahme erklären.

aa) Minderjährige unter 16. Lebensjahr

Nach dem deutschen Transplantationsgesetz kann die Einwilligung in eine postmortale Spende vom vollendeten 16. Lebensjahr, ein Widerspruch vom vollendeten 14. Lebensjahr an erklärt werden (§ 2 Abs. 2 S. 3 dTPG). Unzulässig ist die postmortale Organentnahme aufgrund einer bloßen eigenen Erklärung bei Minderjährigen, die vor Vollendung des sechzehnten Lebensjahres verstorben sind.

bb) Geistig Behinderte

Das deutsche Transplantationsgesetz enthält keine Aussage über die Einwilligungsfähigkeit bei geistig Behinderten. Die Einwilligungsfähigkeit des geistig Behinderten hängt von der Art und dem Ausmaß der geistigen Behinderung ab. Die Einwilligungsfähigkeit zur Organspende bei einem geistig Behinderten, bei dem das Defizit der natürlichen Einsichts- und Urteilsfähigkeit vorliegt, ist unabhängig von seinem Alter abzulehnen.[206]

c) Beim Widerspruch des Organspenders

Nach dem deutschen Transplantationsgesetz ist die Entnahme von Organen unzulässig, wenn der Organspender der Organentnahme widersprochen hatte (§ 3

---

[206] Siehe *Tag*, Der Körperverletzungstatbestand im Spannungsfeld zwischen Patientenautonomie und Lex artis, 2000, S. 318.

Abs. 2 Nr. 1 dTPG). Ein Widerspruch kann vom vollendeten 14. Lebensjahr an erklärt werden (§ 2 Abs. 2 S. 3 dTPG). Damit ist klargestellt, dass eine Organentnahme gegen den Willen des Organspenders nicht erfolgen darf, und dem Verfassungsgrundsatz der Achtung der Menschenwürde Rechnung getragen, wonach der Mensch nicht zum bloßen Objekt instrumentalisiert werden darf.[207]

3. Zustimmung anderer Personen

Hat der Verstorbene zu Lebzeiten keine Erklärung zur postmortalen Organspende abgegeben, ist die Organentnahme bei einem Verstorbenen dann zulässig, wenn die nächsten Angehörigen der Organentnahme ausdrücklich zustimmen (Vgl. § 4 Abs. 1 S. 2 dTPG).

Das deutsche Transplantationsgesetz bestimmt, dass eine vom Verstorbenen wirksam benannte bestimmte andere Person (Vertrauensperson) an die Stelle des nächsten Angehörigen tritt und damit zur Entscheidung über eine Organentnahme berufen ist (Vgl. § 4 Abs. 2 S. 6 dTPG).

a) Zustimmung der nächsten Angehörigen

Liegt dem Arzt weder eine schriftliche Einwilligung noch ein schriftlicher Widerspruch des möglichen Organspenders vor, so ist die Entnahme von Organen des Verstorbenen nur zulässig, wenn ein Arzt den nächsten Angehörigen über eine in Frage kommende Organentnahme unterrichtet und dieser ihr zugestimmt hat (Vgl. § 4 Abs. 1 dTPG).

aa) Nächster Angehöriger

Eine allgemeingültige gesetzliche Definition des Angehörigenbegriffs, die auch für den Bereich der Organspende maßgeblich wäre, existiert im deutschen Recht nicht. Je nach Gesetz wird unter diesem Begriff eine sehr unterschiedliche Personengruppe verstanden.[208] Das deutsche Transplantationsgesetz sieht eine bestimmte Reihenfolge vor, in der die nächsten Angehörigen zur Entscheidung berufen sind.

---

207 BT-Dr. 13/4355, S. 18.

208 Vgl. etwa Art. 104 Abs. 4 GG, §§ 530, 569a, 1740 dBGB, §§ 11 Abs. 1 Nr. 1, 77 Abs. 2, 194 Abs. 1, 2 StGB, §§ 2 FBG, § 60 Abs. 2, 3 UrhG, § 22 S. 3, 4 KunstUrhG. Nähes dazu *Bock*, Rechtliche Voraussetzungen der Organentnahme von Lebenden und Verstorbenen, 1999, S. 249.

bb) Kreis und Rangfolge von nächsten Angehörigen

Nächste Angehörige im Sinne deutschen Transplantationsgesetzes sind die in der Rangfolge der gesetzlichen Aufzählung genannten Personen. Auf erster Stufe steht ein Ehegatte, auf der zweiten Stufe stehen volljährige Kinder, auf der dritten Stufe die Eltern oder sonstige Sorgeinhaber (sofern der mögliche Organspender zur Todeszeit minderjährig war und die Sorge für seine Person zu dieser Zeit nur einem Elternteil, einem Vormund oder einem Pfleger zustand, dieser Sorgeinhaber), auf der vierten Stufe stehen volljährige Geschwister[209] und auf der fünften Stufe die Großeltern (§ 4 Abs. 2 S. 1 dTPG).[210]

Hat ein potentieller Organspender noch nicht das 18. Lebensjahr vollendet und keine wirksame Erklärung zur Organspende abgegeben, sind die Eltern, die zur Todeszeit Sorgeinhaber waren, zur Entscheidung berufen. War zur Todeszeit eines Minderjährigen nur ein Elternteil Sorgeinhaber, ist dieser entscheidungsbefugt. Ist den Eltern die Personensorge entzogen worden, hat der Arzt den Vormund oder Pfleger zu unterrichten.[211]

Eine volljährige Person steht dem nächsten Angehörigen gleich, die dem möglichen Organspender bis zu seinem Tode in besonderer persönlicher Verbundenheit offenkundig nahegestanden hat, sie tritt gleichrangig neben den nächsten Angehörigen (§ 4 Abs. 2 S. 6 dTPG).

Diese Person ist kein nächster Angehöriger, sondern wird diesem gleichgestellt. Der Gesetzgeber hat hier in erster Linie an Verlobte und an Partner einer nichtehelichen Lebensgemeinschaft gedacht,[212] und zwar gleichgültig, ob es sich um eine homo- oder um eine heterosexuelle Partnerschaft handelt. Die Formulierung ist jedoch so weit gefasst, dass von ihr auch so unterschiedliche Beziehungen wie Verwandtschaft dritten oder vierten Grades, Schwägerschaft oder eine enge Freundschaft erfasst sein können.[213]

Die subsidiäre Entscheidungsbefugnis wird an die Volljährigkeit der Kinder, Geschwister bzw. der sonstigen nahe stehenden Personen geknüpft. Dies gilt nicht bei den Ehegatten und Eltern des minderjährig Verstorbenen.

Der nächste Angehörige und eine diesem gleichgestellte Person ist jedoch nur dann zur Entscheidung über die Organentnahme berufen, wenn er in den letzten

---

[209] Volljährige Geschwister sind all jene Geschwister, die im Rechtssinne Bruder oder Schwester des potentiellen Organspenders sind. Siehe *Rixen*, „§ 4 Organentnahme mit Zustimmung anderer Personen“, in: *Höfling* (Hrsg.), Transplantationsgesetz, Kommentar, 2003, Rn. 18.

[210] Nähes zur gesetzlichen Definition der nächsten Angehörigen *Nickel*, Die Entnahme von Organen und Geweben bei Verstorbenen zum Zwecke der Transplantation, 1999, S. 161 ff.

[211] *Tag*, „Transplantationsgesetz“, in: Münchener Kommentar zum Strafgesetzbuch, Bd. 5, 2004, § 4, Rn. 18.

[212] BT-Dr. 13/8027, S. 10 f.

[213] *Borowy*, Die postmortale Organentnahme und ihre zivilrechtlichen Folgen, 2000, S. 159.

zwei Jahren vor dem Tod des möglichen Organspenders zu diesem persönlichen Kontakt hatte (§ 4 Abs. 2 S. 2 dTPG). Der Gesetzgeber geht davon aus, dass der nächste Angehörige aufgrund seines persönlichen Kontakts einen nach den Umständen zu vermutenden Willen des möglichen Organspenders kennt oder erschließen kann und eine Entscheidung im Sinne des möglichen Organspenders trifft.[214]

Es genügt damit auch gelegentliches persönliches Zusammentreffen in den vergangenen zwei Jahren vor dem Tod des möglichen Organspenders. Bloße Telefonate, Briefe oder ein Kontakt über moderne Kommunikationsmittel (z.B. E-Mail) dürften allein kaum ausreichend sein. Der Inhalt der persönlichen Kontakte muss nach Sinn und Zweck der Vorschrift privater Natur sein; rein geschäftliche oder dienstliche Kontakte reichen insoweit nicht aus.[215]

Nicht erfasst sind ferner z.B. Bewohner einer bloßen ökonomisch motivierten Zweckwohngemeinschaft, wie zum Beispiel die gemeinsame Anmietung einer Wohnung durch Studenten,[216] oder politisch Gleichgesinnte. Ob z.B. auch bei Arbeitskollegen eine besondere persönliche Verbundenheit gewachsen ist, kann nur im Einzelfall beurteilt und – wie jeder andere mögliche Grund oder Anlass für eine besondere persönliche Verbundenheit – nicht von vornherein ausgeschlossen werden.[217]

cc) Verfahren der Zustimmung

Liegt dem Arzt weder eine schriftliche Einwilligung noch ein schriftlicher Widerspruch des möglichen Organspenders vor, so ist dessen nächster Angehöriger zu befragen, ob ihm vom diesem eine Erklärung zur Organspende bekannt ist (§ 4 Abs. 1 S. 1 dTPG).

Der Arzt hat das Vorliegen eines persönlichen Kontakts durch Befragen des Angehörigen festzustellen (§ 4 Abs. 2 S. 3 dTPG). Eine darüber hinausgehende Nachforschungspflicht (z.B. die Befragung weiterer Angehöriger) trifft den Arzt nicht.[218]

Bei mehreren gleichrangigen Angehörigen genügt es, wenn einer von ihnen beteiligt wird und eine Entscheidung trifft, jedoch ist der Widerspruch eines jeden von ihnen beachtlich (§ 4 Abs. 2 S. 4 dTPG). Offensichtlich soll jeder ein Vetorecht haben.

---

214 BT-Dr. 13/8027, S. 10.

215 *Nickel*, Die Entnahme von Organen und Geweben bei Verstorbenen zum Zwecke der Transplantation, 1999, S. 166; *Nickel/Schmidt-Preisigke/Sengler*, Transplantationsgesetz, Kommentar, 2001, § 4 Rn. 22.

216 BT-Dr. 13/8027, S. 11.

217 *Nickel/Schmidt-Preisigke/Sengler*, Transplantationsgesetz, Kommentar, 2001, § 4 Rn. 18.

218 BT-Dr. 13/8027, S. 10.

Ist ein vorrangiger Angehöriger innerhalb angemessener Zeit nicht erreichbar, genügt die Beteiligung und Entscheidung des nächsterreichbaren nachrangigen Angehörigen (§ 4 Abs. 2 S. 5 dTPG). Die zeitliche Grenze, von der an die Unterrichtung des nächsterreichbaren, in der Rangfolge nachgehenden Angehörigen erfolgen darf, ist insbesondere danach zu beurteilen, wie lange nach Eintritt des Todes die betreffenden Organe noch transplantierfähig entnommen werden können.[219] Der Arzt hat alle ihm zur Verfügung stehenden Möglichkeiten auszuschöpfen, mit dem Angehörigen Kontakt aufzunehmen, von Anrufen bei Nachbarn bis hin zu Suchmeldungen über den Verkehrsfunk.[220]

Allerdings hat der Angehörige bei seiner Entscheidung einen mutmaßlichen Willen des möglichen Organspenders zu beachten (§ 4 Abs. 1 S. 3 dTPG). Der Arzt hat den Angehörigen hierauf hinzuweisen (§ 4 Abs. 1 S. 4 dTPG).

Wenn auch die zu Lebzeiten geäußerte Überzeugung und andere wesentliche Anhaltspunkte, die die Einstellung des möglichen Organspenders zur Frage einer postmortalen Organspende vermuten lassen, für einen mutmaßlichen Willen fehlen, ist der nächste Angehörige nach eigenem, ethisch verantwortbarem Ermessen zu einer Entscheidung im Rahmen seines Totensorgerechts berufen.[221]

Darüber hinaus ist auch ein weiteres Verfahren für die Zustimmung der nächsten Angehörigen vorgegeben. Der nächste Angehörige kann mit dem Arzt auch vereinbaren, dass er seine Erklärung innerhalb einer bestimmten Frist widerrufen kann (§ 4 Abs. 1 S. 5 dTPG). Die Vereinbarung bedarf der Schriftform (Vgl. § 4 Abs. 4 S. 3 dTPG). Entscheidet der nächste Angehörige nicht innerhalb angemessener Zeit, so ist eine Organentnahme nach der hier vertretenen Ansicht unzulässig.[222]

b) Entscheidung der Vertrauensperson

Nach dem deutschen Transplantationsgesetz kann die Entscheidung über eine Zustimmung zu einer postmortalen Organentnahme zu Lebzeiten auf eine andere Person übertragen werden (§ 2 Abs. 2 S. 1 dTPG).

Diese Person tritt an die Stelle des nächsten Angehörigen (§ 4 Abs. 3 dTPG). Gerade hier besteht die Möglichkeit der Bevollmächtigung eines Einwilligungsvertreters.[223] Die entscheidungsbefugte Person trifft ihre Entscheidung damit in eigener Verantwortung.[224]

---

219 BT-Dr. 13/8027, S. 10.

220 *Borowy*, Die postmortale Organentnahme und ihre zivilrechtlichen Folgen, 2000, S. 161.

221 Vgl. BT-Dr. 13/8027, S. 9.

222 *Borowy*, Die postmortale Organentnahme und ihre zivilrechtlichen Folgen, 2000, S. 179.

223 *Clement*, „Transplantation", in: *Rieger* (Hrsg.), Lexikon des Arztrechts, 2. Aufl., 2001, 5150 Rn.10.

224 *Herrig*, Gewebetransplantation nach dem Transplantationsgesetz, 2002, S. 141.

Wie die Einwilligung des Organspenders bei Toten kann die Übertragung der Entscheidung zur postmortalen Organspende auf eine andere Person rechtswirksam vom vollendeten 16. Lebensjahr an erklärt werden (§ 2 Abs. 2 S. 3 dTPG).[225] Sind vom Verstorbenen mehrere Personen benannt worden, müssen sie alle vom Arzt benachrigtigt werden und eine einvernehmliche Entscheidung treffen. Der Widerspruch einer benannten Person ist stets beachtlich.[226]

c) Keine Angehörige bzw. Vertrauensperson oder nicht erreichbar

Hat der mögliche Organspender keine nächsten Angehörigen bzw. keine dieser gleichgestellten Person oder ist keine dieser Personen trotz aller Bemühungen erreichbar, so kommt eine Organentnahme auf der Basis der „erweiterten Zustimmungslösung" nicht in Betracht.[227]

Es kann auch in diesem (eher seltenen) Fall nicht auf die Einwilligung verzichtet werden, da es um eine Verletzung des Persönlichkeitsrechts geht und dessen Fortwirken nicht davon abhängt, ob der Verstorbene Angehörige hinterlassen hat und ob sie binnen kurzer Frist erreichbar sind.[228]

Wäre beispielsweise die vom Verstorbenen bestimmte Person nicht erreichbar, so könnte dann der erste der Angehörigen einer Entnahme zustimmen, da dann die Beteiligung des nächsterreichbaren Angehörigen genügen würde (§ 4 Abs. 2 S. 5 dTPG). Würde eine vom Verstorbenen bestimmte Person dagegen insgesamt die Entscheidungsbefugnis der Angehörigen ausschließen, so käme im Falle der Nichterreichbarkeit der bestimmten Person eine Einwilligung abschließend nicht zustande.[229]

4. Erklärungsumfang

Im Folgenden geht es um die Frage, ob die Erklärungen zur Organspende keine Grenze haben. Das deutsche Transplantationsgesetz trifft zum Umfang der Erklärung keinerlei Aussage. Die uneingeschränkte Einwilligung gilt grundsätzlich für die Entnahme aller transplantierfähigen Organe und Gewebe.[230]

---

225 Im Zusammenhang mit Alter der benannten Vertrauensperson stehen sich verschiedene Auffassungen gegenüber. Nähes dazu *Nickel*, Die Entnahme von Organen und Geweben bei Verstorbenen zum Zwecke der Transplantation, 1999, S. 169; *Nickel/Schmidt-Preisigke/Sengler,* Transplantationsgesetz, Kommentar, 2001, § 4 Rn. 27; *Walter*, „Organentnahme nach dem Transplantationsgesetz", FamRZ 1998, 201 (210).

226 *Nickel/Schmidt-Preisigke/Sengler,* Transplantationsgesetz, Kommentar, 2001, § 4 Rn. 28.

227 BT-Dr. 13/8027, S. 11.

228 *Borowy*, Die postmortale Organentnahme und ihre zivilrechtlichen Folgen, 2000, S. 201.

229 *Herrig*, Gewebetransplantation nach dem Transplantationsgesetz, 2002, S. 142.

230 *Borowy*, Die postmortale Organentnahme und ihre zivilrechtlichen Folgen, 2000, S. 152; *Nickel*, Die Entnahme von Organen und Geweben bei Verstorbenen zum Zwecke der Transplantation, 1999, S. 150.

Nur hinsichtlich des Umfangs der Organ- und Gewebeentnahme kann die Einwilligung beschränkt werden (§ 2 Abs. 2 S. 2 dTPG). Der Erklärende kann in eine postmortale Organspende einwilligen, seine Einwilligung auf die Entnahme bestimmter Organe beschränken oder bestimmte Organe von der Entnahme ausschließen, der Organentnahme widersprechen oder die Entscheidung über eine Organentnahme auf eine von ihm bestimmte Person seines Vertrauens übertragen.[231] Andere Erklärungsinhalte, beispielsweise die Erklärung, ein Organ dürfe nur einer bestimmten Person übertragen werden, sind ebenfalls unzulässig (sog „Direktspende").[232]

5. Freiwilligkeit der Spendeerklärung

Das deutsche Transplantationsgesetz enthält keine Aussage über Freiwilligkeit der Einwilligung des Organspenders oder der Zustimmung des Angehörigen bei Totenspende.

6. Zeitpunkt der Erklärung und Möglichkeit des Widerrufs

Das deutsche Transplantationsgesetz enthält keine Aussage über den Zeitpunkt der Erklärung zur Organspende und die Widerrufsfreiheit der Erklärung bei Totenspende. Der Angehörige kann mit dem Arzt vereinbaren, dass er seine Erklärung innerhalb einer bestimmten vereinbarten Frist widerrufen kann (§ 4 Abs. 1 S. 5 dTPG).

7. Formbedürftigkeit

a) Form der Erklärung

Das deutsche Transplantationsgesetz schreibt keine zwingende Form der Erklärung zur Organspende vor. Jeder kann daher im Hinblick auf die Formfreiheit zu Lebzeiten eine Erklärung zur Organspende auf jede geeignete Weise abgeben. Mündlich erklärte Einwilligungen können insbesondere durch Zeugen bestätigt werden (mündliche Erklärungen). Das Transplantationsgesetz bestimmt keine konkrete Anzahl von Zeugen, die eine Erklärung bezeugen müssen.[233]

---

231 *Nickel*, Die Entnahme von Organen und Geweben bei Verstorbenen zum Zwecke der Transplantation, 1999, S. 160; *Rixen*, „§ 2 Aufklärung der Bevölkerung, Erklärung zur Organspende, Organspenderegister, Organspendeausweise", in: *Höfling* (Hrsg.), Transplantationsgesetz, Kommentar, 2003, Rn. 26.

232 *Rixen*, „§ 2 Aufklärung der Bevölkerung, Erklärung zur Organspende, Organspenderegister, Organspendeausweise", in: *Höfling* (Hrsg.), Transplantationsgesetz, Kommentar, 2003, Rn. 27.

233 *Nickel*, Die Entnahme von Organen und Geweben bei Verstorbenen zum Zwecke der

Für den Arzt, der über eine Explantation entscheidet, ist bestimmt, dass diesem eine schriftliche Erklärung vorliegen muss, anderenfalls muss er aktiv werden und Nachforschungen anstellen (§ 4 Abs. 1 S. 1 dTPG). Man kann daher ebenso wie im allgemeinen Medizinrecht davon ausgehen, dass sowohl die Einwilligung als auch der Widerruf derselben grundsätzlich formfrei sind. Die Einhaltung der Schriftform soll den Arzt lediglich vor Beweisschwierigkeiten bewahren, nicht aber Wirksamkeitsvoraussetzung für die Erklärungen des Spenders bzw. dessen Angehörigen sein.[234]

Auch der Widerspruch kann formlos, also sowohl mündlich als auch schriftlich erklärt werden. In dem vom Bundesministerium für Gesundheit als Organspendeausweis bekannt gemachten Muster eines Organspendeausweises ist ebenfalls die Möglichkeit vorgesehen, einer Organentnahme zu widersprechen.

b) Form des Widerrufs

Das deutsche Transplantationsgesetz enthält keine Aussage über die Form des Widerrufs. Sie richtet sich deshalb nach den allgemeinen zivil- und strafrechtlichen Regeln und Grundsätzen.

B. Eingriff durch einen Arzt

Nach dem deutschen Transplantationsgesetz muss die Organentnahme durch einen Arzt durchgeführt werden (§ 3 Abs. 1 Nr. 3 dTPG). Die Organentnahme muss durch einen approbierten Arzt durchgeführt werden. Dies schließt die Entnahme unter Verantwortung eines approbierten Arztes durch ärztliches Hilfspersonal, beispielsweise Sektionsgehilfen, ein. Ein im Inland nicht approbierter ausländischer Arzt mit einer gleichwertigen Qualifikation genügt dem Arzterfordernis ebenfalls, wenn er unter der Verantwortung eines im Inland approbierten Arztes tätig wird.[235]

Die Regelung dient im Hinblick auf eine sachgerechte Durchführung der Organentnahme vor allem dem gesundheitlichen Schutz des Empfängers.[236] Darüber hinaus wird durch die Regelung sichergestellt, dass sich derjenige, der die Organentnahme durchführen will, zuvor versichert, dass der Tod einschließlich des Gesamthirntodes des Organspenders sicher festgestellt worden ist und die Ein-

---

Transplantation, 1999, S. 154.

234 *Herrig*, Gewebetransplantation nach dem Transplantationsgesetz, 2002, S. 128.

235 *Nickel/Schmidt-Preisigke/Sengler*, Transplantationsgesetz, Kommentar, 2001, § 3 Rn. 16; *Nickel*, Die Entnahme von Organen und Geweben bei Verstorbenen zum Zwecke der Transplantation, 1999, S. 174.

236 BT-Dr. 13/4355, S. 18.

willigung des Verstorbenen oder die Zustimmung der nächsten Angehörigen vorliegt.[237]

C. Achtung der Würde des Organspenders

Nach dem deutschen Transplantationsgesetz müssen die Organentnahme und alle mit ihr zusammenhängenden Maßnahmen unter Achtung der Würde des Organspenders in einer der ärztlichen Sorgfaltspflicht entsprechenden Weise durchgeführt werden (§ 6 Abs. 1 dTPG). Insofern soll wohl die ärztliche Sorgfaltspflicht neben die Achtung der Würde des Organspenders treten.[238]

Die folgenden Regelungen können eine Absicherung für die Achtung der Würde des Organspenders sein. Der Leichnam des Organspenders muss in würdigem Zustand zur Bestattung übergeben werden (§ 6 Abs. 2 S. 1 dTPG). Zuvor ist dem nächsten Angehörigen Gelegenheit zu geben, den Leichnam zu sehen (§ 6 Abs. 2 S. 2 dTPG).

II. kTPG

Die Entnahme von Organen bei Hirntoten und Toten ist nur zulässig, wenn der Organspender zu Lebzeiten in die Entnahme von Organen eingewilligt hatte und das Familienmitglied oder der Angehörige der Entnahme von Organen nicht ausdrücklich widersprochen hatte (§ 18 Abs. 2 Nr. 1 kTPG) oder wenn zu Lebzeiten weder eine Einwilligung noch ein Widerspruch des Organspenders vorliegt und das Familienmitglied oder der Angehörige der Entnahme von Organen zugestimmt hat (§ 18 Abs. 2 Nr. 2 S. 1 kTPG). Die Entnahme von Organen bei Minderjährigen unter 16 Lebensjahren bedarf noch der Zustimmung der Eltern (§ 18 Abs. 2 Nr. 2 S. 1 kTPG).

A. Einwilligung und Zustimmung

1. Bedingt erweiterte Zustimmungslösung

Nach dem koreanischen Transplantationsgesetz ist zunächst die Entnahme von Organen bei Toten bzw. Hirntoten zulässig, wenn der Organspender zu Lebzeiten in die Entnahme von Organen eingewilligt hatte und das Familienmitglied oder der Angehörige der Entnahme von Organen nicht ausdrücklich widersprochen hatte (§ 18 Abs. 2 Nr. 1 kTPG).

---

[237] Siehe *Nickel*, Die Entnahme von Organen und Geweben bei Verstorbenen zum Zwecke der Transplantation, 1999, S. 173 f.; *Nickel/Schmidt-Preisigke/Sengler*, Transplantationsgesetz, Kommentar, 2001, § 3 Rn. 15.

[238] *Deutsch*, „Das Transplantationsgesetz vom 5.11.1997", NJW 1998, 777 (779).

Die Entnahme von Organen bei Toten bzw. Hirntoten ist auch zulässig, wenn zu Lebzeiten weder eine Einwilligung noch ein Widerspruch des möglichen Organspenders bekannt ist und das Familienmitglied oder der Angehörige der Organentnahme zugestimmt hat (§ 18 Abs. 2 Nr. 2 S. 1 kTPG). Bei Minderjährige nicht unter 16. Jahren bedarf die Entnahme von Organen neben seiner Einwilligung zusätzlich der Zustimmung der Eltern (§ 18 Abs. 2 Nr. 2 S. 2 kTPG).

Das koreanische Transplantationsgesetz entspricht der sog. „bedingten erweiterten Zustimmungslösung". Für diese Lösung des koreanischen Transplantationsgesetzes ist kennzeichnend, dass für die Organentnahme kein ausdrücklicher Widerspruch des Familienmitglieds oder Angehörigen trotz Vorliegens der Einwilligung des Organspenders erforderlich ist.

2. Einwilligung des Organspenders

Die Entnahme von Organen bei Toten ist zunächst nach dem koreanischen Transplantationsgesetz zulässig, wenn der Organspender zu Lebzeiten in die Entnahme von Organen eingewilligt hatte und kein Familienmitglied oder Angehöriger ausdrücklich widersprochen hat (§ 18 Abs. 2 Nr. 1 kTPG).

a) Einwilligungsfähige

Die wirksame Einwilligung zur Organspende ist die Einwilligung des Einwilligungsfähigen. Allerdings schweigt sich das koreanische Transplantationsgesetz über Einwilligungsfähigkeit zur Organspende aus. Für die Einwilligungsfähigkeit zur Organspende genügt strafrechtlich die natürliche Einsichts- und Urteilsfähigkeit (Vgl. § 24 kStGB).[239]

aa) Volljährige

Eine volljährige Person, die die zivilrechtliche Geschäftsfähigkeit hat, verfügt natürlich auch über die Einwilligungsfähigkeit zur Organspende. Hier handelt es sich um volljährige Personen, die die tatsächliche Einsichts- und Urteilsfähigkeit besitzen. Hinsichtlich des geistig Behinderten ist eine gesonderte Diskussion erforderlich. Nach dem koreanischen bürgerlichen Gesetzbuch tritt die Volljährigkeit mit der Vollendung des 20. Lebensjahres ein (§ 4 kBGB).[240]

---

239 „§ 24 (Einwilligung des Verletzten) Eine Handlung, die in ein rechtlich geschütztes Interesse eingreift, ist nicht strafbar, wenn sie mit Einwilligung des Verletzten erfolgt, der das Recht hat, über ein solches Interesse zu verfügen, soweit ein Gesetz nichts anderes bestimmt."

240 „§ 4 (Beginn der Volljährigkeit) Die Volljährigkeit tritt mit der Vollendung des zwanzigsten Lebensjahres ein."

bb) Minderjährige

Das koreanische Transplantationsgesetz enthält keine Aussage über die Einwilligungsfähigkeit zur Organspende bei Minderjährigen. Die überzeugend vertretene Auffassung geht dennoch davon aus, dass die Organspende bei Minderjährigen nicht unter 16 Lebensjahren ohne Zustimmung zulässig ist und die Organspende bei Minderjährigen unter 16 Lebensjahren mit Zustimmung der Eltern zulässig ist.

Die Organentnahme bei Minderjährigen unter 16 Jahren ist nur zulässig, wenn die Eltern der Organentnahme zugestimmt haben (§ 18 Abs. 2 Nr. 2 S. 2 kTPG). Der Grund dafür, dass die Zustimmungsbefugnis bei Minderjährigen auf die Eltern beschränkt wird, liegt darin vor, dass die Organentnahme bei Minderjährigen bis zum Erlass des Transplantationsgesetzes auch nur mit Zustimmung der Eltern durchgeführt wurde.

Als Ergebnis zum koreanischen Transplantationsgesetz lässt sich festhalten, dass Minderjährige ab 16 Jahren die Einwilligungsfähigkeit in eine Organspende besitzen, Minderjährige unter 16 Jahren jedoch die Zustimmung der Eltern benötigen. Letztlich scheiden nur die Minderjährigen unter 16 Jahren für eine Organspende vollkommen aus, deren Eltern nicht zustimmen.

cc) Psychisch Kranke oder Geistig Behinderte

Nach dem koreanischen Transplantationsgesetz ist die Entnahme von Organen bei psychisch Kranken oder geistig Behinderten nur zulässig, wenn der Organspender zu Lebzeiten in die Entnahme von Organen eingewilligt hatte, soweit ein Familienmitglied oder Angehöriger der Entnahme von Organen nicht ausdrücklich widersprochen hatte (§ 18 Abs. 2 S. 1 kTPG).

Daher ist die Entnahme von Organen bei psychisch Kranken und geistig Behinderten nicht zulässig, wenn der Organspender zu Lebzeiten der Entnahme von Organen widersprochen hatte oder der Organspender zu Lebzeiten keine Erklärung zur Organspende abgegeben hatte. Denn es gibt keine wirksame Einwilligung des Organspenders. Dies ist unabhängig von der Erklärung eines Familienmitglieds oder Angehörigen.

b) Einwilligungsunfähige

Als Ergebnis kann festgehalten werden, dass es nach dem koreanischen Transplantationsgesetz keine Einwilligungsunfähige bzw. Organspendeunfähige bei der Totenspende gibt. Das koreanische Transplantationsgesetz ermöglicht es grundsätzlich jedem, Organspender zu sein.

Die Organentnahme ist allerdings unzulässig, wenn der Organspender ein Minderjähriger unter 16 Jahren ist, der keine Eltern hat, ist (Vgl. § 18 Abs. 2 Nr. 2 S. 2 kTPG) oder ein psychisch Kranker und geistig Behinderter, der zu Lebzeiten nicht in die Entnahme von Organen eingewilligt hat.

c) Kein Widerspruch des Familienmitglieds oder des Angehörigen

Für die Organentnahme vom Toten verlangt das koreanische Transplantationsgesetz, dass hiergegen kein ausdrücklicher Widerspruch eines Familienmitglieds oder Angehörigen existiert, selbst wenn der Organspender zu Lebzeiten in die Entnahme von Organen eingewilligt hatte (§ 18 Abs. 2 Nr. 1 S. 2 kTPG).

Die Widerspruchserklärung des Familienmitglieds oder Angehörigen zur Organentnahme bei Toten ist nach dem koreanischen Transplantationsgesetz durch einen von zwei vorrangigen Familienmitgliedern oder Angehörigen vorzunehmen (§ 11 Abs. 2 kTPG).

3. Zustimmung des Familienmitglieds oder des Angehörigen

Nach dem koreanischen Transplantationsgesetz ist die Entnahme von Organen bei Toten auch für den Fall, dass weder eine zu Lebzeiten erfolgte Einwilligung noch ein zu Lebzeiten erfolgter Widerspruch des möglichen Organspenders bekannt ist, zulässig, dass das Familienmitglied oder der Angehörige der Entnahme von Organen zugestimmt hat (§ 18 Abs. 2 Nr. 2 kTPG).

Für die Entnahme von Organen bei Minderjährigen nicht unter 16 Jahren ist ferner neben deren Einwilligung auch die Zustimmung der Eltern erforderlich (§ 18 Abs. 2 Nr. 2 S. 2 kTPG).

a) Familienmitglied oder Angehöriger

Eine allgemeingültige gesetzliche Definition für „Familienmitglied“ oder „Angehöriger“ existiert im koreanischen Recht nicht. Je nach Gesetz wird unter diesem Begriff eine sehr unterschiedliche Personengruppe verstanden.[241]

Das koreanische Transplantationsgesetz sieht eine eigene Definition und eine bestimmte Reihenfolge der Familienmitglieder oder Angehörigen vor. Als Familienmitglied oder Angehöriger werden Ehegatten, Verwandte in gerader abstei-

[241] Die ausdrückliche Regelung über Angehörige enthält neben Transplantationsgesetz auch im „Gesetz über industriellen Unfall Entschädigung Versicherung“ (§ 4 Nr. 3), „Urheberrechtgesetz“ (§ 96), Präsidentenverordnung von „Labour Standard Gesetz“ (§ 44) und Präsidentenverordnung von „Seefahrergesetz“ (§ 29) usw. Nach koreanischen „Gesetz über industriellen Unfall Entschädigung Versicherung“ werden als Angehörige beispielsweise Ehegatte (einschließlich Lebenspartner), Kinder, Eltern, Enkel, Großeltern und Geschwister bezeichnet.

gender Linie, Verwandte in gerader aufsteigender Linie, Geschwister sowie Verwandte des Organspenders bis zum vierten Grad angesehen, wobei diese Personen mindestens 14 Jahre alt sein müssen (§ 3 Nr. 5 kTPG).

Das Familienmitglied ist generell zustimmungsbefugt bei Lebenden und der Angehörige bei Toten. Es ist angemessen, dass die Zustimmungsbefugten als Familienmitglied gelten, wenn der Hirntote als Lebender angesehen wird, aber als Angehörige, wenn der Hirntote als Tote angesehen wird. Das Transplantationsgesetz vermeidet Verwirrung dadurch, dass Familienmitglied und Angehörige trotz der begrifflichen Schwammigkeit gleichberechtigt nebeneinander geregelt werden.

b) Kreis und Rangfolge von Familienmitgliedern oder Angehörigen

Die Familienmitglieder oder Angehörigen im Sinne des koreanischen Transplantationsgesetzes stehen in einer bestimmten Rangfolge. Auf der ersten Stufe steht die Ehegatten, auf der zweiten Stufe die Verwandte in gerader absteigender Linie, auf der dritten Stufe Verwandte in gerader aufsteigender Linie, auf der vierten Stufe die Geschwister und auf der fünften Stufe die Verwandten bis zum vierten Grad des Spenders (§ 4 Abs. 2 S. 1 kTPG).

Die Familienmitglied- oder Angehörigeneigenschaft des koreanischen Transplantationsgesetz ist für Personen unter 14 Lebensjahren ausgeschlossen (§ 3 Nr. 5 S. 2 kTPG)

c) Verfahren der Zustimmung

Nach dem koreanischen Transplantationsgesetz wird die Zustimmung des Familienmitglieds oder Angehörigen grundsätzlich durch zwei vorrangige Familienmitglieder oder Angehörige schriftlich durchgeführt (§ 11 Abs. 1 Nr. 2 S. 1 kTPG).

Eine Ausnahme für die Feststellung der zwei vorrangigen Zustimmungsbefugten sieht wie folgt aus: Die Zustimmung genügt durch ein vorrangiges Familienmitglied oder einen vorrangigen Angehörigen, wenn es nur ein Familienmitglied oder einen Angehörigen gibt (§ 11 Abs. 1 Nr. 2 S. 1 Klammer kTPG). Neben der Zustimmung des Minderjährigen bedarf es der Zustimmung eines volljährigen nachrangigen Familienmitglieds oder Angehörigen, wenn die zwei vorrangigen Zustimmungsbefugten Minderjährige sind. Ist ein vorrangiges Familienmitglied oder ein Angehöriger aufgrund Verschollenheit nicht erreichbar oder kann eine Zustimmung aus anderen, durch Präsidentenverordnung bestimmten Gründen nicht erfolgen, genügt die Zustimmung des nächsterreichbaren nachrangigen Familienmitglieds oder Angehörigen (§ 11 Abs. 1 Nr. 2 S. 2 kTPG).

Bei mehr als drei vorrangig Zustimmungsbefugten werden die zwei vorrangig Zustimmungsbefugten nach dem Grad und dem Alter festgelegt, wobei der Grad überwiegt (§ 11 Abs. 3 Nr. 1 kTPG). Bei nur einem nächsten Vorrangigen und zwei oder mehr Nachrangigen wird der nächste Vorrangige und der Nachrangige bevollmächtigt, der nach dem Alter und dem Grad vorrangig ist, wobei der Grad überwiegt (§ 11 Abs. 3 Nr. 2 kTPG).

4. Erklärungsumfang

Das koreanische Transplantationsgesetz zählt sieben Organen als sog. „Anwendungsgegenstand" auf, die zu entnehmen oder zu übertragen sind: Niere, Leber, Bauchspeicheldrüse, Herz, Lunge, Knochenmark und Augenhornhaut (Vgl. § 3 Nr. 1 kTPG). Die Wirksamkeit der Einwilligung in die Organspende oder die Zustimmung zur Organspende umfasst nur die Organe, die Anwendungsgegenstand dieses Transplantationsgesetzes sind.

Das koreanische Transplantationsgesetz enthält ausdrückliche Regelungen über die Organe, deren Entnahme oder Übertragung verboten sind, obwohl sie Anwendungsgegenstand dieses Transplantationsgesetzes sind. Das Transplantationsgesetz enthält ferner ausdrückliche Regelungen zum Vorrang der Sektion oder Leichenschau vor der Organtransplantation.

Als Ergebnis ist festzuhalten, dass sich die Wirksamkeit der Einwilligung in die Organspende oder der Zustimmung zur Organspende nach den oben genannten Regelungen ausschließen bzw. beschränken lässt. Dies wird im folgenden genauer ausgeführt.

a) Gesetzlich verbotene Organe

Das koreanische Transplantationsgesetz regelt die Organe, deren Entnahme oder Übertragung verboten ist. Hierzu zählen die durch eine Krankheit infizierten Organe, die zur Übertragung nicht geeignet sind, die durch Krebszellen befallenen Organe und andere, eine Gefahr für Leben oder Leib des potentiellen Empfängers herbeiführenden Organe, die durch Präsidentenverordnung bestimmt werden (§ 10 Abs. 1 kTPG). Dies stellt eine spezialgesetzliche Regelung des Schutzes für das Leben oder die körperliche Unversehrtheit des Empfängers, nicht des Spenders dar.

Nach dem koreanischen Transplantationsgesetz ist die Entnahme von Organen grundsätzlich verboten, wenn der Empfänger noch nicht bestimmt ist (§ 10 Abs. 2 S. 1 kTPG). Der Grund dafür findet sich in der Gefahr des Wegwerfens der noch nicht übertragenen Organe, also der Vergeudung wertvoller Ressourcen. Eine Ausnahme von dieser beschränkenden Regelung des koreanischen Transplantationsgesetzes besteht jedoch. Die Entnahme von Augenhornhaut, Nieren und anderen durch Präsidentenverordnung bestimmten Organen ist zulässig, obwohl der Empfänger noch nicht bestimmt ist (§ 10 Abs. 2 S. 2 kTPG). Hierbei spielt die Entwicklung von bestimmten Übertragungstechniken eine Rolle.

b) Vorrang der Sektion oder Leichenschau

Die Entnahme von Organen zum Zweck der Übertragung vor einer Sektion oder Leichenschau ist unzulässig, wenn die Sektion bzw. Leichenschau nach der koreanischen Strafprozessordnung (im folgenden „kStPO") bzw. dem koreanischen Quarantänenrecht (im folgenden „kQG") durchgeführt werden soll (§ 20 S. 1 kTPG). Nach dem koreanischen Transplantationsgesetz hat die Sektion oder die Leichenschau den Vorrang vor der Entnahme von Organen zu Transplantationszwecken.

Die Entnahme von Organen ist trotzdem zulässig, wenn es nach der ärztlichen Beurteilung keinen Zusammenhang zwischen Organentnahme und Todesursache gibt und die Gefahr des Chancenverlusts für die Entnahme bis zur Sektion oder Leichenschau vorhanden ist. Dies bedarf zusätzlich der Zulassung des zuständigen Staatsanwalts, des Direktors der Quarantänenstation und der Zustimmung des Angehörigen (§ 20 S. 2 kTPG).

5. Freiwilligkeit der Spendeerklärung

Hinsichtlich der Freiwilligkeit der Spendeerklärung enthält das koreanische Transplantationsgesetz ausdrückliche Vorschriften darüber, dass die Bereitschaft zur Organspende zu achten ist. Die Erklärung zur Organspende soll freiwillig abgegeben werden (§ 2 Abs. 2 kTPG).

Die Regelung über die Freiwilligkeit der Spendeerklärung bei Toten gilt auch für die Freiwilligkeit der Spendeerklärung bei Lebenden. Die Einwilligung in die Organentnahme auch bei Lebenden soll nach dem freien Willensentschluss des Organspenders spontan erklärt werden.

Verstöße gegen diese Freiwilligkeit der Spendeerklärung werden im koreanischen Transplantationsgesetz nicht sanktioniert. Die Bestimmung hat vor diesem Hintergrund „bloßen Appellcharakter". Die Einwilligung ohne Freiwilligkeit kann nicht die Zulässigkeitsvoraussetzung der wirksamen Einwilligung verwirklichen.

6. Zeitpunkt der Erklärung und Möglichkeit des Widerrufs

Das koreanische Transplantationsgesetz schweigt sich, wie das deutsche Transplantationsgesetz, über den Zeitpunkt der Erklärung zur Organspende aus. Das koreanische Transplantationsgesetz regelt die Widerrufsmöglichkeit der Organspendeerklärung ausdrücklich. Derjenige, der der Organentnahme zugestimmt hat, kann seine Erklärung jederzeit bis zur Organentnahme-Operation widerrufen (§ 18 Abs. 3 kTPG).

7. Formbedürftigkeit

Das koreanische Transplantationsgesetz schreibt die zwingende Form der Erklärung zur Organspende vor (Vgl. § 11 Abs. 1 kTPG). Die Einwilligungserklärung des Totenspenders in die Organentnahme muss schriftlich bzw. in Form des zivilrechtlichen Testaments festgehalten werden. Die Zustimmungserklärung des Angehörigen muss schriftlich festgehalten werden. Eine nur mündlich oder konkludent abgegebene Organspendeerklärung reicht hier nicht aus.

a) Form der Einwilligung des Spenders

Es gibt zwei Formen der Einwilligungserklärung in die Organentnahme bei Totenspendern. Sie muss schriftlich bzw. in Form des zivilrechtlichen Testament festgehalten werden (§ 11 Abs. 1 Nr. 1 kTPG).

aa) Schriftliche Einwilligung

Die Erklärung muss in einer Niederschrift aufgezeichnet werden, welche dann von Spender selbst zu unterschreiben ist. In der Niederschrift muss der Wille des möglichen Organspenders zur Organspende unabhängig von der Form enthalten sein.[242]

bb) Einwilligung in Testamentsform

Neben der vom Spender unterschriebenen Niederschrift ist für die Einwilligungserklärung des Organspenders auch die Form des zivilrechtlichen Testaments zulässig. Ein Testament, das abweichend von der im koreanischen bürgerlichen Gesetzbuch vorgeschriebenen Form erstellt wird, ist unwirksam (§ 1060 kBGB).[243] Ein Testament kann in fünf unterschiedlichen ordentlichen Formen erstellt werden. Dies sind eine eigenhändig geschriebene Erklärung, die Tonbandaufnahme einer mündlichen Erklärung, eine öffentliche Beurkundung, eine heimlich geschriebene Erklärung und die Niederschrift einer mündlichen Erklärung (§ 1065 kBGB, Vgl. §§ 1066 bis 1070).[244]

---

242 *KONOS*, Handbuch für Mitglieder, 2000.6, S. 11.
243 „§ 1060 (Formerfordernis für ein Testament) Ein Testament, das von einer in diesem Gesetz vorgeschriebenen Form abweichend erreichtet wird, ist unwirksam."
244 „§ 1065 (Ordentliche Testamentsform) Ein Testament kann in fünf unterschiedlichen or-

b) Form der Zustimmung des Angehörigen

Die Zustimmung des Angehörigen zur Organspende ist nur in Schriftform erlaubt (§ 11 Abs. 1 Nr. 2 kTPG).

c) Form des Widerrufs

Das koreanische Transplantationsgesetz enthält keine Aussage über die Form des Widerrufs. Die Form richtet sich deshalb nach den allgemeinen zivil- und strafrechtlichen Regeln und Grundsätzen.

---

dentlichen Formen errichtet werden. Dies sind eine eigenhändig geschriebene Erklärung, die Tonbandaufnahme einer mündlichen Erklärung, eine Öffentliche Beurkundung, eine heimlich geschriebene Erklärung und die Niederschrift einer mündlichen Erklärung." „§ 1066 (Eigenhändig geschriebenes Testament) (1) Ein eigenhändig geschriebenes Testament ist vom Erblasser unter Angabe des Inhalts seines letzten Willen und mit den Angaben von Jahr, Monat und Tag der Erstellung, Wohnsitz, Familien- und Rufnamen eigenhändig niederzuschreiben und mit seinem Siegel zu versehen. (2) Bei einer Einsetzung, Streichung und Änderung von Buchstaben oder Schriftzeichen im Wortlaut des Testaments hat der Erblasser eigenhändig zu korrigieren und darauf sein Siegel aufzudrucken." „§ 1067 (Testament durch Tonbandaufnahme) Ein Testament durch Tonbandaufnahme soll in folgender Form errichtet werden: der Erblasser erklärt mündlich den Inhalt seines letzten Willens und seinen Familien und Rufnamen, Jahr, Monat und Tag der Erstellung des Testaments. Anschließend hat ein bei der Aufzeichnung anwesender Zeuge auf dem Tonband unter Angabe seines Familien- und Rufnamens zu bestätigen, dass die Aufzeichnung vollständig und richtig ist." „§ 1068 (Öffentliches Testament) Ein Testament durch öffentliche Beurkundung soll in folgender Form errichtet werden: der Erblasser erklärt dem Notar in Gegenwart von zwei Zeugen den Inhalt seines letzten Willens mündlich und der Notar liest die Niederschrift den Zeigen vor und der Erblasser und die Zeigen persönlich unterschreiben und besiegeln die Schrift nach der Feststellung, dass das Testament genau und vollständig niederschrieben worden ist." „§ 1069 (Geheimes Testament) (1) Ein geheimes Testament soll in folgender Form errichtet werden: der Erblasser legt eine unter seinem Siegel in einem Umschlag verschlossene Schrift, in der er seinen letzten Willen und seinen Familien- und Rufnamen angegeben hat, mindestens zwei Zeugen mit der Erklärung vor, dass sie seine letztwillige Verfügung enthalte. Er und die Zeugen persönlich unterschreiben und besiegeln nach Angabe des Vorlegungsdatums auf der Oberfläche des Umschlages. (2) Der Erblasser hat die gemäß Absatz 1 errichtete Testamentsurkunde innerhalb von fünf Tagen seit Vorlegung bei einem Notar oder einem Gerichtsschreiber vorzuzeigen und das Amtssiegel zur Bestätigung der Datumsangabe auf den Siegelabdruck des Erblassers aufdrucken zu lassen." „§ 1070 (Mündliches Testament) (1) Soweit der Erblasser einer schweren Krankheit oder eines dringenden Umstandes wegen nicht imstande ist, ein Testament nach der in den §§ 1066 bis 1069 vorgesehenen Form zu errichten, kann er ein mündliches Testament in folgender Form errichten: er erklärt seinen letzten Willen mindestens zwei Zeugen gegenüber. Einer der Zeugen schreibt die Erklärung nieder und liest die Niederschrift vor, und der Erblasser, zusammen mit den Zeugen, unterschreiben persönlich und besiegeln die Schrift nach der Feststellung, dass Testament genau und vollkommen niedergeschrieben worden ist. (2) Die Zeugen oder sonstige Interessenten haben für das Testament innerhalb von sieben Tagen nach dem Aufhören eines solchen Umstandes bei Gericht das Amtssiegel zur Bestätigung des Testaments zu beantragen. (3) Im Falle des Absatzes 1 gelten die Vorschriften der §§ 1035 bis 1038 entsprechend."

B. Eingriff nach ethischen Maßstäben und medizinischer Kunstgerechtigkeit

Das koreanische Transplantationsgesetz enthält ausdrückliche Regelungen sowohl bei Toten als auch bei Lebenden darüber, dass die Entnahme und Übertragung von Organen gemäß den ethischen Maßstäben und medizinischer Kunstgerechtigkeit durchzuführen ist (§ 2 Abs. 4 kTPG).

Dies betont, dass der Eingriff, der die Organe entnimmt oder überträgt, eine medizinische Handlung voraussetzt. Nach dem koreanischen strafrechtlichen und ärztlichen Recht kann die medizinische Handlung dadurch gerechtfertigt werden, dass sie durch die „medizinischen Personen", zu denen nach dem koreanischen medizinischen Gesetz approbierte Ärzte, Zahnärzte, Ärzte der koreanischen Medizin, Hebammen und Krankenpfleger gehören (§ 2 Abs. 1 kMDG)[245], durchgeführt werden soll (§ 25 Abs. 1 S. 1 kMDG)[246,247].

Beim Entnahmeeingriff vom Toten handelt sich nicht um eine Heilbehandlung bzw. medizinische Handlung für einen Patienten sondern um strafrechtlich relevante Leichenbeschädigung (Vgl. § 161 Abs. 1 kStGB).[248] Die Anforderungen an den Eingriff gemäß ethischen Maßstäben und medizinischer Kunstgerechtigkeit bei der Entnahme von Toten dürften aus der Achtung vor der Würde des Verstorbenen bzw. der Achtung der Pietätgefühls der Hinterbliebenen ergeben.

C. Nachforschungspflicht der Ärzte

Nach dem koreanischen Transplantationsgesetz soll der Arzt vor der beabsichtigten Organentnahme Folgendes einhalten (§ 19 kTPG). Der die Organentnahme beabsichtigende Arzt ist verpflichtet, die Einwilligung des Spenders bzw. die Zustimmung des Angehörigen zu ermitteln (§ 19 Nr. 1 kTPG).

245 „§ 2 (Medizinische Personen) (1) Im diesen Gesetz werden als die medizinischen Personen der Arzt, der Zahnarzt, der Arzt der koreanischen Medizin, die Hebamme und die Krankenpfleger, die von Minister für Gesundheit und Wohlfahrt approbiert werden."

246 „§ 25 (Verbot der medizinische Handlung usw. ohne Approbation) (1) Jemand, der keine medizinische Personen ist, darf keine medizinische Handlung und die medizinische Person darf keine medizinische Handlung über ihre Approbation begehen."

247 kSC 26. 2. 1974, 74 Do 1114; kSC 9. 5. 1978, 77 Do 2191; kSC 28. 7. 1981, 81 Do 835; kSC 22. 5. 1992, 91 Do 3219; kSC 10. 5. 1994, 93 Do 2544; kSC 26. 3. 1999, 98 Do 2481; kSC 25. 6. 1999, 98 Do 4716; kSC 22. 2. 2000, 99 Do 4541; kSC 25. 2. 2000, 99 Do 4542; kSC 8. 9. 2000, 2000 Do 432; kSC 13. 7. 2001, 99 Do 2328 usw. Zur Entscheidungen demgegenüber kSC 28. 3. 1972, 72 Do 342; kSC 26. 9. 1978, 77 Do 3156; kSC 22. 12. 1981, 80 Do 2974; kSC 14. 5. 1985, 84 Do 2888; 8. 7. 1986, 86 Do 749; kSC 12. 5. 1987, 86 Do 2270; kSC 24. 11. 1987, 87 Do 1942; kSC 27. 8. 1993, 93 Do 153; kSC 29. 4. 1994, 94 Do 89 usw.. Nähes dazu *Joo*, „Monopol der medizinischen Personen bei medizinischen Handlungen und ihrer Bezeichnung", Journal of the Korean Medical Association Vol. 44 Nr. 10, The Korean Medical Association, 2001, S. 1115 (1118 ff.).

248 Siehe Fn. 18 dieser Arbeit.

III. Entnahme ohne Einwilligung oder Zustimmung

Liegt eine Einwilligung des Organspenders nicht vor, und haben auch die nächsten Angehörigen einer Organentnahme nicht zugestimmt, so ist eine Explantation grundsätzlich unzulässig. Offen bleibt, ob die Organentnahme im Einzelfall noch durch Notstand gedeckt sein könnte.

So wurde insbesondere in der Literatur kontrovers diskutiert, ob eine Organentnahme durch Notstand gerechtfertigt sein kann. Das deutsche Strafrecht regelt den rechtfertigenden Notstand (§ 34 dStGB) und den entschuldigenden Notstand (§ 35 dStGB), während das koreanische Strafrecht nur den Notstand (§ 22 kStGB)[249] als Rechtfertigungsgrund statuiert.

Eine Organentnahme ohne Einwilligung des Spenders bzw. Zustimmung des Ersatzentscheiders könnte unter den Voraussetzungen des rechtfertigenden Notstands in Betracht kommen. Im Folgenden soll daher untersucht werden, inwieweit, trotz der nunmehr vorliegenden Zustimmungslösung, ein Rückgriff auf die allgemeinen Rechtfertigungsgründe möglich ist.

A. Notstand nach deutschem Strafrecht

Entnimmt der Arzt Organe aus dem Körper des Verstorbenen, so ist dies tatbestandlich eine grundsätzlich strafbare Handlung (Vgl. § 19 Abs. 1 dTPG). In Betracht kommt insoweit nur eine Rechtfertigung nach den allgemeinen Rechtfertigungsgründen.

Das deutsche Strafrecht regelt den rechtfertigenden Notstand wie folgt. „Wer in einer gegenwärtigen, nicht anders abwendbaren Gefahr für Leben, Leib, Freiheit, Ehre, Eigentum oder ein anderes Rechtsgut eine Tat begeht, um die Gefahr von sich oder einem anderen abzuwenden, handelt nicht rechtswidrig, wenn bei Abwägung der widerstreitenden Interessen, namentlich der betroffenen Rechtsgüter und des Grades der ihnen drohenden Gefahren, das geschützte Interesse das beeinträchtigte wesentlich überwiegt. Dies gilt jedoch nur, soweit die Tat ein angemessenes Mittel ist, die Gefahr abzuwenden“ (§ 34 dStGB).

Der Notstand rechtfertigt eine an sich verbotene Handlung. Die Anforderungen an das Eingreifen dieses Rechtfertigungsgrundes sind dementsprechend relativ hoch gesteckt. Die Vorschrift entfaltet ihre rechtfertigende Wirkung nur, wenn für hochrangige Rechtsgüter eine gegenwärtige Gefahr besteht, die Verletzungs-

[249] „§ 22 (Notstand) (1) Handelt der Täter, um eine gegenwärtige Gefahr für rechtlich geschützte Interessen seiner selbst oder eines anderen abzuwenden, so ist die Handlung nicht strafbar, soweit für sie angemessene Gründe vorliegt. (2) Die Bestimmung des vorangehenden Absatzes ist auf Person, die verpflichtet sind, der Gefahr nicht aus dem Wege zu gehen, nicht anzuwenden. (3) Die Bestimmungen der Absätze 2 und 3 des vorangehenden Paragraph sind auf diesen Paragraph entsprechend anzuwenden.“

handlung das einzige Mittel zu ihrer Abwendung darstellt, im Rahmen einer Interessenabwägung das geschützte Rechtsgut das beeinträchtigte wesentlich überwiegt und die Tat als angemessenes Mittel zur Gefahrenabwehr erscheint.[250]

Teilweise wurde vertreten, ein höherwertiges Rechtsgut als die Erhaltung des Lebens oder die Wiederherstellung der Sehfähigkeit eines Empfängers gehe einem geringerwertigen Rechtsgut, dem Selbstbestimmungsrecht des Spenders und seiner Angehörigen über den eigenen Leichnam und dessen Unversehrtheit, vor.[251] Indessen ist eine Organentnahme gegen den geäußerten Willen des Verstorbenen oder seiner Angehörigen unter dem Gesichtspunkt des Rechtfertigenden Notstands nach herrschender Meinung abzulehnen.[252] Die Organentnahme zu wissenschaftlichen Zwecken oder zur Lagerung in einer Organbank ist niemals durch Rechtfertigenden Notstand gerechtfertigt, denn es fehlt immer an einer gegenwärtigen, nicht anders abwendbaren Gefahr. Nicht mehr zulässig ist selbst die Entnahme auch nur geringer Mengen an Gewebe mittels eines geringfügigen Eingriffs unter dem Gesichtspunkt der Sozialadäquanz oder der Annahme der mutmaßlichen Zustimmung des Verstorbenen.[253]

Auch in der amtlichen Begründung heißt es, eine Organentnahme sei bei fehlender persönlicher Einwilligung des möglichen Organspenders unzulässig, wenn es keine nächsten Angehörigen bzw. keine Person des Vertrauens gebe bzw. diese nicht erreichbar sei.[254]

B. Notstand nach koreanischem Strafrecht

Das koreanische Strafrecht regelt den rechtfertigenden Notstand wie folgt. „Handelt der Täter, um eine gegenwärtige Gefahr für rechtlich geschützte Interessen seiner selbst oder eines anderen abzuwenden, so ist die Handlung nicht strafbar, soweit für sie angemessene Gründe vorliegt“ (§ 22 Abs. 1 kTPG).

Für den Notstand im koreanischen Strafrecht gelten die gleichen Voraussetzungen wie für den rechtfertigenden Notstand im deutschen Strafrecht. Die Anforderungen an das Eingreifen dieses Rechtfertigungsgrundes sind dementspre-

---

250 Siehe Nähes dazu *Freund*, Strafrecht Allgemeiner Teil, 1998, 80 ff.

251 *Bock*, Rechtliche Voraussetzungen der Organentnahme von Lebenden und Verstorbenen, 1999, S. 257.

252 *Rixen*, „§ 18 Organhandel“, in: *Höfling* (Hrsg.), Transplantationsgesetz, Kommentar, 2003, Rn. 11, 12; *Uhlenbruck/Ulsenheimer*, „Die zivilrechtliche Problematik der Organtransplantation“, in: *Laufs/Uhlenbruck*, Handbuch des Arztrechts, 3. Aufl., 2002, § 131 Rn. 12. Demgegenüber Auffassungen für Organentnahme durch Notstand *Bock*, Rechtliche Voraussetzungen der Organentnahme von Lebenden und Verstorbenen, 1999, S. 257, S. 260 ff.; *Herrig*, Gewebetransplantation nach dem Transplantationsgesetz, 2002, S. 122.

253 Siehe *Clement*, „Transplantation“, in: *Rieger* (Hrsg.), Lexikon des Arztrechts, 2. Aufl., 2001, 5150 Rn.12; *Tag*, „Transplantationsgesetz“, in: Münchener Kommentar zum Strafgesetzbuch, Bd. 5, 2004, § 4, Rn. 12.

254 BT-Dr. 13/8027, S. 10.

chend ebenfalls relativ hoch gesteckt. Die Vorschrift entfaltet ihre rechtfertigende Wirkung nur, wenn für hochrangige Rechtsgüter eine gegenwärtige Gefahr besteht, die Verletzungshandlung das einzige Mittel zu ihrer Abwendung darstellt, im Rahmen einer Interessenabwägung das geschützte Rechtsgut das beeinträchtigte wesentlich überwiegt und die Tat als angemessenes Mittel zur Gefahrenabwehr erscheint.[255]

C. Ergebnis

Die vorstehenden Ausführungen haben gezeigt, dass die Rechtfertigung einer Organentnahme ohne oder gegen den Willen des Betroffenen in der Regel scheitern dürfte, da die strengen Voraussetzungen dieser Ausnahmeregelung nicht erfüllt sein werden. Unabhängig davon, welches Regelungsmodell der Gesetzgeber für die postmortale Organentnahme wählt, muss er im Transplantationsgesetz eine verbindliche Entscheidung zur Anwendbarkeit und Reichweite der Notstandsregeln treffen, denn die Rechtslage ist insoweit keinesfalls eindeutig.[256]

Nach dem deutschen Transplantationsgesetz wird die Entnahme von Organen oder Geweben ohne vorliegende Einwilligung mit Freiheitsstrafe bis zu drei Jahren oder Geldstrafe bestraft (§ 19 Abs. 1 dTPG). Ein fahrlässiger Verstoß gegen die Entnahmevorschrift (§ 3 dTPG) wird ferner mit Freiheitsstrafe bis zu einem Jahr oder mit Geldstrafe geahndet (§ 19 Abs. 5 dTPG). Auch der Versuch ist strafbar (§ 19 Abs. 4 dTPG).

Auch nach dem koreanischen Transplantationsgesetz wird die Zwangsexplantation ohne Einwilligung des Spenders bzw. Zustimmung der Ersatzentscheider mit Zuchthaus bis zu fünf Jahren oder Geldstrafe bis zu Dreißig Millionen Won bestraft (§ 43 Nr. 3 kTPG).

---

255 *Ahn*, Strafrecht Allgemeiner Teil, 1998, S. 114; *Bae*, Strafrecht Allgemeiner Teil, 6. Aufl., 2003, S. 308 ff.; *Chin*, Strafrecht Allgemeiner Teil, 7. Aufl., 2003, S. 333 ff.; *Choi*, geänderte Strafrecht Allgemeiner Teil, 1999, 234 ff.; *Choung*, Strafrecht Allgemeiner Teil, 1996, S. 295 ff.; *Choung/Park*, Strafrecht Allgemeiner Teil, 2001, S. 246 ff.; *Im*, geändert Strafrecht Allgemeiner Teil, 2003, S. 232 ff.; *Kim/Suh*, neu bearbeitete Strafrecht Allgemeiner Teil, 9. Aufl., 2003, S. 338 ff.; *Kim/Kim*, Strafrecht Allgemeiner Teil, 2. Aufl., 2002, S. 336 ff.; *Kim*, Strafrecht Allgemeiner Teil, 2002, S. 159 ff.; *Lee*, Strafrecht Allgemeiner Teil, 3. Aufl., 2003, 155 ff.; *Lee*, Strafrecht Allgemeiner Teil, 5. Aufl., 2004, S. 241 ff.; *Lee*, Strafrecht Allgemeiner Teil, 2003, 277 ff.; *Lee*, erweiterte Strafrecht Allgemeiner Teil, 2002, S. 186 ff.; *Lee*, Strafrecht Allgemeiner Teil, 3. Aufl., 2000, 251 ff.; *Lee*, geänderte koreanisches Strafrecht (Lehre vom allgemeinen Teil), Sookmyung Women's University Verlag, 2003, S. 244 ff.; *Oh*, Strafrecht Allgemeiner Teil, 2. Aufl., 2002, S. 387 ff.; *Park*, Strafrecht Allgemeiner Teil, 5. Aufl., 2003, S. 191 ff.; *Ryu*, geänderte Strafrechtwissenschaft (Lehre vom allgemeinen Teil), 1989, 188 ff.; *Shin*, Strafrecht Allgemeiner Teil, 2003, S. 278 ff.; *Son*, Strafrecht Allgemeiner Teil, 1996, S. 474 ff.

256 *Bock*, Rechtliche Voraussetzungen der Organentnahme von Lebenden und Verstorbenen, 1999, S. 263; *Herrig*, Gewebetransplantation nach dem Transplantationsgesetz, 2002, S. 124.

IV. Vergleich und kritische Würdigung

A. Streitpunkte der Regelungsmodelle

1. Aufriss der verschiedenen Regelungsmodelle

Vor Inkrafttreten des Transplantationsgesetzes wurden in der Literatur unterschiedliche Modelle einer Regelung der postmortalen Organentnahme diskutiert, die man als Widerspruchslösung, Informationslösung sowie Einwilligungs- oder Zustimmungslösung umschreibt.

Im Laufe des deutschen Gesetzgebungsverfahrens sind drei grundsätzlich von der Zulässigkeit der Entnahme ausgehende Modelle entwickelt worden. Diese sind die Widerspruchslösung, die Informationslösung und die Zustimmungslösung.[257] Auch in der koreanischen juristischen Literatur haben sich in Bezug auf die Organentnahme bei Verstorbenen drei, grundsätzlich von der Zulässigkeit der Entnahme ausgehende Modelle entwickelt.[258] Andere Modelle finden sich noch nicht.[259]

a) Widerspruchslösung

Nach der Widerspruchslösung ist eine postmortale Organentnahme bereits zulässig, wenn der Verstorbene ihr zu Lebzeiten nicht widersprochen hat. Die Angehörigen müssen über die beabsichtigte Explantation weder informiert noch dazu befragt werden.[260] Hinter einem bloß inhaltlosen Schweigen wird eine Einwilligung vermutet.[261]

---

257 Siehe *Deutsch*, „Das Transplantationsgesetz vom 5.11.1997", NJW 1998, 777.

258 Nähes dazu *Joo*, Rechtswissenschaft von Hirntod und Transplantationsgesetz, 1997, S. 216 ff.

259 Daneben finden sich andere Regelungsmodelle in der deutschen Literatur. Zur Notstandslösung siehe *Bock*, Rechtliche Voraussetzungen der Organentnahme von Lebenden und Verstorbenen, 1999, S. 211 ff.; *Borowy*, Die postmortale Organentnahme und ihre zivilrechtlichen Folgen, 2000, S. 49 f. Zur Kombination der Informationslösung und Zustimmungslösung siehe *Taupitz*, „Um Leben und Tod", JuS 1997, S. 203 (206). Zur Erklärungsmodelle siehe *Nickel*, Die Entnahme von Organen und Geweben bei Verstorbenen zum Zwecke der Transplantation, 1999, S. 20 f.; *Sabass*, „Die postmortale Organspende", in: *Roxin/Schroth* (Hrsg.), Medizinstrafrecht, 2. Aufl., 2001, S. 260 f.

260 *Bock*, Rechtliche Voraussetzungen der Organentnahme von Lebenden und Verstorbenen, 1999, S. 218.

261 *Uhlenbruck/Ulsenheimer*, „Die zivilrechtliche Problematik der Organtransplantation", in: *Laufs/Uhlenbruck*, Handbuch des Arztrechts, 3. Aufl., 2002, § 142 Rn. 21; *Bock*, Rechtliche Voraussetzungen der Organentnahme von Lebenden und Verstorbenen, 1999, S. 219.

Im Laufe des Gesetzgebungsverfahrens zeigte sich schnell, dass (wohl auch durch die Neuentfachung der Hirntoddebatte bedingt) die Widerspruchslösung, die u.a. dem Gesetzentwurf der Bundesregierung aus dem Jahr 1978[262] sowie dem rheinland-pfälzischen Transplantationsgesetz von 1994[263] zugrunde lag, nicht mehrheitsfähig war.[264] Allerdings basierte die Transplantationsverordnung der ehemaligen DDR von 1975 auf dem Widerspruchsmodell.[265]

Die Widerspruchslösung wurde ferner in Luxemburg,[266] Polen,[267] Portugal,[268] im Kanton Vaud in der Schweiz,[269] in der Slowakei,[270] in Slowenien,[271] Spanien[272] und Ungarn[273] usw. kodifiziert.[274] Lediglich als Folge einer Entscheidung des Europarats aus dem Jahr 1978 sind insbesondere im westeuropäischen Ausland verschiedene Varianten der Widerspruchslösung eingeführt worden. Nach der Widerspruchslösung haben die Angehörigen grundsätzlich kein Widerspruchsrecht.[275] Die erweiterte Widerspruchslösung mit einem gesetzlich eingeräumten Einspruchsrecht der nächsten Angehörigen gilt trotzdem in Belgien,[276]

---

262 BR-Dr. 395/78; BT-Dr. 8/2681

263 LT-Dr. 12/2094/5037

264 *Borowy*, Die postmortale Organentnahme und ihre zivilrechtlichen Folgen, 2000, S. 51.

265 Verordnung über die Durchführung von Organtransplantationen v. 4. 7. 1975, GBl I Nr. 32, S. 597 (geändert durch Verordnung v. 5. 8. 1987, GBl I Nr. 19, S. 199), S. dazu *Taupitz*, „Um Leben und Tod“, JuS 1997, S. 204.

266 Art. 6 des Gesetzes über die Entnahme menschlicher Körpersubstanzen vom 25. 11. 1982; diese Regelung wird aber nach Art. 8 nicht bei Personen angewandt, die ihren ständigen Wohnsitz nicht in Luxemburg haben.

267 Art. 5 Abs. 1 des Transplantationsgesetz vom 26. 2. 1995. Der Widerspruch muss schriftlich, mündlich vor 2 Zeugen oder gegenüber einem Register erklärt werden.

268 Art. 10 des Gesetzes Nr. 12/93 vom 22. 4. 1993.

269 Kanton Vaud, Gesetz vom 29. 5. 1985, Art. 27.

270 § 47 des Gesetzes Nr. 277/1994.

271 Art. 4 des Transplantationsgesetzes, Amtsblatt Nr. 42 vom 21. 12. 1985.

272 Art. 5 Abs. 2 des Gesetzes 30/1979 vom 27. 10. 1979; nach § 9 des königlichen Dekrets 426/1980 vom 22. 2. 1980 sind die in der medizinischen Einrichtung anwesenden Familienangehörigen – soweit dies möglich ist – über die Durchführung der Organentnahme zu unterrichten; obgleich sie kein eigenes gesetzlich anerkanntes Widerspruchsrecht haben, wird ihr Widerspruch in der Praxis respektiert.

273 § 11 des Gesetzes Nr. 6 von 1987 (Gesetzblatt vom 20. 7. 1987, Nr. 12).

274 Siehe *Nickel*, Die Entnahme von Organen und Geweben bei Verstorbenen zum Zwecke der Transplantation, 1999, S. 26 f.

275 Siehe *Deutsch/Spickhoff*, Medizinrecht, 5. Aufl., 2003, Rn. 620.

276 Art. 10 des Gesetzes vom 13. 6. 1986.

Finnland,[277] Russland[278] und in einigen Kantonen der Schweiz[279].[280] Eine der striktesten Formen der Widerspruchslösung sieht Österreich vor.[281]

Das Widerspruchsmodell würde vermutlich die Zahl der potentiellen Spender erheblich vergrößern, da auch diejenigen, die sich nicht geäußert haben, zur Organspende herangezogen werden könnten. Der Mangel an geeigneten Spenderorganen könnte damit also unter Umständen verringert werden.[282] Damit basiert dieses Modell auf der „Hypothese, dass jeder damit einverstanden ist, dass seine Organe im Sinne einer menschlichen Solidarität nach dem Tod verwendet werden können".[283]

Zur Kritik der Widerspruchslösung wird Folgendes vorgebracht: Schweigen gelte in der deutschen Rechtsordnung grundsätzlich gerade nicht als Zustimmung.[284] Die Zustimmungsfiktion greife in unverhältnismäßiger Weise in das negative Selbstbestimmungsrecht des Spenders ein und beschneide in unzulässiger Weise die Rechtspositionen der Hinterbliebenen.[285] Zudem müsse sich die Widerspruchslösung entgegenhalten lassen, dass sie in besonderem Maße „stör-

---

277 § 4 des Gesetzes Nr. 355 vom 26. 4. 1985.

278 Art. 8 des Transplantatonsgesetzes vom 22. 12. 1992.

279 Kanton Aargau, Gesetz vom 10. 11. 1987, Art. 52; Kanton Appenzell-L, Gesetz vom 28. 4. 1974, Art. 12; Kanton Appenzell-K, Gesetz vom 26. 4. 1992, Art. 18; Kanton Bern, Gesetz vom 2. 12. 1984, Art. 41; Kanton Genf, Gesetz vom 28. 3. 1990, Art. 41; Kanton Graubünden, Gesetz vom 2. 12. 1984, Art. 22; Kanton Luzern, Gesetz vom 29. 6. 1981, P. 68; Kanton Neuchâtel, Gesetz vom 6. 2. 1995, Art. 30; Kanton Nidwalden, Spitalverordnung vom 27. 3. 1981, § 82; Kanton St. Gallen, Gesetz vom 28. 6. 1979, Art. 35; Kanton Thurgau, Gesetz vom 5. 6. 1985, Art. P. 35; Kanton Tessin, Gesundheitsgesetz vom 18. 4. 1989, Art. 15; Kanton Valais, Gesundheitsgesetz vom 9. 2. 1996, Art. 44; Kanton Zürich, § 26 Patientenrechtsverordnung vom 28. 8. 1991. Siehe dazu *Nickel*, Die Entnahme von Organen und Geweben bei Verstorbenen zum Zwecke der Transplantation, 1999, S. 27, Fn. 133.

280 *Nickel*, Die Entnahme von Organen und Geweben bei Verstorbenen zum Zwecke der Transplantation, 1999, S. 27.

281 § 62 a KAG (Krankenanstaltengesetz) von 18. 6. 1982 bestimmt, dass eine Organentnahme unzulässig ist, „wenn den Ärzten eine Erklärung vorliegt, mit der der Verstorbene oder, vor dessen Tod, sein gesetzlicher Vertreter eine Organspende ausdrücklich abgelehnt hat"(BGBl. Nr. 273/1982). Hierzu siehe *Borowy*, Die postmortale Organentnahme und ihre zivilrechtlichen Folgen, 2000, S. 51. Fn. 119. In der Praxis wird auch eine diesbezügliche Aussage der Angehörigen gewertet, vgl. hierzu Informationsblatt „Östereichisches Widerspruchsregister gegen Organentnahmen" des ÖBIG. Siehe *Nickel*, Die Entnahme von Organen und Geweben bei Verstorbenen zum Zwecke der Transplantation, 1999, S. 26, Fn. 121.

282 *Borowy*, Die postmortale Organentnahme und ihre zivilrechtlichen Folgen, 2000, S. 51; *Taupitz*, „Um Leben und Tod", JuS 1997, S. 204.

283 *Borowy*, Die postmortale Organentnahme und ihre zivilrechtlichen Folgen, 2000, S. 50.

284 *Bock*, Rechtliche Voraussetzungen der Organentnahme von Lebenden und Verstorbenen, 1999, S. 219 f.; *Borowy*, Die postmortale Organentnahme und ihre zivilrechtlichen Folgen, 2000, S. 52; *Taupitz*, „Um Leben und Tod", JuS 1997, S. 204.

285 *Bock*, Rechtliche Voraussetzungen der Organentnahme von Lebenden und Verstorbenen, 1999, S. 223 ff.; *Borowy*, Die postmortale Organentnahme und ihre zivilrechtlichen Folgen, 2000, S. 52.

anfällig“ und kostspielig (zugleich auch in datenschutzrechtlich bedenklicher Weise) sei.[286]

Mit der Widerspruchslösung geht die Gefahr einher, dass dem tatsächlichen Willen des Verstorbenen in der Praxis nicht Rechnung getragen wird – und dies nicht nur wegen des fiktiven Umgangs mit dem Spenderwillen, sondern insbesondere wegen der fehlenden Nachforschungspflicht des Arztes.[287]

Schließlich ist auch zu bedenken, dass jedem Menschen in Form der negativen Glaubens- und Gewissensfreiheit das Recht zusteht (Art. 4 GG), sich zu Glaubens- und Weltanschauungsfragen nicht offenbaren zu müssen.[288] Insgesamt würde das Widerspruchsmodell somit aus unterschiedlichen Gründen einen unverhältnismäßigen Eingriff in die Rechte der Betroffenen darstellen, so dass dieses Modell in Deutschland kaum Chancen auf Verwirklichung hat.[289]

b) Zustimmungslösung

Das Gegenmodell zur Widerspruchslösung ist die Zustimmungslösung oder die Einwilligungslösung. Die Zustimmungslösung wird in zwei unterschiedlichen Varianten vertreten. Von der engen Zustimmungslösung spricht man, wenn nur der Patient einer Organentnahme zustimmen kann. Bei der weiteren Zustimmungslösung können auch die nächsten Angehörigen nach dem Tod des Spenders die Einwilligung geben.

Nach der sog. „engen Zustimmungslösung“ ist zunächst eine Organentnahme vom Verstorbenen nur dann zulässig, wenn dieser selbst zu Lebzeiten ihr ausdrücklich zugestimmt hat. Da es ausschließlich auf die Zustimmung des potentiellen Spenders selbst ankommt, ist ein Entscheidungsrecht Dritter ausgeschlossen. Fehlt es an einer Organspendeerklärung des Verstorbenen, wird deren Fehlen als Ablehnung gewertet,[290] so dass eine Organentnahme unzulässig ist.[291]

---

286 BT-Dr. 13/4355, S. 13; *Borowy*, Die postmortale Organentnahme und ihre zivilrechtlichen Folgen, 2000, S. 51 f.; *Taupitz*, „Um Leben und Tod“, JuS 1997, S. 204.

287 *Bock*, Rechtliche Voraussetzungen der Organentnahme von Lebenden und Verstorbenen, 1999, S. 220.

288 Dieses Recht mag verletzt sein, wenn durch gesetzliche Bestimmungen verlangt wird, sich über das Einverständnis mit einer Organtransplantation zu erklären. Siehe *Taupitz*, „Um Leben und Tod“, JuS 1997, S. 204 f. Aus Art. 4 Abs. 1 GG ergeben sich keine zusätzlichen Einwände gegen das Widerspruchsmodell. Siehe *Bock*, Rechtliche Voraussetzungen der Organentnahme von Lebenden und Verstorbenen, 1999, S. 226 f.

289 *Taupitz*, „Um Leben und Tod“, JuS 1997, S. 205.

290 *Uhlenbruck/Ulsenheimer*, „Die zivilrechtliche Problematik der Organtransplantation“, in: *Laufs/Uhlenbruck*, Handbuch des Arztrechts, 3. Aufl., 2002, § 142 Rn. 21.

291 *Bock*, Rechtliche Voraussetzungen der Organentnahme von Lebenden und Verstorbenen, 1999, S. 229; *Borowy*, Die postmortale Organentnahme und ihre zivilrechtlichen Folgen, 2000, S. 52.

Dieses Modell lag dem Gesetzesentwurf der Fraktion von Bündnis 90/Die Grünen[292] und einem Entschließungsantrag mehrerer Bundestagsabgeordneter[293] zugrunde.[294] Dieses Regelungsmodell ist nirgends in Europa kodifiziert und würde auch für Deutschland eine Verschärfung gegenüber der gegenwärtigen Praxis bedeuten.[295]

Bei der engen Zustimmungsregelung wird dem nachwirkenden Persönlichkeitsrecht des Toten absolute Priorität eingeräumt. Unbestreitbarer Vorteil dieser strikten Variante ist in erster Linie die durch die ausdrückliche Einverständniserklärung erlangte Rechtssicherheit: Die Explantation ist nur im Falle einer zu Lebzeiten geäußerten Einwilligung zulässig; rechtliche Auseinandersetzungen sind nicht zu befürchten, da alle Beteiligten die Gewissheit haben, dass der Eingriff durch die Einwilligung des Betroffenen legitimiert ist.[296]

Auch dieses Konzept hat Kritik erfahren: Bei der engen Zustimmungslösung sei vor allem zu befürchten, dass zu wenige Organspender zur Verfügung stehen und daher einseitig die Interessen des potentiellen Spenders zu Lasten der Empfänger in den Vordergrund gestellt würden.[297] In der Tat haben nur etwa 3% bis 5% die Organspendebereitschaft in einem Organspendeausweis dokumentiert.[298]

Angesichts des hohen Bedarfs an z.T. lebensrettenden Transplantaten erscheint diese Lösung unbefriedigend, insbesondere weil sie illegaler Organbeschaffung aus dem Ausland Vorschub leisten könnte.[299]

Bei der sogenannten „erweiterten Zustimmungslösung"ist die Organentnahme zulässig, wenn der Verstorbene zu Lebzeiten in eine mögliche Organspende eingewilligt hatte oder im Falle einer fehlenden Spendererklärung ihr auch die nächsten Angehörigen zustimmen. Den Angehörigen wird überwiegend ein eigenständiges subsidiäres Entscheidungsrecht zuerkannt.[300]

---

292 BT-Dr. 13/2926

293 BT-Dr. 13/4114

294 Vgl. *Bock*, Rechtliche Voraussetzungen der Organentnahme von Lebenden und Verstorbenen, 1999, S. 229; *Borowy*, Die postmortale Organentnahme und ihre zivilrechtlichen Folgen, 2000, S. 52; *Taupitz*, „Um Leben und Tod", JuS 1997, S. 205.

295 *Bock*, Rechtliche Voraussetzungen der Organentnahme von Lebenden und Verstobenen, 1999, S. 229.

296 *Bock*, Rechtliche Voraussetzungen der Organentnahme von Lebenden und Verstobenen, 1999, S. 230.

297 *Borowy*, Die postmortale Organentnahme und ihre zivilrechtlichen Folgen, 2000, S. 52; *Taupitz*, „Um Leben und Tod", JuS 1997, S. 205.

298 Siehe *Bock*, Rechtliche Voraussetzungen der Organentnahme von Lebenden und Verstorbenen, 1999, S. 230; *Borowy*, Die postmortale Organentnahme und ihre zivilrechtlichen Folgen, 2000, S. 53.

299 *Sabass*, „Die postmortale Organspende", in: *Roxin/Schroth* (Hrsg.), Medizinstrafrecht, 2. Aufl., 2001, S. 259.

300 *Nickel*, Die Entnahme von Organen und Geweben bei Verstorbenen zum Zwecke der Transplantation, 1999, S. 28. Danach wird eine fehlende Erklärung des Verstorbenen weder als Ablehnung noch als Zustimmung gewertet, sondern als bloße Nichterklärung. In diesem Fall werden deshalb die Angehörigen vom Arzt eingeschaltet und befragt. Siehe

Die erweiterte Zustimmungslösung ist in Europa wohl am stärksten verbreitet. Sowohl in Deutschland als auch z.B. in Dänemark,[301] Griechenland,[302] Großbritannien,[303] Irland,[304] in den Niederlanden,[305] in einigen Kantonen der Schweiz,[306] in der Türkei[307] und in den USA[308] wird die erweiterte Zustimmungslösung praktiziert.[309]

Denkbar ist aber auch, dass die Angehörigen zwar mit in die Entscheidung einbezogen werden, sie jedoch lediglich als Überbringer bzw. als Bote einer fremden Erklärung angesehen werden.[310] Jedoch ist auch in anderen Fällen auf etwaige Rollenmissverständnisse oder gar -missbräuche zu achten, und die Entscheidung bleibt doch auf jeden Fall in der Familie, die sicher der Ort ist, in den höchstpersönliche Angelegenheiten am ehesten gehören. Zudem kann im Zweifel wohl davon ausgegangen werden, dass die Angehörigen einen ihnen bekannten Willen des Verstorbenen auch tatsächlich befolgen werden.[311]

Auch gegen das erweiterte Zustimmungsmodell werden allerdings Einwände deshalb erhoben, weil den Angehörigen eine schwere Entscheidung aufgebürdet wird, und dies zu einem Zeitpunkt, zu dem sie oftmals schockartig mit dem plötzlichen Tod eines geliebten Menschen konfrontiert sind. Zu diesem Zeitpunkt seien sie, so wird befürchtet, oft gar nicht in der Lage, eine Entscheidung von entsprechender Reichweite überlegt zu treffen. Darauf aufbauend wird die Frage aufgeworfen, ob die Angehörigen nicht sogar ein Recht darauf haben, in dieser

---

Borowy, Die postmortale Organentnahme und ihre zivilrechtlichen Folgen, 2000, S. 53. Im Unterschied zu der Informationslösung und der erweiterten Widerspruchslösung reicht ein bloßes passives Verhalten der informierten Angehörigen nicht aus. Siehe *Nickel*, Die Entnahme von Organen und Geweben bei Verstorbenen zum Zwecke der Transplantation, 1999, S. 28.

301 Gesetz Nr. 402 vom 13. 6. 1990, § 14 Abs. 2 und 3.

302 Gesetz Nr. 1383 vom 4. 8. 1983, Art. 7 Abs. 1.

303 Human Tissue act vom 27. 7. 1961, Ch 54, 1.-(1) und (2).

304 Nach dem „code of practice“.

305 Transplantationsgesetz vom 24. 5. 1996, Staatsblatt 1996, Nr. 370, Art. 11.

306 Kanton Jura, Gesetz vom 14. 12. 1990, Art. 31; Kanton Oberwalden, Gesetz über das Kantonsspital vom 2. 5. 1979, Art. 6.

307 § 14 des Transplantationsgesetz (Gesetz Nr. 2238) vom 29. 5. 1979.

308 ss. 33, 2 Uniform Anatomical Gift Act 1987 Uniform Law Annotated 2-27; darüberhinaus wird in vielen Bundesstaaten das Required Request-Modell praktiziert, wonach Bürger in bestimmten Situationen, insbesondere bei der in den USA vorgeschriebenen Verlängerung des Führerscheins oder auch bei der Aufnahme in ein Krankenhaus, nach ihren Wünschen hinsichtlich einer Organentnahme befragt werden.

309 Vgl. *Bock*, Rechtliche Voraussetzungen der Organentnahme von Lebenden und Verstorbenen, 1999, S. 230; *Nickel*, Die Entnahme von Organen und Geweben bei Verstorbenen zum Zwecke der Transplantation, 1999, S. 28.

310 BT-Dr. 13/8030; Siehe *Borowy*, Die postmortale Organentnahme und ihre zivilrechtlichen Folgen, 2000, S. 53 f.

311 *Taupitz*, „Um Leben und Tod“, JuS 1997, S. 205.

Situation mit dem sie in einen schweren Konflikt stürzenden oder für sie auch nur lästigen Problem nicht behelligt zu werden.[312]

Der Gesetzgeber hat nach langer und intensiver Debatte im Deutschen Bundestag am 25. 6. 1997 der erweiterten Zustimmungslösung den Vorzug gegeben.[313] Die „erweiterte Zustimmungslösung" begegnet keinen verfassungsrechtlichen Bedenken.[314]

c) Informationslösung

Aufgrund der geäußerten Zweifel an der Effizienz einer erweiterten Zustimmungslösungs hat man eine Informationslösung in Erwägung gezogen.[315] Die Informationslösung als das dritte Modell[316] beinhaltet sowohl Elemente der Zustimmungslösung bei den Verstorbenen als auch der Widerspruchslösung bei den Angehörigen,[317]

Nach der Informationslösung ist eine postmortale Organentnahme zulässig, wenn der Verstorbene zu Lebzeiten zugestimmt hat oder bei Fehlen seiner ausdrücklichen Zustimmung oder Ablehnung zu Lebzeiten die nächsten Angehörigen nach Unterrichtung durch den Arzt innerhalb einer bestimmten Frist nicht widersprechen. Im Unterschied zur erweiterten Widerspruchslösung ist der Arzt, der eine Organentnahme beabsichtigt, nach der Informationslösung verpflichtet, die nächsten Angehörigen zu unterrichten.[318]

Auf der Basis der Informationslösung erarbeitete im Jahr 1990 eine Arbeitsgruppe der Deutschen Transplantationszentren e.V. und der Deutschen Stiftung Organtransplantation den Entwurf eines Transplantationsgesetzes, der insbe-

---

312 *Taupitz*, „Um Leben und Tod", JuS 1997, S. 205.

313 Vgl. BT-Dr. 13/8027.

314 Zur verfassungsrechtlichen Zulässigkeit der erweiterten Zustimmungslösung BverfG, NJW 1999, 858; Siehe *Nickel*, Die Entnahme von Organen und Geweben bei Verstorbenen zum Zwecke der Transplantation, 1999, S. 141 ff.

315 *Bock*, Rechtliche Voraussetzungen der Organentnahme von Lebenden und Verstorbenen, 1999, S. 235.

316 *Taupitz*, „Um Leben und Tod", JuS 1997, S. 205.

317 In Übereinstimmung mit der Einwilligungslösung kommt es in erster Linie auf den zu Lebzeiten geäußerten Willen des Verstorbenen selbst an; dieser ist maßgeblich und verbindlich. In der in der Praxis am häufigsten vorkommenden Situation, dass der Tote sich zu Lebzeiten nicht erklärt hat, sind die Angehörigen über eine beabsichtigte Organentnahme unter Hinweis darauf, dass sie innerhalb einer bestimmten Frist der Entnahme widersprechen können, zu informieren. Unterbleibt innerhalb der entsprechenden Frist ein Widerspruch – und darin liegt eine Nähes zur Widerspruchslösung – so darf die Organentnahme erfolgen. Siehe *Borowy*, Die postmortale Organentnahme und ihre zivilrechtlichen Folgen, 2000, S. 54.

318 *Nickel*, Die Entnahme von Organen und Geweben bei Verstorbenen zum Zwecke der Transplantation, 1999, S. 28.

sondere seitens rechtspolitisch aktiver Mediziner als Kompromissweg befürwortet wurde.[319]

Die Informationslösung lag auch dem Entwurf eines Mustergesetzes der Leitenden Medizinalbeamten der Länder von 1993[320] und dem Gesetzesentwurf der SPD-Fraktion im rheinland-pfälzischen Landtag[321] zugrunde und bildet die Basis des Gesetzesantrags der Länder Bremen und Hessen im Bundesrat vom 30. Juni 1994,[322] des seit dem 20. Mai 1994 vorliegenden (allerdings internen) „Seehofer-Entwurfs"[323] sowie eines in die gleiche Richtung zielenden Entschließungsantrags im Bundestag.[324]

Die Informationslösung mit einer gesetzlich vorgesehenen Informationspflicht der nächsten Angehörigen liegt den gesetzlichen Regelungen in Frankreich,[325] Italien,[326] Liechtenstein,[327] Norwegen,[328] Schweden[329] und in zwei Kantonen der Schweiz[330] zugrunde.[331] Die Informationspflicht ist nicht immer eine absolute. In Norwegen müssen die nächsten Angehörigen beispielsweise nur so weit wie möglich informiert werden. In Lichtenstein sollen die nächsten Angehörigen möglichst befragt werden.[332]

Gegen die Informationslösung wurde vorgebracht, dass sie im Ergebnis auf eine „verkappte Widerspruchslösung" hinauslaufe und daher aus den gleichen Gründen abzulehnen sei.[333] Die Notwendigkeit, der Organentnahme zu widersprechen, werde in den Fällen, in denen es an einer ausdrücklichen Einwilligung des Verstorbenen selbst fehle, lediglich vom potentiellen Spender auf die entscheidungsbefugten Personen verschoben. Das Problem der Einwilligungsfiktion bleibe also bestehen. Auch das Schweigen der Angehörigen könne nicht als Zu-

---

319 *Borowy*, Die postmortale Organentnahme und ihre zivilrechtlichen Folgen, 2000, S. 54.
320 Abgedruckt Berliner Ärzte 7/1993, S. 30 f.
321 LT-Dr 12/2094.
322 § 3 I E Bremen/Hessen, BR-Dr 682/94.
323 Dazu Bockenheimer-Lucius, BadWürttÄrztebl. 1995, 19 ff.
324 Entschließungsantrag einer Gruppe von Abgeordneten (unter Beteiligung von Bundesgesundheitsminister Seehofer) der Fraktionen von CDU/CSU, SPD und F.D.P., BT-Dr. 13/4368 v. 17. 4. 1996, S. 2. Siehe *Taupitz*, „Um Leben und Tod", JuS 1997, S. 205.
325 Art. 671. 7 des Bioethikgesetzes vom 29. 7. 1994.
326 Art. 6 des Gesetzes Nr. 644/75 vom 2. 12. 1975, für die Entnahme der Augenhornhaut gilt aber nach dem Gesetz 301 vom 12.8.1993 eine strikte Widerspruchslösung.
327 Gesetz über das Gesundheitswesen (Sanitätsgesetz) vom 18. 12. 1985, Art. 14 Abs. 1.
328 § 2 des Gesetzes Nr. 6 (TransplantationsG) vom 9. 2. 1973.
329 § 4 des Transplantationsgesetz vom 8. 6. 1999, abgedruckt in SFS 1995: 837 (vom 22. 6. 1995).
330 Kanton Basel-Land, Gesetz vom 24. 6. 1976, Art. 14 mit VO vom 1. 11. 1988, Art. 18; Kanton Basel-Stadt, Gesetz vom 26. 3. 1981, Art. 12.
331 *Nickel*, Die Entnahme von Organen und Geweben bei Verstorbenen zum Zwecke der Transplantation, 1999, S. 27.
332 *Nickel*, Die Entnahme von Organen und Geweben bei Verstorbenen zum Zwecke der Transplantation, 1999, S. 28.
333 BT-Dr. 13/4355, S. 13.

stimmung zur Organentnahme gewertet werden. Überdies wurde bestritten, dass eine psychologische Entlastung der Angehörigen durch die Befreiung von dem Entscheidungszwang tatsächlich eintrete. Das Wissen um die Explantationsmöglichkeit im Falle eines fehlenden Widerspruchs bewirke einen nicht wesentlich geringeren Entscheidungskonflikt, da dem Angehörigen bewusst sei, dass auch eine Nicht-Entscheidung im Ergebnis eine Entscheidung darstellt, und zwar für die Entnahme.[334]

2. Regelung des (bedingten) erweiterten Zustimmungsmodells

Bezüglich der Entnahme von Organen bei verstorbenen Personen stimmen das deutsche und koreanische Transplantationsgesetz darin überein, dass die „erweiterte Zustimmungslösung" gesetzlich verankert wird.[335]

Im koreanischen Transplantationsgesetz gibt es jedoch einige Unterschiede zum deutschen Transplantationsgesetz. Eine postmortale Organentnahme setzt nach dem koreanischen Transplantationsgesetz trotz der vorliegenden Einwilligung des Organspenders zusätzlich das Fehlen eines ausdrücklichen Widerspruchs von Familienmitgliedern oder Angehörigen voraus, während beim Vorliegen der Einwilligung des Organspenders nach dem deutschen Transplantationsgesetz die Erklärung der Angehörigen gar nicht in Betracht kommt.

Nach dem koreanischen Transplantationsgesetz ist die Organentnahme bei Verstorbenen nur zulässig, wenn der Organspender persönlich schriftlich eingewilligt hatte, Organe zu spenden und dessen Familienmitglieder oder Angehörigen nicht ausdrücklich widergesprochen haben. Die Möglichkeit der Organentnahme wird also im koreanischen Transplantationsgesetz im Vergleich zu den Regelungen im deutschen Transplantationsgesetz beschränkt. Das Zustimmungsmodell im koreanischen Transplantationsgesetz könnte deshalb als „bedingtes erweitertes Zustimmungsmodell" bezeichnet werden.

Das deutsche und das koreanische Transplantationsgesetz stimmen ferner darin überein, dass eine postmortale Organentnahme, trotz des Fehlens der Erklärung des Organspenders, durch die Zustimmung des Familienmitglieds oder Angehörigen zulässig ist. Im Hinblick auf die Wahrung des Selbstbestimmungsrechts ist dies streng genommen zumindest problematisch. Zu erklären ist dies allerdings unter dem Aspekt der erwünschten Steigerung des Organaufkommens zur Befriedigung der Bedürfnisse der modernen Transplantationsmedizin.

Das deutsche Transplantationsgesetz ist aus Sicht des Selbstbestimmungsrechts stimmiger als das koreanische Transplantationsgesetz. Denn nach dem

---

334 *Borowy*, Die postmortale Organentnahme und ihre zivilrechtlichen Folgen, 2000, S. 55.

335 *Joo*, Transplantationsgesetz, Kommentar, 2000, S. 49; *Lee*, „Die Gegenwart und Zukunft des Transplantationsgesetzes in Korea", Forschungsbericht 00-15, The Korean Institute of Criminology, 2000, S. 27.

deutschen Transplantationsgesetz ist die Organentnahme vom Toten bereits zulässig, wenn der Organspender in die Organentnahme eingewilligt hatte, während nach dem koreanischen Transplantationsgesetz die Organentnahme vom Toten nur zulässig ist, wenn der Organspender in die Organentnahme eingewilligt hatte und das Familienmitglied oder der Angehörige ihr nicht ausdrücklich widersprochen hat.

Das „erweiterte Zustimmungsmodell", das im „geänderten Gesetz über die Sektion und Bewahrung von Leichen" bzw. dem „Entwurf der Gesetzgebungskommission" geregelt wurde, wurde durch das „bedingte erweiterte Zustimmungsmodell", nach der die Organentnahme trotz der Einwilligung des Organspenders unzulässig ist, wenn der ausdrückliche Widerspruch des Familienmitglieds oder Angehörigen vorliegt, ersetzt. Der Grund liegt darin, dass die Organentnahme sowohl vom Hirntoten als auch vom Herztoten nach dem früheren „Sektions- und Bewahrungsgesetz" (Gesetz-Nummer 1021) wirklich unzulässig war, wenn ein Familienmitglied oder Angehöriger der Organspende widergesprochen hatte.

Die koreanische bedingte erweiterte Zustimmungslösung geht meiner Meinung nach einen Mittelweg zwischen der orientalischen ganzheitlichen Kultur, in der der überlieferte Brauch der Bestattung und die Tradition der Ahnenverehrung bewahrt bleiben, und dem westeuropäischen individualistischen Konzept der Durchsetzung des Selbstbestimmungsrechts. Sie führt im Ergebnis zu einem realistischen Kompromissmodell, das sowohl das Selbstbestimmungsrecht des Organspenders berücksichtigt als auch die Erklärung des Familienmitglieds oder Angehörigen achtet, um letztlich zu einer Steigerung des Organaufkommens beizutragen.[336]

Die im deutschen und koreanischen Transplantationsgesetz geregelte (bedingte) erweiterte Zustimmungslösung begegnet keinen verfassungsrechtlichen Bedenken.[337]

B. Rechtliche Aspekte bei Einwilligung und Zustimmung

1. Einwilligungsfähigkeit

Für die Einwilligungsfähigkeit im Hinblick auf einen körperlichen Eingriff genügt strafrechtlich die natürliche Einsichts- und Urteilsfähigkeit.[338] Derjenige, der die natürliche Einsichts- und Urteilsfähigkeit hat, besitzt auch die Einwillingsfä-

---

336 *Lee*, „Die Gegenwart und Zukunft des Transplantationsgesetzes in Korea", Forschungsbericht 00-15, The Korean Institute of Criminology, 2000, S. 28, 112 ff.

337 *Nickel/Schmidt-Preisigke/Sengler*, Transplantationsgesetz, Kommentar, 2001, Vor § 3 Rn. 3.

338 *Joo*, Transplantationsgesetz, Kommentar, 2000, S. 40.

higkeit zur Organspende. Die Frage der Einwilligungsfähigkeit ist vorwiegend bei Minderjährigen und geistig Behinderten problematisch.

a) Minderjährige

Der Begriff des Minderjährigen ist für die strafrechtliche Feststellung der Einwilligungsfähigkeit zur Organspende ungeeignet, da er mit dem Begriff der zivilrechtlichen Geschäftshandlung verbunden ist. Nach der natürlichen Einsichts- und Urteilsfähigkeit sollten alle Minderjährige in Minderjährige mit vorhandener natürlicher Einsichts- und Urteilsfähigkeit und solche ohne natürliche Einsichts- und Urteilsfähigkeit eingeteilt werden.

Das deutsche und das koreanische Strafrecht enthalten keine ausdrückliche Aussage darüber, dass zur Minderjährigespende ein bestimmtes Mindestalter als Beurteilungskriterium für die natürliche Einsichts- und Urteilsfähigkeit bestanden haben muss. Im Zusammenhang mit der Einwilligungsfähigkeit zur Organspende bei Minderjährigen enthalten das deutsche und das koreanische Transplantationsgesetz allerdings ausdrückliche Regelung darüber, dass die Einwilligung in eine postmortale Spende vom vollendeten 16. Lebensjahr an erklärt werden können soll.

Das deutsche und das koreanische Transplantationsgesetz stimmen darin überein, dass Minderjährige mit der Vollendung des 16. Lebensjahres in die Organspende wirksam selbst einwilligen können.

Hat der potentielle Spender das sechzehnte Lebensjahr vollendet, so bestehen an der Fähigkeit zur Einsicht in die Bedeutung und Tragweite einer Einwilligung zu einer Leichenspende grundsätzlich keine Zweifel. Die erforderliche Einsichtsfähigkeit wird im Interesse der Rechtssicherheit unterstellt, ohne dass dabei die jeweilige geistige und sittliche Reife des einzelnen Kindes berücksichtigt wird. Das bedeutet, dass der explantierende Arzt aufgrund der gesetzlich verankerten Altersgrenze grundsätzlich von der Einwilligungsfähigkeit des Spenders ausgehen darf.[339]

Im Regelfall kann davon ausgegangen werden, dass bei einem Minderjährigen ab dem 16. Lebensjahr die Einsichtsfähigkeit so weit ausgeprägt ist, dass er die Bedeutung seiner Entscheidung zur postmortalen Organentnahme erfassen und insoweit selbst eine wirksame Spendeerklärung abgeben kann.[340]

Im Zusammenhang mit der natürlichen Einsichts- und Urteilsfähigkeit basiert das deutsche Transplantationsgesetz auf der Testierfähigkeit und der sog. Religionsmündigkeit. Die Gesetzesbegründung zeigt, dass man sich bei der Einwilligungsfähigkeit ab dem sechzehnten Lebensjahr an der Testierfähigkeit orientiert

---

339 *Borowy*, Die postmortale Organentnahme und ihre zivilrechtlichen Folgen, 2000, S. 192.

340 *Bock*, Rechtliche Voraussetzungen der Organentnahme von Lebenden und Verstorbenen, 1999, S. 246.

hat (§ 2229 Abs. 1 dBGB),[341] während man sich, bei der Erklärung des Widerspruchs vom vollendeten vierzehnten Lebensjahr an auf die Religionsmündigkeit beruft (§ 5 Abs. 1 RelKErzG)[342] oder auf die strafrechtliche Verantwortlichkeit Minderjähriger (§ 19 dStGB).[343]

Nach deutschem Transplantationsgesetz ist eine postmortale Organspende zulässig, wenn sowohl ein mindestens 14-jähriger als auch seine Eltern zugestimmt haben. Schwieriger zu beurteilen sind die Fälle solchen Ko-Konsents bei unter 14-jährigen. Schwierig ist es auch, wenn nur die Eltern zustimmen und keine ausdrückliche Erklärung des unter 16-jährigen vorliegt oder ein unter 14-jähriger ausdrücklich widersprochen hat. Nach dem koreanischen Transplantationsgesetz ist die Organspende bei Minderjährigen unter 16 Jahren mit Zustimmung der Eltern zulässig.

Als Ergebnis ist festzuhalten, dass nach dem koreanischen Transplantationsgesetz die jedenfalls beschränkte Einwilligungsfähigkeit zur Organspende bei allen Minderjährigen vorliegen kann. Bei Minderjährigen ab 16 Jahren ist deren alleinige Einwilligung zur Organentnahme ausreichend, während bei Minderjährigen unter 16 Jahren zusätzlich die Zustimmung der Eltern erforderlich ist. Dieses Modell des Ko-Konsents ist angemessen. Bei einem Widerspruch des Minderjährigen ist die Organentnahme unzulässig.

Im koreanischen Recht lässt sich für die Altersgrenze der Vollendung der 16 Lebensjahre als Kriterium für die Einwilligungsfähigkeit bei der Organspende kein Grund ausmachen. Nach koreanischem Recht kann beispielsweise ein Testament vom vollendeten sechzehnten Lebensjahr an errichtet werden (§ 1061

---

341 Nach BGB kann ein Minderjähriger ein Testament errichten (§ 2229 Abs. 1 BGB), wenn er das 16. Lebensjahr vollendet hat. Siehe auch § 5 Feuerbestattungsgesetz v. 15. 5. 1934 (RGBl. I S. 380), das beispielsweise in NRW als Landesrecht fortgilt (SGV NW Nr. 2127), wonach der Verstorbene zur Zeit seines Todes 16 Jahre alt gewesen sein muss, um die Bestattungsart (Feuerbestattung oder Erdbestattung) festlegen zu können. Vgl. *Rixen*, „§ 2 Aufklärung der Bevölkerung, Erklärung zur Organspende, Organspenderegister, Organspendeausweise“, in: *Höfling* (Hrsg.), Transplantationsgesetz, Kommentar, 2003, Rn. 30, Fn. 52.

342 BT-Dr. 13/4355, S. 18. Vgl. § 5 S. 1 des Gesetzes über die religiöse Kinderziehung vom 15. Juli 1921 (RGBl. S. 393, 1263): „Nach der Vollendung des 14. Lebensjahrs steht dem Kinde die Entscheidung darüber zu, zu welchem religiösen Bekenntnis es sich halten will.“ Auch der Kirchenaustritt ist ab dem 14. Lebensjahr möglich, vgl. § 2 Abs. 1 Kirchenaustrittsgesetz NRW v. 26. 5. 1981 (GVBl. S. 260). Vgl. *Rixen*, „§ 2 Aufklärung der Bevölkerung, Erklärung zur Organspende, Organspenderegister, Organspendeausweise“, in: *Höfling* (Hrsg.), Transplantationsgesetz, Kommentar, 2003, Rn. 30, Fn. 53.

343 Im Strafrecht beginnt die Schuldfähigkeit (Strafmündigkeit) mit Vollendung des 14. Lebensjahres (§ 19 dStGB, siehe auch § 1 JGG). § 8 Abs. 2 SGB VIII gewährt nicht- volljährigen Jugendlichen ab vollendetem 14. Lebensjahr ein Recht, sich in allen Angelegenheiten der Erziehung und Entwicklung an das Jugendamt zu wenden. Vgl. *Rixen*, „§ 2 Aufklärung der Bevölkerung, Erklärung zur Organspende, Organspenderegister, Organspendeausweise“, in: *Höfling* (Hrsg.), Transplantationsgesetz, Kommentar, 2003, Rn. 30, Fn. 53; *Tag*, Der Körperverletzungstatbestand im Spannungsfeld zwischen Patientenautonomie und Lex artis, 2000, S. 315.

kBGB)[344] und besteht das sexuelle Selbstbestimmungsrecht vom dreizehnten Lebensjahr an (§ 305 kStGB).[345] Nur ein Kind unter sechzehn Jahren kann Objekt der Straftat der Überanstrengung eines Kindes sein (§ 274 kStGB).[346] Aus meiner Sicht könnte die Vollendung des 16. Lebensjahrs als Altersgrenze im koreanischen Transplantationsgesetz vielleicht vom deutschen Recht beeinflusst sein.

b) Geistig Behinderte

Das deutsche Transplantationsgesetz enthält, im Unterschied zur Lebendspende (Vgl. § 8 Abs. 1 Nr. 1a dTPG), keine allgemeine Aussage über die Einwilligungsfähigkeit zur Organspende bei geistig Behinderten. Die Einwilligungsfähigkeit zur Organspende bei geistig Behinderten soll sich nach allgemeinen strafrechtlichen Regeln und Grundsätzen bestimmen. Auch hier könnte vielleicht ein Modell des Ko-Konsents weiterführen, wie es bereits oben bei den Minderjährigen angesprochen wurde.

Das koreanische Transplantationsgesetz enthält demgegenüber eine ausdrückliche Aussage über die Einwilligungsfähigkeit zur Organspende bei psychisch Kranken bzw. geistig Behinderten. Nach diesem Gesetz ist die Entnahme von Organen nur zulässig, wenn der Organspender in die Entnahme einwilligt, und kein ausdrücklicher Widerspruch des Familienmitglieds oder Angehörigen vorhanden ist.

Das koreanische Transplantationsgesetz verlangt die Einwilligung des psychisch Kranken bzw. geistig Behinderten selbst, um sein Selbstbestimmungsrecht zu achten, da die Wille des psychisch Kranken bzw. geistig Behinderten sonst von der Allgemeinheit leicht ignoriert werden könnte. Psychisch Kranke bzw. geistig Behinderte könnten eher als Minderjährige einer Gefahr der Organentnahme ohne oder gegen Willen ausgesetzt werden. Denn die Organentnahme bei Minderjährigen wird nur bei Zustimmung seines Familienmitglieds oder Angehörigen zugelassen, wenn keine Erklärung des Organspenders vorhanden ist.

Meiner Meinung nach kann der psychisch Kranke bzw. geistig Behinderte gegebenenfalls die Einsichts- und Urteilsfähigkeit besitzen oder auch nicht. Das für die Einwilligungsfähigkeit erforderliche Einsichtsvermögen ist auch bei

344 „§ 1061 (Testierfähigkeit Minderjähriger) Ein Minderjähriger kann ein Testament erst dann errichten, wenn er das siebzehnte Lebensjahr vollendet hat."

345 „§ 305 (Beischlaf oder Unzucht mit Kindern) Wer mit einer weiblichen Person unter dreizehn Jahren den Beischlaf vollzieht oder an ihr eine unzüchtige Handlung vornimmt, wird nach den Bestimmungen der Art. 297, 298 oder 301 bestraft."

346 „§ 274 (Überanstrengung eines Kindes) Wer ein Kind unter sechzehn Jahren, das seiner Obhut oder Aufsicht untersteht, einem Unternehmer oder dessen Angestellten zur Verwendung bei einer Arbeit ausliefert, deren Härte lebens- oder gesundheitsgefährdend ist, wird mit Zuchthaus bis zu fünf Jahren bestraft. Dieselbe Bestimmung ist auf denjenigen anzuwenden, der das Kind übernimmt."

psychisch und geistig Kranken nicht von vornherein abzulehnen, da es maßgeblich auf den Grad der Erkrankung im Einzelfall ankommt.

Eine Einwilligung des psychisch Kranken bzw. geistig Behinderten ohne Einsichts- und Urteilsfähigkeit hat demgegenüber keine rechtliche Wirksamkeit. Das ist nicht zuletzt für den Schutz des Selbstbestimmungsrechts dieser Personen wichtig. Nach dem koreanischen Transplantationsgesetz ist die Einwilligungsfähigkeit zur Organspende bei einer psychisch Kranken bzw. geistig Behinderten jedenfalls prima facie ohne das Erfordernis der entsprechenden Einsichts- und Urteilsfähigkeit anzunehmen. Zumindest besteht die Gefahr, dass dies geschieht.

Bei psychisch Kranken bzw. geistig Behinderten besteht die Gefahr der missbräuchlichen Organentnahme durch ein Familienmitglied oder Angehörigen. Denn es bestehen Beweisprobleme im Hinblick auf die Einsichts- oder Urteilsfähigkeit der psychisch Kranken bzw. geistig Behinderten. Die Organentnahme bei einem psychisch Kranken bzw. geistig Behinderten, der nicht über die erforderliche Einsichts- und Urteilsfähigkeit besitzt, ist mit überzeugenden Gründen als grundsätzlich verboten anzusehen.[347]

Das koreanische Transplantationsgesetz gibt auch einem psychisch Kranken bzw. geistig Behinderten die Möglichkeit zur Organspende, um die Nächstenliebe und Opferbereitschaft des Organspenders zu gewährleisten. Die Einsichts- und Urteilsfähigkeit kann bei einem psychisch Kranken bzw. geistig Behinderten zeitweise hergestellt werden. Die Wirksamkeit der Einwilligung ist dann rechtlich unproblematisch, wenn die Einwilligung im Zustand der zeitweise hergestellten Einsichts- und Urteilsfähigkeit erklärt wurde. Die Motive des Gesetzgebers sprechen dafür, dass diese Chance zur Ermöglichung einer Organspende genutzt werden kann.

Als Ergebnis wird man festzuhalten haben, dass das koreanische Transplantationsgesetz, nach dem die Organentnahme bei einem psychisch Kranken bzw. geistig Behinderten prima facie unabhängig von seiner Einsichts- und Urteilsfähigkeit ausnahmslos zulässig sein soll, auch vor dem Hintergrund einer angestrebten Steigerung des Aufkommens an Spenderorganen zu sehen ist, obwohl das Gesetz dem betroffenen Personenkreis eine Wohltat erweisen wollte.[348]

---

347 *Moon*, „Probleme und Gegenmaßnahmen der medizinischen Bioethik“, in: *Kim/Moon/Hyun/Lee*, Gesellschaftliche und staatliche Gegenmaßnahme über die Bioethik, Journal of the National Academy of Science, Republic of Korea (the natural Science edition) Vol. 39, 2000, S. 100.

348 *Lee*, „Die Gegenwart und Zukunft des Transplantationsgesetzes in Korea“, Forschungsbericht 00-15, The Korean Institute of Criminology, 2000, S. 32.

2. Zustimmungsbefugte

Das deutsche und das koreanische Transplantationsgesetz stimmen darin überein, dass nächste Angehörige bzw. Familienmitglieder oder Angehörige als Zustimmungsbefugte statuiert werden.

Im Unterschied zum koreanischen Transplantationsgesetz ist die Entnahme von Organen nach dem deutschen Transplantationsgesetz zulässig, wenn statt der Zustimmung des Angehörigen die Entscheidung der vom Verstorbenen zu Lebzeiten benannten Vertrauensperson vorhanden ist.

Ein Dritter hat die Legitimation zur Entscheidung hier deshalb, weil er bei der Ermittlung des mutmaßlichen Willens des Verstorbenen behilflich sein soll. Gerade das wirklich bestehende, enge, vertrauensvolle Verhältnis zum Verstorbenen ist für die Kenntnis seiner Auffassung entscheidend. Viele Menschen finden ihre wichtigsten persönlichen und sozialen Bindungen heute außerhalb der traditionellen Modelle von Ehe und Familie. In diesem Fall sind Lebensgefährten, engste Freunde und sonstige Vertrauenspersonen des Verstorbenen aufgrund ihrer emotionalen Nähe eher in der Lage, dessen persönlichen Anschauungen mitzuteilen als Angehörige im familienrechtlichen Sinn.[349]

Im Folgenden werden die nächsten Angehörigen bzw. Familienmitglieder oder Angehörige als Zustimmungsbefugte aufgeführt und näher untersucht.

a) Kreis

Nach dem deutschen Transplantationsgesetz wird der Kreis der Angehörigen auf Ehegatten, volljährige Kinder, Eltern oder sonstige Sorgeinhaber, volljährige Geschwister und Großeltern begrenzt, die mit dem Verstorbenen in den letzten zwei Jahren vor seinem Tod einen persönlichen Kontakt hatten. Nach dem deutschen Transplantationsgesetz steht ferner dem nächsten Angehörigen eine volljährige Person gleich, die dem möglichen Organspender bis zu seinem Tode in besonderer persönlicher Verbundenheit offenkundig nahegestanden hat. Hierbei wurde nach der Gesetzesgründung vor allem an Verlobte, aber auch an Personen gedacht, die mit dem möglichen Organspender in einer auf Dauer angelegten häuslichen Lebensgemeinschaft verbunden waren.[350]

Nach dem koreanischen Transplantationsgesetz wird demgegenüber der Kreis der Familienmitglieder oder Angehörigen auf Ehegatten, Verwandte in gerader absteigender Linie, Verwandte in gerader aufsteigender Linie, Geschwister und Verwandte bis zum vierten Grad begrenzt, wobei die Personen mindestens 14 Lebensjahre alt sein müssen. Das Familienmitglied oder der Angehörige als Zu-

---

[349] *Bock*, Rechtliche Voraussetzungen der Organentnahme von Lebenden und Verstorbenen, 1999, S. 250.

[350] BT-Dr. 13/8027, S. 11.

stimmungsbefugter zur Organspende ist ein eigener Begriff im Sinne des koreanischen Transplantationsgesetzes. Maßgebend für den Begriff des Familienmitglieds oder Angehörigen ist nicht die ökonomische Fähigkeit, sondern die Funktion der Stellvertretung des Willens des Organspenders.[351] Dieser Begriff ist vom Begriff des zivilrechtlichen Erben[352] oder des anderen gesetzlichen Angehörigen zu unterscheiden.[353]

Das deutsche Transplantationsgesetz verlangt die Volljährigkeit des Angehörigen. Beim koreanischen Transplantationsgesetz genügt es dagegen, wenn das Familienmitglied oder der Angehörigen mindestens 14 Jahre alt ist. Besonders umfasst der Kreis des Angehörigen im deutschen Transplantationsgesetz auch Sorgeinhaber und die dem möglichen Organspender bis zu seinem Tode in besonderer persönlicher Verbundenheit offenkundig nahestehende Person. Der Kreis des Familienmitglieds oder Angehörigen im koreanischen Transplantationsgesetz reicht bis zu Verwandten bis zum vierten Grad.

Für die Zustimmungsfähigkeit des Familienmitglieds oder des Angehörigen zur Organspende normiert das koreanische Transplantationsgesetz eine Mindestaltersgrenze von 14 Jahren. Aus meiner Sicht ist diese Altersgrenze vielleicht vom deutschen Transplantationsgesetz, das für die Erklärung des Widerspruchs eine Mindestaltersgrenze von 14 Jahren normiert, beeinflusst.

Nach dem deutschen Transplantationsgesetz wird der Kreis der entscheidungsberechtigten Angehörigen auf diejenigen begrenzt, die mit dem Verstorbenen in den letzten zwei Jahren vor seinem Tod einen persönlichen Kontakt hatten. Dies wäre aus meiner Sicht eine mustergültige Vorschrift für das koreanische Transplantationsgesetz. Beim koreanischen Transplantationsgesetz ist oft ein vorrangiger Zustimmungsbefugter nicht erreichbar oder ein Familienmitglied oder Angehöriger nicht auffindbar. Dies folgt daraus, dass der Kreis der Familienmitglieder oder der Angehörigen nur auf Verwandte im familienrechtlichen Sinne begrenzt wird. Meines Erachtens sollte das geändert werden.

Nach dem deutschen Transplantationsgesetz steht ferner ein Zustimmungsrecht zur Organspende auch einem Sorgeinhaber des Minderjährigen bzw. der dem Verstorbenen in besonderer enger persönlicher Bindung nahestehenden Person zu.

---

351 *Joo*, Transplantationsgesetz, Kommentar, 2000, S. 65, 66.

352 Nach koreanischen bürgerlichen Gesetz können bei der Erbfolge nach der folgenden Rangordnung Erben werden: Verwandte des Erblassers in absteigender gerader Linie, Verwandte des Erblassers in aufsteigender gerader Linie, Geschwister des Erblassers und Verwandte des Erblassers in der Seitenlinie bis zum achten Grad (§ 1000 Abs. 1 kBGB). Die überlebende Ehefrau des Erblassers erbt gemeinsam mit den Erben der ersten Rangordnung nach der gleichen Reihenfolge. Sind keine Erben der ersten Rangordnung vorhanden, so erbt sie gemeinsam mit den Erben der zweiten Rangordnung. Gibt es auch keine Erben dieser Rangordnung, so erbt sie allein (§ 1003 Abs. 1 kBGB).

353 Siehe Fn. 241 dieser Arbeit.

Der Sorgeinhaber und die dem Verstorbenen in besonderer enger persönlicher Bindung nahestehenden Person sollten durch das koreanischen Transplantationsgesetz positiv beurteilt werden. Eine verwandtschaftliche Beziehung wird heute dünner und dünner. Der tatsächliche Sorgeinhaber oder der persönlich eng verbundene Dritte wären für die zu treffende Entscheidung bzw. die zu leistende Auskunft eher geeignet als fern lebende Verwandte.

Schließlich steht nach dem deutschen Transplantationsgesetz dem nächsten Angehörigen eine volljährige Person, die dem potentiellen Organspender bis zu seinem Tode in besonderer persönlicher Verbundenheit offenkundig nahegestanden hat, in der Weise gleich, dass sie gleichrangig neben den nächsten Angehörigen tritt.

b) Reihenfolge

Nach dem deutschen Transplantationsgesetz sind die Angehörigen in der Rangfolge ihrer Aufzählung zur Entscheidung berufen. An erster Stelle steht ein Ehegatte, an der zweiten Stelle stehen volljährige Kinder, an der dritten Stelle die Eltern oder sonstige Sorgeinhaber, an der vierten Stelle volljährige Geschwister und an der letzten Stelle die Großeltern. Neben den nächsten Angehörigen tritt auch eine volljährige Person, die dem möglichen Organspender bis zu seinem Tode in besonderer persönlicher Verbundenheit offenkundig nahegestanden hat.

Nach dem koreanischen Transplantationsgesetz sind demgegenüber die Familienmitglieder oder Angehörigen in der Rangfolge ihrer Aufzählung zur Entscheidung berufen. An erster Stelle steht ein Ehegatte, an der zweiten Stelle stehen Verwandte in gerader absteigender Linie, an der dritten Stelle Verwandte in gerader aufsteigender Linie, an der vierten Stelle Geschwister und an der letzten Stelle Verwandte bis zum vierten Grad.

Es genügt bei mehreren gleichrangigen Angehörigen nach dem deutschen Transplantationsgesetz, wenn einer von ihnen beteiligt wird und eine Entscheidung trifft, jedoch ist der Widerspruch eines jeden von ihnen beachtlich. Ist ein vorrangiger Angehöriger innerhalb angemessener Zeit nicht erreichbar, genügt die Beteiligung und Entscheidung des nächsterreichbaren nachrangigen Angehörigen.

Nach dem koreanischen Transplantationsgesetz soll demgegenüber das Zustimmungsrecht durch zwei vorrangige Familienmitglieder oder Angehörige, abgesehen von einem Familienmitglied oder Angehörigen, schriftlich ausgeübt werden. Das koreanische Transplantationsgesetz wurde wie folgt geändert. Neben der Zustimmung des Minderjährigen bedarf es der Zustimmung eines volljährigen nachrangigen Familienmitglieds oder Angehörigen, wenn zwei vorrangige Zustimmungsbefugte Minderjährige sind. Kann ein vorrangiges Familienmitglied oder ein vorrangiger Angehöriger aufgrund Verschollenheit oder anderer zwingender Gründe nicht zustimmen, genügt die Zustimmung des nächsterreichbaren nachrangigen Familienmitglieds oder Angehörigen. Bei mehreren in der Rangfolge gleichstehenden Familienmitgliedern oder Angehörigen, überwiegen der Grad und das Alter.

Das Zustimmungsrecht wird in Korea herkömmlich durch Übereinkommen der Familienmitglieder oder Angehörigen durchgeführt. Ehegatte oder Kinder stimmen nicht zu, wenn Eltern oder Geschwister widersprechen.

3. Rangfolge zwischen Einwilligung und Zustimmung

Die Zulässigkeit der Organentnahme hängt von Erklärungen des Organspenders und der Familienmitglieder oder Angehörigen ab. Dabei geht es um die Wahrung des Selbstbestimmungsrechts des Organspenders und der Familienmitglieder oder Angehörigen.

Der deutsche und der koreanische Gesetzgeber suchen nach einer optimalen Lösung, die zum einen den Schutz des Organspenders gewährleisten, zum anderen aber auch eine Steigerung des Organaufkommens unter Achtung des Selbstbestimmungsrechts des Organspenders und der Familienmitglieder oder Angehörigen mit unterschiedlichem kulturellen Hintergrund ermöglicht.

a) Bei Einwilligung des Organspenders

Der zu Lebzeiten erklärte Wille des Spenders zur oder gegen eine Organspende hat absoluten Vorrang und ist nach dem deutschen Transplantationsgesetz strikt zu beachten. Daher die Entnahme von Organen ist im Grundsatz nur zulässig, wenn die Einwilligung des Organspenders vorliegt.

Nach dem koreanischen Transplantationsgesetz wird der ablehnende Wille des Familienmitglieds oder des Angehörigen mehr geachtet als der zustimmende Wille des Organspenders. Denn die Entnahme von Organen ist unzulässig, wenn ein Familienmitglied oder Angehöriger ausdrücklich widerspricht, obwohl der Organspender selbst einwilligt.

Je mehr der Wille des Familienmitglieds oder des Angehörigen im koreanischen Transplantationsgesetz Beachtung findet, desto mehr wird das Selbstbestimmungsrecht des Organspenders beschränkt. Im Hinblick darauf wird, wie oben gesagt, das Zustimmungsmodell des koreanischen Transplantationsgesetzes als ein „bedingtes erweitertes Zustimmungsmodell“ angesehen.

Nach dem koreanischen Transplantationsgesetz hat das Familienmitglied oder der Angehörige ein eigenes Widerspruchsrecht, unabhängig von der Einwilligung des Organspenders. Der Wille des Organspenders wird durch den Willen des Familienmitglieds oder Angehörigen absolut beschränkt. Der Wille des Familienmitglieds oder Angehörigen ist vorrangig zu beachten. Dies entspricht eigentlich nicht dem Grundgedanken des Gesetzes, nach dem das Selbstbestimmungsrecht bzw. die Bereitschaft des Organspenders zur Organspende beachtet werden soll (Vgl. § 2 Abs. 2 kTPG).

In der Literatur hat man sich gegen die Einstellung des koreanischen Transplantationsgesetzes, das dem Familienmitglied oder Angehörigen das Widerspruchsrecht zur Organspende gibt, ausgesprochen.[354] Das Selbstbestimmungsrecht dürfe nicht vom Willen eines Dritten abhängen, da dieses Recht ein nur durch den Betreffenden selbst auszuübendes höchstpersönliches Recht sei.

Die Regelung, nach der die Entnahme von Organen trotz der Einwilligung des Spenders unzulässig ist, wenn ein Widerspruch des Familienmitglieds oder Angehörigen vorliegt, hängt mit spezifischen koreanischen Wertvorstellungen zusammen. Es geht hier nach meiner Einschätzung um ein eigenes koreanisches Lebensgefühl, das größeres Gewicht auf „uns" als auf „mich" legt, und ein Produkt der eigenen koreanischen Kultur darstellt.

Im Unterschied zu dem heutigen Heirat-Typ durch Willensübereinstimmung zwischen den Betroffenen legt die traditionelle Heirat in Korea stärkeres Gewicht auf den Willen des „Joohonja" (Vertreter des Gamoon des Bräutigam oder der Braut) als auf den Willen der Betroffenen, soweit es um die Heirat als „Gamoon"-Folge geht. „Gamoon" bedeutet väterliche Verwandte bis zum achten Grad und dazu gehören „Jongson"(der älteste Sohn der Hauptfamilie) und „Moonjang"(Vertreter des Gamoon). Jener leitet die Kulthandlung und dieser vertritt den „Gamoon". „Jongson" wird von Geburt an bestimmt, während der „Moonjang" unter den Mitgliedern von Gamoon nach Alter, Gelehrsamkeit und Tugend ausgewählt wird. Die Entscheidung im „Moonjoong" hängt hauptsächlich nicht von der „Jonghö" (Generalversammlung im „Moonjoong") ab, sondern vom Willen des „Moonjang". Die Entscheidung des „Moonjang" wird für den Willen des Betreffenden selbst gehalten und ist absolut zu beachten. „Moonjang" in der Hochzeit wird „Joohonja".

Der das Heiratsalter erreichende junge Mann verzichtet bisher in Korea bei einem Widerspruch seiner Familienmitglieder nicht selten auf seine Heirat. Das Gefühl, nach dem „ich" gerade „wir" bin und „wir" zugleich „ich" sind, besteht in Korea auch heute noch. In der Literatur wurde dieses Zustimmungsmodell zur Organspende teilweise als das eigene koreanische Familienmodell gewertet, das aber dem verfassungsrechtlichen Selbstbestimmungsrecht widerspreche.[355]

---

354 *Moon*, „Probleme und Gegenmaßnahmen der medizinischen Bioethik", in: *Kim/Moon/Hyun/Lee*, Gesellschaftliche und staatliche Gegenmaßnahme über die Bioethik, Journal of the National Academy of Science, Republic of Korea (the natural Science edition) Vol. 39, 2000, S. 100. Zur Kritik auf Seite von Verfassung *Kim*, Strafrechtliche Forschung über Organtransplantation, Chongju Uni. Diss., 1998, S. 43 ff.

355 *Cho*, „Transplantationsgesetz in Korea", in: Lebensschutz im Strafrecht, Journal of the Korean Criminal Law Association Vol. 16 Sondernummer, Korean Criminal Law Association, 2001, S. 132 ff.

Das koreanische Transplantationsgesetz widerspricht meiner Meinung nach nicht dem Selbstbestimmungsrecht und beruht nicht auf Fremdbestimmung. Denn die Entnahme von Organen ist zu vermeiden, wenn das Familienmitglied oder der Angehörige die Organentnahme bei dem Geliebten nicht ertragen kann.[356] Es ist ferner auch gar nicht unmöglich, dass die Zustimmung des Familienmitglieds oder Angehörigen als „unsere" Selbstbestimmung begriffen wird, soweit es sich dabei nicht um „ich" sondern um „wir" handelt.

Als Ergebnis kann festhalten werden, dass die Zustimmungslösung des koreanischen Transplantationsgesetzes mit dem „bedingt erweiterten Zustimmungsmodell" als ein koreanischer Sonderweg bezeichnet werden kann, da die Entnahme von Organen nach dem koreanischen Transplantationsgesetz trotz der Einwilligung des Organspenders nur zulässig ist, wenn kein ausdrücklicher Widerspruch des Familienmitglieds oder Angehörigen vorliegt. In fernerer Zukunft wäre es meiner Meinung nach empfehlenswert, dass auch das koreanische Transplantationsgesetz in Richtung auf mehr Achtung des Selbstbestimmungsrechts des Organspenders im Verhältnis zum Selbstbestimmungsrecht des Familienmitglieds oder Angehörigen geändert wird.

b) Bei Widerspruch des Organspenders

Nach dem deutschen Transplantationsgesetz ist ein Veto des Organspenders zu beachten, wenn es bekannt ist. Auch eine Entnahme kraft vermuteter Zustimmung ist jedenfalls bei Fehlen besonderer Anhaltspunkte für einen zustimmenden individuellen Willen nicht zulässig.[357]

Das koreanische Transplantationsgesetz enthält demgegenüber keine Aussage über die Organentnahme bei Widerspruch des Organspenders. Bei ausdrücklichem Widerspruch des Organspenders ist die Organentnahme zweifellos nicht zuzulassen, und zwar unabhängig von Erklärung des Familienmitglied oder Angehörigen.

Dies folgt aus dem Selbstbestimmungsrecht des Organspenders, das mit der Zustimmungslösung in beiden Transplantationsgesetzen umgesetzt wird. Die ausdrückliche Regelung des deutschen Transplantationsgesetzes wiederholt das nur klarstellend.

c) Bei fehlender Erklärung des Organspenders

Hat der hirntote potenzielle Organspender keine Erklärung zur Organspende abgegeben, kommt den nächsten Angehörigen eine Schlüsselrolle zu. Das deut-

---

356 *Joo*, Transplantationsgesetz, Kommentar, 2000, S. 59, 60.
357 *Deutsch/Spickhoff*, Medizinrecht, 5. Aufl., 2003, Rn. 625.

sche und das koreanische Transplantationsgesetz stimmen darin überein, dass im Rahmen der erweiterten Zustimmungslösung die Organentnahme bei fehlender Erklärung des Organspenders nur zulässig ist, wenn (Familienmitglied oder) der Angehörige ihr zugestimmt hat. Dadurch kommen der Vorrang des Spenderwillens und die angestrebte Achtung vor dem Angehörigenwillen zu Ausdruck.

Nach dem deutschen Transplantationsgesetz ist der nächste Angehörige des Organspenders zu befragen, ob ihm von diesem eine Erklärung zur Organspende bekannt ist, wenn dem Arzt weder eine schriftliche Einwilligung noch ein schriftlicher Widerspruch des möglichen Organspenders vorliegt. Ist auch dem Angehörigen eine solche Erklärung nicht bekannt, so ist die Entnahme nur zulässig, wenn ein Arzt den Angehörigen über eine in Frage kommende Organentnahme unterrichtet und dieser ihr zugestimmt hat.

Als Ergebnis der Ausführungen kann festgehalten werden: Wenn eine schriftliche Erklärung nicht vorliegt, trifft den nächsten Angehörigen als Sachwalter des über den Tod hinaus fortwirkenden Persönlichkeitsrechts des Verstorbenen somit eine dreistufige Verpflichtung: Ist ihm eine Erklärung des Verstorbenen bekannt, hat er sie mitzuteilen; ist ihm keine Erklärung bekannt, so hat er eine Entscheidung im Sinne des mutmaßlichen Willens des Verstorbenen zu treffen; ergeben sich für den mutmaßlichen Willen keine Anhaltspunkte, so hat er nach eigenem Ermessen zu entscheiden.[358]

Auch nach dem koreanischen Transplantationsgesetz ist die Organentnahme bei fehlender Erklärung des Organspenders nur zulässig, wenn des Familienmitglied oder der Angehörige ihr zugestimmt hat. Lediglich bei Minderjährigen bedarf Zustimmung nicht des Familienmitglieds oder Angehörigen sondern der Eltern.

Die bei fehlender Erklärung des Organspenders durch Zustimmung des Familienmitglieds bzw. Angehörigen zugelassene Organentnahme erscheint jedenfalls prima facie als eine erhebliche Verletzung des Selbstbestimmungsrechts[359] bzw. Fremdbestimmung.[360] Das Selbstbestimmungsecht des Organspenders kann mit dem Selbstbestimmungsrecht des Familienmitglieds bzw. Angehörigen schwer-

---

358 *Sabass*, „Die postmortale Organspende“, in: *Roxin/Schroth* (Hrsg.), Medizinstrafrecht, 2. Aufl., 2001, S. 268.

359 *Bae*, Strafrecht Besonderer Teil, 3. Aufl., 1999, S. 55; *Moon*, „Probleme und Gegenmaßnahmen der medizinischen Bioethik“, in: *Kim/Moon/ Hyun/Lee*, Gesellschaftliche und staatliche Gegenmaßnahme über die Bioethik, Journal of the National Academy of Science, Republic of Korea (the natural Science edition) Vol. 39, 2000, S. 101; *Lee*, „Öffentlich rechtliche Probleme über den Hirntod“, Journal of the Korea Legislation Research Institute Vol. 16, The Korea Legislation Research Institute, 1999, S. 153; *Park*, „Bei Abtritt des Inkrafttretten des Transplantationsgesetzes“, The Korean Journal of Internal Medicine Vol. 58 Nr. 5, The Korean Association of Internal Medicine, 2000, S. 492.

360 *Shim*, „Rechtliche Probleme über Organtransplantation des Hirntoten“, Journal of Sungkok Stiftung e.V. Vol. 27 Nr.3, Sungkok Stiftung e.V., 1996, S. 930.

lich vereinbar sein, soweit das Selbstbestimmungsrecht mit der Zustimmungslösung in beiden Transplantationsgesetzen formell verankert wird.

Nach der formellen Absicherung des Selbstbestimmungsrechts wäre die Organentnahme nur zulässig, wenn der Organspender selbst einwilligt und auch der Angehörige zugestimmt hatte. Sind keine nächsten Angehörigen mehr vorhanden oder auffindbar, so ist danach eine Organentnahme unzulässig.

Nach dem deutschen Transplantationsgesetz hat der Angehörige bei seiner Entscheidung einen mutmaßlichen Willen des möglichen Organspenders, beispielsweise durch Auskunft über die Persönlichkeit des Verstorbenen und die zu Lebzeiten erklärte Bereitschaft zur Organspende und andere erhebliche Hinweise zu beachten. Die Zustimmung des Angehörigen kann der Bereitschaft des potentiellen Organspendersam ehesten entsprechen. Denn die nächsten Angehörigen sind für die Feststellung des Willens und der Bereitschaft des potentiellen Organspenders sachnäher als der Gesetzgeber.

Das koreanische Transplantationsgesetz entspricht der gängigen herkömmlichen Praxis, wonach Familienmitglieder oder Angehörige des Organspenders bzw. Eltern des Minderjährigen in Orientierung am mutmaßlichen Willen des möglichen Organspenders zugestimmt hatten.[361]

Die Zustimmung des Angehörigen bzw. Dritten verstößt nicht gegen das Selbstbestimmungsrecht des Organspenders, denn Angehöriger bzw. Dritter entscheiden bei Fehlen einer Erklärung des möglichen Organspenders nach dessen mutmaßlichem Willen. Hier handelt es sich um die willkürliche Zustimmung des Angehörigen, obwohl die Erklärung des Organspenders nicht zu mutmaßen ist. Es gibt dabei die Gefahr für das nur auf dem Papier stehende Selbstbestimmungsrecht des Organspenders durch den Angehörigen.[362] Das gilt besonders für die Organentnahme bei Minderjährigen unter 16 Lebensjahren bzw. gegebenenfalls psychisch Kranken und geistig Behinderten, die nach dem koreanischen Transplantationsgesetz zulässig ist.

Die Familienmitglieder oder Angehörigen können meiner Meinung nach aus eigenem Recht in die Organentnahme einwilligen, wenn der potentielle Organspender zu Lebzeiten keine Erklärung zur Organspende gegeben hatte. Das Zustimmungsrecht des Angehörigen ist eine eigene Kompetenz zur Organspende.[363]

---

[361] *Han/Hwang/Meng/Lee/Um/Koo*, „Organtransplantation und Biomedizin-Ethik: Analyse von Krankenhaus Organtransplantation Politik und Vorschlag für Ethik-Richtlinien", Journal of the Korean Society for Transplantation Vol. 12 Nr. 1, The Korean Society for Transplantation, 1998, S. 6, 8.

[362] *Ahn*, „Hirntod und Organtransplantations", in: Lebensschutz im Strafrecht, Journal of the Korean Criminal Law Association Vol. 16 Sondernummer, Korean Criminal Law Association, 2001, S. 127 f.

[363] *Cho*, „Transplantationsgesetz in Korea", in: Lebensschutz im Strafrecht, Journal of the Korean Criminal Law Association Vol. 16 Sondernummer, Korean Criminal Law Association, 2001, S. 154.

Die Selbstbestimmung des Organspenders kann nicht durch einen anderen vertreten werden und die Erklärung des Angehörigen kann zur berechtigten Selbstbestimmung des Angehörigen zu rechnen sein.

Das Selbstbestimmungsrecht des Organspenders ist nicht zu beachten, wenn dadurch Gefühle des Angehörigen ignoriert oder verletzt werden. Das Gefühl des Angehörigen soll ebenso wie der Wille des Organspenders geschützt werden. Im Rahmen der Nächstenliebe bzw. Sozialsolidarität können die Angehörigen dann qua eigenem Recht einer Organentnahme für alle Mitglieder der Gemeinschaft einschließlich des Organspenders in eigener Entscheidung zustimmen.

4. Erklärungsumfang

Das deutsche Transplantationsgesetz enthält keine Aussage über den Erklärungsumfang zur Organspende. Im diesem Gesetz sind keine Arten der inhaltlichen Beschränkung geregelt. Im Unterschied zu Lebendspende sind inhaltliche Beschränkungen der Spendeerklärung für die Entnahme vom Verstorbenen nicht vorgesehen.

Die Einwilligung kann auf die Entnahme bestimmter Organen beschränkt werden und die Entnahme anderer, von der Einwilligung nicht umfasster Organe, ist damit unzulässig. Eine anderweitig bedingte Einwilligung ist dagegen keine Erklärung zur Organspende.[364] Zu fragen ist, ob der in eine postmortale Organspende Einwilligende seine Einwilligung zugunsten eines bestimmten Empfängers erklären bzw. bestimmte potentielle Empfänger ausschließen kann. Für den Bereich der Leichenspende würde die Möglichkeit, einen bestimmten Empfänger vorsehen zu können, gegenüber den gesetzlich vorgesehenen Möglichkeiten der Einwilligung eine inhaltliche Erweiterung bedeuten.[365]

Nach dem koreanischen Transplantationsgesetz kann die Einwilligung bzw. Zustimmung auf die im Gesetz benannten Organen beschränkt werden. Abgesehen von Niere, Leber, Bauspeicheldrüse, Herz, Lunge, Knochenmark und Augenhornhaut ist, trotz Einwilligung bzw. Zustimmung, die Entnahme anderer Organe unzulässig.

Nach dem koreanischen Transplantationsgesetz ist ferner die Entnahme oder Übertragung der folgenden Organe verboten. Hierzu zählen durch Krankheiten infizierte Organe, die zur Übertragung nicht geeignet sind, durch Krebszellen befallene Organe und die andere, eine Gefahr für Leben oder Leib des potentiellen Empfängers herbeiführende Organe, die durch Präsidentenverordnung bestimmt werden.

---

364 *Sabass*, „Die postmortale Organspende", in: *Roxin/Schroth* (Hrsg.), Medizinstrafrecht, 2. Aufl., 2001, S. 263.

365 *Herrig*, Gewebetransplantation nach dem Transplantationsgesetz, 2002, S. 126.

Nach dem koreanischen Transplantationsgesetz hat die Sektion oder die Leichenschau den Vorrang vor der Entnahme von Organen zu Transplantationszwecken, wenn eine Sektion bzw. Leichenschau nach kStPO bzw. kQG durchgeführt werden soll. Die Leichenschau in der kStPO kann Anhaltspunkte für die Verhaftung eines Verbrechers geben (§ 222 Abs. 1 kStPO).[366] Die Spuren für die Ermittlung und den Beweis von Verbrechen gehen verloren, wenn vor der Leichenschau die Organe des durch einen unnatürlichen Tod ums Leben Gekommenen entnommen werden. Daher ist die Organentnahme vor der Leichenschau nach dem koreanischen Transplantationsgesetz klar verboten.

Es gibt demgegenüber keine Gründe des Verbots der Entnahme von Organen, die nichts mit der Todesursache zu tun haben. Nach dem koreanischen Transplantationsgesetz ist deshalb die Entnahme mit Erlaubnis des zuständigen Gemeindestaatsanwalts und mit Zustimmung des Familienmitglieds oder Angehörigen zulässig, wenn nach ärztlicher Erkenntnis keine Kausalität zwischen dem zu entnehmenden Organ und dem Tod anzunehmen ist und die Gefahr des Chancenverlusts bei einer Entnahme erst nach der Leichenschau besteht.[367]

Das Ziel des koreanischen Quarantänegesetzes ist es, die Verbreitung von Seuchen zwischen Staaten zu verhindern (§ 1 kQG).[368] Als Quarantänepflichtige Seuche werden Cholera, Pest und Gelbfieber bezeichnet (§ 2 kQG).[369] Die Sektion von Leichen, die von quarantänepflichtiger Seuche infiziert sind oder bei denen ein Infektionsverdacht besteht, soll dabei helfen, die Verbreitung der Seuche einzudämmen.

Hier ist die Entnahme vor einer Quarantänemaßnahme, wie bei Leichenschau, nach dem koreanischen Transplantationsgesetz verboten. Die Entnahme ist mit Zulassung des zuständigen Direktors der Quarantänestation und mit Zustimmung des Familienmitglieds oder Angehörigen erlaubt, wenn nach ärztlicher Erkenntnis keine Kausalität zwischen dem zu entnehmenden Organ und dem Tod anzunehmen ist und die Gefahr des Chancenverlusts bei einer Entnahme erst nach der Sektion besteht.[370]

Dieses Verfahren sichert die Zusammenarbeit der mit der Leichenschau beschäftigten Juristen und den mit der Organtransplantation beschäftigten Medizinern unter den koreanischen Umständen ab, nach denen die mit Organtransplan-

---

366 „§ 222 (Leichenschau des unnatürlichen Toten) (1) Liegt der unnatürliche Tote und der Zweifel an unnatürlichen Tod vor, muss der Staatsanwalt an zuständiger Gemeinde die Leichenschau erfolgen."

367 Nähes dazu siehe *Joo*, Transplantationsgesetz, Kommentar, 2000, S. 143 ff.

368 „§ 1 (Zweck) Dieses Gesetz bezweckt die Regelungen zur Quarantäneverfahren und Präventivmaßnahme über die Schiffen, Luftfahrzeugen, die nach Korea kommen oder vom Korea verlassen, und dessen Fahrgäste und Mitglieder oder Ladungen bestimmt, um die Infektion der Seuche ins Inland oder ins Ausland zu vermeiden."

369 „§ 2 (Definition der Quarantänepflichtige Seuchen) Die Quarantänepflichtige Seuchen sind Cholera, Pest und Gelbfieber."

370 Nähes dazu siehe *Joo*, Transplantationsgesetz, Kommentar, 2000, S. 145.

tationen beschäftigten Personen von den mit der Leichenschau beschäftigten Personen unabhängig sind.[371]

Als Ergebnis wird man festzuhalten haben, dass die Einwilligung bzw. Zustimmung zur Organspende innerhalb der gesetzlichen inhaltlichen Beschränkung nach dem koreanischen Transplantationsgesetz wirksam ist. Enthält eine Einwilligung bzw. Zustimmung dennoch eine hiernach unzulässige Beschränkung, so ist die Erklärung zur Organspende insgesamt unwirksam.

Andererseits kann eine Einwilligung zur Organspende nach dem koreanischen Transplantationsgesetz und koreanischen Strafrecht nicht nur gesetzlich, sondern auch sozialethisch beschränkt werden (Vgl. § 20 kStGB).[372]

Die Transplantation von Organen ist nicht zulässig, wenn dieser das Persönlichkeitsrecht verletzt. Die Resektion und Implantation menschlicher Hirnteile ist bislang allein von theoretischer Bedeutung und die praktische Durchführung dieser Verpflanzungen auf Tierversuche beschränkt. Hirnverpflanzungen oder korrekterweise – vom Individuum ausgehend – Ganzkörpertransplantationen werden von Futurologen zwar auch beim Menschen für möglich gehalten. Die berechtigte Skepsis ist damit zu begründen, dass der Ersatz des Gehirns wahrscheinlich eine direkte Änderung der persönlichen Identität zur Folge hätte.[373]

5. Erklärungsfreiwilligkeit

Für die Wirksamkeit verlangt die Einwilligung bzw. die Zustimmung zur Organspende die Freiwilligkeit der Erklärung. Die „Einwilligung des Verletzten" erfordert nicht nur bloße Nichteinmischung bzw. Duldung, sondern verlangt nach koreanischem Strafrecht bewusste und freiwillige Einwilligung in die Verletzung.

Das deutsche Transplantationsgesetz enthält keine Aussage über die Freiwilligkeit der Einwilligung bzw. Zustimmung zur Organspende. Das koreanische Transplantationsgesetz enthält demgegenüber ausdrückliche Aussage über die Freiwilligkeit der Einwilligung bzw. Zustimmung zur Organspende.

Meiner Meinung nach ist anzunehmen, dass für die Wirksamkeit der Erklärung zur Organspende deren Freiwilligkeit nötig ist, und zwar unabhängig von einer entsprechenden ausdrückliche Aussage im Transplantationsgesetz. Diese könnte nur deklaratorischen Charakter haben. Daher ist die Einwilligung bzw. Zustim-

---

371 *Moon*, „Probleme und Gegenmaßnahmen der medizinischen Bioethik", in: *Kim/Moon/Hyun/Lee*, Gesellschaftliche und staatliche Gegenmaßnahme über die Bioethik, Journal of the National Academy of Science, Republic of Korea (the natural Science edition) Vol. 39, 2000, S. 87.

372 „§ 20 (Rechtmäßige Handlung) Eine Handlung, die dem Gesetz oder dem Handelsbrauch entspricht oder die in der Gesellschaft obwaltende Sitten nicht verletzt, ist nicht strafbar."

373 Siehe *Bock*, Rechtliche Voraussetzungen der Organentnahme von Lebenden und Verstorbenen, 1999, S. 57.

mung zur Organspende, die unter Zwang oder psychischem Druck erklärt wurde, unwirksam. Auch Einwilligungen oder Zustimmungen, die mit einem Mangel wie Täuschung, Irrtums oder Fehlvorstellung behaftet sind, können keine freiwilligen Erklärungen sein.[374]

Andererseits genügt für die Wirksamkeit der Einwilligung oder Zustimmung bereits die freiwillige und wirkliche Erklärung. Daher braucht die Einwilligung sich auf weitergehende, nicht rechtsgutsbezogene Beweggründe, Absichten oder Ziele nicht zu erstrecken.[375] Die Erklärung ist noch wirksam, selbst wenn der Organspender in die Organentnahme durch unlauteres Motiv, etwa zum Zweck des Entgeltes, eingewilligt hatte.[376] Die Grundlagen des Verbots des Organhandels sind von arztrechtlichen allgemeinen Grundsätzen der Einwilligung zu unterscheiden.[377]

6. Zeitpunkt der Erklärung und Freiheit des Widerrufs

Die Einwilligung muss vor dem Eingriff erklärt werden und bis zum Eingriff andauern. Der Einwilligende kann grundsätzlich sein Einverständnis ohne Angabe von Gründen jederzeit vor dem Eingriff formlos widerrufen.

a) Zeitpunkt der Erklärung

Das deutsche und das koreanische Transplantationsgesetz enthalten keine ausdrückliche Aussage über den Zeitpunkt der Erklärung zur Organspende. Aus allgemeinen Regeln ergibt sich, dass die Einwilligung in die Organspende vor der Organentnahme erklärt werden und bis zur Organentnahme weitergelten muss.

Für die rechtliche Wirksamkeit genügt es, dass die Einwilligung des Organspenders zu Lebzeiten und die Zustimmung des Familienmitglieds oder Angehörigen bis zur Organentnahme erklärt wird. Die nachträgliche Zustimmung des hierzu Befugten muss nicht folgenlos bleiben.[378] Will man dem Selbstbestimmungsrecht des Organspenders gerecht werden, so müssen auch Änderungen des geäußerten Willens zulässig sein.[379]

---

374 *Joo*, Transplantationsgesetz, Kommentar, 2000, S. 60.
375 *Tag*, Der Körperverletzungstatbestand im Spannungsfeld zwischen Patientenautonomie und Lex artis, 2000, S. 287.
376 *Joo*, Transplantationsgesetz, Kommentar, 2000, S. 242.
377 Siehe dazu bereits oben § 10 III D „Zulässigkeit des Organhandels“ dieser Arbeit.
378 *Tag*, Der Körperverletzungstatbestand im Spannungsfeld zwischen Patientenautonomie und Lex artis, 2000, S. 307.
379 BGH VersR 1974, 752 (753).

b) Freiheit des Widerrufs

Anders als bei der Lebendspende enthält das deutsche Transplantationsgesetz keine Regelung über die Widerruflichkeit der erklärten Einwilligung in die postmortale Organentnahme. Dass die Einwilligung dennoch jederzeit widerruflich ist, folgt daraus, dass die Einwilligungsbefugnis des möglichen Organspenders in Eingriffe in die Integrität seines toten Körpers in seinem fortwirkenden Selbstbestimmungsrecht begründet ist.[380]

Das deutschen Transplantationsgesetz gibt dem nächsten Angehörigen nur die Möglichkeit, eine Bedenkzeit mit der Maßgabe zu vereinbaren, das seine endgültige Zustimmung erteilt ist (Vgl. § 4 Abs. 1 S. 5 dTPG).

Das koreanische Transplantationsgesetz enthält demgegenüber ausdrückliche Aussagen über das Widerrufsrecht zur Organspende. Wer der Organentnahme zugestimmt hat, kann seine Erklärung jederzeit bis zur Operation der Organentnahme widerrufen.

Die Einwilligung kann jederzeit vor der Organentnahme durch den Erklärenden ohne Gründe widerrufen oder abgeändert werden. Dies ist unabhängig von einer ausdrücklichen Regelung im Transplantationsgesetz. Wurden mehrere, sich widersprechende Erklärungen zur postmortalen Organspende abgegeben, so ist die zuletzt abgegebene Erklärung maßgeblich.[381] Der Ausschluss bzw. die Einschränkung des Widerrufsrechts ist unzulässig.

Das Widerrufsrecht kann auch die Absicherung der Freiwilligkeit der Spendeerklärung sein. Für die Widerrufserklärung genügt nicht nur der innere Wille. Sie muss mindestens geäußert werden.

7. Formbedürftigkeit

Nach der Äußerungsform werden alle Erklärungen in ausdrückliche und stillschweigende Erklärungen eingeteilt. Außerdem werden sie in schriftliche oder mündliche Erklärungen eingeteilt.

a) Form der Erklärung

Das deutsche Transplantationsgesetz bindet die Erklärung zur Organspende nicht an eine bestimmte Form. Dieses Gesetz schreibt keine zwingende Form der Erklärung zur Organspende vor. Jeder kann daher im Hinblick auf die Formfreiheit zu Lebzeiten seine Erklärung zur Organspende auf jede geeignete Weise abgeben.

---

380 *Rixen*, „§ 2 Aufklärung der Bevölkerung, Erklärung zur Organspende, Organspenderegister, Organspendeausweise", in: *Höfling* (Hrsg.), Transplantationsgesetz, Kommentar, 2003, Rn. 42.

381 *Nickel/Schmidt-Preisigke/Sengler*, Transplantationsgesetz, Kommentar, 2001, § 2 Rn. 10.

Auch mündlich abgegebene Einwilligungen in die Organspende sind wirksam. Mündlich erklärte Einwilligungen können insbesondere durch Zeugen bestätigt werden. Zeugen können nicht nur Angehörige im Sinne des § 4 Abs. 2, sondern auch andere Personen sein.[382]

In Betracht kommt eine schriftliche Erklärung zur Organspende z.B. in einem Organspendeausweis, eine Erklärung gegenüber einem durch Rechtsverordnung eingerichteten Register sowie eine mündliche Erklärung zur Organspende.[383]

Die damit einhergehenden Beweisschwierigkeiten sieht das deutsche Transplantationsgesetz sehr wohl, so dass es der schriftlichen Erklärung eine erhöhte Bindungskraft beimisst und darüber hinaus für eine gewisse praktische Formalisierung schriftlicher Erklärungen zur Organspende Vorsorge trifft. Es möglicht die Erstellung von Mustern für Organspendeausweise.[384]

Das deutsche Transplantationsgesetz selbst stellt für eine schriftliche Erklärung zur Organspende zwei Instrumente zur Verfügung. Zum einen besteht die Möglichkeit, in einem bundeseinheitlichen Organspendeausweis[385] seine Erklärung – sei es eine Einwilligung oder einen Widerspruch – schriftlich festzuhalten (§ 2 Abs. 1 S. 2 dTPG) (Schriftliche Erklärung im Organspendeausweis),[386] zum anderen kann ein Spender sich auf Wunsch in einem noch einzurichtenden Organspenderegister eintragen lassen (§ 2 Abs. 3 dTPG), welches die Erklärung zur Organspende speichert und als Anlaufstelle für Krankenhäuser dienen soll (Dokumentation der Einwilligung in einem Register).[387] Eine schriftliche Einwilligung zur Organspende ist für die behandelnden Ärzte auch bei entgegenstehendem Willen der Angehörigen bindend.[388]

---

382 *Nickel/Schmidt-Preisigke/Sengler,* Transplantationsgesetz, Kommentar, 2001, § 2 Rn. 11.

383 *Nickel/Schmidt-Preisigke/Sengler,* Transplantationsgesetz, Kommentar, 2001, § 2 Rn. 11.

384 Das deutsche Transplantationsgesetz ermächtigt das Bundesministerium für Gesundheit, durch allgemeine Verwaltungsvorschrift mit Zustimmung des Bundesrates ein Muster für einen Organspendeausweis festzulegen und es im Bundesanzeiger bekannt zu machen. Von dieser Ermächtigung hat das Bundesgesundheitsministerium Gebrauch gemacht. Das Muster für einen Organspendeausweis wurde im Bundesanzeiger veröffentlicht (BAnz. Nr. 103 a v. 6. Juni 1998). Ein neues Muster mit verbesserter Gestaltung ist in Vorbereitung (Siehe nunmehr BAnz. Nr. 209 a v. 9. November 2002). Siehe *Rixen*, „§ 2 Aufklärung der Bevölkerung, Erklärung zur Organspende, Organspenderegister, Organspendeausweise“, in: *Höfling* (Hrsg.), Transplantationsgesetz, Kommentar, 2003, Rn. 48.

385 Nähes dazu siehe *Nickel*, Die Entnahme von Organen und Geweben bei Verstorbenen zum Zwecke der Transplantation, 1999, S. 155.

386 Nach einer Umfrage der Deutschen Stiftung Organtransplantation hatten nur etwa 3% der postmortalen Organspender im Jahre 1997 ihre Bereitschaft zur Organspende in einem Spendeausweis dokumentiert. Siehe Pressemitteilung Nr. 21 des Bundesministeriums für Gesundheit vom 12. März 1998.

387 *Borowy*, Die postmortale Organentnahme und ihre zivilrechtlichen Folgen, 2000, S. 148 f.

388 Anderer Ansicht der Wissenschaftliche Beirat der Bundesärztekammer, Empfehlungen für die Zusammenarbeit zwischen Krankenhäusern und Transplantationszentren bei der postmortalen Organentnahme, DÄBI 1999, A-2044, 2045. Siehe *Clement*, „Transplantation“, in: *Rieger* (Hrsg.), Lexikon des Arztrechts, 2. Aufl., 2001, 5150 Rn.8.

Das koreanische Transplantationsgesetz bindet demgegenüber die Erklärung zur Organspende nur an eine bestimmte Form. Nach diesem Gesetz kann der Organspender zu Lebzeiten seine Einwilligung in die Organspende nur auf schriftliche Weise oder wie in einem zivilrechtlichen Testament abgeben, und das Familienmitglied oder der Angehörige kann seine Zustimmung nur auf schriftliche Weise erklären.

Meiner Meinung nach gibt es keine zwingenden Gründe für eine bestimmte Form. Für die Wirksamkeit einer entsprechenden Erklärung sollte das Bewusstsein ihrer Abgabe genügen. Schriftliche und mündliche Erklärungen zur Organspende sind gleichermaßen wirksam. Aus dieser Sicht ist die Einstellung des deutschen Transplantationsgesetzes, das keine zwingende Form der Erklärung zur Organspende vorschreibt, vorzugswürdig.

Andererseits hat auch einen Formzwang einiges für sich, da die Erklärung zur Organspende bei der Lebendspende immerhin mit einer Körperverletzung verknüpft ist. Insofern spielen sorgfältige Aufklärung und Rechtssicherheit eine gewichtige Rolle. Aus diesem Grund verlangt das koreanische Transplantationsgesetz eine Erklärung in schriftlicher bzw. testamentarischer Form zur Organspende.

Im koreanischen Transplantationsgesetz ist die testamentarische Erklärungsform vorgesehen. Meines Erachtens erklärt sich dies daraus, dass bereits die Sektion herkömmlich der Einwilligung der in Frage kommenden Person selbst bedurft hatte. Nach dem koreanischen „Gesetz über Sektion und Bewahrung von Leichen“ ist die Sektion von Leichen zulässig, wenn das Testament der in Frage kommenden Person selbst mit einer entsprechenden Verfügung vorliegt, auch wenn die Zustimmung des Angehörigen nicht vorhanden ist.

Die Testamentsform als alleinige Form würde vermutlich die Zahl der potentiellen Spender erheblich reduzieren, da für das koreanische zivilrechtliche Testament strenge Formerfordernisse gelten (Vgl. § 1060 kBGB).[389] Das strikte Formerfordernis für die Erklärung zur Organspende würde die Bereitschaft zur Organspende reduzieren, da nach dem koreanischen Transplantationsgesetz die Einwilligung des Organspenders nur durch die Schriftform oder die zivilrechtliche Testamentform zugelassen ist.[390]

In Korea wurden tatsächlich zahlreiche Organe von Toten entnommen, wenn der Organspender in die Organspende kurz vor seinem Tod mündlich eingewilligt hatte und auch Angehörige zugestimmt hatten.

Für die Förderung der Spendebereitschaft bedürfte das koreanische Transplantationsgesetz einer Auflockerung des strikten Formerfordernisses. Die Formfreiheit für die Erklärung zur Organspende wie im deutschen Transplanta-

[389] Siehe Fn. 243 dieser Arbeit

[390] Zur Bedenken über Wirksamkeit des zivilrechtlich testamentarische Erklärung als Erklärungsform zur Organspende siehe *Joo*, Transplantationsgesetz, Kommentar, 2000, S. 94.

tionsgesetz kann als eine Lösung in Betracht kommen. Auch mündlich erklärte Einwilligungen können insbesondere durch Zeugen bestätigt werden. Zeugen können nicht nur Angehörige in Sinne des Transplantationsgesetzes, sondern auch andere Personen sein.

Auch die Möglichkeit einer Registereintragung hat Vorteile gegenüber einem Schriftstück. Denn die Erklärung kann nicht so leicht verloren gehen wie ein Schriftstück, das z.B. von Angehörigen zurückgehalten werden kann, die die Auffassung des möglichen Spenders zur Organspende nicht teilen. Liegt eine schriftliche Erklärung des potentiellen Spenders oder eine entsprechende Registereintragung vor, so führt dies zu geringeren rechtlichen Problemen, als wenn lediglich eine mündliche Äußerung vorliegt und der nächste Angehörige zu beteiligen und zu befragen ist, ob ihm eine Erklärung zur Organspende bekannt ist.[391] Ein Organspendeausweis ist als wirksame Erklärung anzusehen, wenn zweifelsfrei erkennbar ist, welche Person welche konkrete Erklärung zur Organspende abgegeben hat.[392]

b) Form des Widerrufs

Das deutsche und das koreanische Transplantationsgesetz stimmen darin überein, dass beide Gesetze keine Aussage über die Form des Erklärungswiderrufs zur Organspende enthalten.

Die Form des Widerrufs richtet sich deshalb nach den allgemeinen zivil- und strafrechtlichen Regeln und Grundsätzen. Auch der Widerspruch kann formlos,[393] also sowohl mündlich als auch schriftlich erklärt werden.

Der mündliche Widerruf ist sofort gültig, unabhängig vom Zeitpunkt der Löschung im Sinne des koreanischen Transplantationsgesetzes. Danach müssen die gespeicherten Daten durch den Direktor des Organspenderegisters sofort gelöscht werden, wenn die Erklärung zur Organspende widerrufen wird.

C. Diskussionspunkte zu den übrigen Voraussetzungen

1. Keine ärztliche Aufklärung

Bei der Lebendspende hängt die Wirksamkeit der Spendeerklärung im weiteren davon ab, dass der Betroffene von ärztlicher Seite über den Eingriff aufgeklärt

---

391 *Borowy*, Die postmortale Organentnahme und ihre zivilrechtlichen Folgen, 2000, S. 149.

392 *Nickel*, Die Entnahme von Organen und Geweben bei Verstorbenen zum Zwecke der Transplantation, 1999, S. 155.

393 Zur anderen Auslegung bei schriftlich erklärtem Widerruf *Rixen*, „§ 2 Aufklärung der Bevölkerung, Erklärung zur Organspende, Organspenderegister, Organspendeausweise“, in: *Höfling* (Hrsg.), Transplantationsgesetz, Kommentar, 2003, Rn. 42.

wurde. Für die Erklärung zur postmortalen Organentnahme können diese Maßstäbe allerdings nicht gelten. Auch die von der Rechtsprechung zum ärztlichen Heileingriff entwickelten Grundsätze für die ärztliche Aufklärung sind auf solche Fälle nicht anzuwenden.[394]

Der Spender setzt sich durch den Eingriff nach dem Tode nämlich keinen Gefahren mehr aus, die im Sinne einer Risiko-Nutzen-Analyse individuelle Information über den Eingriff zwingend nötig machten. Die Entscheidung ist vielmehr eine primär ethisch und weltanschaulich geprägte Gewissensentscheidung, deren Tragweite heute allgemein bekannt ist und die deshalb keine besonderen Sachinformationen erfordert. Es ist vielmehr jedem Bürger überlassen, sich um Informationen zu bemühen, wenn er sie für seine Meinungsbildung und die daraus resultierende Entscheidung benötigt.[395]

Die Wirksamkeit einer zu Lebzeiten erklärten Einwilligung in eine postmortale Organentnahme hängt also nicht von einer vorausgehenden individuellen Eingriffsaufklärung ab.[396]

2. Eingriffsbefugte

Das deutsche und koreanische Transplantationsgesetz stimmen darin überein, dass die Organe für Transplantationen nur durch einen approbierten Arzt zu entnehmen sind. Nach der deutschen Bundesärzteordnung (BÄO) ist die Ausübung des ärztlichen Berufs die Ausübung der Heilkunde unter der Berufsbezeichnung „Arzt" oder „Ärztin". Diese Berufsbezeichnung darf freilich nur führen, wer als Arzt approbiert oder zur Ausübung des ärztlichen Berufes befugt ist (§ 2a BÄO). Im Sinne des Transplantationsgesetzes ist grundsätzlich nur Arzt, wer nach deutschem Approbationsrecht approbierter Arzt ist.[397]

Auch nach dem koreanischen ärztlichen Recht kann die medizinische Handlung, die die Entnahme und die Übertragung von Organen umfasst,[398] gerechtfertigt werden dadurch, dass sie wird durch approbierte medizinische Personen (einschließlich Ärzten) durchgeführt (§§ 12, 25 Abs. 1 kMDG).[399]

---

394 *Nickel*, Die Entnahme von Organen und Geweben bei Verstorbenen zum Zwecke der Transplantation, 1999, S. 152.

395 *Bock*, Rechtliche Voraussetzungen der Organentnahme von Lebenden und Verstorbenen, 1999, S. 251.

396 *Bock*, Rechtliche Voraussetzungen der Organentnahme von Lebenden und Verstorbenen, 1999, S. 252.

397 *Rixen*, „§ 4 Organentnahme mit Zustimmung anderer Personen", in: *Höfling* (Hrsg.), Transplantationsgesetz, Kommentar, 2003, Rn. 3.

398 *Joo*, „Monopol der medizinischen Personen auf der medizinischen Handlung und ihrer Bezeichnung", Journal of the Korean Medical Association Vol. 44 Nr. 10, The Korean Medical Association, 2001, S. 1115 (1115 ff.).

399 *Joo*, „Erwerb und Verlust der Qualifikation der medizinischen Personen", Journal of the Korean Medical Association Vol. 44 Nr. 8, The Korean Medical Association, 2001, S. 907

Indem der Gesetzgeber den nicht approbierten Arzt, der ein Organ entnimmt, mit Strafe bedroht, garantiert er einen spezifischen Ausbildungsstand des Arztes, der einen komplexen körperlichen Eingriff vornimmt. Diese Regelung einer sachgerechten Entnahme dient dem Schutz des Organempfängers.[400]

3. Würde des Organspenders

Nach dem deutschen Transplantationsgesetz muss die Organentnahme unter Achtung der Würde des Organspenders durchgeführt und der Leichnam in würdigem Zustand zur Bestattung übergeben werden. Alle auf den Leichnam des Spenders bezogenen Verhaltensweisen müssen in einer der ärztlichen Sorgfaltspflicht entsprechenden Weise durchgeführt werden. Diese Achtung der Würde des Organspenders entspricht dem herkömmlichen Pietätsempfinden und folgt aus seinem fortwirkenden Persönlichkeitsrecht.[401]

Verstöße gegen diese Achtung der Würde des Organspenders werden im diesen Transplantationsgesetz nicht sanktioniert. Die Bestimmung hat vor diesem Hintergrund „bloßen Appellcharakter".[402] Die Würde des Verstorbenen und sein postmortales Persönlichkeitsrecht sind durch Strafgesetze in beschränktem Maße geschützt (§§ 168, 189 dStGB).[403]

Das koreanische Transplantationsgesetz enthält demgegenüber keine Aussage über die Achtung der Würde des Organspenders.

D. Kein Streitpunkt bezüglich Notstandsentnahme

Das deutsche und das koreanische Transplantationsgesetz stimmen darin überein, dass die Entnahme von Organen ohne Einwilligung des Organspenders oder Zustimmung des Angehörigen durch Notstand nicht gerechtfertigt werden kann.

(913 f.).

400 *Tag*, „Transplantationsgesetz", in: Münchener Kommentar zum Strafgesetzbuch, Bd. 5, 2004, § 3, Rn. 19.

401 BT-Dr. 13/4355, S. 19.

402 *Rixen*, „§ 6 Achtung der Würde des Organspenders", in: *Höfling* (Hrsg.), Transplantationsgesetz, Kommentar, 2003, Rn. 8.

403 Siehe *Herrig*, Gewebetransplantation nach dem Transplantationsgesetz, 2002, S. 91; *Nickel*, Die Entnahme von Organen und Geweben bei Verstorbenen zum Zwecke der Transplantation, 1999, S. 174; *Rixen*, „§ 6 Achtung der Würde des Organspenders", in: *Höfling* (Hrsg.), Transplantationsgesetz, Kommentar, 2003, Rn. 12 f.

§ 8 Organentnahme bei Lebenden

I. dTPG

Das deutsche Transplantationsgesetz lässt die Organentnahme vom Lebenden nur in engen Grenzen zu. Besondere Aufmerksamkeit wurde dem Schutz des Organspenders gewidmet, da es sich insoweit um einen therapeutisch nicht gerechtfertigten fremdnützigen Eingriff handelt.

Nach dem deutschen Transplantationsgesetz ist die Entnahme von Organen einer lebenden Person nur zulässig, wenn die Person volljährig und einwilligungsfähig ist, umfassend aufgeklärt worden ist und in die Entnahme eingewilligt hat (§ 8 Abs. 1 S. 1 Nr. 1a, b dTPG).

Neben der Einwilligung des Organspenders schreibt das deutsche Transplantationsgesetz für die Organentnahme vom Lebenden auch die Geeignetheit (§ 8 Abs. 1 S. 1 Nr. 1c, Nr. 2 dTPG), die Subsidiarität (§ 8 Abs. 1 S. 1 Nr. 3 dTPG) und den Empfängerkreis (§ 8 Abs. 1 S. 2 dTPG) vor. Darüber hinaus beinhaltet das deutsche Transplantationsgesetz weitere Voraussetzungen für die Durchführung der Lebendspende (Vgl. § 8 Abs. 1 S. 1 Nr. 4, S. 2, Abs. 2, Abs. 3 dTPG).

Im Folgenden sollen die gesonderten Regelungen des Transplantationsgesetzes zur Lebendspende vorgestellt und kritisch hinterfragt werden.

A. Einwilligung

Die Wirksamkeitsvoraussetzungen der Einwilligung in die Organentnahme wurden bereits bei der Totenspende erörtert,[404] so dass nachfolgend ausschließlich auf die Besonderheiten bei der Organlebendspende eingegangen werden soll.

1. Einwilligungsfähigkeit

Die Einwilligungsfähigkeit ist im deutschen Transplantationsgesetz nicht geregelt. Sie ist gegebenenfalls aufgrund dogmatischer Ansätze zu beantworten. Ähnlich wie bei der Einwilligung in einen ärztlichen Heileingriff muss der Organspender also nicht die Geschäftsfähigkeit, sondern die erforderliche Urteils- und Einsichtsfähigkeit besitzen, wie bei Totenspende ausgeführt, um die Bedeutung der Entnahme und alle damit verbundenen möglichen Beeinträchtigungen und Gefahren richtig überblicken und abschätzen zu können.[405]

---

404 Nähres dazu in § 7 I A „Einwilligung oder Zustimmung" dieser Arbeit.

405 *Bock*, Rechtliche Voraussetzungen der Organentnahme von Lebenden und Verstorbenen, 1999, S. 243; *Ugowski*, Rechtsfragen der Lebendspende von Organen, 1998, S. 41.

a) Einwilligungsfähige

Nach dem deutschen Transplantationsgesetz verlangt zunächst die Einwilligungsfähigkeit zur Lebendorganspende die Volljährigkeit des Organspenders (§ 8 Abs. 1 dTPG).[406]

Eine Volljährigkeit tritt ab einem Mindestalter von 18 Jahren ein (Vgl. § 2 dBGB). Diese starre Altersgrenze im deutschen Transplantationsgesetz ist unabhängig davon, dass ein Jugendlicher unter 18 Jahren die nötige Urteils- und Einsichtsfähigkeit besitzen kann.

Das bedeutet im Umkehrschluss, dass es einem Minderjährigen grundsätzlich untersagt ist, ein Organ im Sinne des Transplantationsgesetzes zu spenden, obwohl er möglicherweise ein hinreichendes Urteils- und Einschätzungsvermögen besitzt, um selbständig in eine Organexplantation einwilligen zu können.

b) Einwilligungsunfähige

Neben der Volljährigkeit verlangt ferner das deutsche Transplantationsgesetz die Einwilligungsfähigkeit des Organspenders zur Lebendorganspende (§ 8 Abs. 1 Nr. 1a dTPG). Daher sind Minderjährige, auch wenn sie das nötige Einsichtsvermögen haben, und solche Personen, die wegen einer Behinderung oder Krankheit nicht einwilligungsfähig sind – auch bei Volljährigkeit – kraft Gesetzes als Organspender ausgeschlossen.[407]

aa) Minderjährige

Das deutsche Transplantationsgesetz schließt eine Explantation bei Minderjährigen grundsätzlich aus, da es die Volljährigkeit des Lebendspenders verlangt (§ 8 Abs. 1 Nr. 1a dTPG). Um von vornherein auszuschließen, dass ein Minderjähriger, die im Einzelfall durchaus erforderliche geistige Reife haben kann, als Spender missbraucht wird, lehnt die überwiegende Meinung eine Entscheidungskompetenz Minderjähriger pauschal ab.[408]

---

406 Diese Regelung entspricht auch dem 4. Leitsatz der von der WHO am 13.5.1991 verabschiedeten Leitsätze für die Transplantation menschlicher Organe. Siehe *Ugowski*, Rechtsfragen der Lebendspende von Organen, 1998, S. 38 Fn. 161.

407 BT-Dr. 13/4355, S. 20.

408 *Bock*, Rechtliche Voraussetzungen der Organentnahme von Lebenden und Verstorbenen, 1999, S. 130. Zur Kritik am Erfordernis der Volljährigkeit des lebenden Organspenders, *Tag*, „Transplantationsgesetz", in: Münchener Kommentar zum Strafgesetzbuch, Bd. 5, 2004, § 8, Rn. 5.

bb) Geistig Behinderte

Das deutsche Transplantationsgesetz verlangt ferner neben der Volljährigkeit die Einwilligungsfähigkeit des Organspenders zur Lebendorganspende (§ 8 Abs. 1 Nr. 1a dTPG). Ausweislich der Gesetzesbegründung sollten mit dem Erfordernis der Einwilligungsfähigkeit insbesondere geistig oder seelisch Behinderte und psychisch kranke Personen von der Möglichkeit zur Lebendspende (zu ihrem eigenen Schutz) ausgeschlossen werden.[409]

2. Einwilligungsumfang

Das deutsche Transplantationsgesetz beinhaltet spezielle Regelungen zur weiteren Einschränkung bei der Lebendspende. Das bedeutet eine zusätzliche Absicherung zum Schutz des Organspenders.

a) Geeignetheit

Nach dem deutschen Transplantationsgesetz ist eine Entnahme bei Lebenden nur dann zulässig, wenn die Übertragung des Organs auf den vorgesehenen Empfänger nach ärztlicher Beurteilung geeignet ist, das Leben des Organempfängers zu erhalten oder bei ihm schwere Krankheiten zu heilen, ihre Verschlimmerung zu verhüten oder ihre Beschwerden zu lindern (§ 8 Abs. 1 S. 1 Nr. 2 dTPG).

Das deutsche Transplantationsgesetz verlangt, wie oben erwähnt, neben der Volljährigkeit und Einwilligungsfähigkeit auch die Geeignetheit zur Lebendorganspende. Die Geeignetheit betrifft zum einen den Organspender und zum anderen das Organ.

Hinsichtlich der Geeignetheit auf Seiten des Organspenders ist zunächst die Lebendspende trotz bekundeter Spendenbereitschaft eines volljährigen und einwilligungsfähigen Organgebers nur zulässig, wenn er nach ärztlicher Beurteilung als Spender geeignet ist und voraussichtlich nicht über das Operationsrisiko hinaus gefährdet oder über die unmittelbaren Folgen der Entnahme hinaus gesundheitlich schwer beeinträchtigt wird (§ 8 Abs. 1 Nr. 1c dTPG).

Das angesprochene Operationsrisiko bedeutet das allgemeine Operationsrisiko,[410] also die Gefahren, die etwa mit einer Narkotisierung einhergehen oder aber auch das bestehende Sterberisiko.

Hinsichtlich der Geeignetheit in Bezug auf das Organ ist die Entnahme von Organen einer lebenden Person nur zulässig, wenn die Übertragung des Organs auf den vorgesehenen Empfänger nach ärztlicher Beurteilung geeignet ist, das

---

[409] BT-Dr. 13/4355, S. 20.
[410] BT-Dr. 13/4355, S. 20.

Leben dieses Menschen zu erhalten oder bei ihm eine schwerwiegende Krankheit zu heilen, ihre Verschlimmerung zu verhüten oder ihre Beschwerden zu lindern (§ 8 Abs. 1 Nr. 2 dTPG).

Die Organentnahme ist unzulässig, wenn der Gesundheitszustand des Spenders eine Organübertragung, z.B. wegen der Gefahr einer Übertragung von Krankenheiten, die den Empfänger gefährden können, nicht erlaubt oder wenn das zu entnehmende Organ für den vorgesehenen Empfänger, z.B. wegen mangelnder Gewebeverträglichkeit, ungeeignet ist.[411]

Die Gesundheitsbelastung des Organspenders und die gesundheitlichen Vorteile beim Empfänger müssen in einem angemessenen Verhältnis zueinander stehen. Liegt eine dieser Voraussetzungen beim spendebereiten Patienten und beim vorgesehenen Empfänger nicht vor, so kommt eine Lebendspende nicht in Betracht.

b) Subsidiarität

Nach dem deutschen Transplantationsgesetz setzt die Organentnahme bei Lebenden weiter voraus, dass ein geeignetes Organ eines toten Organspenders im Zeitpunkt der Organentnahme nicht zur Verfügung steht (§ 8 Abs. 1 Nr. 3 dTPG).

In diesem Fall ist die Lebendspende gegenüber der postmortalen Organspende subsidiär (Subsidiaritätsprinzip). Die Lebendspende darf also im Interesse des Spenders nur die letzte Möglichkeit sein, wenn etwa vor allem im Hinblick auf eine besondere Dringlichkeit einer Organübertragung ein postmortal gespendetes Organ nicht rechtzeitig zur Verfügung steht.[412]

Im Übrigen wurde die Subsidiaritätsklausel mit dem Argument begründet, dass die Zulassung der Lebendspende nicht dazu führen dürfte, das Bemühen um die Gewinnung von mehr postmortal gespendeten Organen zu vernachlässigen.[413]

c) Empfängerkreis bei nicht regenerierungsfähiger Organe

Die Entnahme von Organen, die sich nicht wieder bilden können, ist darüber hinaus nur zulässig zum Zwecke der Übertragung auf Verwandte ersten oder zweiten Grades, Ehegatten, Verlobte oder andere Personen, die dem Spender in besonderer persönlicher Verbundenheit offenkundig nahe stehen (§ 8 Abs. 1 S. 2 dTPG).

Diese Beschränkung hat der Gesetzgeber vorgenommen, um die Freiwilligkeit der Organspende zu sichern und der Gefahr des Organhandels zu begegnen. Eine

---

411 *Tag*, „Transplantationsgesetz", in: Münchener Kommentar zum Strafgesetzbuch, Bd. 5, 2004, § 8, Rn. 27.

412 BT-Dr. 13/4355, S. 20.

413 BT-Dr. 13/4355, S. 20.

allgemeine „Freigabe" der Lebendspende würde die Gefahr des Organhandels in letztlich nicht mehr kontrollierbarer Weise erhöhen. Die Regelung geht davon aus, dass grundsätzlich eine verwandtschaftliche oder vergleichbare enge persönliche Beziehung die beste Gewähr für die Freiwilligkeit der Organspende bietet und durch die Beschränkung auf Verwandte der Gefahr eines (verdeckten) Organhandels entgegengewirkt werden kann.[414]

Zum anderen ging er für bestimmte Organe davon aus, dass die Gewebe naher Verwandter durch eine immunologisch bessere Verträglichkeit auch zu besseren Langzeitergebnissen führen können.[415]

Verwandte ersten Grades sind Eltern und Kinder des Spenders. Verwandte zweiten Grades sind die Großeltern, die ehelichen und nichtehelichen Geschwister sowie die Enkel des Spenders (Vgl. § 1589 dBGB). Ehegatte sei lediglich der aktuelle Ehegatte, nicht aber ein ehemaliger, geschiedener Ehegatte.[416]

Soweit keine verwandtschaftliche Beziehung, ein Eheverhältnis oder ein Verlöbnis besteht, ist die Lebendspende schließlich noch zulässig, wenn sich Organspender und Organempfänger in besonderer persönlicher Verbundenheit offenkundig nahe stehen. Diese „Öffnungsklausel“ wird dann allerdings sofort wieder dadurch eingegrenzt, dass die Spender drei Voraussetzungen erfüllen müssen: Sie müssen mit dem Organempfänger in besonderer Weise persönlich verbunden sein, ihm „nahestehen“und beides muss „offenkundig“ sein.[417] Eine besondere persönliche und sittliche Verbundenheit kann z.B. zwischen Partnern einer auf Dauer angelegten, d.h. nicht nur befristeten oder zufälligen, häuslichen Lebensgemeinschaft bestehen.[418]

Grundlage einer solchen Verbindung wird in der Regel eine gemeinsame Lebensplanung mit innerer Bindung sein. Davon zu unterscheiden sind bloß ökonomisch motivierte Zweckwohngemeinschaften, z.B. die gemeinsame Anmietung einer Wohnung durch Studenten. Hier kann aus der Tatsache der häuslichen Gemeinschaft allein keine besondere persönliche Bindung abgeleitet werden. Andererseits kann ein vergleichbares enges persönliches Verhältnis mit gemeinsamer Lebensplanung und innerer Bindung auch zwischen in räumlicher Trennung lebenden Personen bestehen, wenn die Bindung über einen längeren

---

414 BT-Dr. 13/4355, S. 20.

415 Allerdings findet sich dies nicht in der Gesetzesbegründung, sondern lediglich in der Fachliteratur, vgl. etwa *Gutmann, Thomas*, „Lebendspende von Organen – nur unter Verwandten?“, ZRP 1994, 111 (113) m.w.N., der selbst allerdings die Vorteile der Verwandtenspende bei Nieren als nicht mehr signifikant einschätzt; ähnlich ders., MedR 1997, 147 (149). Siehe *Herrig*, Gewebetransplantation nach dem Transplantationsgesetz, 2002, S. 125.

416 Siehe *Esser*, „§ 8 Zulässigkeit bei lebenden Organspendern“, in: *Höfling* (Hrsg.), Transplantationsgesetz, Kommentar, 2003, § 8 Rn. 70.

417 *Uhlenbruck/Ulsenheimer*, „Die zivilrechtliche Problematik der Organtransplantation“, in: *Laufs/Uhlenbruck*, Handbuch des Arztrechts, 3. Aufl., 2002, § 131 Rn. 14.

418 BT-Dr. 13/4355, S. 20.

Zeitraum gewachsen ist. Die persönliche Verbundenheit erweist sich dann anhand anderer offenkundiger Tatsachen, wie z.B. ein enges Freundschaftsverhältnis mit häufigen engen persönlichen Kontakten über einen längeren Zeitraum. Die Motivation des Spenders soll in einem aus der persönlichen Verbundenheit erwachsenden, innerlich akzeptierten Gefühl der sittlichen Pflicht liegen. An einer entsprechenden besonderen persönlichen und sittlichen Verbundenheit fehlt es, wenn die Verbundenheit durch vermögenswerte Vorteile bestimmt ist.[419]

Wenn und soweit die Voraussetzung (§ 8 Abs. 1 S. 2 dTPG) erfüllt ist, dass jeweils der Empfänger dem Spender in besonderer persönlicher Verbundenheit offenkundig nahe steht, begegnet die Überkreuz-Spende keinen rechtlichen Bedenken.[420]

3. Freiwilligkeit der Einwilligung

Das deutsche Transplantationsgesetz enthält ausdrückliche Regelung darüber, dass die Einwilligungserklärung des Organspenders vor allem freiwillig abgegeben werden muss (vgl. § 8 Abs. 3 S. 2 dTPG). Denn allein der freiwillig erklärten Einwilligung kommt hinsichtlich des ärztlichen Eingriffs eine rechtfertigende Wirkung zu, zumal diesbezügliche Erklärungen Dritter mit dem Selbstbestimmungsrecht des Spenders unvereinbar wären.[421]

4. Zeitpunkt der Einwilligung und Widerrufsmöglichkeit

Hinsichtlich des Rechts zum Widerruf der Einwilligung enthält das deutsche Transplantationsgesetz eine ausdrückliche Regelung bei der Lebendspende darüber, dass die Einwilligung bis zum Eingriff widerrufen werden kann (§ 8 Abs. 2 S. 5 dTPG).

5. Formbedürftigkeit

a) Form der Einwilligung

Die Einwilligungserklärung des Lebendspenders in die Organentnahme sollte sinnvollerweise schriftlich festgehalten werden. Eine nur mündlich oder konkludent abgegebene Einwilligungserklärung reicht hier nicht aus. Insofern ver-

---

[419] BT-Dr. 13/4355, S. 21.

[420] BT-Dr. 14/868, S. 22; *Kühn*, „Das deutsche Transplantationsgesetz", MedR 1998, 455 (458). Ablehnend für den Regelfall etwa Nickel/Schmidt-Preisigke/Sengler, Transplantationsgesetz, Kommentar, 2001, § 8 Rn. 20 ff.; *Esser*, „§ 8 Zulässigkeit bei lebenden Organspendern", in: *Höfling* (Hrsg.), Transplantationsgesetz, Kommentar, 2003, § 8 Rn. 85.

[421] *Ugowski*, Rechtsfragen der Lebendspende von Organen, 1998, S. 43.

langt das deutsche Transplantationsgesetz, dass die Erklärung in einer Niederschrift aufgezeichnet wird, welche dann von den aufklärenden Personen, dem weiteren Arzt und dem Spender zu unterschreiben ist (§ 8 Abs. 2 S. 3 dTPG).

b) Form des Widerrufs

Die Einwilligung kann jederzeit schriftlich oder mündlich widerrufen werden (§ 8 Abs. 2 S. 5 dTPG). Daher kann der Spender seine Einwilligungserklärung jederzeit formlos widerrufen. Das gilt auch für die im Register gespeicherten Daten. Der Widerruf muss nicht in der Form der Einwilligung erfolgen. Der Entschluss zur Organspende kann daher jederzeit, z.B. durch Vernichtung des Ausweises, widerrufen werden.[422]

B. Ärztliche Aufklärung

Weitere Zulässigkeitsvoraussetzung für die Durchführung der Lebendspende ist, dass der potentielle Spender aufgeklärt worden ist und in die Entnahme eingewilligt hat (Vgl. § 8 Abs. 1 S. 1 Nr. 1b dTPG).

Der lebende Organspender ist über die Art des Eingriffs, den Umfang und mögliche, auch mittelbare Folgen und Spätfolgen der beabsichtigten Organentnahme für seine Gesundheit sowie über die zu erwartende Erfolgsaussicht der Organübertragung und sonstige Umstände, denen er erkennbar eine Bedeutung für die Organspende beimisst, durch einen Arzt aufzuklären (§ 8 Abs. 2 S. 1 dTPG).[423]

Die Aufklärung mit ihren Einzelheiten hat in Anwesenheit eines weiteren Arztes und, soweit erforderlich, anderer sachverständiger Personen zu erfolgen (§ 8 Abs. 2 S. 2 dTPG). Der Inhalt der Aufklärung ist in einer Niederschrift aufzuzeichnen, die von allen Beteiligten selbst zu unterschreiben ist (§ 8 Abs. 2 S. 3 dTPG). Die Aufzeichnungen sind mindestens zehn Jahre aufzubewahren (§ 15 S. 1 dTPG).

C. Eingriff durch einen Arzt

Nach deutschem Transplantationsgesetz muss der Eingriff, also die Explantation vom lebenden Spender, zwingend durch einen Arzt vorgenommen werden (§ 8 Abs. 1 Nr. 4 dTPG).

Diese, zunächst überflüssig erscheinende, Regelung soll die Beteiligten einer Lebendorgantransplantation davor schützen, die Transplantatübertragung durch

---

[422] *Kern*, „Organspendeausweis", in: *Rieger* (Hrsg.), Lexikon des Arztrechts, § 3950 Rn.4.

[423] Näher zur ärztlichen Aufklärung *Tag*, „Transplantationsgesetz", in: Münchener Kommentar zum Strafgesetzbuch, Bd. 5, 2004, § 8, Rn. 8 ff.

einen sog. Kurpfuscher vornehmen zu lassen. Nur der approbierte Arzt verfügt über ausreichende Kenntnisse, eine Organübertragung lege artis durchzuführen. Mit der Bezeichnung Arzt darf jedoch nicht generell der Mediziner gemeint sein, sondern der Spezialist auf dem Gebiet der Transplantationsmedizin, so dass eine Organübertragung durch einen Nicht-Facharzt einen Verstoß gegen das Transplantationsgesetz darstellen würde (Vgl. § 8 Abs. 1 Nr. 4 dTPG), mithin unzulässig wäre. Es wird immer wieder vorkommen, dass Nicht-Mediziner Organtransplantationen anbieten, vor allem wenn es sich um eine illegale Organübertragung handelt. Insofern war es gerade zum Schutze aller Beteiligten sinnvoll, die ärztliche Behandlung gesetzlich vorzuschreiben.[424]

D. Bereiterklärung zur Nachbetreuung

Die Entnahme von Organen bei einem Lebenden darf erst durchgeführt werden, nachdem sich der Organspender und der Organempfänger zur Teilnahme an einer ärztlich empfohlenen Nachbetreuung bereit erklärt haben (§ 8 Abs. 3 S. 1 dTPG).

Aufgrund dieser restriktiven Bestimmungen, z.B. Teilnahme an Nachbetreuung und Zustimmung einer Kommission, wird die Lebendspende auch weiterhin gegenüber der Leichenspende eine untergeordnete Rolle spielen.[425]

E. Gutachten einer Landeskommission

Weitere Voraussetzung ist, dass die nach Landesrecht zuständige Kommission gutachtlich dazu Stellung genommen hat, ob begründete tatsächliche Anhaltspunkte dafür vorliegen, dass die Einwilligung in die Organspende nicht freiwillig erfolgt oder das Organ Gegenstand verbotenen Handeltreibens ist (§ 8 Abs. 3 S. 2 dTPG). Die Kommission soll die getroffene Entscheidung jeden Verdachts der Sittenwidrigkeit entheben (§ 228 dStGB).[426]

Der Kommission muss ein Arzt, der weder an der Entnahme noch an der Übertragung von Organen beteiligt ist noch Weisungen eines Arztes untersteht, der an solchen Maßnahmen beteiligt ist, eine Person mit der Befähigung zum Richteramt und eine in psychologischen Fragen erfahrene Person angehören (§ 8 Abs. 3 S. 3 dTPG).

Die Kommissionslösung des deutschen Transplantationsgesetzes stellt sich trotz des weiteren Forschungsbedarfs insgesamt als ein sinnvolles Modell für die prozedurale Absicherung der Rahmenbedingungen für Freiwilligkeit bei Le-

---

424 *Ugowski*, Rechtsfragen der Lebendspende von Organen, 1998, S. 59.

425 *Borowy*, Die postmortale Organentnahme und ihre zivilrechtlichen Folgen, 2000, S. 33; *Kühn*, „Das neue deutsche Transplantationsgesetz“, MedR 1998, S. 455 (457).

426 *Herrig*, Gewebetransplantation nach dem Transplantationsgesetz, 2002, S. 149.

bendspenden dar.[427] Eine empirische Untersuchung zur Praxis der Lebendspendekommission untersucht die Kriterien für Freiwilligkeit und die Reichweite des Prüfungsgegenstandes besondere persönliche Verbundenheit.[428]

II. kTPG

Nach dem koreanischen Transplantationsgesetz ist die Entnahme von Organen einer lebenden Person weitgehend zulässig, wenn der Organspender in die Entnahme einwilligt (§ 18 Abs. 1 S. 1 kTPG).

Die Entnahme von Organen bei Minderjährigen ab 16 Jahren und die Entnahme von Knochenmark bei Minderjährigen unter 16 Jahren bedarf neben der Einwilligung des Organspenders zusätzlich noch der Zustimmung der Eltern. Auch die Zustimmung des gesetzlichen Vertreters genügt, wenn keine Eltern vorhanden sind und das Knochenmark zum Zweck des Übertragung auf Geschwister entnommen wird (§ 18 Abs. 1 S. 2 kTPG).

Neben der Einwilligung des Organspenders und der Zustimmung der Eltern oder des gesetzlichen Vertreters beschreibt das koreanische Transplantationsgesetz für die Organentnahme vom Lebenden noch gesetzliche Spendeunfähige (§ 10 Abs. 3 kTPG) und den Empfängerkreis bei Minderjährigen (§ 10 Abs. 4 kTPG). Darüber hinaus beinhaltet das koreanische Transplantationsgesetz weitere Anforderungen für die Durchführung der Lebendspende (Vgl. §§ 19, 22 Abs. 3 kTPG).

A. Einwilligung

Die allgemeine Zulässigkeit der Einwilligung, wie oben ausgeführt, ist hier nicht weiter zu diskutieren.

1. Einwilligungsfähigkeit

Im koreanischen Transplantationsgesetz ist die Einwilligungsfähigkeit in eine Organspende nicht ausdrücklich geregelt. Für die strafrechtlich wirksame Einwilligung genügt die natürliche Einsichts- und Urteilsfähigkeit. Die strafrechtliche Einwilligungsfähigkeit, die die natürliche Einsichts- und Urteilsfähigkeit verlangt, ist von der zivilrechtlichen Geschäftsfähigkeit zuunterscheiden.

---

[427] Näher dazu *Fateh-Moghadam/Schroth/Gross/Gutmann*, „Die Praxis der Lebendspendekommissionen", MedR 2004, S.82 (90).

[428] Näher dazu *Fateh-Moghadam/Schroth/Gross/Gutmann*, "Die Praxis der Lebendspendekommissionen", MedR 2004, S.19 (20 ff.), 82 (82 ff.).

a) Einwilligungsfähige

Eine Person mit strafrechtlicher natürlicher Einsichts- und Urteilsfähigkeit besitzt ohne Zweifel auch die Einwilligungsfähigkeit zur Organspende. Im Zusammenhang mit dieser Einwilligungsfähigkeit zur Organspende handelt es sich besonders um Minderjährige und geistig Behinderte. Das koreanische Transplantationsgesetz beinhaltet dennoch ausdrückliche Regelungen über Organspendeunfähige, die unabhängig von der Einwilligungsfähigkeit sind.

aa) Volljährige

Für die erforderliche Qualifikation der Organspenders genügt bei Volljährigen sowohl die zivilrechtliche Geschäftsfähigkeit als auch als strafrechtliche Einwilligungsfähigkeit zur Organspende.[429]

bb) Minderjährige nicht unter 16 Lebensjahre

Nach dem koreanischen Transplantationsgesetz besitzen auch Minderjährige mit mindestens 16 Lebensjahren die Einwilligungsfähigkeit zur Organspende (§ 18 Abs. 1 S. 2 kTPG). Bei alle Lebendspenden eines Minderjährigen sollte neben der Einwilligung des Organspenders zusätzlich die Zustimmung seiner Eltern eingeholt werden (§ 18 Abs. 1 S. 2 kTPG).

Nach dem koreanischen Transplantationsgesetz wird ferner der Kreis der Organempfänger bei Minderjährigen mit mindestens 16 Jahren ausschließlich auf Ehegatten, Verwandte in gerader absteigender Linie und Verwandte in gerader aufsteigender Linie, Geschwister sowie Verwandte bis zum vierten Grad beschränkt (§ 10 Abs. 4 kTPG).

cc) Minderjährige unter 16 Lebensjahre nur bei Knochenmark

Im koreanischen Transplantationsgesetz können Minderjährige unter 16 Jahren grundsätzlich die allgemeine Einwilligungsunfähigkeit zur Organspende besitzen (§ 10 Abs. 3 Nr. 1 kTPG). Nach dem koreanischen Transplantationsgesetz ist dennoch nur die Knochenmarkspende zulässig, wenn der Spender auch Minderjähriger unter 16 Jahren ist (§ 10 Abs. 3 S. 2 kTPG).

Auch bei dieser Knochenmarkspende eines Minderjährigen unter 16 Jahren sollte neben der Einwilligung des Organspenders zusätzlich die Zustimmung seiner Eltern eingeholt werden (§ 18 Abs. 1 S. 2 kTPG). Das koreanische Transplantationsgesetz verlangt die Zustimmung der gesetzlichen Vertreter, wenn der

---

[429] *Joo*, Transplantationsgesetz, Kommentar, 2000, S. 40.

Knochenmarkspender keine Eltern hat und das Knochenmark zum Zweck der Übertragung auf ein Geschwister entnommen werden soll (§ 18 Abs. 1 S. 2 Klammer kTPG).

b) Einwilligungsunfähige

Das koreanische Transplantationsgesetz beinhaltet auch ausdrückliche Regelungen über absoluten Spendeunfähige bei der Lebendspende. Hierzu zählen die Minderjährigen unter 16 Lebensjahren, die Schwangere oder Wöchnerin innerhalb von 3 Monaten nach der Entbindung, psychisch Kranke und geistig Behinderte sowie Drogenabhängige (§ 10 Abs. 3 S. 1 kTPG).

Die Entnahme von Organen bei oben erwähnten Lebenden ist somit unzulässig, obwohl diese Personen die natürliche Einsichts- bzw. Urteilsfähigkeit besitzen können. Die Einwilligung dieser Personen zur Organspende hat keine Wirksamkeit.

aa) Minderjährige unter 16. Lebensjahr

Nach koreanischem Transplantationsgesetz ist zunächst der Minderjährige unter 16 Jahren als Organspender absolut ausgeschlossen (§ 10 Abs. 3 S. 1 kTPG). Daher besitzt die Einwilligung des Minderjährigen unter 16 Jahren zur Organspende keine Wirksamkeit. Allerdings ist die Entnahme von Knochenmark zulässig, wenn der Spender von Knochenmark noch Minderjähriger unter 16. Lebensjahr ist (§ 10 Abs. 3 S. 2 kTPG).

bb) Schwangere oder Wöchnerin innerhalb von 3 Monaten nach der Entbindung

Auch eine Schwangere oder Wöchnerin innerhalb von 3 Monaten nach der Entbindung ist nach dem koreanischen Transplantationsgesetz absolut spendeunfähig (§ 10 Abs. 3 S. 1 kTPG).

cc) Psychisch Kranke und geistig Behinderte

Nach dem koreanischen Transplantationsgesetz sind auch psychisch Kranke und geistig Behinderte absolut einwilligungsunfähig zur Organspende (§ 10 Abs. 3 S. 1 kTPG).

dd) Drogenabhängige

Im koreanischen Transplantationsgesetz sind auch Drogenabhängige absolut Einwilligungsunfähige zur Organspende (§ 10 Abs. 3 S. 1 kTPG).

2. Einwilligungsumfang

Im Zusammenhang mit der Einwilligung des Organspenders beinhaltet das koreanische Transplantationsgesetz ausdrückliche Regelungen über Einschränkungen. Diese Einschränkungsregelungen werden in für die Organentnahme sowohl vom Toten als auch vom Lebenden gemeinsam geltende Regelungen und gegebenenfalls ausschließlich für die Lebendspende geltende Regelungen eingeteilt.

a) Gesetzlich verbotene Organe

Wie bei der Entnahme vom Toten ist die Entnahme von bestimmten Organen auch bei Lebenden nach dem koreanischen Transplantationsgesetz verboten. Dabei handelt es sich um die Entnahme oder die Übertragung von durch bestimmte Krankheiten infizierte Organe, die zur Übertragung nicht geeignet sind, durch Krebszellen befallene Organe und andere, eine Gefahr für Leben oder Leib des potentiellen Empfängers herbeiführende Organe, die durch Präsidentenverordnung bestimmt werden (§ 10 Abs. 1 kTPG).

Nach dem koreanischen Transplantationsgesetz ist die Entnahme von Organen ferner verboten, wenn der Empfänger noch nicht festgestellt ist (§ 10 Abs. 2 S. 1 kTPG). Allerdings gibt es gewisse Ausnahmen von diesem Entnahmeverbot. Nach diesen Transplantationsgesetz ist die Entnahme von Augenhornhaut, Niere und anderen durch Präsidentenverordnung bestimmten Organen zulässig, obwohl der Empfänger noch nicht festgestellt ist (§ 10 Abs. 2 S. 2 kTPG).

b) Spezielle Regelungen bei Lebendspendern

Es gibt, wie im deutschen Transplantationsgesetz, im koreanischen Transplantationsgesetz gesonderte Regelungen für die Lebendspende. Diese gesonderten Regelungen für die Lebendspende dienen besonders dem Schutz des lebenden Organspenders.

aa) Gesetzlich eingeschränkte Spenderorgane

Nach dem koreanischen Transplantationsgesetz ist die Entnahme von Organen bei Lebenden auf bestimmte Organe, nämlich eine der beiden gesunden Nieren oder Teile von Knochenmark, Leber und andere durch Präsidentenverordnung bestimmte Organe beschränkt. Teile von Organen sollen ferner im Rahmen der medizinischen Anerkennung entnommen werden (Vgl. § 10 Abs. 5 kTPG).

bb) Zulässiger Empfängerkreis bei Minderjährigen

Nach dem koreanischen Transplantationsgesetz ist die Entnahme von Organen bei lebenden Minderjährigen mit mindestens 16 Jahren nur zulässig, wenn die entnommenen Organe ausschließlich auf Ehegatten, Verwandte in gerader ab- und aufsteigender Linie, Geschwister sowie Verwandte bis zum vierten Grad zu übertragen sind (§ 10 Abs. 4 kTPG).

Die Organübertragung bei lebenden Minderjährigen wurde auf die sog. „Übertragung zwischen Familienmitgliedern", die die familiäre Beziehung zwischen Spender und Organempfänger verlangt, beschränkt, um minderjährige Spender zu schützen. Nach zivilrechtlichem Verwandtschaftskreis umfasst die Verwandtschaft innerhalb des vierten Grades die Blutsverwandtschaft und Schwägerschaft innerhalb des vierten Grades (§ 777 kBGB).[430]

Eine Ausnahme für das Verbot der Organentnahme vom lebenden Minderjährigen unter 16 Jahren ist vorgesehen. Nach dem koreanischen Transplantationsgesetz ist die Entnahme des Knochenmark immer zulässig, unabhängig vom Alter des Organspenders (§ 10 Abs. 4 Klammer kTPG). Als Ergebnis lässt sich festhalten, wie oben gesagt, dass die Entnahme des Knochenmarks immer zulässig ist, obwohl der Knochenspender Minderjähriger unter 16 Jahren ist und keine Verwandtschaft zwischen Spender und Empfänger vorliegt.

3. Freiwilligkeit der Einwilligung

Das koreanische Transplantationsgesetz regelt ausdrücklich den Grundsatz der Achtung der Freiwilligkeit zur Organspende sowohl bei der Totenspende als auch bei der Lebendspende (Vgl. § 2 Abs. 2 S. 2 kTPG). Dieser Grundsatz wird durch die ärztliche Aufklärungspflicht (§ 19 Nr. 2 kTPG) und durch das Widerrufsrecht des Organspenders (§ 18 Abs. 3 kTPG) zusätzlich abgesichert.

4. Zeitpunkt der Einwilligung und Widerrufsmöglichkeit

Das koreanische Transplantationsgesetz enthält eine ausdrückliche Vorschrift darüber, dass die Erklärung zur Organspende bis zum Eingriff jederzeit widerrufen werden kann (§ 18 Abs. 3 kTPG).

[430] Siehe Fn. 71 dieser Arbeit

5. Formbedürftigkeit

a) Form der Einwilligung oder Zustimmung

Das koreanische Transplantationsgesetz enthält eine ausdrückliche Regelung über die zwingende Form der Erklärung zur Organspende (Vgl. § 11 kTPG). Diese Regelung gilt sowohl für die Totenspende als auch für die Lebendspende.

Nach dem koreanischen Transplantationsgesetz ist die Einwilligung des lebenden Organspenders schriftlich zu erklären (§ 11 Abs. 1 Nr. 1 kTPG). In diesem Fall ist die Niederschrift zur Organspende vom Organspender selbst zu unterschreiben (§ 11 Abs. 1 Nr. 1 kTPG). Auch die Zustimmung des Familienmitglieds bei lebenden Minderjährigen ist schriftlich zu äußeren (§ 11 Abs. 1 Nr. 2 kTPG). Die Testamentsform gilt nicht für die Lebendspende (Vgl. § 11 Abs. 1 kTPG).

b) Form des Widerrufs

Das koreanische Transplantationsgesetz enthält keine Aussage über die Form der Widerrufserklärung.

B. Eingriff nach ethischen Maßstäben und medizinischer Kunstgerechtigkeit

Nach dem koreanischen Transplantationsgesetz sollen die Entnahme und Übertragung von Organen auch bei Lebenden gemäß ethischen Maßstäben und medizinischer Kunstgerechtigkeit durchgeführt werden (§ 2 Abs. 4 kTPG).

Nach dem koreanischen strafrechtlichen und ärztlichen Recht können die „medizinische Handlung“ dadurch gerechtfertigt werden, dass sie durch die „medizinische Personen“ durchgeführt werden (§ 12 kMDG).

C. Nachforschungs- und Aufklärungspflicht der Ärzte

Nach dem koreanischen Transplantationsgesetz sollte der Arzt Folgendes vor der beabsichtigten Organentnahme einhalten (§ 19 kTPG):

Der die Organentnahme bei einem Lebenden beabsichtigende Arzt ist verpflichtet, die Einwilligung des Spenders bzw. die Zustimmung des Familienmitglieds nachzuprüfen (§ 19 Nr. 1 kTPG). Daher ist der Arzt, der die Entnahme von Organen beim Lebenden beabsichtigt, verpflichtet, die Einwilligung des Organspenders nachzuprüfen (Vgl. § 18 Abs. 1 S. 1 kTPG). Ferner ist der Arzt, der die Entnahme von Organen beim Minderjährigen beabsichtigt, verpflichtet, neben der Einwilligung des Organspenders zusätzlich die Zustimmung seiner Eltern nachzuprüfen (Vgl. § 18 Abs. 1 S. 2 kTPG). Schließlich ist der Arzt verpflichtet, neben der Einwilligung des Organspenders zusätzlich die Zustimmung seines gesetzlichen Vertreters nachzuprüfen, wenn es keine Eltern des Minderjährigenspenders gibt und das Knochenmark auf ein Geschwister übertragen werden soll (Vgl. § 18 Abs. 1 S. 2 Klammer kTPG)

Nach dem koreanischen Transplantationsgesetz trifft ferner den Arzt eine Nachforschungspflicht in Bezug auf den lebenden Organspender selbst, um die Freiwilligkeit der Organspende zu sichern.

Nach dem koreanischen Transplantationsgesetz ist der die Organentnahme bei einem Lebenden beabsichtigende Arzt noch verpflichtet, den Organspender und dessen Familienmitglied über den Gesundheitszustand des Organspenders, den Inhalt der beabsichtigten Organentnahme und die möglichen Risiken für seine Gesundheit, den Nachbetreuungsplan nach Organentnahme sowie sonstige für den Organspender im Einzelfall damit verbundene erkennbar bedeutsame Umstände vor der Organentnahme aufzuklären (§ 19 Nr. 2 kTPG).

D. Gutachten bei Direktspende

Nach dem koreanischen Transplantationsgesetz können ein Organspender ab 20 Jahren und ein Knochenmarksspender unter 20 Jahren (sog. Minderjähriger) bei einer Lebendspende den Organempfänger direkt benennen (§ 22 Abs. 3 kTPG). Diese Regelung ist eine gesonderte spezielle Regelung, um den Willen des Organspenders zu achten und um die Bereitschaft zur Organspende zu fördern.

Die sog. Direktspende ist nur zulässig, wenn die Zulassung des Direktors der nationalen Organtransplantationskontrollstelle vorliegt.[431] Dadurch soll Organhandel mit unlauteren Motiven usw. verhindert werden.[432]

III. Entnahme ohne Einwilligung oder Zustimmung

Es wurde auch darüber diskutiert, ob eine Organentnahme bei Lebenden ohne Einwilligung bzw. Zustimmung, gerechtfertigt sein kann. Entnimmt der Arzt einem lebenden Menschen Gewebe oder Organe ohne oder gar gegen seinen Willen, so kommt als einzig denkbarer Rechtfertigungsgrund Notstand in Betracht.

---

431 Siehe § 9 II C 2 b) „Direktspende" dieser Arbeit.

432 *Joo*, Transplantationsgesetz, Kommentar, 2000, S. 163.

A. Notstand im deutschen Strafrecht

Nach dem deutschen Strafrecht, wie bereits ausgeführt, wurde der rechtfertigende Notstand folgendermaßen normiert: Wer in einer gegenwärtigen, nicht anders abwendbaren Gefahr für Leben, Leib, Freiheit, Ehre, Eigentum oder ein anderes Rechtsgut eine Tat begeht, um die Gefahr von sich oder einem anderen abzuwenden, handelt nicht rechtswidrig, wenn bei Abwägung der widerstreitenden Interessen, namentlich der betroffenen Rechtsgüter und des Grades der ihnen drohenden Gefahren, das geschützte Interesse das beeinträchtigte wesentlich überwiegt. Dies gilt jedoch nur, soweit die Tat ein angemessenes Mittel ist, die Gefahr abzuwenden.

B. Notstand im koreanischen Strafrecht

Das koreanische Strafrecht, wie bereits ausgeführt, regelt Notstand folgendermaßen. „Handelt der Täter, um eine gegenwärtige Gefahr für rechtlich geschützte Interessen seiner selbst oder eines anderen abzuwenden, so ist die Handlung nicht strafbar, soweit für sie angemessene Gründe vorliegen“ (§ 22 Abs. 1 kTPG).

C. Ergebnis

Nach dieser Vorschrift ist eine an sich verbotene Handlung gerechtfertigt, wenn sie das einzige Mittel zur Abwendung einer gegenwärtigen Gefahr für bestimmte hochrangige Rechtsgüter ist, das geschützte Interesse das beeinträchtigte wesentlich überwiegt und die Handlung ein angemessenes Mittel darstellt, die Gefahr abzuwenden.

Die Lebendspende ist unter denselben Voraussetzungen rechtlich zulässig wie andere Eingriffe in die körperliche Integrität, d.h. nur bei Einwilligung des Spenders (§ 8 Abs. 1 S. 1 Nr. 1b dTPG), da eine Rechtfertigung des transplantierenden Arztes durch Notstand sowohl unter dem Aspekt der Güterabwägung als auch wegen der fehlenden Angemessenheit des Mittels zu dem verfolgten Zweck scheitert.[433]

Als Ergebnis wird man festzuhalten haben, dass Notstand in keinem Fall als Rechtfertigungsgrundlage für eine zwangsweise Organentnahme auch bei Lebenden sowohl nach dem deutschen Strafrecht als auch nach dem koreanischen Strafrecht in Betracht kommt.

---

[433] Siehe *Bock*, Rechtliche Voraussetzungen der Organentnahme von Lebenden und Verstorbenen, 1999, S. 126; *Uhlenbruck/Ulsenheimer*, „Die zivilrechtliche Problematik der Organtransplantation“, in: *Laufs/Uhlenbruck*, Handbuch des Arztrechts, 3. Aufl., 2002, § 142 Rn. 25.

IV. Vergleich und kritische Würdigung

Das deutsche Transplantationsgesetz und das koreanische Transplantationsgesetz stimmen darin überein, dass diese Gesetze spezielle Regelungen über die Lebendspende beinhalten. Hierbei steht jeweils der mögliche Missbrauch der Lebendspende im Vordergrund. Ziel der Gesetze soll es vor allem sein, das Persönlichkeitsrecht der Spender mit den Bedürfnissen der Organempfänger in Einklang zu bringen.

Bei der Organentnahme vom lebenden Spender sollen besonders die beschränkt Einsichtsfähigen, die auf Hilfe Angewiesenen, Minderjährige und geistig Behinderte usw. geschützt werden. Den kommerziellen Organhandel gilt es zu bekämpfen.

A. Rechtsfragen der Einwilligung

1. Einwilligungsfähigkeit

Für die Einwilligungsfähigkeit genügt im Hinblick auf das strafrechtlich relevante Selbstbestimmungsrecht bei körperlichen Eingriffen die natürliche Einsichts- und Urteilsfähigkeit, Wesen, Bedeutung und Tragweite eines Eingriffs in seine Rechtsgüter zu beurteilen. Der Organspender muss also das erforderliche Urteils- und Einsichtsvermögen besitzen, um die Bedeutung der Entnahme und alle damit verbundenen möglichen Beeinträchtigungen und Gefahren richtig überblicken und abschätzen zu können.[434]

Volljährige als zivilrechtlich Geschäftsfähige besitzen ohne Zweifel regelmäßig die erforderliche Einwilligungsfähigkeit zur Organspende. Die bürgerliche Volljährigkeit bzw. Minderjährigkeit ist für das Strafrecht allerdings begrifflich nicht geeignet, da dieser Begriff die Geschäftsfähigkeit betrifft und die strafrechtliche Einwilligungsfähigkeit zur Organspende durch die Einsichts- bzw. Urteilsfähigkeit festzustellen ist. Daher kann gegebenenfalls ein Volljähriger die Einsichts- bzw. Urteilsfähigkeit nicht besitzen, die im Einzelfall ein Minderjähriger durchaus haben kann. In diesem Zusammenhang stellt sich das Problem der Einsichts- bzw. Urteilsfähigkeit besonders bei Minderjährigen oder geistig Behinderten.

Diese Probleme wurden bereits oben erörtert. Gleiches wie für die Totenspende gilt im Grundsatz auch für die Einwilligungsfähigkeit zur Organspende bei Lebenden, so dass nachfolgend ausschließlich auf die Besonderheiten bei der Lebendspende eingegangen werden soll.

---

[434] Siehe *Ugowski*, Rechtsfragen der Lebendspende von Organen, 1998, S. 41.

a) Minderjährige

Das deutsche Transplantationsgesetz erlaubt zunächst die Organentnahme nur bei Volljährigen dadurch, dass für eine Einwilligungsfähigkeit zur Lebendorganspende dieses Gesetz die Volljährigkeit verlangt (Vgl. § 8 Abs. 1 Nr. 1a dTPG). Daher sind Minderjährige, obwohl diese ein hinreichendes Urteils- und Einschätzungsvermögen haben können, als Organspender bei Lebenden ausnahmslos ausgeschlossen.

In diesem Zusammenhang darf nicht verkannt werden, dass die Feststellung der individuellen Verstandesreife wegen etwa bestehender familiärer Drucksituationen oder wegen Überschätzung der eigenen intellektuellen Fähigkeiten bei minderjährigen Personen erhebliche Schwierigkeiten bereiten kann.[435] Grund und Vorteil einer Volljährigkeitsregelung liegen zum einen in der Klarheit und Rechtssicherheit und zum anderen in der Entlastung der Ärzte von ihrer Pflicht, in allen Fällen eine eingehende Prüfung der Verstandesreife des Lebendspenders durchzuführen.[436]

Nach dem koreanischen Transplantationsgesetz besitzen demgegenüber Minderjährige ab 16 Jahren die Einwilligungsfähigkeit zur Organspende dadurch, dass die natürliche Einsichts- bzw. Urteilsfähigkeit auch bei Minderjährigen ab 16 Jahren anerkannt wurde. Das koreanische Transplantationsgesetz gibt ausnahmsweise dem Minderjährigen unter 16 Jahren die Einwilligungsfähigkeit, wenn es um die Knochenmarksspende geht.

Eine Knochenmarkentnahme wird als ein weitgehend ungefährlicher Eingriff angesehen, welcher keine bleibenden Auswirkungen und Gefahren beinhaltet, zumal sich diese Substanz wieder neu bildet. Bestehen also über das normale Eingriffsrisiko hinaus keine weiteren gesundheitlichen Gefahren für den minderjährigen Spender, so sollte man dem Minderjährigen und auch seinen Eltern die Möglichkeit der Einwilligung geben dürfen, wenn die Transplantation die Rettung eines kranken Geschwisters bedeutet.[437]

Nach dem koreanischen Transplantationsgesetz wird ferner der Empfängerkreis des Minderjährigen auf Ehegatten, Verwandte in gerader ab- und aufsteigender Linie, Geschwister sowie Verwandte bis zum vierten Grad, d.h. auf die sog. „Übertragung zwischen Familienmitgliedern" beschränkt. Die Organspende bei Minderjährigen erfordert neben der Einwilligung des Organspenders zusätzlich noch die Zustimmung seiner Eltern.

---

435 *Esser*, „§ 8 Zulässigkeit bei lebenden Organspendern", in: *Höfling* (Hrsg.), Transplantationsgesetz, Kommentar, 2003, § 8 Rn. 18.

436 *Esser*, „§ 8 Zulässigkeit bei lebenden Organspendern", in: *Höfling* (Hrsg.), Transplantationsgesetz, Kommentar, 2003, § 8 Rn. 18; *Ugowski*, Rechtsfragen der Lebendspende von Organen, 1998, S. 39.

437 *Ugowski*, Rechtsfragen der Lebendspende von Organen, 1998, S. 82.

Im koreanischen Transplantationsgesetz schließt die Einschränkung des Empfängerkreises auf die sog. „Übertragung zwischen Familienmitgliedern“ das Übel des Organhandels usw. aus und dient dem Schutz des körperlichen Wachstums und der Ergänzung der Selbstschutzfähigkeit des Minderjährigen durch das Zustimmungsverfahren bei den Eltern.[438]

Nach dem koreanischen Transplantationsgesetz ist die Knochenmarkspende immer zulässig unabhängig davon, ob der Knochenmarkspender volljährig ist oder nicht oder Minderjähriger ab 16 Jahren ist oder nicht. Die Gründe dafür liegen darin, dass die Knochenmarkentnahme der bestimmten Quantität die Gefahr des Lebens und der Gesundheit nicht herbeiführt und die Regeneration des Knochenmarks auf das körperliche Wachstum des Minderjährigen geringe Einflüsse ausübt.

Meines Erachtens ist das koreanische Transplantationsgesetz, wonach auch der Minderjährige die Organspendefähigkeit besitzt, durchaus stimmig, da für die Einwilligungsfähigkeit zur Organspende die natürliche Einsichts- und Urteilsfähigkeit genügt. Das deutsche Transplantationsgesetz, das zur Lebendorganspende die Volljährigkeit des Spenders verlangt, greift demgegenüber hart gegen den Organhandel in Bezug auf Minderjährige durch. Als Ergebnis wird man festzuhalten haben, dass das deutsche Transplantationsgesetz für den Schutz des Minderjährigen klare Vorteile hat, während das koreanische Transplantationsgesetz den medizinischen Bedürfnissen und realistischen Erfordernissen, Organe auch von Minderjährigen zu entnehmen bzw. zu übertragen, eher entspricht.

Für die Einwilligungsfähigkeit zur Lebendorganspende bei Minderjährigen kommt es vor allem darauf an, ob der Minderjährige die geistige und sittliche Reife besitzt, um die Bedeutung und Tragweite einer Organentnahme tatsächlich ermessen zu können. Ferner muss eine Differenzierung zwischen leichten und schweren Eingriffen oder etwa der Entnahme regenerierungsfähiger (z.B. Knochenmark) und nicht regenerierungsfähiger (z.B. Nieren) Organe bzw. Körpersubstanzen erfolgen.[439]

Der Schutz des Minderjährigen ist ein Licht im Winde, wenn ein Interessenkonflikt zwischen einem Kind als Organspender und seinem Eltern als Organempfänger besteht. Hierbei kann der Minderjährige, wie das deutsche Transplantationsgesetz, als Organspender von vornherein ausgeschlossen sein. Meiner Meinung nach sollte dennoch die Möglichkeit der Einwilligung des Minderjährigen zur Lebendorganspende geschaffen werden, wenn der Minderjährige die erforderliche Einsichts- bzw. Urteilsfähigkeit besitzt.

Im diesem Fall kommt eine Analogie zu den bürgerrechtlichen Vorschriften,

---

438 *KONOS*, Handbuch für Mitglieder, 2000.6, S. 23. Zur Berechtigung der Einschränkung der Entnahme bei Minderjährigen siehe *Song*, Legislative Untersuchung über Hirntod und Organtransplantation, 1998, S. 128 f.

439 *Ugowski*, Rechtsfragen der Lebendspende von Organen, 1998, S. 81.

wonach bei einem Rechtsgeschäft, bei dem ein Interessenkonflikt zwischen einem Elternteil und dem von ihm zu vertretenden Kind besteht, er die Bestellung eines Besonderen Vertreters für das Kind bei Gericht beantragen muss (§ 921 kBGB),[440] in Betracht.[441] Denn die Einschaltung des Dritten könnte die Freiwilligkeit der Einwilligung zur Organspende absichern und vom psychischen Druck zwischen Familienmitgliedern freihalten.[442]

Auch für die Einwilligung in eine Organimplantation kommt es nicht auf die Geschäftsfähigkeit, sondern auf die natürliche Einsichtsfähigkeit des Betreuten an. Ist diese Fähigkeit bei ihm vorhanden, bedarf es keiner zusätzlichen Zustimmung des Betreuers.[443]

Die alleinige Einwilligung des Minderjährigen wird jedoch in der Regel auch bei Organentnahme nicht ausreichen, da es sich auch hier um einen schweren Eingriff mit möglichen negativen Folgen handeln kann. Nur eine eingehende Besprechung des Arztes mit den Eltern des Kindes über die Chancen und Risiken des Eingriffs, sowie deren Zustimmung in den Eingriff, können hier weiterhelfen. Die zusätzliche Zustimmung der Eltern zur Lebendorganspende bei Minderjährigen, wie sie das koreanische Transplantationsgesetz vorsieht, kann erforderlich sein, um späteren Streitigkeiten vorzubeugen.

b) Geistig Behinderte

Ähnlich wie die Minderjährigen bilden auch psychisch kranke bzw. geistig behinderte Menschen im Hinblick auf die Einwilligung in eine Organtransplantation eine weitere, problematische Personengruppe.[444]

Das deutsche Transplantationsgesetz fordert, dass neben der Volljährigkeit die Einwilligungsfähigkeit vorhanden sein muss und stellt so klar, dass eine Fremdeinwilligung grundsätzlich nicht in Betracht kommt. Damit wollte man insbe-

---

440 „§ 921 (Interessenkonflikt bei Vertretung) (1) Besteht bei einem Rechtsgeschäft ein Interessenkonflikt zwischen einem Elternteil und dem von ihm zu vertretenden Kind, so muss er die Bestellung eines besonderen Vertreters für das Kind bei Gericht beantragen. (2) Vertritt ein Elternteil seine Kinder bei einem Rechtsgeschäft, bei dem ein Interessenkonflikt zwischen dem einen Kind und dem anderen besteht, so muss er den Antrag auf die Bestellung eines besonderen Vertreters für eines von ihnen bei Gericht stellen."

441 *Joo*, „Rechtsprobleme und Änderungsrichtung des Transplantationsgesetzes", in: *MOHW/NMC/KONOS*, Ein Symposion über Entwicklung der Organtransplantation und Verbesserung des mit dem verbundenen Systems zur 1 jährigen Gründungsfeier des KONOS, S. 13.

442 Zur Notwendigkeit des Einschaltens des Dritten siehe *Lee*, „Die Gegenwart und Zukunft des Transplantationsgesetzes in Korea", Forschungsbericht 00-15, The Korean Institute of Criminology, 2000, S. 178.

443 *Ugowski*, Rechtsfragen der Lebendspende von Organen, 1998, S. 91.

444 Zu gerichtlichen Entscheidungen gegen oder für die Einwilligungsfähigkeit des geistig Zurückgebliebenen siehe *Deutsch*, „Das Transplantationsgesetz vom 5.11.1997", NJW 1998, 777 (781); *Ugowski*, Rechtsfragen der Lebendspende von Organen, 1998, S. 87 f.

sondere die geistig und seelisch Behinderten sowie die psychisch Kranken aus dem Spenderkreis ausnehmen.[445]

Allerdings ist das für die Einwilligungsfähigkeit erforderliche Urteils- und Einsichtsvermögen auch bei psychisch bzw. geistig Kranken nicht von vornherein abzulehnen, da es maßgeblich auf den Grad der Erkrankung im Einzelfall ankommt. Weist ein Behinderter oder psychisch Kranker demnach die individuelle Fähigkeit auf, die Bedeutung der Organspende und ihre Folgen in Ganzen zu übersehen, so besteht kein Grund, ihn nicht als geeigneten Spender zu erachten, da auch seine Entscheidung zur Transplantathingabe in diesem Fall Ausfluss eines selbstbestimmten Abwägungsvorgangs ist, weil die geforderte Einwilligungsfähigkeit bei ihm vorliegt und somit eine autonome Entscheidungsfindung gewährleistet ist.[446]

Der transplantierende Arzt hat daher bei geistig oder seelisch Behinderten und psychisch kranken Personen einzelfallabhängig das Vorliegen der erforderlichen Einwilligungsfähigkeit zu überprüfen.[447]

Das koreanische Transplantationsgesetz regelt demgegenüber ausdrücklich den Kreis der absoluten Spendeunfähigen bei der Lebendspende. Hierzu zählen die Minderjährigen unter 16 Lebensjahren, Schwangere oder Wöchnerinnen innerhalb von 3 Monaten nach der Entbindung, psychisch Kranke und geistig Behinderte sowie Drogenabhängige.

Eine Ausnahme ist jedoch vorgesehen: Nach dem koreanischen Transplantationsgesetz ist die Entnahme von Knochenmark bei Minderjährigen unter 16 Jahren zulässig.

Als Ergebnis ist festzuhalten, dass mit Ausnahme von Knochenmark bei Minderjährigen unter 16 Jahren die Organspende bei Spendeunfähigen einschließlich psychisch Kranken und geistig Behinderten absolut verboten ist. Nach dem koreanischen Transplantationsgesetz ist daher die Einwilligung des Spendeunfähige zur Organspende, unabhängig von seiner Einsichts- bzw. Urteilsfähigkeit, von vornherein rechtlich unwirksam.

Die Motive des Gesetzgebers, die absolute Spendeunfähigen ausdrücklich zu statuieren, liegen im Schutz der im Transplantationsgesetz genannten Personen. Meiner Meinung nach ist die Regelung über den absoluten Spendeunfähigen im koreanischen Transplantationsgesetz nicht stimmig. Denn der Spendeunfähige kann gegebenenfalls zeitweise die natürliche Einsichts- und Urteilsfähigkeit besitzen. Dann ist sein Ausschluss nicht sachgerecht.

---

445 BT-Dr. 13/4355, S. 20.

446 *Esser*, „§ 8 Zulässigkeit bei lebenden Organspendern“, in: *Höfling* (Hrsg.), Transplantationsgesetz, Kommentar, 2003, § 8 Rn. 12.

447 *Esser*, „§ 8 Zulässigkeit bei lebenden Organspendern“, in: *Höfling* (Hrsg.), Transplantationsgesetz, Kommentar, 2003, § 8 Rn. 13.

2. Einwilligungsumfang

Sowohl das deutsche als auch das koreanische Transplantationsgesetz engen den Umfang der zu entnehmenden Organe bei Lebenden ungeachtet der Einwilligung des Organspenders ein, um den Schutz des Organspenders zu gewährleisten. Denn die Lebendspende stellt sich für den Spender nicht als ärztlicher Heileingriff dar.

Nach dem deutschen Transplantationsgesetz ist zunächst die Organentnahme vom Lebenden nur unter besonderen Voraussetzungen und in gewissen Grenzen zulässig. Die Lebendspende kommt nur in Betracht, wenn die Kriterien der Geeignetheit und der Subsidiarität erfüllt sind und der Empfängerkreis bei nicht regenerierungsfähigen Organen beschränkt wurde.

Nach dem deutschen Transplantationsgesetz ist zunächst eine Organentnahme hinsichtlich der Geeignetheit des Spenders nur möglich, wenn nach ärztlicher Beurteilung der Spender geeignet, voraussichtlich nicht über das Operationsrisiko hinaus gefährdet und nicht über die unmittelbaren Folgen der Entnahme hinaus gesundheitlich schwer beeinträchtigt ist. Eine Organentnahme ist ferner hinsichtlich der Geeignetheit der Organe nur zulässig, wenn die Übertragung des Organs auf den vorgesehenen Empfänger nach ärztlicher Beurteilung geeignet ist, das Leben dieses Menschen zu erhalten oder bei ihm eine schwerwiegende Krankheit zu heilen, ihre Verschlimmerung zu verhüten oder ihre Beschwerden zu lindern.

Grundsätzlich eignet sich jeder gesunde Mensch zur Organspende. Entscheidet sich jemand für einen solchen Schritt, wird seine Eignung im konkreten Einzelfall anhand bestimmter Kriterien klinisch überprüft. Diese Beurteilungskriterien sind infolge des medizinischen Fortschritts einem ständigen Wandel unterworfen und haben auch in den letzten Jahren gravierende Änderungen erfahren.[448]

Eine Organentnahme ex mortuo kann sich auf jedes Organ erstrecken. Für eine Explantation ex vivo kommen allerdings aufgrund gesundheitlicher Risiken für den Spender hauptsächlich regenerative Körpersubstanzen wie Blut und Knochenmark in Betracht. Darüber hinaus wird auch die Entnahme der paarig angelegten Niere zu Lebzeiten durchgeführt. Explantationen von Teilen der Leber, der Bauchspeicheldrüse, des Dünndarms sowie von Lungenflügeln bei lebenden Menschen sind zwar vorgenommen worden, wegen ihres experimentellen Charakters aber bis heute ohne klinische Bedeutung.[449]

Als absolute Ausschlussgründe für eine Organspende werden Aids, Hepatitis, Malignität und massive Sepsis mit Keimnachweis genannt. Das Alter des Spen-

448 *Bock*, Rechtliche Voraussetzungen der Organentnahme von Lebenden und Verstorbenen, 1999, S. 46.

449 *Bock*, Rechtliche Voraussetzungen der Organentnahme von Lebenden und Verstorbenen, 1999, S. 47.

ders ist hingegen nur noch selten eine Kontraindikation, da sich früher festgeschriebene Grenzen längst in das höhere Alter verschoben haben. Kriterium für die Spendetauglichkeit ist insgesamt der Funktionszustand des Organs, der sich maßgeblich nach dem biologischen, nicht dem kalendarischen Alter bestimmt.[450]

Die Lebendspende kann nur in Betracht kommen, wenn das zu entnehmende Organ gesund ist und damit das Leben eines bestimmten Menschen erhalten oder eine schwerwiegende Krankheit dieses Menschen geheilt oder gelindert oder ihre Verschlimmerung verhütet werden kann, wie z.B. bei endgültigem Nierenversagen, vor allem bei Kindern. Entscheidend ist die ärztliche Beurteilung vor dem Eingriff. Die Organentnahme ist unzulässig, wenn der Gesundheitszustand des Spenders eine Organübertragung, z.B. wegen der Gefahr einer Übertragung von Krankheiten, die den Empfänger gefährden können, nicht erlaubt oder wenn das zu entnehmende Organ für den vorgesehenen Empfänger, z.B. wegen mangelnder Gewebeverträglichkeit, ungeeignet ist.[451]

Weiter ist die Lebendspende nur subsidiär zulässig, wenn kein geeignetes Spenderorgan eines Toten im Zeitpunkt der Organentnahme zur Verfügung steht (Subsidiarität).[452] Der Gesetzgeber wollte damit verdeutlichen, dass die Lebendspende im Interesse des Lebendspenders nur die letzte Möglichkeit sein darf, wenn ein postmortal gespendetes Organ nicht oder nicht rechtzeitig zur Verfügung steht. Auch soll diese Bestimmung verhindern, dass das Bemühen, die Bereitschaft zur Organspende nach dem Tod zu fördern, vernachlässigt wird.[453]

Schließlich wird nach dem deutschen Transplantationsgesetz bei Entnahme von Organen, die sich nicht wiederbilden können, zum Beispiel Nieren, von dem Transplantationsgesetz die Organentnahme nur dann für zulässig erachtet, wenn der Spender einem spezifischen Spenderkreis zugehört. Nur wenn der Organspender und der Organempfänger Verwandte ersten oder zweiten Grades, Ehegatten, Verlobte oder Personen sind, die sich in besonderer persönlicher Verbundenheit offenkundig nahe stehen, ist eine Organspende erlaubt.[454]

Das deutsche Transplantationsgesetz sieht im Grundsatz eine Organtransplantation unter Lebenden nur dann vor, wenn Spender und Empfänger Verwandte ersten oder zweiten Grades sind. Dadurch sollten zum einen die medizinischen Erfolgsaussichten der Transplantation erhöht werden, und zum anderen

[450] *Bock*, Rechtliche Voraussetzungen der Organentnahme von Lebenden und Verstorbenen, 1999, S. 47.
[451] BT-Dr. 13/4355, S. 20.
[452] Zur Kritik an der Subsidiarität siehe *Dettmeyer*, Medizin & Recht für Ärzte, 2001, S. 248; *Ugowski*, Rechtsfragen der Lebendspende von Organen, 1998, S. 58.
[453] BT-Dr. 13/4355, S. 20.
[454] Zur Kritik aus verfassungsrechtlicher Sicht siehe *Dettmeyer,* Medizin & Recht für Ärzte, 2001, S. 249; *Ugowski*, Rechtsfragen der Lebendspende von Organen, 1998, S. 61 ff., 76, 79; *Schroth*, „Die strafrechtlichen Tatbestände des Transplantationsgesetzes“, JZ 23/1997, S. 1147 (1153).

sollte die Lebendspende einer möglichen Kommerzialisierung entzogen werden.[455]

Die Regelung geht davon aus, dass grundsätzlich eine verwandtschaftliche oder vergleichbare enge persönliche Beziehung die beste Gewähr für die Freiwilligkeit der Organspende bietet und durch die Beschränkung auf Verwandte der Gefahr eines (verdeckten) Organhandels entgegengewirkt werden kann.[456]

Der Wortsinn des Begriffs „besondere persönliche Verbundenheit" erfordert eine tiefgehende emotionale Bindung, d.h. eine regelmäßig über einen längeren Zeitraum gewachsene, auf Dauer angelegte, von persönlich-ideellen Interessen geprägte Beziehung, die offensichtlich dann nicht vorliegt, wenn sich der Kontakt zwischen Spender und Empfänger auf die mögliche Lebendspende beschränkt. Denn die auf Krankheit und Leiden beruhenden, ähnlichen persönlich-ideellen Erfahrungen des jeweiligen (möglichen) Spenders und des jeweiligen (möglichen) Empfängers mögen zwar im Einzelfall für das Entstehen einer besonderen persönlichen Verbundenheit förderlich sein, begründen für sich allein aber noch keine besondere persönliche Verbundenheit.[457]

Die gesetzgeberische Beschränkung der Lebendspende bedeute zwar einen Eingriff in das Recht auf Leben und körperliche Unversehrtheit des Spendeempfängers, doch sei „der vom Empfängerkreis bei Lebendspende (§ 8 Abs. 1 Satz 2 dTPG) ausgehende Grundrechtseingriff gerechtfertigt". Denn mit der Beschränkung der Lebendspende auf Personen, die sich in besonderer persönlicher Verbundenheit offenkundig nahe stehen, habe der Gesetzgeber drei vernünftige Zielsetzungen des Allgemeinwohls verfolgt, nämlich die Abwehr gesundheitlicher Schäden für den lebenden Organspender, die Sicherstellung der Freiwilligkeit der Spende und die Verhinderung des Organhandels, und dadurch dazu beigetragen, „in einem sensiblen Bereich wie der Transplantationsmedizin ein Höchstmaß an Seriosität und Rechtssicherheit herzustellen.[458] Die besondere persönliche Verbundenheit zwischen Spender und Empfänger muss jedenfalls im Zeitpunkt der Spende bestehen.

Strittig ist allerdings die rechtliche Zulässigkeit einer sog. „Überkreuzspende" („Cross-Spende")[459] und zwar einmal im Hinblick auf das Handeltreiben mit

---

455 Vgl. BT-Dr. 13/2926, S. 17.

456 BT-Dr. 13/4355, S. 20.

457 *Nickel/Schmidt-Preisigke/Sengler,* Transplantationsgesetz, Kommentar, 2001, § 8 Rn. 22.

458 BVerfG, NJW 1999, S. 3401. Siehe *Uhlenbruck/Ulsenheimer,* „Die zivilrechtliche Problematik der Organtransplantation", in: *Laufs/Uhlenbruck,* Handbuch des Arztrechts, 3. Aufl., 2002, § 131 Rn. 2.

459 Siehe zum Begriff der Kreuzspende *Uhlenbruck/Ulsenheimer,* „Die zivilrechtliche Problematik der Organtransplantation", in: *Laufs/Uhlenbruck,* Handbuch des Arztrechts, 3. Aufl., 2002, § 131 Rn. 15.

Organen[460] (§§ 17 Abs. 1 S. 1, 18 Abs. 1 dTPG) und zum anderen im Hinblick auf das Näheverhältnis[461] (§ 8 Abs. 1 S. 2, § 19 Abs. 2 dTPG).

Meiner Meinung nach ist eine „Überkreuzspende" zulässig, wenn auch hier die erforderlichen Voraussetzungen gegeben sind.[462] Die Überkreuzspende sollte nicht als Handeltreiben angesehen werden. Der Gesetzgeber wollte Handeltreiben sanktionieren, das die Gefahren der Ausbeutung in sich trägt. Dies kann man im Regelfall bei der Überkreuzspende nicht annehmen.[463]

Nach dem koreanischen Transplantationsgesetz werden die Regelungen über den Einwilligungsumfang des Organspenders in die allgemeine Regelung bei der Toten- und Lebendspende und in die spezielle Regelung bei der Lebendspende eingeteilt.

Die allgemeine Regelung betrifft die Entnahme oder die Übertragung von durch eine Krankheit infizierten Organen, die zur Übertragung nicht geeignet sind, durch Krebszellen befallene Organe und anderen, eine Gefahr für Leben oder Leib des potentiellen Empfängers herbeiführenden Organe, die durch Präsidentenverordnung bestimmt werden. Diese allgemeine Regelung im koreanischen Transplantationsgesetz ist eine Regelung zum Schutz des Organempfängers.

Die spezielle Regelung der Lebendspende betrifft den Kreis der allein in Betracht kommenden Organe: insbesondere eine der beiden gesunden Nieren oder Teile von Knochenmark, Leber und die andere durch Präsidentenverordnung bestimmten Organen in Rahmen der medizinischen Anerkennung. Nach dem koreanischen Transplantationsgesetz wird ferner der Empfängerkreis von Organen des Minderjährigen, abgesehen von Knochenmark, auf Ehegatten, Verwandte in gerader ab- und aufsteigender Linie, Geschwister sowie Verwandte bis zum vierten Grad, d.h. auf die sog. „Übertragung zwischen Familienmitgliedern", beschränkt. Diese spezielle Regelung dient dem Schutz des Organspenders.

Eine Knochenmarkentnahme gilt als ein weitgehend ungefährlicher Eingriff, welcher keine bleibenden Auswirkungen und Gefahren beinhaltet, zumal sich diese Substanz wieder neu bildet. Bestehen also über das normale Eingriffsrisiko hinaus keine weiteren gesundheitlichen Gefahren für den minderjährigen Spender, so sollte man dem Minderjährigen als auch seinen Eltern die Möglichkeit der Einwilligung geben dürfen, wenn die Transplantation die Rettung eines kranken Geschwisters bedeutet.[464]

---

460 Siehe zu diesem Fall *Dettmeyer*, Medizin & Recht für Ärzte, 2001, S. 250 f.

461 Siehe zu diesem Fall *Uhlenbruck/Ulsenheimer*, „Die zivilrechtliche Problematik der Organtransplantation", in: *Laufs/Uhlenbruck*, Handbuch des Arztrechts, 3. Aufl., 2002, § 131 Rn. 15.

462 *Nickel/Schmidt-Preisigke/Sengler*, Transplantationsgesetz, Kommentar, 2001, § 8 Rn. 20, 23.

463 *Schroth*, „Die strafrechtlichen Grenzen der Lebendspende", in: *Roxin/Schroth* (Hrsg.), Medizinstrafrecht, 2. Aufl., 2001, S. 280 f.

464 *Ugowski*, Rechtsfragen der Lebendspende von Organen, 1998, S. 82, 93.

Im Ergebnis verlangt das deutsche Transplantationsgesetz die Subsidiarität der Lebendspende, während das koreanische Transplantationsgesetz keine Subsidiarität erfordert.

Im Rahmen der internationalen Diskussion wird die Lebendspende in sechs Kategorien eingeteilt. Das sind „blutsverwandte Lebendspende“, „nichtverwandte, jedoch emotional verwandte Lebendspende“, „altruistische Lebendspende“, „kontrollierte bezahlte nicht-verwandte Lebendspende“, „offene aggressive, kommerzialisierte Lebendspende (Organhandel)“ und „kriminalisierte Lebendspende“.[465]

Nach dem deutschen Transplantationsgesetz bleibt die Lebendorganspende in der Bundesrepublik grundsätzlich auf die Kategorien „blutsverwandte Lebendspende“ und „nichtverwandte, jedoch emotional verwandte Lebendspende“ beschränkt.[466] Denn zum zulässigen Empfängerkreis bei der Entnahme nicht regenerierungsfähiger Organe zählen nur Verwandte ersten oder zweiten Grades, Ehegatten, Lebenspartner, Verlobte oder andere Personen, die dem Spender in besonderer persönlicher Verbundenheit offenkundig nahe stehen.

Nach dem koreanischen Transplantationsgesetz bleibt die Lebendorganspende grundsätzlich auf die Kategorien „blutsverwandte Lebendspende“ und „altruistische Lebendspende“ beschränkt. Denn nach diesem Gesetz gehören zum Empfängerkreis von Organen des Minderjährigen nur Ehegatten, Verwandte in gerader ab- und aufsteigender Linie, Geschwister sowie Verwandte bis zum vierten Grad – d.h., es findet eine Beschränkung auf sog. „Übertragungen zwischen Familienmitgliedern“ statt. Bei Organen volljähriger Spender und bei Knochenmark aller Spender findet sich keine Einschränkung des Empfängerkreises.

Schließlich stimmen das deutsche Transplantationsgesetz und das koreanische Transplantationsgesetz darin überein, dass es ausdrückliche Regelungen zum Schutz von Organempfängern gibt. Nach dem deutschen Transplantationsgesetz muss das Spenderorgan funktionsfähig und zur Übertragung auf den konkreten Empfänger, beispielsweise in Bezug auf Blutgruppe, Gewebeverträglichkeit und das Risiko der Übertragung von Krankheiten, geeignet sein. Auch nach dem koreanischen Transplantationsgesetz wird die Übertragung der Organe, die den Empfänger z.B. wegen der Gefahr einer Übertragung von spenderseitigen Krankheiten gefährden können, ausgeschlossen.

---

465 Siehe *Ugowski*, Rechtsfragen der Lebendspende von Organen, 1998, S. 61.
466 *Ugowski*, Rechtsfragen der Lebendspende von Organen, 1998, S. 61.

3. Freiwilligkeit der Einwilligung

In Deutschland und in Korea ist Grundvoraussetzung jeder Lebendspende die freiwillige Einwilligung des Spenders in die Organentnahme.

Nach dem deutschen Transplantationsgesetz muss die Einwilligungserklärung des Organspenders vor allem freiwillig abgegeben werden (§ 8 Abs. 3 S. 2 dTPG). Zur Freiwilligkeit der Einwilligung schreibt das Gesetz vor, dass ein Organ erst entnommen werden darf, wenn der Spendewillige durch zwei Ärzte eingehend aufgeklärt worden ist und die Prüfung einer Gutachterkommission keine Anhaltspunkte dafür ergeben hat, dass er durch Druck oder durch materielle Anreize zur Spende bewogen worden ist. Strenge „Prüfungsverfahren" hinsichtlich der Freiwilligkeit der Organspende gewährleisten ein hinreichendes Maß an Spender- und Empfängerschutz.[467]

Auch das koreanische Transplantationsgesetz regelt, wie schon bei der Totenspende, ausdrücklich den Grundsatz der Achtung der Freiwilligkeit zur Organspende (Vgl. § 2 Abs. 2 kTPG).

Die wirksame Einwilligung setzt selbstverständlich Freiwilligkeit voraus und verlangt insofern eigentlich keine ausdrückliche Regelung. Im diesen Sinne gewährleisten das deutsche Transplantationsgesetz und das koreanische Transplantationsgesetz durch die ausdrückliche Regelung nochmals mit besonderem Nachdruck die Freiwilligkeit der Einwilligung.

Die Einwilligung zur Organspende muss als bewusste, autonome, nicht unter Zwängen irgendwelcher Art erfolgende Entscheidung vorliegen, womit die eigentliche rechtliche Schwierigkeit der Lebendspende angesprochen ist. Zweifellos gibt es zwar für jedermann einsehbare Situationen völlig altruistischer Spendewilligkeit. Es lässt sich aber nur schwer beurteilen, wann jemand seine Entschlüsse autonom und wann fremdbestimmt trifft.

Eine exakte Definition des Begriffes „Freiwilligkeit" kann nicht aufgestellt werden. Trotzdem kann gesagt werden: Die Freiwilligkeit fehlt bei äußeren Zwängen wie Gewalt und Drohung und auch bei wesentlichen Irrtümern des Spenders.[468] Eine Unfreiwilligkeit der Spendeentscheidung wird vereinzelt auch dann angenommen, wenn sich der Spender wegen der Zahlung eines Entgelts für die Lebendspende entscheidet.[469] Man könnte sich auch auf den Standpunkt stellen, dass der Spender unfreiwillig handelt, wenn er während seiner Entscheidungsfindung psychischem Druck ausgesetzt ist.[470] Die Einwilligung muss

---

[467] *Ugowski*, Rechtsfragen der Lebendspende von Organen, 1998, S. 77.

[468] Vgl. BGHSt 4, 88 (90).

[469] *Bock*, Rechtliche Voraussetzungen der Organentnahme von Lebenden und Verstorbenen, 1999, S. 149.

[470] *Bock*, Rechtliche Voraussetzungen der Organentnahme von Lebenden und Verstorbenen, 1999, S. 149.

frei von Irrtum, Täuschung oder Drohung, d.h. sie muss freiwillig sein. Außer dem fehlenden Willensmangel setzt Freiwilligkeit den „freien unerzwingbaren sittlichen Entschluss zu dem Eingriff" voraus.[471]

Fraglich ist jedoch, ob die für eine wirksame Einwilligung notwendige Freiwilligkeit vorliegt, wenn es um eine Lebendspende zwischen Verwandten oder Familienmitgliedern geht. Von Seiten naher Angehöriger oder der Familie kann der „Zwang" so erheblich werden, dass es dem Spender manchmal nicht gelingen wird, sich diesem Drängen zu widersetzen und sich von Erwartungen und Ermahnungen Dritter nicht allzu sehr beeinflussen zu lassen. Die prekäre Situation des Spenders, die „einzige Rettung" für den nahen Angehörigen zu sein, kann die Freiwilligkeit seiner Entscheidung fast unmöglich machen.[472]

4. Zeitpunkt und Widerrufsmöglichkeit der Einwilligung

a) Zeitpunkt der Erklärung

Das deutsche Transplantationsgesetz und das koreanische Transplantationsgesetz enthalten keine Aussage über den Zeitpunkt der Erklärung zur Organspende.

Nach den allgemeinen Grundsätzen über die Einwilligung muss die Einwilligung zur Organspende vor dem Eingriff zur Organspende erklärt werden und bis Eingriff andauern. Daher hat die nachträgliche Einwilligung zur Organspende keine Wirksamkeit. Eine Rückwirkung ist nicht anzunehmen.

b) Freiheit des Widerrufs

Sowohl das deutsche Transplantationsgesetz als auch das koreanische Transplantationsgesetz enthalten ausdrückliche Regelungen über die Widerruflichkeit der erklärten Einwilligung in die Lebendspende.

Anders als bei der Totenspende kann nach dem deutschen Transplantationsgesetz kraft ausdrücklicher Regelung die Einwilligung bis zum Eingriff widerrufen werden. Wie bei der Totenspende kann auch nach dem koreanischen Transplantationsgesetz derjenigen, der der Organentnahme zugestimmt hat, seine Erklärung jederzeit bis zum Eingriff der Organentnahme widerrufen.

Der Widerruf hat dabei lediglich eine in die Zukunft gerichtete Wirkung, also keine rückwirkende Kraft.[473] Eine Begründung, warum der Widerruf erfolgt, ist

---

471 *Uhlenbruck/Ulsenheimer*, „Die zivilrechtliche Problematik der Organtransplantation", in: *Laufs/Uhlenbruck*, Handbuch des Arztrechts, 3. Aufl., 2002, § 142 Rn. 29.

472 Siehe *Ugowski*, Rechtsfragen der Lebendspende von Organen, 1998, S. 44; *Joo*, Rechtswissenschaft von Hirntod und Transplantationsgesetz, 1997, S. 166.

473 *Esser*, „§ 8 Zulässigkeit bei lebenden Organspendern", in: *Höfling* (Hrsg.), Transplantationsgesetz, Kommentar, 2003, § 8 Rn. 108.

nicht vonnöten.[474] In der Regel wird es angezeigt sein, nach der Einwilligung mit dem Eingriff einige Tage zu warten, es sei denn, die Organentnahme duldet aus medizinischen Gründen keinen Aufschub.[475]

5. Formbedürftigkeit

a) Form der Einwilligung

Die Einwilligung in eine Lebendspende zielt auf einen Rechtsgutverzicht ab, der ausschließlich das Persönlichkeitsrecht und das Recht auf Wahrung der Körperintegrität des Einwilligenden, nicht aber Rechte Dritter tangiert. Im Interesse einer optimalen Durchsetzung des Selbstbestimmungsrechts des Spenders, besteht hier deshalb ebenso wenig ein Formzwang wie bei der Heilbehandlung. Die Bereitschaft zur Organspende kann daher in jeder Form erklärt werden.[476] Trotzdem stimmen das deutsche Transplantationsgesetz und das koreanische Transplantationsgesetz darin überein, dass die beiden Gesetze einen Formzwang über die Bereitschaftserklärung zur Lebendspende beinhalten.

Nach dem deutschen Transplantationsgesetz ist die Einwilligungserklärung des Lebendspenders in einer Niederschrift aufzuzeichnen, die von dem Spender zu unterschreiben ist. Auch nach dem koreanischen Transplantationsgesetz muss die Einwilligungserklärung des Organspenders bzw. die Zustimmungserklärung des Familienmitglieds oder der Angehörigen schriftlich abgegeben werden.

Das Erfordernis der Ausdrücklichkeit bildet hier eine Schranke zum Schutze der Selbstbestimmung des Spenders. Die Organentnahme beim gesunden Spender unterscheidet sich nämlich erheblich von einer herkömmlichen Heilbehandlung, bei der unter Umständen die mutmaßliche Einwilligung des Patienten in den Eingriff diesen rechtfertigt, weil er in dessen objektivem Interesse liegt. Denn die Explantation ist für den Organspender weder nützlich noch eilbedürftig, so dass eine ausdrückliche schriftliche Einwilligungserklärung in diese höchstpersönliche Entscheidung angemessen erscheint.[477]

Sinn und Zweck dieses Schriftformerfordernisses ist zum einen der Schutz des Spenders vor einem ungewollten Eingriff. Zum anderen gibt es dem explantierenden Arzt die Möglichkeit, im Falle einer späteren Auseinandersetzung die Einwilligung des Patienten zu beweisen. Insofern bietet die Form der Schriftlichkeit eine doppelte Schutzfunktion.[478] Dabei stehen für den Arzt die Beweis-

[474] Vgl. BT-Dr. 13/4355, S. 21.
[475] BT-Dr. 13/4355, S. 21.
[476] *Bock*, Rechtliche Voraussetzungen der Organentnahme von Lebenden und Verstorbenen, 1999, S. 152 f.
[477] *Ugowski*, Rechtsfragen der Lebendspende von Organen, 1998, S. 42.
[478] *Ugowski*, Rechtsfragen der Lebendspende von Organen, 1998, S. 42.

aspekte im Vordergrund. Denn im Falle späterer Streitigkeiten trägt der Arzt die volle Beweislast für die Rechtfertigung des Entnahmeeingriffs.[479]

b) Form des Widerrufs

Das deutsche Transplantationsgesetz enthält ausdrückliche Regelungen darüber, dass die Einwilligung zur Organspende jederzeit schriftlich oder mündlich widerrufen werden kann. Das koreanische Transplantationsgesetz enthält demgegenüber keine Aussage über die Form der Widerrufserklärung.

Jeder kann daher im Hinblick auf die Formfreiheit seine Widerrufserklärung auf jede geeignete Weise abgeben. Auch mündlich abgegebene Widerrufserklärungen sind wirksam.

B. Diskussionspunkte der übrigen Sonderbereiche der Lebendspende

1. Wachsende Bedeutung der Lebendspende

Kodifikationen über die Lebendspende von Organen, Regelungen, welche also auch die Transplantation unter Lebenden betreffen, finden sich lediglich in Spanien,[480] Italien,[481] Frankreich,[482] Belgien,[483] den Niederlanden,[484] Denkmark,[485] Norwegen,[486] Schweden,[487] Venezuela,[488] Brasilien,[489] Südafrika,[490] Portugal,[491] England[492] und Polen.[493] In der Schweiz hat die Lebendspende bislang keine

---

479 *Bock*, Rechtliche Voraussetzungen der Organentnahme von Lebenden und Verstorbenen, 1999, S. 153.

480 Gesetz über die Entnahme und Verpflanzung von Organen Nr. 30 vom 27. 10. 1979, präzisiert durch Rechtsverordnung vom 13. 3. 1980 (Boletin Oficial del Estado, Gaceta de Madrid Nr. 288, Ser. Nr. 26445, 25742 ff.).

481 Transplantationsgesetz Nr. 235 vom 3. 4. 1957; Nr. 519 vom 5. 9. 1965 und Nr. 458 vom 26. 6. 1967 (zur Lebendspende von Nieren), sowie das Dekret Nr. 78 vom 5. 2. 1970.

482 Bioethikgesetz Nr. 94-654 vom 29. 7. 1994 (Journal Officiel v. 30. 7. 1994, 11060 ff.).

483 Gesetz über die Entnahme und Verpflanzung von Organen vom 13. 6. 1986 (Moniteur belge 1987, Nr. 32, 2129 ff.).

484 Gesetzentwurf zu einem Transplantationsgesetz: Eerste Kamer, vergaderjaar 1994-1995, 22358, Nr. 299.

485 Transplantationsgesetz Nr. 246 vom 9. 6. 1967 in der Fassung von 1969 (Übersetzung in: DÄBl. 1968, 285).

486 Transplantationsgesetz Nr. 6 vom 9. 2. 1973.

487 Transplantationsgesetz Nr. 190 vom 15. 5. 1975.

488 Transplantationsgesetz vom 10. 8. 1972.

489 Transplantationsgesetz Nr.8.489 vom 18. 11. 1992.

490 Anatomical, Donations and Post-Mortem Examinations Act Nr. 24 vom 9. 3. 1970 in der Fassung des Gesetzes Nr. 42 von 1972.

491 Transplantationsgesetz vom 12. 4. 1993 (Gesetz Nr. 12, Diario de Republica Teil I A Nr. 94, 1961 ff.).

492 Transplantationsgesetz vom 22. 7. 1961 (Human Tissue Act, Public General Acts and Measures, Kap.54, 636 ff.) i.d.F. von 1989.

gesetzliche, sondern nur eine Regelung durch die Richtlinien der Schweizerischen Akademie der medizinischen Wissenschaften erfahren[494].[495] Die Nachteile der Lebendspende liegen allein auf der Seite des Spenders, wobei diese im wesentlichen weniger medizinischer als psycho-sozialer Natur sind.[496]

Die Lebendspende ist im Vergleich zur postmortalen Organspende unter medizinischen Gesichtspunkten in einem wesentlich höheren Maße von Vorteilen für den Empfänger bestimmt. Zu den Vorzügen einer Lebendspende aus medizinischer Sicht sind etwa bessere Kurzzeit- und Langzeitergebnisse im Hinblick auf die Transplantatüberlebensraten, die optimale Organqualität ohne mögliche Vorschädigungen (ischämische Schädigungen) und die dadurch bedingte initiale Funktionsaufnahme (Sofortfunktion), die Abschätzung immunologischer Risiken (Gewebetypisierung), die Vermeidung langer Wartezeiten bis zur Transplantation zum Vorteil von Dialysepatienten sowie der Umstand, dass es sich um einen planbaren Elektiveingriff innerhalb der normalen Dienstzeiten der Transplantationszentren handelt, zu nennen.[497]

Unter Abwägung der Vor- und Nachteile, knüpft das deutsche Transplantationsgesetz die Zulässigkeit der Lebendspende an restriktive Voraussetzungen.[498] Der Mangel an Organen von toten Spendern hat auch die Nachfrage nach Organen Lebender verstärkt. Das gilt in erster Linie für Nieren, aber auch für Segmente von Leber und Bauchspeicheldrüse sowie Lungenklappen.

Angesichts der beschriebenen Vorteile und der auch statistisch belegten Hoffnung, mit der Lebendspende eine alternative Chance zur Verminderung des Organmangels erkannt zu haben, dürfte es unzweifelhaft sein, dass der Lebendspende zukünftig (auch in Deutschland) eine immer größer werdende Bedeutung zukommen wird.[499]

---

493 Gesetz über die Transplantation von Zellen, Gewebe und Organe vom 26. 10. 1995 (Dz.U. – Gesetzblatt – 1995, Nr. 138, Pos. 682).

494 Schweizerische Akademie der medizinischen Wissenschaften, Medizinisch-ethische Richtlinien zur Transplantation vom 17. 11. 1981.

495 *Ugowski*, Rechtsfragen der Lebendspende von Organen, 1998, S. 30, 31.

496 *Tag*, „Transplantationsgesetz", in: Münchener Kommentar zum Strafgesetzbuch, Bd. 5, 2004, § 8, Rn. 3; *Ugowski*, Rechtsfragen der Lebendspende von Organen, 1998, S. 23.

497 Siehe *Esser*, „§ 8 Zulässigkeit bei lebenden Organspendern", in: *Höfling* (Hrsg.), Transplantationsgesetz, Kommentar, 2003, § 8 Rn. 2; *Tag*, „Transplantationsgesetz", in: Münchener Kommentar zum Strafgesetzbuch, Bd. 5, 2004, § 8, Rn. 2.; *Ugowski*, Rechtsfragen der Lebendspende von Organen, 1998, S. 22 f.

498 *Tag*, „Transplantationsgesetz", in: Münchener Kommentar zum Strafgesetzbuch, Bd. 5, 2004, § 8, Rn. 2.

499 *Esser*, „§ 8 Zulässigkeit bei lebenden Organspendern", in: *Höfling* (Hrsg.), Transplantationsgesetz, Kommentar, 2003, § 8 Rn. 3.

2. Gesteigerte Aufklärungspflicht

Die Entnahme eines Organs bei einem lebenden Menschen ist unter die Körperverletzungstatbestände zu subsumieren. Dies auch dann, wenn man den gelungenen ärztlichen Heileingriff nicht darunter einordnet.[500] Bei der Entnahme eines Organs verliert nämlich ein Mensch ein Stück seines Körpers, ohne dass es eine medizinische Notwendigkeit hierfür gibt. Das bedeutet, die Organentnahme ist nur gerechtfertigt, wenn in sie autonom eingewilligt wurde und der Arzt hinreichend vor dem Eingriff aufgeklärt hat.[501]

Die zur Organspende bereite Person ist über den Eingriff sowie mögliche Risiken aufzuklären. Da die Organentnahme für den Organspender kein Heileingriff ist, sind an die Aufklärung besonders strenge Anforderungen zu stellen.[502]

Das deutsche Transplantationsgesetz und das koreanische Transplantationsgesetz enthalten ausdrückliche Regelungen über die ärztliche Aufklärungspflicht bei der Lebendspende.

Nach dem deutschen Transplantationsgesetz hat der Arzt den Spendewilligen über die Art des Eingriffs und den Umfang der beabsichtigten Organentnahme, auch über entfernt liegende Risiken und mögliche Spätfolgen geringer Wahrscheinlichkeit für seine Gesundheit, die nach dem Stand der medizinischen Wissenschaft zu erwartende Erfolgsaussicht der Organübertragung sowie sonstige für ihn im Einzelfall erkennbar bedeutsame Umstände aufzuklären.[503] Nach dem deutsche Transplantationsgesetz hat die Aufklärung mit ihren Einzelheiten in Anwesenheit eines weiteren Arztes und, soweit erforderlich, anderer sachverständiger Personen zu erfolgen.

Auch nach dem koreanischen Transplantationsgesetz ist der Arzt verpflichtet, den Organspender und dessen Familienmitglied über den Gesundheitszustand des Organspenders, die Art des Eingriffs und den Umfang der beabsichtigten Organentnahme und die möglichen Risiken für seine Gesundheit, den Nachbetreuungsplan nach der Organentnahme sowie sonstige für den Organspender im Einzelfall damit verbundene erkennbar bedeutsame Umstände vor Organentnahme aufzuklären.

An den Umfang der ärztlichen Aufklärung als Voraussetzung der wirksamen Einwilligung sind, wegen des fehlenden unmittelbaren Heilzwecks der Organentnahme (denn der Heilzweck ist auf Dritte, nicht auf den Spender bezogen) strengere Maßstäbe anzulegen als bei einem herkömmlichen Heileingriff.[504]

---

500 Hierzu umfänglich *Schönke/Schröder/Eser*, StGB, 25. Aufl., § 223.

501 *Schroth*, „Die strafrechtlichen Tatbestände des Transplantationsgesetzes", JZ 23/1997, S. 1152.

502 *Nickel/Schmidt-Preisigke/Sengler*, Transplantationsgesetz, Kommentar, 2001, § 8 Rn. 26.

503 BT-Dr. 13/4355, S. 21.

504 *Ugowski*, Rechtsfragen der Lebendspende von Organen, 1998, S. 48; *Uhlenbruck/ Ulsenheimer*, „Die zivilrechtliche Problematik der Organtransplantation", in: *Laufs/Uhlenbruck*,

Der Arzt muss den Spender grundsätzlich über sämtliche Risiken, insbesondere über die Gefahren der Explantation und über mögliche postoperative Zwischenfälle (z.B. Wundinfektionen, Thrombosen und Pneumonien), die spezifischen Folgen des Organverlustes (z.B. Einnierigkeit) einschließlich etwaiger Spätfolgen (z.B. Lebensverkürzung), sowie über die Dringlichkeit und die nach wissenschaftlicher Erfahrung zu erwartenden Erfolgsaussichten und Erfolgsraten der Transplantation aufklären.[505]

Eine entsprechend weitergehende Aufklärung muss dann verlangt werden, wenn durch einen schweren Eingriff das körperliche Wohlbefinden des Organspenders dauernd und in höchstem Maße beeinträchtigt wird. Die Formel könnte daher lauten: Je schwerwiegender die Folgen des Eingriffs, desto strenger und umfassender die ärztliche Aufklärungspflicht. Die Aufklärung über die geplante Transplantation sollte stets hinsichtlich des Aufklärungs- bzw. Beratungsergebnisses offen sein, dass heißt, es sollte von vornherein auch die Option einer Nicht-Spende nicht ausgeschlossen werden. Denn nur so können Spender und Empfänger gleichermaßen zu einer selbstverantworteten Entscheidung gelangen.[506]

3. Eingriffsbefugte

Der Eingriff muss durch einen Arzt durchgeführt werden. Arzt im Sinne der Vorschrift ist der approbierte Arzt. Die Regelung dient dem Schutz des Organspenders und im Hinblick auf die sachgerechte Entnahme des Organs auch dem Schutz des Organempfängers.[507] Nur der Facharzt wird schließlich eine Organtransplantation lege artis durchführen können, wobei er unter bestimmten Voraussetzungen eine Organtransplantation auch ablehnen darf.[508]

4. Sonstige

Nach dem deutschen Transplantationsgesetz darf die Explantation erst durchgeführt werden, nachdem sich der Organspender und der Organempfänger zur Teilnahme an einer ärztlich empfohlenen Nachbetreuung bereit erklärt haben. Das Ziel dieser Anforderung ist dabei darin zu sehen, eine optimale ärztliche und psychische Betreuung der Betroffenen zu schaffen, um den Erfolg der Transplantation auf Dauer zu sichern.[509]

Handbuch des Arztrechts, 3. Aufl., 2002, § 142 Rn. 26.

505 *Ugowski*, Rechtsfragen der Lebendspende von Organen, 1998, S. 49.

506 *Ugowski*, Rechtsfragen der Lebendspende von Organen, 1998, S. 52.

507 BT-Dr. 13/4355, S. 20.

508 *Ugowski*, Rechtsfragen der Lebendspende von Organen, 1998, S. 79.

509 BT-Dr. 13/4355, S. 21.

Nach dem deutschen Transplantationsgesetz ist eine gutachtliche Stellungnahme einer bei der Ärztekammer angesiedelten Kommission vor der Entnahme einzuholen, um zu prüfen, ob begründete Anhaltspunkte dafür vorliegen, dass die Einwilligung nicht freiwillig erfolgt oder das Organ Gegenstand verbotenen Handeltreibens ist.

Der nach dem jeweiligen Landesrecht zuständigen Kommission muss ein Arzt angehören, der weder an der Entnahme noch an der Übertragung von Organen beteiligt ist noch Weisungen eines Arztes untersteht, der an solchen Maßnahmen beteiligt ist, ferner eine Person mit der Befähigung zum Richteramt und eine in psychologischen Fragen erfahrene Person.

Die Stellungnahme der Kommission bindet den Arzt formell nicht, er ist aber, bevor er das Organ entnimmt, verpflichtet, die Stellungnahme der Kommission abzuwarten. Diese Verpflichtung hat den Sinn, die Freiwilligkeit des Organspenders zu garantieren und auszuschließen, dass gegen das Organhandelsverbot verstoßen wurde.[510]

In Korea ist der die Organentnahme bei einem Lebenden beabsichtigende Arzt verpflicht, die Einwilligung des Organspenders bzw. die Zustimmung des Familienmitglieds und den Organspender selbst nachzuforschen. Nach dem koreanischen Transplantationsgesetz können ein Organspender ab 20 Jahren und ein Knochenmarksspender unter 20 Jahren (sog. Minderjähriger) bei einer Lebendspende den Organempfänger direkt benennen. Die sog. Direktspende ist nur zulässig, wenn die Zulassung des Direktors der nationalen Organtransplantationskontrollstelle vorliegt. Auch diese Kriterien haben den Sinn, die Freiwilligkeit des Organspenders bei der Direktspende zu garantieren und der Gefahr der Kommerzialisierung vorzubeugen.

Als Ergebnis wird man festzuhalten haben, dass der Gefahr des kommerziellen Organhandels bei Lebendspende immer besteht und die Zulässigkeit bzw. die strafrechtlichen Grenzen der Lebendspende abhängig von Verbot des Organhandels sind.

C. Kein Streitpunkt bezüglich Notstandsentnahme

Bereits oben wurde dargelegt, dass unter dem Gesichtspunkt des rechtfertigenden Notstandes die Explantation von Organen bei einem lebenden Spender niemals gerechtfertigt ist.[511] Insofern gilt für die Lebendspende nichts anderes als für die Totenspende.

---

[510] *Schroth*, „Die strafrechtlichen Grenzen der Lebendspende“, in: *Roxin/Schroth* (Hrsg.), Medizinstrafrecht, 2. Aufl., 2001, S. 275.

[511] *Clement*, „Transplantation“, in: *Rieger* (Hrsg.), Lexikon des Arztrechts, 2. Aufl., 2001, 5150 Rn. 14.

§ 9 Verteilung von Spenderorganen

I. dTPG

Das deutsche Transplantationsgesetz hat Regelungen zur Organisation der im Zusammenhang mit der Organentnahme zum Zwecke der Transplantation erforderlichen Maßnahmen getroffen (§§ 9 bis 12 dTPG). Die zentralen Vorschriften im Transplantationsgesetz zur Frage der Organallokation betreffen die vermittlungspflichtigen Organe (§ 9 S. 1 dTPG), die Vermittlungsstelle (§ 12 Abs. 2 dTPG), die Vermittlungskriterien (§ 12 Abs. 3 S. 1 dTPG) und das Vermittlungsverfahren (§ 10 Abs. 2 Nr. 2 dTPG).

A. Vermittlungspflichtige Organe

Als „vermittlungspflichtige" Organe werden Herz, Niere, Leber, Lunge, Bauchspeicheldrüse und Darm bei Menschen mit nicht behebbarem Ausfall der gesamten Hirnfunktion bezeichnet (§ 9 S. 2 dTPG).

Die Übertragung von diesen vermittlungspflichtigen Organen ist nur zulässig, wenn sie in dafür zugelassenen Transplantationszentren vorgenommen werden (§ 9 S. 1 dTPG) und durch die Vermittlungsstelle unter Beachtung der Vermittlungskriterien vermittelt worden sind (§ 9 S. 2 dTPG).

Dies gilt nicht für Organe, die einer lebenden Person entnommen worden sind und auf einen anderen Menschen übertragen werden sollen (Vgl. § 9 S. 2 dTPG).

B. Internationale Vermittlungsstelle

Zur Vermittlung der vermittlungspflichtigen Organe errichten oder beauftragen die Spitzenverbände der Krankenkassen gemeinsam, die Bundesärztekammer und die Deutsche Krankenhausgesellschaft oder die Bundesverbände der Krankenhausträger gemeinsam eine geeignete Einrichtung („Vermittlungsstelle") (§ 12 Abs. 1 S. 1 dTPG). Als Vermittlungsstelle kann auch eine geeignete Einrichtung beauftragt werden, die ihren Sitz außerhalb des Geltungsbereichs dieses Gesetzes hat und die Organe im Rahmen eines internationalen Organaustausches unter Anwendung der Vorschriften dieses Gesetzes für die Organvermittlung vermittelt (§ 12 Abs. 2 S. 1 dTPG).

Dabei hatte der Gesetzgeber die bereits vor Erlass des Transplantationsgesetzes vertraglich mit der Organvermittlung betraute Stiftung Eurotransplant International Foundation (ET) in Leiden Niederlande im Auge.[512] Diese private gemeinnützige Stiftung, gemeinhin als „Eurotransplant" bezeichnet, hat denn auch mit

[512] Vgl. BT-Dr. 13/4355, S. 25.

Vertrag vom 10. April 2000 den Status der Vermittlungsstelle erhalten (§ 1 Abs. 2 des Vertrages).

Sie wurde Ende der Sechzigerjahre gegründet, ursprünglich als reine Nierenvermittlungszentrale, und ist seitdem mit der Organvermittlung für die Transplantationszentren in Belgien, Deutschland, den Niederlanden, Luxemburg, Österreich und (seit 1. Januar 2000) Slowenien betraut.[513]

C. Kriterien für die Vermittlung

Das Ziel des deutschen Transplantationsgesetzes ist es vor allem, die Chancengleichheit und Gleichbehandlung der nach medizinischen Kriterien für eine Organtransplantation in Frage kommenden Patienten zu gewährleisten.[514]

Die Vermittlungsstelle trifft ihre Wahl aus einer einheitlichen nationalen Warteliste. Dabei sind die vermittlungspflichtigen Organe von der Vermittlungsstelle nach Regeln, die dem Stand der Erkenntnisse der medizinischen Wissenschaft entsprechen, insbesondere nach Erfolgsaussicht und Dringlichkeit für geeignete Patienten zu vermitteln (§ 12 Abs. 3 S. 1 dTPG).

1. Chancengleichheit

Die Annahme eines Patienten zur Organübertragung und die Aufnahme in die Warteliste durch das Transplantationszentrum stellen den einzig möglichen Zugang zur (meist) lebensrettenden Organtransplantation dar.[515]

Das deutsche Transplantationsgesetz gewährleistet Chancengleichheit dadurch, dass die Wartelisten der Transplantationszentren dabei als eine einheitliche Warteliste zu behandeln sind (§ 12 Abs. 3 S. 2 dTPG).

2. Regeln nach dem Stand der medizinischen Wissenschaft

Die vermittlungspflichtigen Organe sind von der Vermittlungsstelle nach Regeln, die dem Stand der Erkenntnisse der medizinischen Wissenschaft entsprechen, insbesondere nach Erfolgsaussicht und Dringlichkeit für geeignete Patienten zu vermitteln (§ 12 Abs. 3 S. 1 dTPG). Nach den gleichen Regeln ist auch die Aufnahme in die Warteliste zu entscheiden, wobei hier insbesondere die Notwendigkeit und Erfolgsaussicht einer Organübertragung maßgebend ist (§ 10 Abs. 2 Nr. 2 dTPG). Die Bundesärztekammer stellt in Richtlinien den Erkenntnisstand

---

513 *Höfling*, „§ 12 Organvermittlung, Vermittlungsstelle", in: *Höfling* (Hrsg.), Transplantationsgesetz, Kommentar, 2003, Rn. 12.

514 BT-Dr. 13/4355, S. 11.

515 *Clement*, „Transplantation", in: *Rieger* (Hrsg.), Lexikon des Arztrechts, 2. Aufl., 2001, 5150 Rn.26.

der medizinischen Wissenschaft für die Regeln zur Organvermittlung fest (§ 16 Abs. 1 S. 1 Nr. 5 dTPG).

a) Erfolgsaussicht

Das Kriterium der Erfolgsaussicht wird sowohl als Kriterium für die Aufnahme in die Warteliste (§ 10 Abs. 2 Nr. 2 dTPG) als auch als Kriterium für die Vermittlung (§ 12 Abs. 3 S. 1 dTPG) ausdrücklich genannt.

Für die Erfolgsaussicht ankommt es in erster Linie auf die Blutgruppe, bei Nierentransplantationen zusätzlich auf den HLA-Status und bei anderen Organen, insbesondere Herz und Leber, auch auf Größe und Gewicht des Spenderorgans an.[516]

Darüber hinaus sind in angemessener Gewichtung weitere Umstände zu berücksichtigen, die nach medizinischer Beurteilung Einfluss auf Erfolg und Dringlichkeit der Transplantation haben können, wie zum Beispiel die verstrichene oder die zu erwartende Wartezeit hinsichtlich eingetretener oder absehbarer zusätzlicher gesundheitlicher Belastungen.[517]

b) Dringlichkeit

Die Dringlichkeit der Organtransplantation hängt vor allem von dem Gesundheitszustand des Patienten im Hinblick auf seine verbleibenden Überlebenschancen ab.[518] In der bisherigen Praxis der Transplantationsmedizin wurden ebenfalls verschiedene Dringlichkeitsstufen unterschieden.[519] Es müssen organspezifische Abstufungen der Dringlichkeit festgelegt werden. DGMR[520] empfiehlt, bei der Konkretisierung der Dringlichkeit medizinisch objektivierbare Kriterien im Sinne einer Prioritätenbildung zu erstellen.[521]

3. Weitere Kriterien

Die organspezifischen Anwendungsregelungen richten sich nach den „Richtlinien zur Organtransplantation" der Bundesärztekammer[522] und dem „Vertrag über die Vermittlungsstelle".[523] Danach stimmen die organspezifisch konkreten Kriterien

---

[516] BT-Dr. 13/4355, S. 26.
[517] BT-Dr. 13/4355, S. 26.
[518] BT-Dr. 13/4355, S. 26.
[519] T = Transplantabel; SU = Special Urgency; HU = High Urgency
[520] DGMR, Einbecker Empfehlungen, MedR 1998, S. 532 Nr.13.
[521] Siehe *Oelert*, Allokation von Organen in der Transplantationsmedizin, 2002, S. 115 f.
[522] Bundesärztekammer, Richtlinien zur Organtransplantation gemäß § 16 TPG vom 28. 2. 2003.
[523] Die Anwendungsregelungen sind organspezifisch festzulegen und müssen insbesondere

darin überein, dass auf der ersten Stufe die Blutgruppenkompatibilität (AB0-Sysem) steht und auf der zweiten die Dringlichkeitsstufen. Ausnahmen ergeben sich aber auch hier. Bei Nieren steht auf der zweiten Stufe der Grad der Übereinstimmung der HLA-Merkmale. Zu den dritten Stufen gehören die Wartezeit, Konservierungszeit (Ischämiezeit), HLA-Merkmale und Nationale Bilanz.

Im Ergebnis ist für alle Organsorten die Blutgruppenkompatibilität nach dem ABO-System erstes und grundlegendes Kriterium der Patientenauswahl. Danach entscheiden in unterschiedlicher Gewichtung und Reihenfolge grundsätzlich die Wartezeit und die Konservierungszeit. Bei der Niere spielt außerdem der Grad der HLA-Übereinstimmung eine große Rolle.[524]

a) Wartezeit

Bei Leber, Herz und Lunge steht die Wartezeit auf der dritten Stufe. Bei der Niere stehen die Missmatch-Wahrscheinlichkeit auf der dritten Stufe und die Wartezeit auf der vierten Stufe. Gerade bei den Organen Herz und Leber wird die Wartezeit zum Indikator für die Dringlichkeit. Da kein Patient mit Herz- oder Leberversagen im Endstadium lange Wartezeiten überstehen würde, kommt es hier nicht zu extremen Wartezeitunterschieden. Die Wartezeiten im eigentlichen Sinne des Wortes spielen dagegen vor allem bei der Niere eine Rolle, da die Zeit bis zu einer Transplantation durch die Ersatztherapie überbrückt werden kann.

b) Ischämiezeit

Bei Herz, Leber und Lunge steht auf der vierten Stufe die Ischämiezeit. Lediglich bei der Niere steht auf der fünften Stufe die Ischämiezeit. Für die Organe Herz, Leber und Lunge gilt dies schon aufgrund der ohnehin kurzen Ischämietoleranz. Bei der Nierentransplantation wird die Frage, inwieweit die kalte Ischämiezeit den Erfolg beeinflusst, nicht einheitlich beantwortet.[525]

---

folgende Kriterien für die Organvermittlung berücksichtigen. Bei Herz stehen Blutgruppenkompatibilität, Dringlichkeit, Wartezeit, Konservierungszeit und Beteiligung einer Auditgruppe, bei Herz-Lungen und Lungen Blutgruppenkompatibilität, Dringlichkeit, Wartezeit, Konservierungszeit, Kombinierte Organtransplantation und Beteiligung einer Auditgruppe, bei Leber Blutgruppenkompatibilität, Dringlichkeit, Wartezeit, Konservierungszeit, Regelungen für Kinder, Kombinierte Organtransplantation und Beteiligung einer Auditgruppe. Bei Niere stehen Blutgruppenkompatibilität, HLA-Übereinstimmung, Mismatch-Wahrscheinlichkeit, Wartezeit, Konservierungszeit, Hochimmunisierte Patienten, Dringlichkeit, Regelungen für Kinder und Kombinierte Organtransplantation, bei Pankreas Blutgruppenkompatibilität, Kombinierte Organtransplantation, HLA- Übereinstimmung und Wartezeit. Vgl. dazu § 5 Abs. 2 Vertrag über die Vermittlungsstelle nach § 12 TPG.

524 *Schott*, Patientenauswahl und Organallokation, S. 274 f.

525 *Oelert*, Allokation von Organen in der Transplantationsmedizin, 2002, S. 119 f.

c) HLA-Merkmale

Bei Herz und Lunge stehen auf der fünften Stufe die HLA-Merkmale. Bei der Niere stehen die HLA-Merkamle aber auf der zweiten Stufe. Bei der Leber sind die HLA-Merkmale festgelegt.

4. Übertragung von Kriterienkompetenz an die Bundesärztekammer

Die eigentlichen Zuteilungsregeln finden sich nicht im deutschen Transplantationsgesetz. Das deutsche Transplantationsgesetz delegiert die Befugnis zu deren Normierung an die Bundesärztekammer (§ 16 Abs. 1 S. 1 Nr. 5 dTPG).

Die Bundesärztekammer stellt den Stand der Erkenntnisse der medizinischen Wissenschaft in Richtlinien für die Regeln zur Organvermittlung sowie für die Regeln zur Aufnahme in die Warteliste fest (§ 16 Abs. 1 Nr. 2, 5 dTPG). Diese Richtlinien sind am 13. November 1999 verabschiedet worden[526] und am 16. Juli 2000 mit den so genannten Generalverträgen über die Deutsche Stiftung Organtransplantation und die Stiftung Eurotransplant in Kraft getreten.[527]

Insgesamt liegen acht organspezifische Richtlinien, drei bezüglich der Aufnahme in die Warteliste[528] und fünf bezüglich der Organvermittlung,[529] vor. Die Richtlinien sind gleichzeitig mit dem Vermittlungsstellenvertrag in Kraft getreten (Vgl. § 12 dTPG). Für Eurotransplant sind die Richtlinien der Bundesärztekammer für die Vermittlung der Organe verbindlich.[530]

D. Verfahren zur Vermittlung

Angesichts der Knappheit geeigneter Organe ist das durch das Transplantationsgesetz monopolisierte Organvermittlungsverfahren von entscheidender, lebenswichtiger Bedeutung für die potentiellen Empfänger.

---

526 DÄBl 2000, S. A-396 ff. Eingehend *Conrads,* Rechtlinie Grundsätze der Organallokation, 2000.

527 Bundesanzeiger (2000) Bekanntmachung der Verträge nach §§ 11 und 12 des Transplantationsgesetzes, Nr. 131 a, S. 1455.

528 Es handelt sich um: die „Richtlinie für die Warteliste zur Nieren- und zur (Nieren-)Pankreas- Transplantation"; die „Richtlinie für die Warteliste zur Lebertransplantation" und die „Richtlinie für die Warteliste zur Herz-, Herz-Lungen- und Lungentransplantation (thorakale Organtransplantationen)".

529 Es handelt sich um: die „Richtlinie für die Organvermittlung zur Nierentransplantation"; die „Richtlinie für die Organvermittlung zur Lebertransplantation"; die „Richtlinie für die Organvermittlung thorakaler Spenderorgane (Herz)"; die „Richtlinie für die Organvermittlung thorakaler Spenderorgane (Herz-Lungen und Lungen)" und die „Richtlinie für die Organvermittlung zur Pankreastransplantation".

530 *Schreiber*, „Das Transplantationsgesetz und seine Folgen", Bundesgesundheitsbl-Gesundheitsforsch-Gesundheitsschutz 10-2002., S. 761 (764).

Das Verfahren lässt sich in drei wesentliche Schritte unterteilen.[531] Zunächst muss der potentielle Organempfänger, wenn die Übertragung vermittlungspflichtiger Organe medizinisch angezeigt ist, vom behandelnden Arzt an das Transplantationszentrum gemeldet werden, in dem die Übertragung vorgenommen werden soll (§ 13 Abs. 3 S. 1 dTPG). Dieses entscheidet unverzüglich über die Annahme zur Organübertragung und die Aufnahme in die Warteliste (§ 10 Abs. 2 Nr. 1, 2 dTPG), gegebenenfalls auch über die Herausnahme aus der Warteliste.

Die Vermittlungsstelle trifft die Entscheidung über die Zuteilung vermittlungspflichtiger Organe nach Regeln, die dem Stand der Erkenntnisse der medizinischen Wissenschaft entsprechen, insbesondere nach Erfolgsaussicht und Dringlichkeit (§ 12 Abs. 3 dTPG).

1. Aufnahme in die Warteliste

Das deutsche Transplantationsgesetz schreibt vor, über die Aufnahme in die Warteliste nach Regeln zu entscheiden, die dem Stand der Erkenntnis der medizinischen Wissenschaft entsprechen, insbesondere im Hinblick auf die Notwendigkeit und Erfolgsaussicht einer Organübertragung (Vgl. § 10 Abs. 2 Nr. 2 dTPG).

Da für die Vermittlungsentscheidung ebenfalls Regeln, die dem Stand der Erkenntnisse der medizinischen Wissenschaft entsprechen und insbesondere Erfolgsaussicht und Dringlichkeit für geeignete Patienten als Kriterien genannt werden, sind andere als medizinische Kriterien bei einer Vermittlungsentscheidung nicht zu berücksichtigen (§ 12 Abs. 3 dTPG). Die Bundesärztekammer stellt jeweils den Stand der Erkenntnisse der medizinischen Wissenschaft in Richtlinien fest (§ 16 Abs. 1 Nr. 2, 5 dTPG).

2. Vermittlung durch Eurotransplant

Die Transplantationszentren geben die erforderlichen Patientendaten weiter an die Vermittlungsstelle Eurotransplant. Dort werden für jedes Organ gemeinsame Wartelisten der ET-Mitgliedsländer Niederlande, Belgien, Luxemburg, Österreich, Slowenien und Deutschland geführt.

Die länderübergreifende Kooperation ermöglicht es, in dringenden Fällen möglichst rasch ein lebensrettendes Organ zu finden. Außerdem werden mehr immunologisch „passende" Organe (Nieren) vermittelt und damit die Erfolgsaussicht erhöht.

---

[531] *Clement*, „Transplantation", in: *Rieger* (Hrsg.), Lexikon des Arztrechts, 2. Aufl., 2001, 5150 Rn.24.

II. kTPG

Hinsichtlich der Auswahl des Organempfängers sieht das koreanische Transplantationsgesetz ausdrückliche Regelungen über die Auswahlstelle, Auswahlkriterien und das Auswahlverfahren vor (§ 22 kTPG).

Nach dem koreanischen Transplantationsgesetz dürfen die Organe durch die nationale Organtransplantationskontrollstelle unter Beachtung der Auswahlkriterien, die durch die Präsidentenverordnung bestimmt werden, verteilt werden (§ 22 Abs. 1, 4 kTPG).

Zwei Ausnahmen für das Auswahlverfahren sind vorgesehen. Für die Auswahl des Organempfängers genügt die Auswahl durch den Direktor der „medizinischen Institution für Organtransplantation“ statt durch den Direktor der nationalen Organtransplantationskontrollstelle, wenn ansonsten – wie bei der Augenhornhaut – die deutliche Gefahr eines Chancenverlustes für eine Transplantation oder andere zwingende Gründe vorliegen, die durch Präsidentenverordnung bestimmt werden (§ 22 Abs. 2 kTPG).

Bei einer Lebendspende kann auch ein Organspender ab 20 Jahren und ein Knochenmarkspender unter 20 Jahren den Empfänger seiner Organe mit Zulassung des Direktors der nationalen Organtransplantationskontrollstelle ausnahmsweise direkt benennen (sog. „Direktspende“) (§ 22 Abs. 3 kTPG).

A. Nationale Auswahlstelle

Zur Auswahl des Organempfängers wurde die nationale Organtransplantationskontrollstelle als Auswahlstelle errichtet (Vgl. § 9 Abs. 1 kTPG). Nach dem koreanischen Transplantationsgesetz muss die Auswahl des Organempfängers im Grundsatz durch die nationale Organtransplantationskontrollstelle unter Beachtung der Auswahlkriterien, die durch Präsidentenverordnung bestimmt werden, erfolgen (Vgl. § 9 Abs. 2 Nr. 1, § 22 Abs. 1 kTPG).

B. Kriterien für die Auswahl

Hinsichtlich der Kriterien für die Auswahl regelt vor allem das koreanische Transplantationsgesetz die Chancengleichheit als Grundidee (Vgl. § 2 Abs. 3 kTPG). Nach dem koreanischen Transplantationsgesetz werden die Kriterien für die Auswahl in allgemeine Kriterien und spezielle einzelne Kriterien eingeteilt. Insgesamt liegen fünf organspezifische Kriterien als spezielle einzelne Kriterien vor. Hierzu zählen die Kriterien für Niere und Bauchspeicheldrüse, Leber, Herz und Lunge, Knochenmark und Augenhornhaut (Vgl. § 18 Abs. 1 Präsidentenverordnung des kTPG).

1. Chancengleichheit

Nach der Grundidee des koreanischen Transplantationsgesetzes muss die Chance zur Organübertragung jeder Person, die einer Übertragung von Organen bedarf, gleichermaßen gegeben sein (§ 2 Abs. 3 kTPG). Das koreanische Transplantationsgesetz gewährleistet Chancengleichheit durch die Auswahlkriterien und Auswahlverfahren auf praktischem Wege (Vgl. § 22 kTPG).

2. Allgemeine Kriterien

Die allgemeinen Kriterien für die Empfängerauswahl enthalten Regelungen über die Blutgruppe, Reihenfolge bei Toten und subsidiäre Reihenfolge bei Multiorganentnahme.

a) Blutgruppe

Das erste Kriterium für die Empfängerauswahl ist die Blutgruppe. Die allgemeinen Kriterien verlangen, dass die Blutgruppe des potentiellen Organspenders und Organempfängers identisch ist oder die Transfusion von potentiellem Organspender zum Organempfänger möglich ist. Eine Ausnahme dafür sieht wie folgt aus. Unabhängig von der Blutgruppe ist die Vermittlung von Organen zulässig, wenn die Übertragung medizinisch unabhängig von einer Transfusion möglich ist, wie bei einer Niere.

b) Reihenfolge bei Toten

Mit Ausnahme von Lebendspenden verlangen ferner die allgemeinen Kriterien, dass die Auswahl nach der gesetzlich vorgegebenen Reihenfolge vorzunehmen ist. Dabei sehen die allgemeinen Kriterien eine bestimmte Reihenfolge vor.

aa) Verwandte des Hirntoten

Nach den allgemeinen Kriterien stehen auf erster Stufe Verwandte, die auf die Warteliste unter Ehegatten, Verwandte in gerader ab- und aufsteigender Linie, Geschwister sowie Verwandte bis zum vierten Grad des Hirntoten gesetzt werden.

bb) Nieren-Bedürftige der Fachkontrollstelle für Als-Hirntot-Vermutete

Nach den allgemeinen Kriterien steht auf zweiter Stufe ein Nieren-Bedürftiger, der auf die Warteliste der sog. „Fachkontrollstelle für Als-Hirntot-Vermutete“, die den betroffenen Hirntoten versorgt, gesetzt wird. Diese Regelung ist eine gesonderte spezielle Regelung, um Hirntotendspenden zu dadurch zu fördern, dass die Chance zur Nieren-Übertragung durch die „Fachkontrollstelle für Als-Hirntot-Vermutete" vorrangig gewährleistet wird.

cc) Organ-Bedürftige der gleichen Region

Nach den allgemeinen Kriterien steht auf dritter Stufe ein Organbedürftiger, der innerhalb der gleichen Region mit dem Organspender liegt. Danach wird Korea in drei Regionen eingeteilt. In der ersten Region stehen Seoul, Incheon, Kyeonggido, Kangwondo und Jejoodo. In der zweiten Region stehen Daejeon, Kwangjoo, Choongcheongbookdo, Choongcheongnamdo, Jeolabookdo und Jeolanamdo. Schließlich stehen in der dritten Region Pusan, Daegu, Ulsan, Kyeongsangbookdo und Kyeongsangnamdo.

Folgende Ausnahme ist vorgesehen: Unabhängig von Region ist die Auswahl des Organempfängers zulässig, wenn der Empfänger nach den gesonderten Anforderungen der organspezifisch einzelnen Kriterien oder bei Herz und Lunge ohne Region ausgewählt werden kann.

dd) Organ-Bedürftige aus allen Teilen des Landes

Schließlich stehen auf der vierten Stufe alle Organdürftigen aus allen Teilen des Landes. Der Organempfänger soll zuletzt unter allen Organbedürftigen ausgewählt werden, wenn es keinen potentiellen Empfänger nach der Reihenfolge innerhalb der gleichen Region gibt.

c) Subsidiäre Reihenfolge bei kombinierten Organtransplantationen usw.

Die allgemeinen Kriterien enthalten auch subsidiär die Regelungen über die Reihenfolge des Organs bei Multiorganbedürftigen und die Reihenfolge bei mehreren gleichrangigen Organbedürftigen.

3. Einzelne Kriterien

Die organspezifischen einzelnen Kriterien zur Auswahl des Organempfängers enthalten die Regelungen über die vorrangigen Auswahlkriterien nach medizinischem Stand. Bei gleicher medizinischer Beurteilung fordern die organspezifischen einzelnen Kriterien eine Punktzahl, die je nach den eigenen Parametern jedes Organs verschieden ist. Zu den vorrangigen Auswahlkriterien gehören Gewebeverträglichkeit, Gewicht des Spenders, Größe des Organs und Dringlichkeit. Zu den mit Punktzahl verbundenen Faktoren gehören Wartezeit, Lebensalter und vorangegangene Spendeerfahrung usw.

a) HLA-Merkmale

Die Gebeweverträglichkeit ist das vorrangige Auswahlkriterium bei „Niere und Bauchspeicheldrüse" und „Knochenmark".

b) Gewicht des Spenders

Der potentielle Empfänger des Herzens soll unter den Organbedürftigen mit 0.5fachem bis 1.5fachem Gewicht des Spenders vorrangig ausgewählt werden.

c) Größe des Organs

Der potentielle Empfänger der Lunge soll unter den Organbedürftigen mit 0.7facher bis 1.3facher Größe der Lunge des Spenders vorrangig ausgewählt werden.

d) Reihenfolge nach Dringlichkeitsstufen bei Augenhornhaut

Insbesondere bei Augenhornhaut sollen die potentiellen Empfänger nach Dringlichkeitsstufen ausgewählt werden. Bei Spendern unter 16 Lebensjahren soll unter Bedürftigen unter 16 Lebensjahren nach Dringlichkeitsstufen vorrangig ausgewählt werden.

4. Übertragung von Kriterienkompetenz auf die Präsidentenverordnung

Das koreanische Transplantationsgesetz delegiert, wie bereits ausgeführt, die Kompetenz zur Normierung der Auswahlkriterien auf die Präsidentenverordnung (§ 22 Abs. 1 kTPG). Die Präsidentenverordnung stellt die Kriterien für die Auswahl des Organempfängers fest. Nach dieser Präsidentenverordnung werden die Kriterien für die Auswahl des Organempfängers, wie gerade oben erwähnt, in allgemeine Kriterien und spezielle einzelne Kriterien eingeteilt (§ 18 Abs. 1 Präsidentenverordnung des kTPG).

C. Verfahren der Auswahl

Nach dem koreanischen Transplantationsgesetz muss die Auswahl des Organempfängers grundsätzliche durch die „nationale Organtransplantationskontrollstelle" unter Beachtung der Auswahlkriterien erfolgen. Die Auswahl des Organempfängers kann aber ausnahmsweise durch den Direktor der „medizinischen Institution für Organtransplantation“ erfolgen. Bei einer Lebendspende kann auch ein Spender den Empfänger direkt benennen.

1. Matching durch die nationale Organtransplantationskontrollstelle

Die Auswahl des Organempfängers erfolgt durch den Direktor der nationalen Organtransplantationskontrollstelle nach den Auswahlkriterien, wenn die Registerfolge des Organspenders aus dem Organspenderegister mitgeteilt worden ist (§ 22 Abs. 1 S. 1 kTPG). Die Auswahl kann von einem Computer nach festen Algorithmen vorgenommen werden. Durch diese Form der Auswahl des Empfängers sollen Transparenz gesichert und Organhandel verhindert werden.

Der Direktor der nationalen Organtransplantationskontrollstelle muss dem Direktor des Organspenderegisters, in dem Organspender und Organempfänger registriert sind, diese Auswahl mitteilen. Der Direktor des Organspenderegisters muss die Auswahl dem registrierten Organspender und Empfänger sowie dessen Familienmitglied und Angehörigen unverzüglich mitteilen (§ 22 Abs. 1 S. 2 kTPG).

Auch bei einer sog. „echten Spende“, bei der der Lebendspender keinen bestimmten Empfänger benennt, soll die Auswahl des Organempfängers durch den Direktor der nationalen Organtransplantationskontrollstelle nach den Auswahlkriterien erfolgen.

2. Ausnahme

a) Matching durch das Transplantationskrankenhaus

Nach dem koreanischen Transplantationsgesetz ist die Auswahl durch den Direktor der „medizinischen Institution für Organtransplantation“ zulässig, wenn die deutliche Gefahr eines Chancenverlustes für eine Übertragung oder andere zwingende Gründe vorliegen, die durch Präsidentenverordnung bestimmt werden (§ 22 Abs. 2 S. 1 kTPG).

Der aus zwingenden Gründen den Empfänger auswählende Direktor der „medizinischen Institution für Organtransplantation“ muss dem Direktor der nationalen Organtransplantationskontrollstelle die Gründe und das Auswahlergebnis nennen und dem Direktor des Organspenderegisters, dem Organspender, dem Organempfänger und dessen Familienmitglied und Angehörigen das Auswahlergebnis mitteilen (§ 22 Abs. 2 S. 2 kTPG).

b) Direktspende

Nach dem koreanischen Transplantationsgesetz ist die sog. „Direktspende", wonach der Organspender den Organempfänger seines Organs selbst benennen kann, zulässig, wenn der Lebendspender ab 20 Jahren seine Organe und der Lebendspender ab oder auch unter 20 Jahren sein Knochenmark spenden will (§ 22 Abs. 3 S. 1 kTPG).

Bei der sog. „Direktspende" bedarf der Organspender oder der Knochenmarkspender der Zulassung des Direktors der nationalen Organtransplantationskontrollstelle (§ 22 Abs. 3 S. 2 kTPG).

III. Vergleich und kritische Würdigung

A. Streitpunkte bei verteilungspflichtigen Organen

Im deutschen Transplantationsgesetz wird der Begriff der vermittlungspflichtigen Organe legaldefiniert. Das sind bei Verstorbenen zum Zwecke der Transplantation entnommene Organe: Herz, Niere, Leber, Lunge, Bauchspeicheldrüse und Darm. Die vermittlungspflichtigen Organe dürfen nur in dafür zugelassenen Transplantationszentren und nur durch Eurotransplant als Vermittlungsstelle unter Beachtung der Vermittlungskriterien auf einen anderen Menschen übertragen werden.

Im Gegensatz zu den vermittlungspflichtigen Organen sind im Transplantationsgesetz selbst keine Vermittlungskriterien und Organisationsregeln zur Vermittlung der nicht vermittlungspflichtigen Organe, die bei Verstorbenen entnommen werden (beispielsweise Haut, Knochen, Augenhornhäute und Gehörknöchelchen), festgelegt.

Demgegenüber trifft das koreanische Transplantationsgesetz keine Aussage über die vermittlungspflichtigen Organe, sondern gibt eine Legaldefinition der Anwendungsgegenstände. Diese sind Niere, Leber, Bauspeicheldrüse, Herz, Lunge und Knochenmark sowie Augenhornhaut. Diese Anwendungsgegenstände dürfen nur in der „medizinischen Institution für Organtransplantation" und grundsätzlich nur durch die nationale Organtransplantationskontrollstelle als Auswahlstelle unter Betrachtung der Auswahlkriterien auf einen anderen Menschen übertragen werden.

Das deutsche Transplantationsgesetz hat meines Erachtens gegenüber dem koreanischen Transplantationsgesetz den Vorteil, den Besonderheiten geeigneter Gewebe zu entsprechen, indem das Gesetz die Teile der Organe innerhalb seines Anwendungsbereichs als die vermittlungspflichtigen Organe regelt.

Die Vermittlung des Gewebes hat in Deutschland ein gesondertes Verfahren.[532] Hier hilft das Transplantationsgesetz nicht weiter. Für die Transplantation dieser Körpersubstanzen gelten allgemeine Regelungsgrundsätze und ggf. Berufsrechtliche Regelungen und Richtlinien.[533]

B. Streitpunkte bei der Verteilungsstelle

Nach dem deutschen Transplantationsgesetz sind durch Vertrag die Transplantationszentren in Belgien, Deutschland, der Niederlanden, Luxemburg, Österreich und (seit 1.1.2000) Slowenien mit der Organvermittlung betraut (Vgl. Vertrag über die Vermittlungsstelle nach § 12 dTPG).

Nach dem koreanischen Transplantationsgesetz ist demgegenüber zur Auswahl des Organempfängers nur die nationale Organtransplantationskontrollstelle als nationale Auswahlstelle befugt, um Chancegleichheit bei der Auswahl des Organempfängers zu gewährleisten und um das Auswahlverfahren zu vereinheitlichen.

Das deutsche Transplantationsgesetz sieht Eurotransplant als eine private internationale Vermittlungsstelle vor, während das koreanische Transplantationsgesetz die nationale Organtransplantationskontrollstelle als eine nationale Auswahlstelle hat. Gerade hier hat das koreanische Transplantationsgesetz meines Erachtens mehr Nachteile als das deutsche Transplantationsgesetz. Diese Nachteile sind etwa mangelnde Spezialisierung der Staatsbeamten, das Fehlen von Pflichtgefühl und fehlende Flexibilität des Budgets.

C. Zur Problematik der Verteilungskriterien

Die Verteilung von Spenderorganen erfordert derzeit aus Gründen der Ressourcenknappheit eine Auswahlentscheidung. Die Allokationsentscheidung ist zunächst keine juristische, sondern eine politische und moralische Frage.[534] Oberstes Ziel bei der Allokation von Organen ist die Gerechtigkeit. Zur Erreichung dieses Ziels enthält das Gesetz den Grundsatz, dass bei der Zuteilung eines Organs niemand diskriminiert werden darf. Als maßgebendes Kriterium kommt zunächst die medizinische Erfolgsaussicht einer Transplantation in Betracht.

---

532 Siehe zur Organgewinnung bei nicht vermittlungspflichtigen Organen *Herrig*, Gewebetransplantation nach dem Transplantationsgesetz, 2002, S. 213 f. Siehe beispielsweise zur Sonderstellung der Augenhornhäute Richtlinien der Bundesärztekammer zum Führen einer Hornhautbank, DÄBl. 97 (2000), S. A-2122 ff.

533 *Nickel/Schmidt-Preisigke/Sengler*, Transplantationsgesetz, Kommentar, 2001, Vor § 9 Rn. 1; Nähes zur Verteilungsmodelle für die Verteilung von Hornhäuten und Geweben Siehe *Herrig*, Gewebetransplantation nach dem Transplantationsgesetz, 2002, S. 186 ff.

534 *Herrig*, Gewebetransplantation nach dem Transplantationsgesetz, 2002, S. 153.

1. Gleichbehandlung

Das deutsche Transplantationsgesetz gewährleistet Chancengleichheit bzw. Gleichbehandlung dadurch, dass die Wartelisten der Transplantationszentren als eine einheitliche Warteliste zu behandeln sind. In der Gesetzesbegründung wird das Prinzip der Chancengleichheit herausgestellt.[535] Das Bundesverfassungsgericht hat ausgeführt, dass jedes Auswahlsystem auch dem Benachteiligten eine Chance geben muss.[536]

Auch das koreanische Transplantationsgesetz gewährleistet Chancengleichheit bzw. Gleichbehandlung dadurch, dass die Chance zur Organübertragung jeder Person, die einer Übertragung von Organen bedarf, gleichermaßen gegeben sein muss.

Das koreanische Transplantationsgesetz gewährleistet ferner Chancengleichheit dadurch, dass die Auswahl des Organempfängers nach Auswahlkriterien durch die nationale Organtransplantationskontrollstelle erfolgt. Auch für die Vergrößerung des Aufkommens an Spendeorganen bedarf es der Gewährleistung der Chancengleichheit bei der Übertragung.[537]

2. Medizinische Kriterien

Die Vermittlung der vermittlungspflichtigen Organe ist nach medizinisch begründeten Regeln vorzunehmen. Im deutschen Transplantationsgesetz wird für die Organvermittlung als allgemeines Kriterium die Erfolgsaussicht einer Organübertragung genannt.

Demgegenüber verlangen die allgemeinen Kriterien des koreanischen Transplantationsgesetzes, dass die Blutgruppe des potentiellen Organspenders und Organempfängers identisch ist oder die Transfusion von potentiellem Organspender zum Organempfänger möglich ist. Das Gesetz trifft keine Aussage über die Erfolgsaussicht und die Dringlichkeit. Im deutschen Transplantationsgesetz wird für die Organvermittlung als allgemeines Kriterium die Erfolgsaussicht einer Organübertragung genannt.

3. Nichtmedizinische Kriterien

Bezüglich der Verteilung von Organen bei verstorbenen Personen spielen im deutschen und im koreanischen Transplantationsgesetz sowohl medizinische als

---

535 BT-Dr. 13/4355, S. 26.

536 Siehe im Einzelnen BVerfGE 33, 303, 338, 345 f.; 37, 104, 113 f.; 43, 291, 314, 316 f., 323, 345; 59, 1, 31; 62, 117, 148.

537 *Joo*, Transplantationsgesetz, Kommentar, 2000, S. 60.

auch nichtmedizinische Faktoren eine Rolle. Zu erwähnen sind etwa Dringlichkeit, Region und Verwandte als nichtmedizinische Kriterien.

a) Dringlichkeit

Im deutschen Transplantationsgesetz wird für die Organvermittlung als allgemeines Kriterium die Dringlichkeit einer Organübertragung genannt. Wenn die Dringlichkeit als Beispiel für eine Regel, die dem Stand der medizinischen Wissenschaft entspricht, benannt wird, so ist das zumindest ungenau. Denn eigentlich sind Dringlichkeit und Notwendigkeit keine medizinischen, sondern ethische Prinzipien.[538]

Die beiden Begriffe der Erfolgsaussicht und der Dringlichkeit sind durch das Wort und miteinander verbunden. Die beiden Kriterien können im Einzelfall in deutlichem Gegensatz zueinander stehen. Je dringlicher die Transplantation ist, desto schlechter ist u.U. der Gesundheitszustand des Patienten und damit die Erfolgsaussicht.

b) Regionalisierung

Nach dem koreanischen Transplantationsgesetz wird der Organempfänger in der gleichen Region mit dem Organspender bei Auswahl des Empfängers vorrangig berücksichtigt. Aus meiner Sicht ist das Modell der Region unangemessen. Denn dieses Modell kann zur verfehlten Privilegierung bestimmter Krankenhäuser führen. Die große Mehrheit der Musterkrankenhäuser ist auf der Umgebung der Hauptstadt, Seoul konzentriert.

Für die frischen Organe ist nicht die Region nach der Verwaltungsgrenze, sondern die Entfernung zwischen dem Ort der Entnahme und der Transplantation als Kriterium angemessen. Die Organe sollen nicht für das Krankenhaus, sondern für den Patienten verteilt werden. Aus diesem Grund muss das koreanische Transplantationsgesetz das internationale Netz für den großen Organpool, wie im deutschen Transplantationsgesetz, etwa das Asiennetz, nutzen.

c) Motivierung

Nach allgemeinen Kriterien des koreanischen Transplantationsgesetzes stehen auf erster Stufe die Verwandten, die auf die Warteliste unter Ehegatten, Verwandte in gerader ab- und aufsteigender Linie, Geschwister sowie Verwandte bis zum vierten Grad des Hirntoten gesetzt werden.

---

[538] *Herrig*, Gewebetransplantation nach dem Transplantationsgesetz, 2002, S. 174 f.

Nach diesen allgemeinen Kriterien des koreanischen Transplantationsgesetzes steht ferner auf zweiter Stufe ein Nieren-Bedürftiger, der auf die Warteliste der sog. „Fachkontrollstelle für Als-Hirntot-Vermuteten", die den betroffenen Hirntoten versorgt, gesetzt wird.

Das koreanische Transplantationsgesetz schuf ein eigenes Modell der Motivation, um das Organaufkommen zu vergrößern. Bei diesem Modell sind besonders die Versorgung des Als-Hirntot-Vermuteten und die gerechte Auswahl des Organempfängers zu beachten.

4. Kompetenz zur Bestimmung der Verteilungskriterien

Das deutsche Transplantationsgesetz hat die Aufgabe, den Stand der Erkenntnisse der medizinischen Wissenschaft in Richtlinien festzustellen, der Bundesärztekammer (BÄK) übertragen. Das koreanische Transplantationsgesetz delegiert demgegenüber die Kompetenz zur Normierung der Auswahlkriterien an die Präsidentenverordnung. Die Übertragung von Richtlinienkompetenzen auf die Bundesärztekammer im deutschen Transplantationsgesetz wird als verfassungsrechtlich bedenklich angesehen.[539]

Meines Erachtens ist es sachgerecht, wenn das koreanische Transplantationsgesetz die Kompetenz zur Normierung der Auswahlkriterien an die Präsidentenverordnung delegiert. Denn die Kriterien zur Auswahl des Organempfängers müssen der medizin-technischen Entwicklung positiv entsprechen und ständig weiterentwickelt werden. Andererseits wird so die Delegation an eine nicht hinreichend legitimierte Institution vermieden.

D. Diskussionspunkte in Verteilungsverfahren

Das deutsche Transplantationsgesetz hat einen internationalen Organpool, während das koreanische Transplantationsgesetz ein zentrales nationales Zuteilungssystem hat. Nach dem koreanischen Transplantationsgesetz ist ferner die sog. „Direktspende", wonach der potentielle Lebendspender die Möglichkeit hat, seine Einwilligung auf einen bestimmten Organempfänger zu beschränken, anerkannt.

1. Internationaler Organaustausch

Nach dem deutschen Transplantationsgesetz wird die internationale Organvermittlung durch die private gemeinnützige Stiftung Eurotransplant in Leiden /

[539] Kritisch hierzu *Deutsch*, Medizinrecht, Rz. 518, 522; *Herrig*, Gewebetransplantation nach dem Transplantationsgesetz, 2002, S. 178 f.; *Kühn*, „Das neue deutsche Transplantationsgesetz", MedR 1998, S. 455 (459).

Niederlande vorgenommen. Das koreanische Transplantationsgesetz sieht demgegenüber die nationale Organverteilung nach Region vor.

Meines Erachtens hat der internationale Organaustausch viele Vorteile. Denn je größer der Organpool von Spendewilligen gebildet werden kann, desto größer sind die Chancen für eine erfolgreiche Verpflanzung und für Tätigkeit der Organe im Empfängerorganismus.

Das koreanische Transplantationsgesetz sollte die Region zur Auswahl des Organempfängers in der Zukunft beseitigen. Das Gesetz muss, wie deutsches Transplantationsgesetz, einen internationalen Organaustausch anstreben (z.B. ein asiatisches Network).[540]

2. Verteilung unter staatlicher Kontrolle

Das deutsche Transplantationsgesetz basiert darauf, dass die Organvermittlung keine zwingende Staatsaufgabe ist.[541] Der Gesetzgeber muss allerdings durch Rechtsvorschriften die Gewähr für eine sachgerechte Verteilung der knappen Spendeorgane an geeignete Empfänger im Rahmen der Möglichkeiten des gesundheitlichen Versorgungssystems schaffen. Er kann sich dazu entsprechend dem Subsidiaritätsgrundsatz privatrechtlicher Mittel, insbesondere vertraglicher Regelungen, durch die Verbände der Betroffenen bedienen.[542]

Nach dem koreanischen Transplantationsgesetz wird die Auswahl des Organempfängers demgegenüber durch die nationale Organtransplantationskontrollstelle als zentrale nationale Auswahlstelle monopolisiert.[543] Dies basiert darauf, dass die Organe vor Inkrafttreten des Transplantationsgesetzes durch das einzelne Krankenhaus ausgewählt wurden. Das koreanische Transplantationsgesetz wurde gerade deshalb geschaffen, um durch landesweite einheitliche Organverteilung durch die nationale Organtransplantationskontrollstelle Transparenz bei der Auswahl des Organempfängers zu sichern, um die Effizienz zu vergrößern und um Organhandel zu verhindern.

---

540 Kritisch zur zentralen nationalen Zuteilung und für eine Regionalisierung von Organ spende und -allokation *Lilie*, „Transplantationsgesetz“, in: *Orsi/Seelmann/Smid/Steinvorth* (Hrsg.), Rechtsphilosophische Hefte VIII, Medizin-Recht-Ethik, 1998, 89 95 ff.

541 Zur verfassungsrechtlichen Kritik: Die Übertragung staatlicher Regelungsaufgaben auf eine, auch von privaten Organisationen, geschaffene Vermittlungsstelle und ihre Ausprägung in einem Vertrag, ist verfassungsrechtlich bedenklich. Die uralte Figur des „beliehenen Unternehmers“ wird hier bis in die Aufstellung von Regeln verlängert. Vgl. dazu *Deutsch*, „Das Transplantationsgesetz vom 5.11.1997“, NJW 1998, 777 (780).

542 BT-Dr. 13/4355, S. 14.

543 Kritisch zur zentralen nationalen Zuteilung und für eine Regionalisierung von Organ spende und -allokation *Lilie*, „Transplantationsgesetz“, in: *Orsi/Seelmann/Smid/Steinvorth* (Hrsg.), Rechtsphilosophische Hefte VIII, Medizin-Recht-Ethik, 1998, 89 95 ff.

3. Achtung des Willens des Organspenders

Das koreanische Transplantationsgesetz regelt ausdrücklich die sog. „Direktspende“, wonach der Organspender den Organempfänger seines Organs selbst benennen kann. Diese ist zulässig, wenn der Lebendspender ab 20 Jahren seine Organe und der Lebendspender ab oder auch unter 20 Jahren sein Knochenmark spenden will. Dabei geht es um die Achtung des Willens des Organspenders und um die Förderung der Spendebereitschaft. Dies entspricht der Grundidee des Gesetzes, wonach die Bereitschaft zur Organspende zu achten und zu fördern ist.

Lediglich bei der sog. „Direktspende“ verlangt das koreanische Transplantationsgesetz die Zulassung des Direktors der nationalen Organtransplantationskontrollstelle, um eine Organspende, bei der unlautere Motive im Spiel sind, zu verhindern. Dies ist ein Gutachtenverfahren für die Gewährleistung der Freiwilligkeit der Spendebereitschaft.

Erfolg und Misserfolg der sog. „Direktspende“ hängen meines Erachtens sehr stark von Verfahren der Zulassung des Direktors der nationalen Organtransplantationskontrollstelle ab. Die effektive Verhinderung des Organhandels ist auf die Filterfunktion des Gutachtens des Direktors der nationalen Organtransplantationskontrollstelle angewiesen.

§ 10 Verbot des Organhandels

I. dTPG

Nach dem deutschen Transplantationsgesetz ist es verboten, mit Organen, die einer Heilbehandlung zu dienen bestimmt sind, Handel zu treiben (§ 17 Abs. 1 S. 1 dTPG). Das Verbot des Organhandels gilt nicht für die Gewährung oder Annahme eines angemessenen Entgelts für die zur Erreichung des Ziels der Heilbehandlung gebotenen Maßnahmen, insbesondere für die Entnahme, die Konservierung, die weitere Aufbereitung einschließlich der Maßnahmen zum Infektionsschutz, die Aufbewahrung und die Beförderung der Organe, sowie Arzneimittel, die aus oder unter Verwendung von Organen hergestellt sind und den Vorschriften des Arzneimittelgesetzes über die Zulassung oder Registrierung unterliegen oder durch Rechtsverordnung von der Zulassung oder Registrierung freigestellt sind (§ 17 Abs. 1 S. 2 dTPG).

Ebenso ist es verboten, Organe, die Gegenstand verbotenen Handeltreibens sind, zu entnehmen, auf einen anderen Menschen zu übertragen oder sich übertragen zu lassen (§ 17 Abs. 2 dTPG).

A. Tatobjekte

1. Alle Organe innerhalb des Anwendungsbereichs

Taugliche verbotene Tatobjekte des Organhandels sind alle Organe im Sinne des Anwendungsbereichs (§ 17 dTPG). Der zugrundeliegende Organbegriff wird ausdrücklich legaldefiniert (§ 1 Abs. 1 dTPG). Demnach kommen alle menschlichen Organe, Organteile und Gewebe als taugliche Tatobjekte in Betracht, unabhängig davon, ob sie Verstorbenen oder Lebenden entnommen wurden.[544]

Aus dem Anwendungsbereich des Gesetzes ausgenommen und damit auch nicht geeignetes Objekt strafbaren Organhandels sind Blut und Knochenmark sowie embryonale und fetale Organe und Gewebe (§ 1 Abs. 2 dTPG). Ohne diese Ausschluss-Regelung wären sie unzweifelhaft vom Organbegriff umfasst.[545]

Auf die Einbeziehung embryonaler und fetaler Organe hat man verzichtet, da der bestehende Schutz, etwa durch das Embryonenschutzgesetz, als ausreichend erachtet wurde. Ei- und Samenzellen, Gene und sonstige DNA-Teile unterfallen nicht dem Organbegriff und stellen demnach kein taugliches Tatobjekt dar.[546]

---

[544] BT-Dr. 13/4355, S. 29.
[545] *König*, Strafbarer Organhandel, 1999, S. 23.
[546] Siehe § 5 „Anwendungsbereich der Transplantationsgesetze“ dieser Arbeit.

2. Zweck der Heilbehandlung

Das Handelsverbot bezieht sich nur auf Organe, die einer Heilbehandlung zu dienen bestimmt sind (§ 17 Abs. 1 S. 1 dTPG). Darunter fällt insbesondere eine zu diesem Zweck erfolgende Übertragung auf einen anderen Menschen.

Organe, die zu therapeutischen Zwecken eingepflanzt werden sollen, sind Organe im Sinne dieser Definition.[547] Die Verpflanzung von Organen, die nicht einer anerkannten Heilbehandlung zu dienen bestimmt sind, sondern die nur im Rahmen eines Heilversuch oder eines Humanexperiment verpflanzt werden bzw. verpflanzt werden könnten, kommen nicht in Betracht. Ob die Verpflanzung einer Heilbehandlung dienen kann oder nicht, ist mit Blick auf den Stand der medizinischen Wissenschaft im Zeitpunkt der Tat, gegebenenfalls sachverständig beraten, festzustellen.[548]

Die Vorschrift erfasst z.B. auch die Abgabe von Organen, Organteilen und Geweben an pharmazeutische Unternehmer zum Zweck der Herstellung von Arzneimitteln. Nicht erfasst wird die Abgabe von Körpersubstanzen zu anderen Zwecken, z.B. zur Feststellung der Todesursache, zu Ausbildungs- oder Forschungszwecken (wie z.B. anatomische oder histologische Präparate).[549]

Das ist folgerichtig, denn diese Organ- oder Gewebeentnahmen dienen nicht der Heilbehandlung, sondern anderen Zwecken. Andere Zwecke, namentlich solche der industriellen oder wissenschaftlichen Forschung oder der Kosmetik genügen jedenfalls nicht.[550]

B. Tathandlung

Die Tathandlung des Organhandels ist das „Handeltreiben“ mit den soeben erörterten tauglichen Tatobjekten.

1. Handeltreiben

a) Übernahme aus dem Betäubungsmittelrecht

Die Entwurfsbegründung verweist zur Auslegung des Begriffs des Handeltreibens auf das Betäubungsmittelrecht und der dazu ergangenen Rechtsprechung.[551]

---

547 BT-Dr. 13/4355, S. 29.

548 *Rixen*, „§ 17 Verbot des Organhandels“, in: *Höfling* (Hrsg.), Transplantationsgesetz, Kommentar, 2003, Rn. 5.

549 BT-Dr. 13/4355, S. 29.

550 *König*, Strafbarer Organhandel, 1999, S. 23.

551 BT-Dr. 13/4355, S. 29 ff.; RGSt 51, 379 (380); RGSt 52, 169 (170); RGSt 53, 310 (312); BGHSt 6, 246 (247); BGHSt 25, 290 (291); BGHSt 28, 308 (309); BGHSt 29, 239 (240). Kritik über Übernahme des Begriffs aus Betäubungsmittelrecht *Rixen*, „§ 17 Verbot des

Danach sei unter „Handeltreiben" jede eigennützige, auf Güterumsatz gerichtete Tätigkeit zu verstehen, selbst wenn es sich nur um eine gelegentliche, einmalige oder vermittelnde Tätigkeit handele.[552] Hierzu gehören nach der Rechtsprechung auch Vorbereitungshandlungen, die auf Umsatz von Betäubungsmitteln gerichtet sind.[553]

b) Auslegung des Handeltreibens

Auf das Transplantationsgesetz übertragen bedeutet dies, dass jede eigennützige Tätigkeit, die auf Umsatz von Organen gerichtet ist bzw. den Umsatz von Organen fördert, unter den Begriff des Handeltreibens mit Organen zu subsumieren ist. Hierzu gehören auch Vorbereitungshandlungen, die den Umsatz von Organen fördern.[554]

aa) Auf Umsatz von Organen gerichtet

Auf Umsatz von Organen gerichtet ist jede Bemühung, die den Umsatz von Organen fördert oder ermöglicht.[555] Für die Umsatztätigkeit ist es nicht erforderlich, dass das Organ übertragen wird. Es reicht aus, wenn das vom Täter entfaltete Verhalten auf Umsatz ausgerichtet ist. Soweit der Spender, der Empfänger oder ein anderer diese Tätigkeiten verwirklicht und dabei eigennützig handelt, treibt er Handel. Der vorhandene oder fehlende Eigennutz bildet für den Organhandel die Scheidelinie für oder gegen das Verbot und damit für oder gegen die Strafbarkeit.[556]

Organhandels", in: *Höfling* (Hrsg.), Transplantationsgesetz, Kommentar, 2003, Rn. 9 f.

552 BGHSt 25, 290 (291); BGHSt 28, 308 (309); BGHSt 29, 239 (240); BGHSt 30, 361. Vgl hierzu *Borowy*, Die postmortale Organentnahme und ihre zivilrechtlichen Folgen, 2000, S. 64; *Gragert*, Strafrechtliche Aspekte des Organhandels, 1997, S. 80 f.; *Paul*, „Zur Auslegung des Begriffes „Handeltreiben" nach dem Transplantationsgesetz", MedR 1999, S. 214 (214); *Uhlenbruck/Ulsenheimer*, „Die zivilrechtliche Problematik der Organtransplantation", in: *Laufs/ Uhlenbruck*, Handbuch des Arztrechts, 3. Aufl., 2002, § 142 Rn. 35; *Schroth*, „Die strafrechtlichen Tatbestände des Transplantationsgesetzes", JZ 23/1997, S. 1147 (1151).

553 Vgl. BGHSt 31, 145 (147).

554 *Borowy*, Die postmortale Organentnahme und ihre zivilrechtlichen Folgen, 2000, S. 65; *Schroth*, „Die strafrechtlichen Tatbestände des Transplantationsgesetzes", JZ 23/1997, S. 1147 (1151).

555 *Rixen*, „§ 17 Verbot des Organhandels", in: *Höfling* (Hrsg.), Transplantationsgesetz, Kommentar, 2003, Rn. 19 f.

556 *Nickel/Schmidt-Preisigke/Sengler*, Transplantationsgesetz, Kommentar, 2001, §17 Rn. 5.

bb) Eigennützig

Das auf den Umsatz von Organen gerichtete Bemühen muss eigennützig sein. Die „Eigennützigkeit“ des Handels wird als ungeschriebenes subjektives Tatbestandsmerkmal aufgefasst.[557] Eigennützig handelt der Täter, dem es auf seinen persönlichen Vorteil, insbesondere auf die Erzielung von Gewinn ankommt.[558] Besonders übersteigertes Gewinnsterben ist dabei nicht erforderlich.

Es reicht jeder materielle oder immaterielle Vorteil. Allerdings kommt ein Vorteil immaterieller Art nur in Betracht, wenn er einen objektiv messbaren Inhalt hat und den Empfänger in irgendeiner Weise tatsächlich besser stellt.[559] Immaterielle Vorteil können – in Anlehnung an den Begriff des Vorteils bei den Bestechungsdelikten (§§ 331 ff. dStGB) – insbesondere Ehrungen, Ehrenämter und – in der Rechtswirklichkeit zu den Bestechungsdelikten am relevantesten – sexuelle Zuwendungen sein.[560]

2. Ausnahme vom Handeltreiben

Das deutsche Transplantationsgesetz nimmt ausdrücklich zwei Verhaltensweisen vom Handeltreiben aus (Vgl. § 17 Abs. 1 S. 2 dTPG).

a) Angemessenes Entgelt

Die Gewährung oder Annahme eines angemessenen Entgelts für die zur Erreichung des Ziels der Heilbehandlung gebotenen Maßnahmen soll kein tatbestandliches Handeltreiben darstellen (§ 17 Abs. 1 S. 2 Nr. 1 dTPG). Das deutsche Transplantationsgesetz nennt beispielhaft ein angemessenes Entgelt für die Entnahme, die Konservierung, die weitere Aufbereitung einschließlich der Maßnahmen zum Infektionsschutz, die Aufbewahrung und die Beförderung der Organe (§ 17 Abs. 1 S. 2 Nr. 1 dTPG).

Fraglich ist, was ein angemessenes Entgelt darstellt, wenn legale von illegalen Zahlungen abgegrenzt werden müssen. Auslegungshinweise hierzu finden sich lediglich in der Begründung zum deutschen Transplantationsgesetz. Danach umfasst der Begriff des Entgelts jeden vermögenswerten Vorteil.[561] Nach dem deutschen Strafrecht ist der Begriff des Entgelts als „jede in einem Vermögensvorteil bestehende Gegenleistung“ geregelt (§ 11 Abs. 1 Nr. 9 dStGB).

---

557 *Gragert*, Strafrechtliche Aspekte des Organhandels, 1997, S. 96.

558 BGHSt 28, 308 (309); BGHSt 35, 57 (58).

559 BGH, NStZ 1992, 594.

560 Siehe dazu *Rixen*, „§ 17 Verbot des Organhandels“, in: *Höfling* (Hrsg.), Transplantationsgesetz, Kommentar, 2003, Rn. 22.

561 BT-Dr. 13/4355, S. 30.

Dabei sind immaterielle Vorteile und nicht in einem Synallagma stehende Vorteile nicht mitumfasst.[562]

Angemessen sind insbesondere die üblichen Vergütungen, wie sie z.B. in den Vereinbarungen mit Leistungsträgern im Sinne des § 16 des Ersten Buches Sozialgesetzbuch oder durch Gesetz oder Rechtsverordnung oder in aufgrund gesetzlicher Bestimmungen getroffenen Vereinbarungen festgesetzt sind. Eine Pauschalierung dieser Vergütungen ist zulässig.[563]

Ob bei der Überkreuz-Lebendspende (Cross-over) ein Handeltreiben vorliegt, ist anhand der Besonderheiten des Einzelfalles zu entscheiden. Besteht zwischen dem Spender und Empfänger eine besondere persönliche Verbundenheit, handelt der Spender weder zu dem Zweck, mit der Organspende Umsätze zu erzielen und ist sein Handeln nicht durch eigennützige Gewinnmotive beherrscht, scheidet ein Handeltreiben aus. Die durch die Spende erstrebte Verbesserung des Gesundheitszustandes des Empfängers oder des eigenen Partners stellt keinen kommerziellen Gewinn dar. Dass der Empfänger infolge der Spende wieder erwerbstätig sein kann, was für den Spender ggf. mittelbare finanzielle Vorteile bedingen kann, ist bei der Betrachtung außer Acht zu lassen.[564]

b) Arzneimittel

Arzneimittel, die aus oder unter Verwendung von Organen hergestellt sind und den Vorschriften des Arzneimittelgesetzes über die Zulassung oder Registrierung unterliegen oder durch Rechtsverordnung von der Zulassung oder Registrierung freigestellt sind, sind von der Tatbestandsmäßigkeit ausgenommen. (§ 17 Abs. 1 S. 2 Nr. 2 dTPG).

Darunter fallen z.B. Präparate aus harter Hirnhaut (dura mater) ebenso wie Augenhornhaut-, Oberflächenhaut-, Faszien- und Knochenpräparate. Diese Abgrenzung trägt auch dem Umstand Rechnung, dass bestimmte menschliche Gewebe, wie z.B. Dura-mater-Präparate, als zugelassene Arzneimittel nach den Vorschriften des Arzneimittelgesetzes in den Verkehr gebracht und entgeltlich abgegeben werden dürfen.[565]

562 *Gragert*, Strafrechtliche Aspekte des Organhandels, 1997, S. 91.
563 BT-Dr. 13/4355, S. 30.
564 *Tag*, „Transplantationsgesetz", in: Münchener Kommentar zum Strafgesetzbuch, Bd. 5, 2004, § 18, Rn. 27.
565 BT-Dr. 13/4355, S. 30.

C. Bestrafung

Im Jahre 1994 wurde der Entwurf eines besonderen Strafrechtsänderungsgesetzes gegen den Organhandel vorgelegt,[566] der freilich vom Bundesrat gestoppt worden ist. Das deutsche Transplantationsgesetz verbietet das Handeltreiben mit Organen und bedroht Verstöße gegen das verwaltungsrechtliche Verbot mit Strafe (Vgl. §§ 17, 18 dTPG).

Wer entgegen § 17 Abs. 1 S. 1 mit einem Organ Handel treibt oder entgegen § 17 Abs. 2 ein Organ entnimmt, überträgt oder sich übertragen lässt, wird mit Freiheitsstrafe bis zu fünf Jahren oder mit Geldstrafe bestraft (§ 18 Abs. 1 dTPG). Handelt der Täter in den Fällen des Absatzes 1 gewerbsmäßig, ist die Strafe Freiheitsstrafe von einem Jahr bis zu fünf Jahren (§ 18 Abs. 2 dTPG). Der Versuch ist strafbar (§ 18 Abs. 3 dTPG).

Das Gericht kann bei Organspendern, deren Organe Gegenstand verbotenen Handeltreibens waren, und bei Organempfängern von einer Bestrafung nach Absatz 1 absehen oder die Strafe nach seinem Ermessen mildern (§ 49 Abs. 2 dStGB) (§ 18 Abs. 4 dTPG).

Das deutsche Strafrecht gilt auch dann für den Organhandel unabhängig vom Recht des Tatorts, wenn der Täter zur Zeit der Tat Deutscher ist (§ 24 dTPG). Damit erfolgte eine wünschenswerte Kriminalisierung des Transplantationstourismus.[567]

II. kTPG

Nach dem koreanischen Transplantationsgesetz sind die Handlungen, nämlich Lieferung der fremden Organe an Dritte, Erhalten der fremden Organe für An-Dritte-Lieferung oder entsprechende Zusagen verboten, wenn man dafür Geld, einen Vermögensvorteil oder andere Gegenleistung gewähren, annehmen oder sich versprechen lässt (§ 6 Abs. 1 Nr. 1 kTPG). Auch die Handlungen, nämlich Lieferung der eigenen Organe an Dritte, Erhalten der fremden Organen für Auf-Sich-Übertragung oder entsprechende Zusagen sind verboten, wenn man dafür Geld, einen Vermögensvorteil oder andere Gegenleistung gewähren, annehmen oder sich versprechen lässt (§ 6 Abs. 1 Nr. 2 kTPG).

Nach dem koreanischen Transplantationsgesetz sind ferner verboten die Anstiftung zum, die Verkaufsvermittlung beim oder Beihilfe zum Organhandel (§ 6 Abs. 1 Nr. 3, Abs. 2 kTPG).

Ist Organhandel bzw. entsprechende Anstiftung, Verkaufsvermittlung oder Beihilfe bewusst, ist es ebenso verboten, die damit verbundenen Organe zu entnehmen oder zu übertragen (§ 6 Abs. 3 kTPG).

---

566 BT-Dr. 13/587.

567 *Clement*, „Transplantation", in: *Rieger* (Hrsg.), Lexikon des Arztrechts, 2. Aufl., 2001, 5150 Rn.36; *Gragert*, Strafrechtliche Aspekte des Organhandels, 1997, S. 111.

A. Tatobjekte

1. Alle Organe des Anwendungsgegenstandes

Das koreanische Transplantationsgesetz enthält selbst keine Aussage über taugliche verbotene Tatobjekte des Organhandels. Daher gilt das Verbot des Organhandels für alle Organe des Anwendungsgegenstandes (Vgl. § 6 Abs. 1 kTPG).

2. Zweck der Heilbehandlung

Nach dem koreanischen Transplantationsgesetz wird der zugrundeliegende Organbegriff ausdrücklich legaldefiniert. Demnach kommen alle aufgezählten menschlichen Organe, nämlich Niere, Leber, Bauchspeicheldrüse, Herz, Lunge, Knochenmark, Augenhornhaut und andere durch Präsidentenverordnung bestimmte Organe als taugliche Tatobjekte in Betracht, die zum Zweck der Wiederherstellung der Funktion von den fremden Organen zu entnehmen und zu übertragen sind (§ 3 Nr. 1 kTPG).

B. Tathandlungen

Hinsichtlich des Verbots des Organhandels enthält das koreanische Transplantationsgesetz ausdrückliche Regelungen über die verbotenen Tathandlungen. Diese umfassen auch Anstiftung, Verkaufsvermittlung und Beihilfe (Vgl. § 6 kTPG).

1. Organhandel

Als die Tathandlungen des verbotenen Organhandels bezeichnet das koreanische Transplantationsgesetz Lieferung, Erhalten der Organe oder entsprechende Zusagen (Vgl. § 6 Abs. 1 kTPG).

Lieferung, Erhalten der Organe oder entsprechende Zusagen als die Tathandlung des verbotenen Organhandels bedürfen noch der Gewährung, Annahme des Geldes, des Vermögensvorteils oder der anderen Gegenleistung, oder entsprechende Zusage von Entgelt (Vgl. § 6 Abs. 1 kTPG).

Nach dem koreanischen Transplantationsgesetz werden die Tathandlungen des verbotenen Organhandels wiederum in Organhandel von Dritten und Organhandel zwischen Betroffenen eingeteilt (Vgl. § 6 Abs. 1 kTPG).

a) Organhandel von Dritten

Als der Organhandel von Dritten wird Lieferung der fremden Organe an Dritte, Erhalten der fremden Organen für An-Dritte-Lieferung oder entsprechende Zusagen mit der Gewährung, Annahme des Geldes, des Vermögensvorteils oder der anderen Gegenleistung, oder entsprechender Zusage bezeichnet (§ 6 Abs. 1 Nr. 1 kTPG).

b) Organhandel zwischen Betroffenen

Als der Organhandel zwischen Betroffenen wird Lieferung der eigenen Organe an Dritte, Erhalten der fremden Organen für die Auf-Sich-Übertragung oder entsprechende Zusagen mit der Gewährung, Annahme des Geldes, des Vermögensvorteils oder der anderen Gegenleistung, oder entsprechende Zusagen bezeichnet (§ 6 Abs. 1 Nr. 2 kTPG).

2. Anstiftung, Verkaufsvermittlung oder Beihilfe

Im koreanischen Transplantationsgesetz umfasst die Tathandlung des verbotenen Organhandels auch Anstiftung, Verkaufsvermittlung oder Beihilfe (Vgl. § 6 Abs. 1 Nr. 3, Abs. 2 kTPG).

a) Anstiftung, Verkaufsvermittlung oder Beihilfe gegen Entgelt

Als die verbotene Anstiftung, Verkaufsvermittlung oder Beihilfe nach dem koreanischen Transplantationsgesetz werden zunächst die Anstiftung, Verkaufsvermittlung oder Beihilfe des Organhandels gegen die Gewährung, Annahme des Geldes, des Vermögensvorteils oder der anderen Gegenleistung, oder entsprechende Zusagen bezeichnet (Vgl. § 6 Abs. 1 Nr. 3 kTPG).

b) Anstiftung, Verkaufsvermittlung oder Beihilfe ohne Entgelt

Als die verbotene Anstiftung, Verkaufsvermittlung oder Beihilfe nach dem koreanischen Transplantationsgesetz werden auch die Anstiftung, Verkaufsvermittlung oder Beihilfe des Organhandels ohne die Gewährung, Annahme des Geldes, des Vermögensvorteils oder der anderen Gegenleistung, oder entsprechende Zusagen bezeichnet (Vgl. § 6 Abs. 2 kTPG).

Hier geht es um den Unterschied zwischen der „Anstiftung, Verkaufsvermittlung oder Beihilfe" gegen Entgelt und der „Anstiftung, Verkaufsvermittlung oder Beihilfe" ohne Entgelt (Vgl. § 6 Abs. 1 Nr. 3, Abs. 2 kTPG). Denn jede Anstiftung, Verkaufsvermittlung oder Beihilfe ist strafbar, unabhängig von einem Entgelt.[568] Ferner wird jene schwerer bestraft (Vgl. § 40 Abs. 1, Abs. 2 kTPG). Diese Unstimmigkeit des koreanischen Transplantationsgesetzes ist zu korrigieren.[569]

---

568 *Joo*, Transplantationsgesetz, Kommentar, 2000, S. 75.

569 Siehe zur Auslegung, wonach die Regelungen wiederholt *Joo*, Transplantationsgesetz, Kommentar, 2000, S. 75; MOHW, Stellungnahme der Ethik-Kommission, 2001, S. 5 f.

C. Bestrafung

Wer entgegen dem Verbot des Organhandels von Dritten (§ 6 Abs. 1 Nr. 1 kTPG) die Organe liefert, erhält oder verspricht, wird mit Zuchthausstrafe nicht unter zwei Jahren bestraft (§ 40 Abs. 1 kTPG).

Wer entgegen dem Verbot des Organhandel zwischen Betroffenen (§ 6 Abs. 1 Nr. 2 kTPG) Organe liefert, erhält oder verspricht, wird mit Zuchthausstrafe bis zu zehn Jahren oder mit Geldstrafe bis zu fünfzig Millionen Won bestraft (§ 40 Abs. 2 kTPG).

Wer entgegen den Verboten der Anstiftung zum, der Verkaufsvermittlung beim oder der Beihilfe zum Organhandel gegen Entgelt (§ 6 Abs. 1 Nr. 3 kTPG) zum Organhandel anstiftet, dabei verkaufsvermittelt oder Beihilfe leistet, wird mit Zuchthausstrafe nicht unter zwei Jahren bestraft (§ 40 Abs. 1 kTPG).

Wer entgegen den Verboten der Anstiftung zum, der Verkaufsvermittlung beim oder der Beihilfe zum Organhandels ohne Entgelt (§ 6 Abs. 2 kTPG) zum Organhandel anstiftet, dabei verkaufsvermittelt oder Beihilfe leistet, wird mit Zuchthausstrafe unter zehn Jahren oder mit Geldstrafe bis zu fünfzig Millionen Won bestraft oder auch beides zusammen (§ 40 Abs. 2 kTPG).

Geld oder ein Vermögensvorteil, das/der entgegen Regelungen über das Verbot des Organhandels erhaltet wurden, werden eingezogen. Ist diese Einziehung unmöglich, soll der diesem entsprechenden Geldbetrag verfallen sein (§ 40 Abs. 4 kTPG).

Wer sich des damit verbundenen Organhandels bzw. der entsprechenden Anstiftung, Verkaufsvermittlung oder Beihilfe bewusst ist und dennoch Organe entnimmt oder überträgt, wird mit Zuchthausstrafe nicht unter zwei Jahren bestraft (§ 40 Abs. 1 kTPG).

III. Vergleich und kritische Würdigung

A. Unklarheit des Schutzgutes

In der Begründung des deutschen Transplantationsgesetzes werden die durch ein Organhandelsverbot geschützten Rechtsgüter deutlich benannt. Nach der Gesetzesbegründung ist es Ziel dieser Bestimmung, zum Schutz der körperlichen Integrität des Lebenden, der über den Tod hinaus fortwirkenden Menschenwürde des einzelnen sowie des Pietätgefühls der Allgemeinheit,[570] den gewinnorien-

[570] Kritisch dazu *Gragert*, Strafrechtliche Aspekte des Organhandels, 1997, S. 73 f. Nach dieser Kritik werden die Gesundheit, die körperliche Integrität beziehungsweise das Pietätsgefühl der Allgemeinheit nicht als geschütztes Rechtsgut eines Organhandelsverbotes angesehen. Durch den ausdrücklichen Verweis auf das allgemeine Pietätsgefühl werde nochmals deutlich gemacht, dass Menschenwürde beziehungsweise Persönlichkeitsrecht

tierten Umgang mit menschlichen Organen auszuschließen; insbesondere soll mit dem Verbot die Ausnutzung gesundheitlicher Notlagen von möglichen Empfängern und wirtschaftlichen Notlagen von potentiellen Lebendspendern unterbunden werden.[571] Die Garantie der Menschenwürde werde verletzt, wenn der Mensch bzw. seine sterblichen Reste zum Objekt finanzieller Interessen würden. Daher seien sowohl der Verkauf von Organen als auch Organspenden gegen Entgelt mit der Schutzgarantie der Menschenwürde (Art. 1 Abs. 1 GG) nicht vereinbar.[572]

Darüber hinaus wurden die Vorbehalte gegen den Verkauf menschlicher Organe damit begründet, dass die Transplantationsmedizin vor dem Anschein sachfremder Erwägungen zu bewahren sei. Lasse man die Kommerzialisierung menschlicher Körperteile zu, so erwachse hieraus die Gefahr, dass die Organverteilung ungeachtet therapeutischer Dringlichkeit an die finanzielle Leistungsfähigkeit potentieller Empfänger geknüpft werde.[573]

Im koreanischen Transplantationsgesetz werden demgegenüber die durch ein Organhandelsverbot geschützten Rechtsgüter nicht ausdrücklich angesprochen. Umstritten ist in der Literatur, ob es um die Menschenwürde, die Gewährleistung von Chancengleichheit bzw. die Vertrauensbildung in der Transplantationsmedizin geht.[574]

In diesem Zusammenhang besteht die Gefahr einer zu weitgehenden Ausdehnung des Rahmens des Organhandels durch unbestimmte abstrakte Rechtsbegriffe, wie Menschenwürde. Denn Menschenwürde ist möglich sowohl auf Seiten des Empfängers als auch auf Seiten des Spenders.

Schließlich soll das Verbot des Organhandels meines Erachtens der Versuchung entgegenwirken, aus eigensüchtigen wirtschaftlichen Motiven die gesundheitliche Notlage lebensgefährlich Erkrankter in besonders verwerflicher Weise auszunutzen. Gleichzeitig sollen finanzielle Anreize für potentielle Lebendspender, ihre Gesundheit um wirtschaftlicher Vorteile willen zu beeinträchtigen, unterbunden werden.[575]

---

hier das geschützte Rechtsgut von Lebenden und Verstorbenen darstellen.

571 Kritisch dazu *Schroth*, „Die strafrechtlichen Grenzen der Lebendspende“, in: *Roxin/ Schroth* (Hrsg.), Medizinstrafrecht, 2. Aufl., 2001, S. 276. Nach dieser Kritik hätte aber dieses Verbot einen anderen Organhandelstatbestand gefordert. Man hätte dann einen wucherähnlichen Tatbestand schaffen müssen bzw. Zwischenhandel verbieten müssen.

572 BT-Dr. 13/4355, S. 29.

573 BT-Dr. 13/4355, S. 15.

574 Näher dazu *Joo*, Transplantationsgesetz, Kommentar, 2000, S. 71.

575 BT-Dr. 13/4355, S. 29.

B. Diskussionspunkte bei den Voraussetzungen

1. Tatobjekte

Das deutsche Transplantationsgesetz enthält ausdrückliche Regelungen über die tauglichen Tatobjekte des Verbotes des Organhandels. Hierzu zählen alle menschlichen Organe, die einer Heilbehandlung zu dienen bestimmt sind, mit Ausnahmen von Blut und Knochenmark sowie embryonale und fetale Organe und Gewebe.

Das koreanische Transplantationsgesetz enthält demgegenüber keine Aussage über die tauglichen Tatobjekte des Verbotes des Organhandels. Nach dem koreanischen Transplantationsgesetz kommen alle menschlichen Organe, nämlich Niere, Leber, Bauchspeicheldrüse, Herz, Lunge, Knochenmark, Augenhornhaut als taugliche Tatobjekte in Betracht. Bei anderen als den hier abschließend genannten Organen, soll Organhandel zulässig sein.

Der Handel mit Blut und Knochenmark ist nach dem deutschen Transplantationsgesetz weder strafbar noch verboten, während er nach dem koreanischen Transplantationsgesetz verboten und strafbar ist.

Das deutsche und koreanische Transplantationsgesetz stimmen demgegenüber darin überein, dass die tauglichen Tatobjekte des Verbotes des Organhandels nur dann erfasst sind, wenn sie zum Zwecke der Heilbehandlung entnommen oder übertragen werden sollen.

2. Tathandlungen

Nach dem deutschen Transplantationsgesetz ist die Tathandlung des Organhandels das Handeltreiben. Was unter Handeltreiben zu verstehen ist, erläutert das Gesetz nicht. Der Begriff des Handeltreibens ist vornehmlich aus dem Betäubungsmittelrecht bekannt und wird durch das Transplantationsgesetz rezipiert.

Das deutsche Transplantationsgesetz benennt das verbotene Handeltreiben und auch die davon ausgenommenen Handlungen. Nach dem Gesetz richtet sich die Strafdrohung in erster Linie an den Händler, der Organe kommerziell vermittelt. Tathandlung ist ferner die eigennützige Entnahme oder Übertragung eines Organs, das Gegenstand verbotenen Handeltreibens ist.

Im deutschen Transplantationsgesetz sind die Ausnahmen hiervon ausdrücklich genannt. Das Handelsverbot gilt nicht für die Gewährung oder Annahme eines angemessenen Entgelts für die zur Erreichung des Ziels der Heilbehandlung gebotenen Maßnahmen und auch für Arzneimittel, die aus oder unter Verwendung von Organen hergestellt sind und den Vorschriften des Arzneimittelgesetzes über die Zulassung oder Registrierung unterliegen oder durch Rechtsverordnung von der Zulassung oder Registrierung freigestellt sind.

Im koreanischen Transplantationsgesetz ist nur eine ausdrückliche Regelung über die Tathandlung des verbotenen Organhandels enthalten, ohne dass es eine allgemeine Ausnahmevorschrift gibt.

Nach dem koreanischen Transplantationsgesetz ist die Tathandlung des verbotenen Organhandels der Organhandel usw. Verboten sind Lieferung, Erhalten der Organe, oder entsprechende Zusagen mit der Gewährung, der Annahme des Geldes, des Vermögensvorteils, der anderen Gegenleistung, oder entsprechender Zusagen. Der verbotene Organhandel usw. umfasst auch die Anstiftung, die Verkaufsvermittlung und die Beihilfe.

Nach dem koreanischen Transplantationsgesetz werden die Tathandlungen des verbotenen Organhandels in den Organhandel von Dritten und den Organhandel zwischen Betroffenen eingeteilt.

Als Zwischenergebnis der Ausführungen kann Folgendes festgehalten werden: Das deutsche und das koreanische Transplantationsgesetz stimmen darin überein, dass jeglicher kommerzieller Organhandel ausnahmslos verboten ist. Maßgebend für den Kommerz ist im koreanischen Transplantationsgesetz in erster Linie das Entgelt.

3. Strafbarer Organhandel

Hier geht es um die Abschichtung erlaubter Verhaltensweisen vom verbotenen und strafbaren kommerziellen Organhandel. Denn das deutsche und das koreanische Transplantationsgesetz verbieten nur den kommerziellen Organhandel und bedrohen diesen mit Strafe.

Nach dem deutschen Transplantationsgesetz gilt, wie oben dargelegt, das Handelsverbot nicht für die Gewährung oder Annahme eines angemessenen Entgelts für die zur Erreichung des Ziels der Heilbehandlung gebotenen Maßnahmen, insbesondere für die Entnahme, die Konservierung, die weitere Aufbereitung einschließlich der Maßnahmen zum Infektionsschutz, die Aufbewahrung und die Beförderung der Organe, und auch nicht für Arzneimittel, die aus oder unter Verwendung von Organen hergestellt sind und den Vorschriften des Arzneimittelgesetzes über die Zulassung oder Registrierung unterliegen oder durch Rechtsverordnung von der Zulassung oder Registrierung freigestellt sind.

Im Gesetzgebungsverfahren ging man davon aus, dass der Ersatz der unmittelbar mit der Organentnahme bei einem Lebenden entstandenen Aufwendungen des Lebendspenders ebenfalls keine Tathandlung darstelle. Denn bei der bloßen Geltendmachung der dem Lebendspender im Rahmen der Organentnahme persönlich entstandenen Aufwendungen, beispielsweise des Verdienstausfalls oder auch der Fahrt- oder Unterbringungskosten, sei ein Handeltreiben bereits begrifflich nicht gegeben. Auch der Ausgleich derjenigen Kosten, die im Einzelfall für eine angemessene Absicherung einer durch die Organentnahme bedingten

Erhöhung des Risikos des Spenders, berufsunfähig zu werden, anfallen können, stelle für ihn keinerlei wirtschaftlichen Vorteil dar und vermöge insofern Eigennützigkeit und damit strafbaren Organhandel nicht zu begründen.[576]

Demgegenüber enthält das koreanische Transplantationsgesetz keine Ausnahmevorschrift zum kommerziellen Handelsverbot. Auch nach dem koreanischen Transplantationsgesetz stellen jedoch die Erstattung der erforderlichen Kosten, z.B. der Kosten für die Organentnahme, der Lohnfortzahlung, das Krankenhaus, die Beförderung der Leiche und deren Beerdigung usw., aufgrund entsprechend restriktiver Auslegung keinen kommerziellen Organhandel dar. Denn der verbotene Organhandel fordert kein angemessenes Entgelt.

Mit diesem einschränkenden Ansatz sind etwa auch bloße belohnende Geschenke aus Dankbarkeit im Rahmen des üblicherweise Anerkannten nicht geeignet, einen verbotenen und strafbaren kommerziellen Organhandel zu begründen.

4. Täterschaft und Teilnahme

Das deutsche Transplantationsgesetz enthält keine Aussage über die Teilnahme am Handeltreiben. Sie bestimmt sich vielmehr nach allgemeinen Regeln und Grundsätzen. Danach ist auch die Teilnahme strafrechtlich erfasst (Vgl. §§ 26 ff. dStGB).[577] Das koreanische Transplantationsgesetz enthält demgegenüber auch ausdrückliche Regelungen über Anstiftung, Verkaufsvermittlung und Beihilfe zum oder beim Organhandel.

C. Spezielle Rechtsfragen der Bestrafung

Das deutsche und koreanische Transplantationsgesetz stimmen darin überein, dass der Handel mit menschlichen Organen nicht nur verboten ist, sondern auch unter Strafe gestellt wird. Darin liegt eine besondere Gewährleistung und Absicherung der Freiheit bei der Organspende. Im folgenden sollen die besonderen strafrechtlichen Regelungen der beiden Transplantationsgesetze näher betrachtet werden.

1. Strafbarkeit des Arztes

Der Arzt, der in Kenntnis eines involvierten Organhandels Organe entnimmt oder überträgt, ist nach deutschem und koreanischem Transplantationsgesetz straf-

---

576 BT-Dr. 13/4355, S. 30.

577 Siehe näher dazu *Rixen*, „§ 18 Organhandel“, in: *Höfling* (Hrsg.), Transplantationsgesetz, Kommentar, 2003, Rn. 3 f; *Tag*, „Transplantationsgesetz“, in: Münchener Kommentar zum Strafgesetzbuch, Bd. 5, 2004, § 18, Rn. 22.

bar.[578] Das deutsche Transplantationsgesetz berücksichtigt, dass der Arzt, der ohne Eigennutz, aber in Kenntnis eines Organhandels Organe entnimmt oder auf einen anderen überträgt, immerhin einen wesentlichen Beitrag zur Kommerzialisierung der Organe Verstorbener oder Lebender leistet.[579] Durch das strafbewehrte Verbot soll bereits die mittelbare Förderung des Organhandels unterbunden werden. Daneben wird auch der besondere Unwert eines solchen ärztlichen Verhaltens eigens hervorgehoben.[580]

2. Gewerbsmäßiger Organhandel

Das deutsche Transplantationsgesetz enthält eine ausdrückliche Regelung zur Strafverschärfung bei gewerbsmäßigem Organhandel.[581] Denn der gewerbsmäßige Organhandel bedeutet für die geschützten Rechtsgüter eine besondere Gefahr.[582] Die Strafverschärfung für den gewerbsmäßigen Organhandel soll der Entstehung und Ausweitung eines illegalen Organhandels entgegenwirken. Zur Auslegung des Begriffs „gewerbsmäßig" kann auf die Rechtsprechung des Bundesgerichtshofes zum Begriff der Gewerbsmäßigkeit im Betäubungsmittelrecht zurückgegriffen werden. Danach handelt gewerbsmäßig, wer sich durch wiederholte Tatbegehung eine fortlaufende Einnahmequelle von einiger Dauer und einigem Umfang verschaffen will.[583]

Das koreanische Transplantationsgesetz trifft demgegenüber keine Aussage zur Strafverschärfung bei gewerbsmäßigem Organhandel.

3. Absehen oder Milderung von Strafe

Das deutsche Transplantationsgesetz enthält eine ausdrückliche Regelung darüber, dass das Gericht bei Organspendern, deren Organe Gegenstand verbotenen Handeltreibens waren, und bei Organempfängern von einer Bestrafung absehen oder die Strafe nach seinem Ermessen mildern kann.[584] Das Gesetz benennt al-

---

578 Zur Kritik an der Strafbarkeit des Arztes *Rixen*, „§ 17 Verbot des Organhandels", in: *Höfling* (Hrsg.), Transplantationsgesetz, Kommentar, 2003, Rn. 36.

579 *Borowy*, Die Postmortale Organentnahme und ihre zivilrechtlichen Folgen, 2000, S. 65 f.

580 Vgl. BT-Dr. 13/4355, S. 31; *Joo*, Transplantationsgesetz, Kommentar, 2000, S. 76.

581 Kritisch zur Strafverschärfung für den gewerbsmäßigen Organhandel *Schroth*, „Die strafrechtlichen Grenzen der Lebendspende", in: *Roxin/Schroth* (Hrsg.), Medizinstrafrecht, 2. Aufl., 2001, S. 279.

582 BT-Dr. 13/8017, S. 44.

583 Vgl. BGHSt 1, 383; 19, 63, 76. BT-Dr. 13/8017, S. 44.

584 Kritisch zur Bestrafung des Organspenders und Organempfängers und zum Absehen oder der Milderung von Strafe bei Organspendern und Organempfängern *Schroth*, „Die strafrechtlichen Grenzen der Lebendspende", in: *Roxin/Schroth* (Hrsg.), Medizinstrafrecht, 2. Aufl., 2001, S. 277 f.

lerdings keine konkreten Anhaltspunkte, wann das Gericht von einer Bestrafung bei Organspendern oder bei Organempfängern absehen darf.[585]

Das koreanische Transplantationsgesetz trifft demgegenüber keine Aussage über das Absehen von Strafe bei Organspendern und Organempfängern im Fall des Organhandels.

4. Sonstiges

Das deutsche Transplantationsgesetz enthält auch Regelungen zum strafbaren Versuch (§§ 18 Abs. 3, 19 Abs. 4 dTPG).[586] Versuchtes und noch nicht vollendetes Handeltreiben dürfte beispielsweise dann vorliegen, wenn ein kommerzieller Organvermittler sich bei einer Zeitung darum bemüht, eine Werbanzeige für seine verbotenen Dienste aufzugeben.[587]

Das koreanische Transplantationsgesetz enthält besondere Regelungen über die Einziehung des Geldes oder Vermögensvorteils, das/der entgegen Regelungen über das Verbot des Organhandels erlangt wurden.

D. Zulässigkeit des Organhandels

Kommerzieller Organhandel ist nach deutschem und koreanischem Transplantationsgesetz verboten und strafbar. Im Zusammenhang mit dem Verbot des Organhandels gibt es in Korea einen Meinungsstreit. Zum einen wird vertreten, dass Organhandel immerhin das Leben des wirtschaftlichen Bedürftigen rettet.[588] Zum anderen wird vertreten, dass der Organhandel die Menschenwürde verletzt,[589] dass Organhandel die auf Nächstenliebe und Opferbereitschaft beruhende Bereitschaft zur Organspende untergräbt.[590]

Die Pönalisierung des Organhandels entspricht einem supranationalen Konsens, wie er sich insbesondere in der Entschließung des Europarates vom 11. Mai 1978, der auf ihrer 44. Versammlung am 13 Mai 1991 verabschiedeten Entschließung der Weltgesundheitsorganisation und in einer Entschließung des Eu-

---

585 Hiergegen werden verfassungsrechtliche Bedenken im Hinblick auf den Bestimmtheitsgrundsatz geltend gemacht. Siehe *Nickel/Schmidt-Preisigke/Sengler,* Transplantationsgesetz, Kommentar, 2001, § 18 Rn. 9.

586 Zur Kritik an der Versuchsbestrafung *Schroth*, „Die strafrechtlichen Grenzen der Lebendspende", in: *Roxin/Schroth* (Hrsg.), Medizinstrafrecht, 2. Aufl., 2001, S. 278.

587 *Nickel/Schmidt-Preisigke/Sengler,* Transplantationsgesetz, Kommentar, 2001, § 18 Rn. 8.

588 *Kim*, Strafrechtliche Forschung über Organtransplantation, Chongju Uni. Diss., 1998, S. 40.

589 *Chang*, „Gesetzgebungsrichtung des Transplantationsgesetzes", Koreanisches Medizinrecht e.V., wissenschaftliches Seminar 1995, S. 22.

590 *Kim,* Ethik der Organtransplantation und des Hirntodes, Wissenschaft und Idee Vol. 28, Frühling 1999, S. 92.

ropäischen Parlaments vom 14. September 1993 manifestiert hat. Tatsächlich dürfte die Zulassung des Organhandels die Menschenwürde verletzen und sozial Schwache erheblich benachteiligen.[591] Der entsprechende Schutz vor kommerziellem Organhandel entspricht dem gesetzlichen Grundgedanken.

[591] *Lee*, „Die Gegenwart und Zukunft des Transplantationsgesetzes in Korea", Forschungsbericht 00-15, The Korean Institute of Criminology, 2000, S. 86.

§ 11 Organisation

I. dTPG

Besonders bei der postmortalen Organspende ist viel Organisation nötig, denn es gilt die Spenderinformationen aufzunehmen, ständig zu aktualisieren und sofort bereit zu haben, falls sie benötigt werden. Ein schnelles Handeln ist hier lebensentscheidend.

Jedoch sind auch bei der Lebendspende organisatorische Einrichtungen notwendig. Die wichtigsten Einrichtungen bei der Lebendspende sind die Transplantationszentren und eine Kommission zur gutachterlichen Entscheidung über geeignete Spender.

A. Koordinierungsstelle

Die Transplantationszentren und andere Krankenhäuser in regionaler Zusammenarbeit organisieren die Entnahme von vermittlungspflichtigen Organen einschließlich der Vorbereitung von Entnahme, Vermittlung und Übertragung als Gemeinschaftsaufgabe (Vgl. § 11 Abs. 1 S. 1 dTPG). An dieser Gemeinschaftaufgabe sind auch die Spitzenverbände der Krankenkassen, die Bundesärztekammer, die Deutsche Krankenhausgesellschaft und die Bundesverbände der Krankenhausträger beteiligt (Vgl. § 11 Abs. 1 S. 2 dTPG). Zur Organisation dieser gemeinschaftlichen Aufgabe sieht das deutsche Transplantationsgesetz eine Koordinierungsstelle vor. Diese Aufgabe wird zur Zeit von der Deutschen Stiftung Organtransplantation (DSO) wahrgenommen.

Die DSO wurde bereits 1984 vom KfH[592] gegründet. Das Aufgabengebiet der DSO erstreckt sich auf die gesamte Organisation der Organspende, den Transport der Organe und deren Untersuchung umfasst. Ihr Sitz ist in Neu-Isenburg bei Frankfurt a.M., ihr Datenzentrum, von dem aus die Daten zwischen den Transplantationszentren in Deutschland und Eurotransplant in Holland transferiert werden, befindet sich in Heidelberg.[593]

Die Aufgaben der Koordinierungsstelle und die Rahmenregelungen für die Zusammenarbeit der Beteiligten bei der Entnahme von vermittlungspflichtigen Organen sollen in einem gemeinsamen Vertrag der Beteiligten geregelt werden.[594] Ein solcher Vertrag wurde im März 2000 von den Spitzenverbänden der

---

592 Das Kuratorium für Dialyse und Nierentransplantation e.V. (KfH) wurde am 7. Oktober 1969 in Frankfurt am Main als gemeinnütziger Verein unter dem Namen „Kuratorium für Heimdialyse" gegründet. Vgl. *Lang*, „§ 11 Zusammenarbeit bei der Organentnahme, Koordierungsstelle", in: *Höfling* (Hrsg.), Transplantationsgesetz, Kommentar, 2003, Rn. 6, 10.

593 AO, Antworten auf Fragen, S. 37 ff.

594 BT-Dr. 13/4355, S. 14.

Krankenkassen, der Bundesärztekammer und der Deutschen Krankenhausgesellschaft als Auftraggeber mit der DSO als Auftragnehmerin geschlossen, vom Bundesministerium für Gesundheit am 27. Juni 2000 genehmigt und am 15. Juli 2000 im Bundesanzeiger bekannt gemacht.[595] Er ist am 16. Juli 2000 in Kraft getreten (§ 12 S. 2 des Vertrages).

B. Vermittlungsstelle

Die Vermittlung der vermittlungspflichtigen Organe erfolgt durch die Vermittlungsstelle (§ 12 Abs. 1 dTPG). Auch die Vermittlungsstelle wird, wie die Koordinierungsstelle, von den Spitzenverbänden und der Bundesärztekammer in einem Vertrag begründet, welcher der Genehmigung durch das Bundesministerium für Gesundheit bedarf und im Bundesanzeiger bekannt zu machen ist (§ 12 Abs. 5 dTPG).

Die Vertragspartner haben durch den am 16. Juli 2000 in Kraft getretenen Vertrag die private gemeinnützige „Stiftung Eurotransplant International Foundation" in Leiden / Niederlande (Eurotransplant) mit der Vermittlung vermittlungspflichtiger Organe beauftragt.[596] Eurotransplant ist damit Vermittlungsstelle.

Die Eurotransplant International Foundation ist für die Vermittlung und Allokation von Organspendeverfahren in Österreich, Belgien, Deutschland, Luxemburg, den Niederlanden und Slowenien verantwortlich. Mitbeteiligte an dieser internationalen Kooperation sind die Transplantationszentren, Gewebetypisierungslabors und Krankenhäuser, in denen die Organentnahmen stattfinden. In der Eurotransplant-Region leben derzeit über 118 Millionen Einwohner.[597]

Eurotransplant wurde 1967 von Prof. Dr. van Rood gegründet und hatte die zentrale Registrierung der Patienten zum Ziel, die auf ein Spenderorgan warteten; dadurch sollte es möglich sein, eine optimierte Übereinstimmung der Gewebeeigenschaften von Spender und Empfänger zu erreichen. Van Roods Vermutung war, dass sich damit die zukünftigen Transplantationsergebnisse wesentlich verbessern ließen. Daher ist bis heute eine der wichtigsten Aufgaben von Eurotransplant die Registrierung der Patienten, die sich für eine Transplantation eignen.[598]

Derzeit sind über die mehr als 70 an Eurotransplant beteiligten Transplantationskliniken ca. 15.000 Patienten auf einer gemeinsamen Warteliste registriert. Eurotransplant befasste sich zunächst ausschließlich mit Nierentransplantationen,

---

595 BAnz Nr. 131 a, S. 5 ff.
596 Seit 1968 sind die Transplantationszentren in Deutschland in die internationale Organvermittlung durch Eurotransplant einbezogen.
597 http://www.eurotransplant.nl/
598 http://www.eurotransplant.nl/

dehnte sein Arbeitsgebiet jedoch schon bald auch auf die Vermittlung von Lebertransplantationen aus. In der Folge wurde dies dann sowohl für Herz- und Pankreastransplantationen übernommen, als auch seit kurzem für Lungen-, und Zwölffingerdarmtransplantationen.[599]

C. Organspenderegister

Das Transplantationsgesetz sieht die Errichtung eines Organspenderegisters vor (Vgl. § 2 Abs. 3 S. 1 dTPG). Das Gesetz ermächtigt das Bundesministerium für Gesundheit, durch Rechtsverordnung ein Organspenderregister zu errichten. Bislang hat das Bundesministerium für Gesundheit von dieser Ermächtigung keinen Gebrauch gemacht.

Zur Bestimmung der Registerstelle bedarf es einer Rechtsverordnung. Sie kann z.B. bei einer Behörde, bei den Krankenkassen, bei anderen Körperschaften des öffentlichen Rechts oder bei einer anderen geeigneten Organisation eingerichtet, aber auch unabhängig davon errichtet werden.[600] Im Organspenderegister sollen Erklärungen zur Organspende gespeichert und darüber berechtigten Personen Auskunft erteilt werden (§ 2 Abs. 3 S. 1 dTPG). Die gespeicherten personenbezogenen Daten dürfen nur zum Zwecke der Feststellung verwendet werden, ob bei demjenigen, der die Erklärung abgegeben hatte, eine Organentnahme bei Toten zulässig ist (§ 2 Abs. 3 S. 1 dTPG).

Die Auskunft aus dem Register darf ausschließlich an den Erklärenden sowie an einen von einem Krankenhaus dem Register als auskunftsberechtigt benannten Arzt erteilt werden, der weder an der Entnahme noch an der Übertragung der Organe des möglichen Organspenders beteiligt ist und auch nicht Weisungen eines Arztes untersteht, der an diesen Maßnahmen beteiligt ist (§ 2 Abs. 4 S. 1 dTPG).

D. Transplantationszentren

Die Übertragung von vermittlungspflichtigen Organen wie Herz, Niere, Leber, Lunge, Bauchspeicheldrüse und Darm darf nur in dafür zugelassenen Transplantationszentren vorgenommen werden (§ 9 S. 1 dTPG). Nur dort dürfen Organentnahmen und Implantationen durchgeführt werden. Transplantationszentren sind Krankenhäuser oder Einrichtungen an Krankenhäusern, die für die Übertragung von vermittlungspflichtigen Organen zugelassen sind (§ 10 Abs. 1 S. 1 dTPG). Die Zulassung als Transplantationszentrum soll erfolgen, um Schwerpunkte für die Übertragung dieser Organe zu bilden, um eine bedarfsgerechte,

---

599 http://www.eurotransplant.nl/
600 BT-Dr. 13/4355, S. 17.

leistungsfähige und wirtschaftliche Versorgung zu gewährleisten und um die erforderliche Qualität der Organübertragung zu sichern (§ 10 Abs. 1 S. 2 dTPG).

Zu den Aufgaben der Transplantationszentren gehören neben der Implantation eines Transplantats beim Empfänger (§ 9 S. 1 dTPG), die Führung von Wartelisten, Aufnahme in die Warteliste, Einhalten der Regelungen zur Organentnahme und Organvermittlung, Dokumentation, Maßnahmen für eine erforderliche psychische Betreuung und Maßnahmen zur Qualitätssicherung (§ 10 Abs. 2 dTPG).

Durch die Transplantationszentren soll ein hohes medizinisch-fachliches Niveau gesichert werden. Durch die Zulassungspflicht soll auf der anderen Seite die regional bedarfsgerechte Verteilung von hochtechnisierten Spezialisierungen gesteuert werden. Mit der Wartelistenführung kommt den Transplantationszentren darüber hinaus eine weitreichende Allokationsfunktion zu.[601]

E. Bundesärztekammer

Das deutsche Transplantationsgesetz gewährt der Bundesärztekammer außerordentliche Befugnisse. Sie kann den Stand der Erkenntnisse der medizinischen Wissenschaft in Richtlinien feststellen, soweit die Feststellung des Todes, die Regeln zur Aufnahme in die Warteliste, die Anforderungen an die im Zusammenhang mit einer Organentnahme zum Schutz der Organempfänger erforderlichen Maßnahmen sowie die Regeln zur Organvermittlung und ihre Qualitätssicherung betroffen sind (§ 16 Abs. 1 S. 1 dTPG).

Die Übertragung dieser Befugnisse auf eine private Vereinigung wird noch dadurch verschärft, dass es heißt: „Die Einhaltung des Standes der Erkenntnisse der medizinischen Wissenschaft wird vermutet, wenn die Richtlinien der Bundesärztekammer beachtet worden sind (§ 16 Abs. 1 S. 2 dTPG).“

Die Erarbeitung der Richtlinie zur Feststellung des Todes und zur Organvermittlung soll durch Ärzte erfolgen, die nicht transplantieren. Die Regeln zur Aufnahme in die Warteliste und zur Organvermittlung sollen unter Beteiligung von Juristen und Vertretern aus dem Kreis der Patienten sowie aus dem Kreis der Angehörigen von Organspendern erfolgen (§ 16 Abs. 2 dTPG).

Das deutsche Transplantationsgesetz sieht Richtlinien zur Feststellung des Hirntodes, zur Aufnahme in die Warteliste, zur Organvermittlung, zu erforderlichen Maßnahmen zum Schutz des Organempfängers (Untersuchung des Spenders und der entnommenen Organe sowie Konservierung, Aufbereitung, Aufbewahrung und Beförderung der Organe) und zu Maßnahmen der Qualitätssicherung vor.[602]

---

601 *Herrig*, Gewebetransplantation nach dem Transplantationsgesetz, 2002, S. 216.
602 Siehe http://www.baek.de/.

F. Landeskommission

Die Voraussetzung zur Organentnahme beim Lebendspender nach dem deutschen Transplantationsgesetz ist, dass die nach Landesrecht zuständige Kommission gutachtlich dazu Stellung genommen hat, ob begründete tatsächliche Anhaltspunkte dafür vorliegen, dass die Einwilligung in die Organspende nicht freiwillig erfolgt oder das Organ Gegenstand verbotenen Handeltreibens ist (§ 8 Abs. 3 S. 2 dTPG).

Die Stellungnahme der Kommission hat nur empfehlenden Charakter, ihr ist sozusagen kein „Vetorecht" gegeben, sondern sie gewährleistet lediglich eine zusätzliche verfahrensrechtliche Sicherheit.[603] Andernfalls würde von ihr unmittelbar die Realisierung wesentlicher Grundrechtspositionen von Spendern und Empfängern abhängen und nach der Rechtsprechung des Bundesverfassungsgerichts zur Grundrechtssicherung durch Verfahren[604] wären dann weit höhere Anforderungen an ihre Zusammensetzung und Entscheidungsverfahren zu stellen gewesen.[605]

Um zu einer möglichst objektiven und fachgerechten Beurteilung der Situation zu kommen, muss der Kommission ein von der Organtransplantation völlig unabhängiger Arzt, eine Person mit der Befähigung zum Richteramt und eine in psychologischen Fragen erfahrene Person angehören (§ 8 Abs. 3 S. 3 dTPG).

II. kTPG

A. Bioethikkommission

Nach dem koreanischen Transplantationsgesetz wird eine Bioethikkommission zur Beratung der Entnahme und Übertragung von Organen und der Hirntodfeststellung usw. im MOHW gegründet (§ 7 Abs. 1 kTPG). Die Bioethikkommission ist eine oberste Stelle unter den durch das Transplantationsgesetz gegründeten Stellen.

Die Aufgaben der Kommission sind die Beratung der Kriterien zur Hirntodfeststellung, Auswahlkriterien des Organempfängers, Bestimmungskriterien des Organspenderegisters und der medizinischen Institution für Organtransplantation. Zu den Aufgaben der Kommission gehört auch die Beratung der anderen vom Minister für Gesundheit und Wohlfahrt zur Diskussion über Entnahme und Übertragung von Organen usw. gestellten Fragen (§ 7 Abs. 2 kTPG).

Unter Einschluss des Vorsitzenden muss die Kommission aus 15 bis 20

---

603 *Gutmann*, „Probleme einer gesetzlichen Regelung über die Lebendspende von Organen", MedR 1997, 147 (151).
604 Vgl. BverfGE 69, 315(355); 83, 130 (152 m.w.N.).
605 *Ugowski*, Rechtsfragen der Lebendspende von Organen, 1998, S. 123 f.

Kommissionsmitgliedern bestehen. Die Kommissionsmitglieder müssen vom Minister für Gesundheit und Wohlfahrt ernannt bzw. gebeten werden; sie müssen aus dem Kreis der Ärzte, der Personen mit der Befähigung zum Rechtsanwalt, der Richter, der Staatanwälte, der Beamten und der Personen mit reicher Gelehrsamkeit und Erfahrung stammen (§ 8 Abs. 1 kTPG). Der Vorsitzende ist aus dem Kreise der Kommissionsmitglieder zu wählen (§ 8 Abs. 2 kTPG).

B. Nationale Organtransplantationskontrollstelle

Zur angemessenen Kontrolle über die Übertragung von Organen wird eine Organtransplantationskontrollstelle eingerichtet, die durch Ministersverordnung für Gesundheit und Wohlfahrt unter den nationalen bzw. öffentlichen medizinischen Institutionen oder unter den dem MOHW zugehörigen Stellen bestimmt werden soll (§ 9 Abs. 1 kTPG).

Im Korea wurde KONOS schon am 27. April 1998 innerhalb des Staatskrankenhauses eingerichtet.[606] Am 9. Februar 2000 wurde KONOS mit dem Inkrafttreten des koreanischen Transplantationsgesetzes als die nationale Organtransplantationskontrollstelle bestimmt (§ 9 Abs. 1 kTPG, § 2 der Ministersverordnung für Gesundheit und Wohlfahrt).

Zu den Aufgaben der nationale Organtransplantationskontrollstelle gehören die Auswahl des Organempfängers, das Datenmanagement über die Personalien des Organspenders und Organbedürftigen und über die Untersuchungsergebnisse, die Anleitung und Überwachung des Organspenderegisters, der Hirntodfeststellungsstelle und medizinischen Institution für Organtransplantation, die Untersuchung und Forschung über die Entnahme und Übertragung von Organen, das Management der Information und die Statistik sowie die Aufklärung und die anderen durch Präsidentenverordnung bestimmten Aufgaben über die Entnahme und Übertragung von Organen (§ 9 Abs. 2 kTPG).

C. Organspenderegister

Nach dem koreanischen Transplantationsgesetz kann derjenige, der den Organspender, Organspendewilligen und Organbedürftigen registrieren will, als Organspenderegister von Minister für Gesundheit und Wohlfahrt bestimmt werden, wenn er die durch Präsidentenverordnung bestimmten Einrichtungen und Mitarbeiter besitzt (§ 12 Abs. 1 S. 1 kTPG). Die Bestimmung kann auch auf bestimmte Arten von Organen, die das einschlägige Register registriert kann, nach Präsidentenverordnung beschränkt werden (§ 12 Abs. 1 S. 2 kTPG).

---

[606] Die Bezeichnung des „KONOS“ (KOrean Network for Organ Sharing) folgt nach dem Namen des „UNOS"(„United Network for Organ Sharing“). Siehe *Choi/Lee*, Was ist KONOS?, Journal of the Korean Medical Association Vol. 43 Nr. 2 (2000), S. 163.

Zu den Aufgaben des Registers gehören die Registrierung des Organspenders und Organbedürftigen usw., körperliche Untersuchung desjenigen, der sich als Organspender oder Organbedürftiger registrieren lassen will, Mitteilung über die Registrierungsergebnisse des Organspenders oder Organbedürftigen usw. an der nationalen Organtransplantationskontrollstelle und andere durch Präsidentenverordnung bestimmte Geschäft der Registrierung (§ 12 Abs. 3 kTPG).

Wer sich als Organspender oder Organbedürftiger registrieren lassen will, muss sich am Organspenderegister anmelden (§ 13 Abs. 1 S. 1 kTPG). Auch ein Familienmitglied oder Angehörige kann anmelden, wenn der Organspender der Hirntote oder der Tote ist (§ 13 Abs. 1 S. 2 kTPG).

Nach dem koreanischen Transplantationsgesetz bedarf die Direktspende des Lebenden keiner Anmeldung beim Register. Der Organspender muss den Organempfänger benennen und um die Zulassung des Direktors der nationalen Organtransplantationskontrollstelle bitten (Vgl. § 22 Abs. 3 kTPG).

Der Direktor des Registers kann die Registrierung nach der Einwilligung des Organspenders, der Zustimmung des Familienmitglieds oder Angehörigen und der Geeignetheit als Organspender aufgrund des vom Direktor des Registers gewonnenen Untersuchungsergebnisses vornehmen (§ 13 Abs. 2 Nr. 1 S. 1 kTPG). Lediglich die Untersuchung kann wegfallen, wenn ein entsprechendes Untersuchungsergebnis bereits vorliegt (§ 13 Abs. 2 Nr. 1 S. 2 kTPG).

Der Direktor des Registers ist verpflichtet, über die Registrierung nach der Geeignetheit als Organbedürftiger nach dem Untersuchungsergebnis des Direktors des Registers zu entscheiden, wenn er angemeldet wird (§ 13 Abs. 2 Nr. 2 kTPG).

Der Direktor des Registers kann denjenigen als Organspendewilligen registrieren, der die Bereitschaft zur Organspende für die Zukunft erklärt, wobei Nachforschungen ausschließlich mit Einwilligung des Organspenders durchgeführt werden dürfen (§ 13 Abs. 3 kTPG).

Der Direktor des Registers muss die Speicherung vornehmen, wenn er über die Registrierung entschieden hat. Zugleich hat er dem Anmeldenden und dem Direktor der nationalen Organtransplantationskontrollstelle die Ergebnisse unverzüglich zu mitteilen (§ 13 Abs. 4 kTPG). Der Direktor des Registers ist verpflicht, Registrierung unverzüglich zu löschen, wenn der Registrierende die Erklärung zur Organspende widerruft (§ 13 Abs. 6 kTPG).

D. Medizinische Institution für Hirntodfeststellung

Nach dem koreanischen Transplantationsgesetz muss die medizinische Institution, die den Hirntod für Entnahme und Übertragung von Organen feststellen will, dies dem Direktor der nationalen Organtransplantationskontrollstelle nach der Ministersverordnung für Gesundheit und Wohlfahrt mitteilen (§ 14 Abs. 1 kTPG).

Nur die mitgeteilte medizinische Institution kann den Hirntod für Entnahme und Übertragung von Organen feststellen (§ 14 Abs. 5 kTPG).

Vor der Mitteilung muss die medizinische Institution, die den Hirntod feststellen will, eine entsprechende Einrichtung, Ausrüstung und entsprechend qualifizierte Mitarbeiter usw. haben und die Hirntodfeststellungskommission innerhalb dieser medizinischen Institution einrichten (§ 14 Abs. 2 kTPG). Diese Maßnahme soll die Genauigkeit der Hirntodfeststellung sichern und das Vertrauen der Bevölkerung bilden. Der Hirntodfeststellungskommission gehören 6 bis 10 Mitglieder an, davon mindestens drei Fachärzte nach der entsprechenden Präsidentenverordnung (§ 14 Abs. 3 kTPG).

Der Hirntod soll durch die Hirntodfeststellungskommission bei Anwesenheit des mindestens zwei Dritteln der Mitglieder und einstimmiger Zustimmung der anwesenden Mitglieder einschließlich mindestens zweier dafür qualifizierter Fachärzte als Mitglieder der Hirntodfeststellungskommission festgestellt werden (§ 16 Abs. 2 kTPG).

E. Medizinische Institution für Organtransplantation

Die Entnahme und Übertragung von Organen zum Zweck der Transplantation darf nur in einere dafür zugelassene medizinische Transplantationsinstitution vorgenommen werden (§ 21 Abs. 3 kTPG). Eine medizinische Institution für Organtransplantation, die zum Zweck der Übertragung die Organe entnehmen oder übertragen will, muss eine entsprechende Bestimmung des Ministers für Gesundheit und Wohlfahrt einholen (§ 21 Abs. 1 kTPG).

F. Medizinische Versorgungsfachstelle für Als-Hirntot-Vermutete

Nach der Änderung des Transplantationsgesetzes (geändert 26. August 2002, Gesetz-Nummer 6725) wurde die medizinische Versorgungsfachstelle für Als-Hirntot-Vermutete[607] neu eingerichtet, um Als-Hirntot-Vermutete fachlich zu kontrollieren.[608]

Der Direktor der nationalen Organtransplantationskontrollstelle kann die Fachkontrollstelle für Als-Hirntot-Vermutete, die eine Reihe von Diensten – etwa Organspende, Hirntodfeststellung, Entnahme und Übertragung von Organen usw. – für den zur Hirntodfeststellung angemeldeten Als-Hirntot-Vermuteten einheitlich durchführt, bestimmen (§ 16 a Abs. 1 kTPG).

---

607 Diese Stelle entspricht Hospital based-Organ Procurement Organization (im folgenden „HOPO“).

608 *MOHW*, Stellungnahme der Ethikkommission, 2001, S. 20 f.

Die als Fachkontrollstelle für Als-Hirntot-Vermutete zu bestimmende Stelle soll Register, Hirntodfeststellungsstelle und Medizinische Institution für Organtransplantation sein (§ 16 a Abs. 2 kTPG).

III. Vergleich und kritische Würdigung

Unter dem deutschen Transplantationsgesetz wird die Organtransplantation durch private Stellen autonom durchgeführt. Die Zentralvorschriften sind Regelungen über die Koordinierungsstelle, die Vermittlungsstelle, das Organspenderegister, die Transplantionszentren und die Bundesärztekammer. Besonders spielt die DSO eine maßgebliche Rolle der Funktionen des OPO[609] und HOPO.

Unter dem koreanischen Transplantationsgesetz wird demgegenüber die Organtransplantation durch die nationale Stelle durchgeführt. Besonders spielt die KONOS als die nationale Organtransplantationskontrollstelle keine Rolle der Funktionen des OPO und HOPO.

Eine Ethikkommission bei der Lebendspende zur Sicherung der Freiwilligkeit wie nach dem deutschen Transplantationsgesetz kann aus meiner Sicht ein Modell für das koreanische Transplantationsgesetz werden, wenn Interessekollisionen zwischen dem Minderjährigen als Organspender und den Eltern als Organempfänger vorhanden sind.

609 Organ Procurement Organization.

Viertes Kapitel : Rechtspolitische Vorschläge

§ 12 Optimierung des Organaufkommens

Grundvoraussetzung für die Optimierung des Organaufkommens ist die Schaffung von Transparenz bei den Regelungen und der Praxis der Transplantationsmedizin. Zusammen mit der Rechtssicherheit kann diese Transparenz bei den betroffenen Personen, vor allem aber auch ganz allgemein in der Bevölkerung Verständnis und Vertrauen in diesen Bereich der Medizin schaffen. Transparenz des Verfahrens und der Kriterien sind in besonderem Maße bei der Feststellung des Hirntodes und Zuteilung der Organe die Empfänger von Bedeutung.

Außerdem erfordert die angestrebte Optimierung des Organaufkommens die – im Folgenden erläuterte – nachhaltige Förderung der Spendebereitschaft und in diesem Zusammenhang auch die Verstärkung des Aufkommens im Bereich der Lebendspende.

I. Förderung der Spendebereitschaft

Solange keine Substituten für menschliche Organe zur Verfügung stehen, hängt das Organangebot für einen individuellen Patienten ausschließlich von der Einsicht und dem Einsatz anderer Menschen ab. Eine Steigerung des Transplantataufkommens kann demzufolge in erster Linie durch die Förderung der Spendebereitschaft erreicht werden.[610]

Unbestritten lassen sich die bestehenden Probleme nicht allein durch ein juristisches Instrumentarium bewältigen. Ebenso notwendig sind die Aufhebung finanzieller Barrieren, Öffentlichkeitsarbeit, Aufklärung und Unterstützung der Ärzte und Koordinatoren sowie optimale Kooperation zwischen den Kliniken. Rechtlich transparente Zulässigkeitsmodalitäten haben dabei durchaus eine motivierende Wirkung auf die Bevölkerung.

Darüber hinaus wird die sog. „Motivationslösung" zur Förderung der Spendebereitschaft vertreten. Nach dem Ansatz der Motivationslösung soll eine Steigerung der Organspendebereitschaft ohne Zwang und ohne finanzielle Anreize gewährleistet werden.[611] Ein auf der Motivationslösung aufbauendes Vergabeverfahren würde alle auf ein Transplantat wartenden Patienten zur Vorbereitung der Organzuteilung in zwei Gruppen einteilen. Jene Patienten, die ihre Bereitschaft zur Organspende erklärt haben, fallen in die Gruppe prioritärer Allokation. Um die optimale Funktion des Systems zu garantieren und gleichzeitig zu einer

---

[610] *Bock*, Rechtliche Voraussetzungen der Organentnahme von Lebenden und Verstorbenen, 1999, S. 66.

[611] *Kühn*, „Das neue deutsche Transplantationsgesetz", MedR 1998, S. 455 (460). Nähres zur sog. „Motivationslösung" siehe *Kühn*, Die Motivationslösung, 1998.

möglichst frühzeitigen Erklärung der Spendebereitschaft zu motivieren, erscheint es sachgerecht, eine Karenzzeit einzuführen. Gleichfalls in die Gruppe prioritärer Allokation einzureihen wären alle Patienten bis zum Erreichen der Altersgrenze für eine wirksame Organspendeerklärung und alle Personen, die aus anderen Gründen nicht in der Lage sind, selbst eine Organspendeentscheidung zu fällen. Alle übrigen Patienten wären in die Gruppe subsidiärer Allokation aufzunehmen. Bei der Organverteilung wären Patienten aus der Gruppe prioritärer Allokation vorrangig zu berücksichtigen. Findet sich kein passender Organempfänger in dieser Gruppe, wird das Organ an einen Wartenden aus der Gruppe subsidiärer Allokation zugeteilt. Innerhalb der jeweiligen Gruppen müsste die Verteilung nach den derzeit gültigen und gegebenenfalls weiter zu entwickelnden medizinischen Vergabeverfahren vorgenommen werden.[612]

Die Motivationslösung ist vom Modell eines „Clubs der Organspender" als Verteilungsmodell zu unterscheiden. Im sog. Clubmodell verpflichten sich die Clubmitglieder durch ihre Mitgliedschaft, im Todesfall ihre Organe anderen Clubmitgliedern zur Verfügung zu stellen. Das Wesen eines Clubs bedingt, dass Nichtmitglieder keinen Zugang haben. Nach dem Clubmodell wären Menschen, die zur Organspende nicht bereit wären, von Transplantationen ausgeschlossen.[613]

Die Motivationslösung ist meines Erachtens angemessen. Denn das Clubmodell kann dem Grundsatz der Chancengleichheit bzw. Gleichbehandlung widersprechen.

II. Förderung der Lebendspende

Eine rechtliche Lösung, die dazu beitragen will, das Transplantatdefizit unter Verwendung menschlicher Organe zu verringern, muss berücksichtigen, dass die Anzahl derjenigen postmortalen Organspenden, die die beschriebenen Voraussetzungen für eine Transplantation erfüllen, durch eine statistische Wahrscheinlichkeit von Todesfällen eine natürliche Grenze findet. Die Notwendigkeit von Lebendspenden wird deshalb, wenn auch in den zu bestimmenden rechtlichen Grenzen, für das stetig wachsende Versorgungspotential unerlässlich sein.[614]

Der Anteil der Lebendspenden ist in Deutschland im internationalen Vergleich auffallend gering, obwohl sie eine Reihe von Vorteilen bietet. Im Jahre 1994 stammten von allen in Deutschland verpflanzten Nieren nur 4% von lebenden Organspendern. Im Vergleich dazu beträgt dieser Anteil in anderen Ländern, insbesondere zu fast 50% in Korea, ein Vielfaches. Die Erfolgsquote ist bei Le-

---

[612] *Kühn*, „Das neue deutsche Transplantationsgesetz", MedR 1998, S. 455 (460).
[613] *Kühn*, „Das neue deutsche Transplantationsgesetz", MedR 1998, S. 455 (461).
[614] *Bock*, Rechtliche Voraussetzungen der Organentnahme von Lebenden und Verstorbenen, 1999, S. 67.

bendspenden beispielsweise durch die Verringerung der Ischämiezeiten und das optimale Timing für die Transplantation höher als bei Leichenspenden.[615]

Eine gesetzliche Regelung, die eine Explantation vom Lebenden ohne Rücksicht auf seinen Willen als zulässig erachten wollte, käme bereits mit der verfassungsrechtlichen Menschenwürdegarantie in einen unauflösbaren Widerstreit (Vgl. Art. 1 Abs. 1 GG, § 10 kV). Sie muss als Lösung des Mangelproblems ausscheiden. Denn hiermit einher ginge eine Instrumentalisierung des Menschen als Organteilelager zu Allgemeinwohlzwecken (Steigerung des Transplantatangebots) und damit seine Verobjektivierung bzw. Entpersonalisierung.[616] Nach dem Verfassungsgrundsatz der Menschenwürde darf der Mensch nicht zum bloßen Objekt instrumentalisiert werden.[617]

Dabei wird von allen Seiten zu Recht immer wieder darauf hingewiesen, dass auch deutlich werden müsse, dass eine Organspende weder im Sinne der Nächstenliebe (als „Christenpflicht") noch im Sinne einer Sozialpflichtigkeit gefordert werden dürfe. Die Freiheit einer persönlichen Wertentscheidung darf nicht durch Diskriminierung bestimmter Wertsetzungen genommen oder eingeschränkt werden, und eine Pflicht zur Organspende kann weder ethisch noch rechtlich begründet werden.[618]

Das Modell der „sog. Direktspende" des koreanischen Transplantationsgesetzes kann eine Art Motivationslösung sein, um die Lebendspende zu fördern.

---

615 Zu den Vorteilen der Lebendspende siehe *Esser*, „§ 8 Zulässigkeit bei lebenden Organspendern", in: *Höfling* (Hrsg.), Transplantationsgesetz, Kommentar, 2003, § 8 Rn. 1 f.; *Kühn*, Das neue deutsche Transplantationsgesetz, MedR 1998, S. 455 (458); *Ugowski*, Rechtsfragen der Lebendspende von Organen, 1998, S. 21 ff., 78.

616 *Esser*, „§ 8 Zulässigkeit bei lebenden Organspendern", in: *Höfling* (Hrsg.), Transplantationsgesetz, Kommentar, 2003, § 8 Rn. 35.

617 BT-Dr. 13/4355, S. 18.

618 *Taupitz*, „Um Leben und Tod", JuS 1997, S. 208.

§ 13 Vorantreiben der alternativen Ersatztherapien

Es besteht Konsens darin, dass sich eine deutliche Steigerung der Transplantationsrate nur durch ein ganzes Maßnahmenbündel erzielen lässt. Aus medizinischer Sicht zählt hierzu u.a. die Anwendung neuer Operationstechniken im Rahmen der Organgewinnung sowie die Verbesserung und Verfeinerung der bereits praktizierten Verfahren.[619]

I. Künstliche Organe

Eine Alternative zur Transplantationsmedizin ist die Entwicklung künstlicher Organe. Sie könnten nicht nur in beliebiger Menge produziert werden, sondern hätten zudem den Vorteil, dass auf eine Immunsuppression verzichtet werden könnte. „Künstliche Ersatzteile" finden in der Medizin schon vielfach Anwendung. Man denke nur an Herzklappen, Herzschrittmacher, künstliche Gelenke u.ä.[620]

Wesentlich schwieriger ist es jedoch, ganze Organe zu ersetzen, vor allem dann, wenn es sich um physiologisch hochkomplexe Organe wie z.B. die Leber handelt. Auch künstliche Organe, beispielsweise ein Kunstherz, sind (derzeit) noch kein dauerhafter Ersatz. Ein Herz beispielsweise muss im Ruhezustand weniger pumpen als bei körperlicher Belastung, so dass ein Steuerungssystem erforderlich ist. Künstliche Organe sind, zumal wenn sie eigene Aktivität entfalten sollen, von einer Energiequelle abhängig. Ferner werden „künstliche Gewebe" auch im Labor gezüchtet: die meisten Erfahrungen besitzen die Forscher bislang in der Züchtung künstlicher Haut.[621]

Bei Nutzung von künstlichen Organen gibt es keine größeren rechtlichen Probleme. Angesichts der medizin-technischen Probleme darf man allerdings wohl auch von der Entwicklung künstlicher Organe nicht so bald erwarten, dass sie zu einer deutlichen Verbesserung der Transplantatversorgung führt.[622]

II. Xenotransplantation

Mit dem Begriff Xenotransplantation ist, in Abgrenzung zur Allotransplantation, die Verwendung von tierischen Organen, Geweben oder Zellen für die Transplantation beim Menschen gemeint.[623]

---

619 *Borowy*, Die postmortale Organentnahme und ihre zivilrechtlichen Folgen, 2000, S. 47 f.
620 *Borowy*, Die postmortale Organentnahme und ihre zivilrechtlichen Folgen, 2000, S. 44.
621 *Nickel/Schmidt-Preisigke/Sengler*, Transplantationsgesetz, Kommentar, 2001, Einführung Rn. 7.
622 *Borowy*, Die postmortale Organentnahme und ihre zivilrechtlichen Folgen, 2000, S. 45.
623 Vgl. Bundesärztekammer Stellungnahme des Wissenschaftlichen Beirates der BÄK zur Xenotransplantation, Dtsch Ärztebl 96: B-1541-1547.

Erstmals transplantierte der Chirurg Reemtsma 1963 in insgesamt 6 Patienten Schimpansennieren, alle Nieren blieben weniger als 9 Monate funktionstüchtig. Weitere Versuche mit Nieren von Pavianen, Herzen von Schimpansen und Pavianen in den 1960er Jahren scheiterten, die Organe wurden innerhalb weniger Stunden bis Tage irreversibel abgestoßen. Seit 1990 werden zunehmend Zellen oder Gewebe vom Schwein transplantiert: Inselzellen bei Diabetikern, Hirnzellen beim Parkinson-Syndrom, Leberzellen bei Leberversagen, auch Haut bei Brandverletzungen. Vaskularisierte (durchblutete) Organe werden (noch) nicht transplantiert.[624]

Aus medizinischer Sicht bieten die schwierigsten Probleme zum einen die Abstoßungsreaktionen (Immunsuppression), die mit zunehmender Diskordanz zwischen Spender und Empfänger immer ausgeprägt werden, und zum anderen die erheblichen, bisher nicht quantifizierbaren Infektionsrisiken, sog. xenobiotische Infektionen (Zoonosen), des Organempfängers.[625]

Die Geschichte der Xenotransplantation ist bislang von Fehlschlägen gekennzeichnet. Allen Versuchen, u.a. mit Schimpansennieren, Pavianherzen und verschiedenen Organen von Schweinen, blieben Langzeiterfolge versagt. Die meisten Patienten starben innerhalb weniger Stunden oder Tage. Die Gründe für das Scheitern sind sowohl immunologischer als auch anatomisch-physiologischer Natur. Bei Xenotransplantationen kommt es zu einer sehr aggressiven Form der Immunabwehr, die sich mit der herkömmlichen Immunsuppression nicht kontrollieren lässt. Zum anderen wird der Erfolg einer Transplantation dadurch bestimmt, dass die Organe der Tiere sowohl anatomisch als auch physiologisch den menschlichen Organen vergleichbar sein müssen.[626]

Unter ethischen Aspekten wird die Xenotransplantaion angesichts des unstreitigen Mangels an Spenderorganen und den damit verbundenen Leiden vieler Patienten sowie der schwierigen Problematik gerechter Zuteilung als eindeutig „gerechtfertigt bzw. geboten“ erachtet.[627]

Die Xenotransplantation wird sowohl vom deutschen Transplantationsgesetz als auch vom koreanischen Transplantationsgesetz nicht erfasst. In Deutschland steht die Diskussion über die Xenotransplantation erst am Anfang. Rechtlich erfasst wird die Xenotransplantation zwar durch einzelne Vorschriften des Gentechnikgesetzes, des Tierschutzgesetzes sowie des Arzneimittelgesetzes.[628]

---

624 *Dettmeyer,* Medizin & Recht für Ärzte, 2001, S. 254.

625 *Dettmeyer,* Medizin & Recht für Ärzte, 2001, S. 254; *Nickel/Schmidt-Preisigke/Sengler,* Transplantationsgesetz, Kommentar, 2001, Einführung Rn. 6; *Uhlenbruck/Ulsenheimer,* „Die zivilrechtliche Problematik der Organtransplantation“, in: *Laufs/Uhlenbruck,* Handbuch des Arztrechts, 3. Aufl., 2002, § 131 Rn. 22.

626 *Borowy,* Die postmortale Organentnahme und ihre zivilrechtlichen Folgen, 2000, S. 45 f.

627 *Uhlenbruck/Ulsenheimer,* „Die zivilrechtliche Problematik der Organtransplantation“, in: *Laufs/Uhlenbruck,* Handbuch des Arztrechts, 3. Aufl., 2002, § 131 Rn. 22.

628 Siehe *Borowy,* Die postmortale Organentnahme und ihre zivilrechtlichen Folgen, 2000,

Trotz der großen Probleme versuchen Wissenschaftler tierische Organe für den Menschen nutzbar zu machen, um die Schere zwischen Bedarf und Verfügbarkeit an Spenderorganen in Zukunft nicht weiter auseinander klaffen zu lassen.

Die rechtliche Beurteilung der Xenotransplantation ist durch erhebliche Unklarheiten und Regelungslücken gekennzeichnet. Die bestehenden erheblichen Unklarheiten und Regelungslücken machen eine gesetzliche Regelung der Xenotransplantation notwendig.[629]

III. Tissue Engineering

Große Hoffnungen setzen Wissenschaftler in das sogenannte „Tissue Engineering". Tissue Engineering ist eine multidisziplinäre Wissenschaft, die die Prinzipien der Ingenieurswissenschaften und der Zellbiologie mit dem Ziel vereint, biologische Strukturen zu entwickeln, die Gewebsfunktionen wiederherstellen, aufrechtzuerhalten oder zu verbessern. Die Methoden des Tissue Engineering eröffnen die Möglichkeit der Transplantation von höheren Zellzahlen auf biologisch abbaubaren Polymermatrizes ohne Risiko für den Empfänger.[630]

Dabei werden „in vitro" körpereigene Zellen, – insbesondere Knorpel, Knochen und kollagenes Bindegewebe – dreidimensional herangezüchtet.[631] In Zukunft soll es möglich werden, ganze Organe wie z.B. die Leber oder das Herz „in-vitro" herzustellen. Wissenschaftler werden mit der Aussage zitiert, dass es so einfach werden soll.[632]

Tissue Engineering ist noch medizinisches und technisches Neuland, obwohl es weniger Probleme der Immmunsuppression bzw. Infektionsrisiken als die Xenotransplantation hat. Das deutsche und das koreanische Transplantationsgesetz sehen auch keine Regelungen über Tisssue Engineering vor. Um die Schere zwischen Bedarf und Verfügbarkeit an Spenderorganen in Zukunft nicht weiter auseinanderklaffen zu lassen, versuchen Wissenschaftler verstärkt, Tissue Engineering nutzbar zu machen.

S. 46; *Dettmeyer,* Medizin & Recht für Ärzte, 2001, S. 254; *Uhlenbruck/Ulsenheimer,* „Die zivilrechtliche Problematik der Organtransplantation", in: *Laufs/Uhlenbruck,* Handbuch des Arztrechts, 3. Aufl., 2002, § 131 Rn. 22.

629 *Borowy*, Die postmortale Organentnahme und ihre zivilrechtlichen Folgen, 2000, S. 46; *Uhlenbruck/Ulsenheimer,* „Die zivilrechtliche Problematik der Organtransplantation", in: *Laufs/Uhlenbruck,* Handbuch des Arztrechts, 3. Aufl., 2002, § 131 Rn. 22.

630 *Pollok/Rogiers*, „Alternativen zur Spenderorgantransplantation bei Patienten mit hepatischen Erkrankungen", Bundesgesundheitsbl-Gesundheitsforsch-Gesundheitsschutz 10-2002, S. 795 (795).

631 *Borowy*, Die postmortale Organentnahme und ihre zivilrechtlichen Folgen, 2000, S. 47.

632 *Borowy*, Die postmortale Organentnahme und ihre zivilrechtlichen Folgen, 2000, S. 47.

Literaturverzeichnis

I. Schrifttum zum deutschen Recht

Bock, Nadine — Rechtliche Voraussetzungen der Organentnahme von Lebenden und Verstorbenen, Frankfurt am Main, 1999.

Borowy, Oliver — Die postmortale Organentnahme und ihre zivilrechtlichen Folgen, Frankfurt am Main, 2000.

Carstens, Thomas — Das Recht der Organtransplantation : Stand und Tendenzen des deutschen Rechts im vergleich zu ausländischen Gesetzen, Frankfurt am Main, 1978.

Clement, Ralf — „Transplantation", in: *Rieger, Hans-Jürgen* (Hrsg.), Lexikon des Arztrechts, 2. Aufl., 2001

Conrads, Christoph — Rechtliche Grundsätze der Organallokation: Verteilung des Mangels oder Mängel der Verteilung?, Baden-Baden, 2000.

Dettmeyer, Reinhard — Medizin & Recht für Ärzte, Berlin, 2001.

Deutsch, Erwin — „Das Transplantationsgesetz vom 5. 11. 1997", NJW 1998, 777-782

Deutsch, Erwin/Spickhoff, Andreas — Medizinrecht, 5.Aufl., Berlin, 2003.

Deutsche Stiftung Organtransplantation — Organspende und Transplantation in Deutschland, Jahresbericht 2001.

Dufková, Jarmila — „Die Zulässigkeit und Strafbarkeit der Organentnahme zu Transplantationszwecken im Vergleich zu klinischen Sektionen", MedR 1998, 304-308.

Esser, Dirk — „§ 8 Zulässigkeit bei lebenden Organspendern", in: *Höfling, Wolfram* (Hrsg.), Transplantationsgesetz, Kommentar, 2003, 197-241.

Fateh-Moghadam, Bijan/Schroth, Ulrich/Gross, Christiane/ — "Die Praxis der Lebendspendekommissionen" - Eine empirische Untersuchung zur Im-

Gutmann, Thomas plementierung prozeduraler Modelle der Absicherung von Autonomiebedingungen im Transplantationswesen, MedR 2004, 19-34/ 82-90.

Freund, Georg Strafrecht Allgemeiner Teil, Berlin, 1998.

Freund, Georg/Heubel, Friedrich „Der menschliche Körper als Rechtsbegriff", MedR 1995, 194-198.

Gragert, Jörg Strafrechtliche Aspekte des Organhandels, Hamburg, 1997.

Gutmann, Thomas „Probleme einer gesetzlichen Regelung über die Lebendspende von Organen", MedR 1997, 147-155.

Haupt, Walter F. „Anhang 1 zu § 16 Hirntodkonzeption und Hirntoddiagnostik aus neurologischer Perspektive, in: *Höfling, Wolfram* (Hrsg.), Transplantationsgesetz, Kommentar, 2003, 378-389

Herrig, Christina Gewebetransplantation nach dem Transplantationsgesetz, Frankfurt am Main, 2002.

Höfling, Wolfram „§ 12 Organvermittlung, Vermittlungsstelle", in: *Höfling, Wolfram* (Hrsg.), Transplantationsgesetz, Kommentar, 2003, 324-347.

Höfling, Wolfram/Rixen, Stephan „§ 3 Organentnahme mit Einwilligung des Organspenders", in: *Höfling, Wolfram* (Hrsg.), Transplantationsgesetz, Kommentar, 2003, 133-143.

in der Schmitten, Jürgen „Anhang zu § 3: Zur Entwicklung der „Hirntod"-Konzeption", in: *Höfling, Wolfram* (Hrsg.), Transplantationsgesetz, Kommentar, 2003, 144-167.

Junghanns, Ray Verteilungsgerechtigkeit in der Transplantationsmedizin, Frankfurt am Main, 2001.

Kern, Bernd-Rüdiger „Organspendeausweis", in: *Rieger, Hans-Jürgen* (Hrsg.), Lexikon des Arztrechts, 2. Aufl., 2001, 3950, 1-2.

Knauer, Christoph „Ärztlicher Heileingriff, Einwilligung und

Aufklärung“ – Überzogene Anforderungen an den Arzt?, in: *Roxin, Claus/Schroth, Ulrich* (Hrsg.), Medizinstrafrecht, 2. Aufl., 2001, 11-30.

König, Peter Strafbarer Organhandel, Frankfurt am Main, 1999.

Kühn, Hermann Christoph Die Motivationslösung – Neue Wege im Recht der Organtransplantation, Berlin, 1998.

Kühn, Hermann Christoph „Das neue deutsche Transplantationsgesetz“, MedR 1998, 455-461.

Lang, Heinrich „§ 11 Zusammenarbeit bei der Organentnahme, Koordierungsstelle“, in: *Höfling, Wolfram* (Hrsg.), Transplantationsgesetz, Kommentar, 2003, 307-323.

Lilie, Hans „Transplantationsgesetz“ – was nun?, in: *Orsi, Giuseppe/Seelmann, Kurt/Smid, Stefan/ Steinvorth, Ulrich* (Hrsg.), Rechtsphilosophische Hefte VIII, Medizin-Recht-Ethik, Frankfurt am Main, 1998, 89-101.

Lüttger, Hans „Der Tod und das Strafrecht“, JR 1971, 309-315.

Miserok, Karl/Sasse, Ralf/Hall, Antje/ Seidenath, Bernhard Transplantationsrecht des Bundes und der Länder mit Transfusionsgesetz Kommentar, Wiesbaden, 2001.

Nickel, Lars Christoph Die Entnahme von Organen und Geweben bei Verstorbenen zum Zwecke der Transplantation, Bonn, Uni., Diss., 1999.

Nickel, Lars Christoph/Schmidt-Preisigke, Angelika/Sengler, Helmut Transplantationsgesetz, Kommentar, Stuttgart, 2001.

Oduncu, Fuat S. „Der „Hirntod“ als Todeskriterium“ – Biologisch-medizinische Fakten, anthropologisch-ethische Fragen, in: *Roxin, Claus/Schroth, Ulrich* (Hrsg.), Medizinstrafrecht, 2. Aufl., 2001, 199-249.

Oelert, Uta Allokation von Organen in der Transplantationsmedizin, Frankfurt am Main, 2002.

Paul, Carsten „Zur Auslegung des Begriffes „Handeltreiben“ nach dem Transplantationsgesetz“, MedR 1999, 214-216.

Pollok, J.-M./Rogiers, Xavier „Alternativen zur Spenderorgantransplantation bei Patienten mit hepatischen Erkrankungen“, Bundesgesundheitsbl-Gesundheitsforsch-Gesundheitsschutz 10-2002, 795-800.

Pschyrembel, Willibald (Hrsg.) Klinisches Wörterbuch, Berlin, 1990.

Rixen, Stephan „Einführung“, in: *Höfling, Wolfram* (Hrsg.), Transplantationsgesetz, Kommentar, 2003, 59-69.

Ders. „§ 1 Anwendungsbereich“, in: *Höfling, Wolfram* (Hrsg.), Transplantationsgesetz, Kommentar, 2003, 73-111.

Ders. „§ 17 Verbot des Organhandels“, in: *Höfling, Wolfram* (Hrsg.), Transplantationsgesetz, Kommentar, 2003, 399-416.

Ders. „§ 18 Organhandel“, in: *Höfling, Wolfram* (Hrsg.), Transplantationsgesetz, Kommentar, 2003, 422-430.

Ders. „§ 2 Aufklärung der Bevölkerung, Erklärung zur Organspende, Organspenderegister, Organspendeausweise“, in: *Höfling, Wolfram* (Hrsg.), Transplantationsgesetz, Kommentar, 2003, 112-131.

Ders. „§ 4 Organentnahme mit Zustimmung anderer Personen“, in: *Höfling, Wolfram* (Hrsg.), Transplantationsgesetz, Kommentar, 2003, 168-177.

Ders. „§ 6 Achtung der Würde des Organspenders“, in: *Höfling, Wolfram* (Hrsg.), Transplantationsgesetz, Kommentar, 2003, 182-193.

Ryu, Paul K. Das koreanische Strafgesetzbuch, Berlin,

1968.

Sabass, Verena — „Die postmortale Organspende“, in: *Roxin, Claus/Schroth, Ulrich* (Hrsg.), Medizinstrafrecht, 2. Aufl., Berlin usw., 2001, 251-270.

Schlake, Hans-Peter/Roosen, Klaus — Der Hirntod als der Tod des Menschen, Deutsche Stiftung Organstransplantation, 2001.

Schott, Markus — Patientenauswahl und Organallokation, Basel, 2001.

Schreiber, Hans-Ludwig — „Das Transplantationsgesetz und seine Folgen“, Bundesgesundheitsbl-Gesundheitsforsch-Gesundheitsschutz 10-2002, 761-767.

Schroth, Ulrich — „Die strafrechtlichen Grenzen der Lebendspende“, in: *Roxin, Claus/Schroth, Ulrich* (Hrsg.), Medizinstrafrecht, 2. Aufl., 2001, 271-289.

Schroth, Ulrich — „Die strafrechtlichen Tatbestände des Transplantationsgesetzes“, JZ 23/1997, 1147-1154.

Tag, Brigitte — Der Körperverletzungstatbestand im Spannungsfeld zwischen Patientenautonomie und Lex artis, Berlin, 2000.

Ders. — „Transplantationsgesetz“, in: Münchener Kommentar zum Strafgesetzbuch, Bd. 5, 2004, 1-58.

Taupitz, Jochen — „Um Leben und Tod“ : Die Diskussion um ein Transplantationsgesetz, JuS 1997, 203-208.

Thiele, Günter (Hrsg.) — Thiele Handlexikon der Medizin, Studienausgabe, 1991.

Ugowski, Patrick J. — Rechtsfragen der Lebendspende von Organen, Münster 1998.

Uhlenbruck, Wilhelm/Ulsenheimer, Klaus — „Die zivilrechtliche Problematik der Organtransplantation“, in: *Laufs, Adolf/Uhlenbruck, Wilhelm*, Handbuch des Arztrechts, 3. Aufl., 2002, 1144-1158.

Hoffmann-La Roche AG/Urban — Roche Lexikon Medizin, 4. Aufl., 1998.

& Fischer (Hrsg.)

Walter, Ute „Organentnahme nach dem Transplantationsgesetz: Befugnisse der Angehörigen", FamRZ 1998, 201-211.

II. Schrifttum zum koreanischen Recht

Ahn, Dong Jun Strafrecht Allgemeiner Teil, 1998.

Ders. „Hirntod und Organtransplantation", in: Lebensschutz im Strafrecht, Journal of the Korean Criminal Law Association Vol. 16 Sondernummer, Korean Criminal Law Association, 2001, 117-128.

Bae, Jong Dae Strafrecht Allgemeiner Teil, 6. Aufl., 2003.

Ders. Strafrecht Besonderer Teil, 5. Aufl., 2003.

Chang, Young Min „Gesetzgebungsrichtung des Transplantationsgesetzes", Koreanisches Medizinrecht e.V., wissenschaftliches Seminar 1995.

Ders. „Strafrechtliche Probleme über den Hirntod und Organtransplantation", Festschrift *Hae Mok Son* zum 60. Geburtstag, 1993, 633-651.

Ders. „Strafrechtliche Probleme über Hirntod und Organtrasplantation", in: Rechtslehre von dem Hirntod und der Organtransplantation, Schriftenreihe Vol. 155, Ministry of Justice, 1992.

Chin, Kye Ho Strafrecht Allgemeiner Teil, 7. Aufl., 2003.

Ders. Strafrecht Besonderer Teil, 5. Aufl., 2003.

Cho, Byung Sun „Transplantationsgesetz in Korea", in: Lebensschutz im Strafrecht, Journal of the Korean Criminal Law Association Vol. 16 Sondernummer, Korean Criminal Law Association, 2001, 129-170.

Choi, Kyeong Woo/Lee, Jeong Was ist KONOS?, Journal of the Korean

Ho Medical Association Vol. 43 Nr. 2, 2000, 163-172.

Choi, Seon Ho Gänderte Strafrecht Allgemeiner Teil, 1999.

Choi, Uh Chan „Sterbehilfe und würdiger Tod: Recht für schönen Tod", Welt des Staatsexamens, 2. 1989.

Chong, Young Suk Strafrecht Besonderer Teil, 5. Aufl., 1983.

Choung, Soung Kown Strafrecht Allgemeiner Teil, 1996.

Ders. Völlig geänderte Strafrecht Besonderer Teil, 1996.

Ders. „Todesbegriff und Lehre vom Hirntod im Strafrecht", Festschrift *Hae Mok Son* zum 60. Geburtstag, 1993.

Choung, Soung Kown/Park, Kwang Min Strafrecht Besonderer Teil, 2002.

Das Institut für Rechtsprobleme an der Universität Yonsei Ein Seminar über Organtransplantation, 1970.

Han, Sung Suk/Hwang, Kyung Sig/Meng Kwang Ho/Lee, Dong Ik/Um, Young Rhan/Koo, Young Mo, „Organtransplantation und Biomedizin-Ethik: Analyse von Krankenhaus Organtransplantation Politik und Vorschlag für Ethik- Richtlinien", Journal of the Korean Society for Transplantation Vol. 12 Nr. 1, The Korean Society for Transplantation, 1998.

Huh, Il Tae „Ende des Lebens", Die Forschung des Strafrechts II, 1997.

Hwang, San Duk Strafrecht Besonderer Teil, 6. Aufl., 1984.

Im, Woong geändert Strafrecht Besonderer Teil, 2003.

Jang, Han Cheol Abgrenzung des Grundsatzes des absoluten Lebensschutzes, in: Festschrift für Prof. Dr. *Choung Soung Kown* zum 60. Geburtstag, 1997, 663-680.

Jo, Jun Hyeon Strafrecht Besonderer Teil, 2002.

Joo, Ho No Rechtswissenschaft von Hirntod und Transplantationsgesetz, 1997.

Ders. Transplantationsgesetz, Kommentar, 2000.

Ders. „Erwerb und Verlust der Qualifikation der medizinischen Personen“, Journal of the Korean Medical Association Vol. 44 Nr. 8, The Korean Medical Association, 2001, 907-920.

Ders. „Monopol der medizinischen Personen auf der medizinischen Handlung und ihrer Bezeichnung“, Journal of the Korean Medical Association Vol. 44 Nr. 10, The Korean Medical Association, 2001, 1115-1132.

Ders. „Organtransplantation und Anwendung des Transplantationsgesetzes“, in: Entsprechung des Medizinrechts nach der Entwicklung der Medizintechnik, Journal of Korea-Japan Law Association Vol. 18, Korea-Japan Law Association, 1999.

Ders. „Rechtsprobleme und Änderungsrichtung des Transplantationsgesetzes“, in: MOHW/NMC/KONOS, Ein Symposion über Entwicklung der Organtransplantation und Verbesserung des mit dem verbundenen Systems zur 1 jährigen Gründungsfeier des KONOS.

Kim, Chong Woo „Ethische und theologische Überprüfung über die Probleme nach Legislation des Hirntod und der Organtransplantation“, Journal of Catholic Thought Institute Vol. 17, Catholic Thought Institute Catholic University of Daegu, 1997 Herbst.

Kim, Dong Lim „Strafrechtliche Forschung über den Hirntod“, Kangwon Uni. Diss., 1992.

Kim, Duk Yong Strafrechtliche Forschung über Organtransplantation, Chongju Uni. Diss., 1998.

Kim, Il Su Neu bearbeitete Strafrecht Besonderer Teil, 2001.

Kim, Il Su/Suh, Bo Hack — Neu bearbeitete Strafrecht Allgemeiner Teil, 9. Aufl., 2003.

Ders. — Neu bearbeitete Strafrecht Besonderer Teil, 5. Aufl., 2003.

Kim, Jong Won — Strafrecht Besonderer Teil I, 1977.

Kim, Joo Yong/Lee, Sang Bok — „Kriterien für Hirntod“, Journal of the Korean Medical Association Vol. 42 Nr. 4, 1999, 349-356.

Kim, Sang Deug — Ethik der Organtransplantation und des Hirntodes, Wissenschaft und Idee Vol. 28, Frühling 1999, 89-106.

Kim, Seong Cheon/Kim, Hyeong Jun — Strafrecht Allgemeiner Teil, 2. Aufl., 2002.

Kim, Seong Cheon/Kim, Hyeong Jun — Strafrecht Besonderer Teil, 2000.

Kim, Yong Hee — Strafrecht Allgemeiner Teil, 2002.

Korean Network for Organ Sharing — Bericht über Transplantation bei Hirntoten (1979-2000), 2001.

Ders. — Handbuch für Mitglieder, 2000.

Ders. — Öffentliche Anhörung zum Gesetzgebung des „Gesetz über die Transplantation von Organen“, Anhörungsmaterial Nr. 96-10, 1996.

Korean Bar Association — „Stellungnahme über diesen Entwurf“, Human Right and Justice Nr. 248, 4.1997.

Korean Medical Association — „Deklaration zum Hirntod“, 4, März 1993.

Ders. — „Jahresbericht über Hirntod und Transplantation vom Hirntoten“, 1998.

Ders. — Ärztliche Berufsordnung, 15. 11. 2001.

Kwak, Jin Young — Organtransplantation vom Hirntoten, Journal of the Korean Medical Association Vol. 42 Nr. 4, The Korean Medical Association, 1999, 338-341.

Lee, Hyung Kook — Strafrecht Allgemeiner Teil, 3. Aufl., 2003.

Ders. „Beginn und Ende des menschlichen Lebens im Strafrecht“, Forschung des Staatsexamens, 9. 1979.

Lee, In Soo „Hirntod und persistierende vegetative Zustand“, Journal of the Korean Medical Association Vol. 30 Nr. 2, The Korean Medical Association, 1987, 170-179.

Lee, Jae Sang Strafrecht Allgemeiner Teil, 5. Aufl., 2004.

Ders. Strafrecht Besonderer Teil, 4. Aufl., 2004.

Lee, Jeong Boo Strafrecht Allgemeiner Teil, 2003.

Lee, Jeong Won Erweiterte Strafrecht Allgemeiner Teil, 2002.

Ders. Strafrecht Besonderer Teil, 3. Aufl., 2003.

Lee, Jong Young „Öffentlich rechtliche Probleme über den Hirntod", Journal of the Korea Legislation Research Institute Vol. 16, The Korea Legislation Research Institute, 1999.

Lee, Sang Bok „Medizinische Todesdefinition und Entwicklung der Lehre vom Hirntod", Journal of the Korean Medical Association Vol. 42 Nr. 4, 1999, 342-348.

Lee, Sang Don „Hirntod und Menschenrecht: Kommunikationstheoretische Rekonstruktion des Todesbegriff“, Journal of Rechtsphilosophie Vol. 2, Korean Rechtsphilosophie e.V., 1999.

Lee, Sang Yong „Die Gegenwart und Zukunft des Transplantationsgesetzes in Korea“, Forschungsbericht 00-15, The Korean Institute of Criminology, 2000.

Lee, Tae Eon Strafrecht Allgemeiner Teil, 3 Aufl., 2000.

Lee, Young Lan Geänderte koreanisches Strafrecht (Lehre vom allgemeinen Teil), Sookmyung Women's University Verlag, 2003.

Ders. Koreanisches Strafrecht (Lehre vom Besonderer Teil), Sookmyung Women's University

Verlag, 2003.

Ministry of Health and Welfare Stellungnahme der Ethik-Kommission, 2001.

Moon, Gook Jin „Probleme und Gegenmaßnahmen der medizinischen Bioethik", in: *Kim, Hoon Soo/Moon, Gook Jin/Hyun, Won Bok/Lee, Chung Choo*, Gesellschaftliche und staatliche Gegenmaßnahme über die Bioethik, Journal of the National Academy of Science, Republic of Korea (the natural Science edition) Vol. 39, 2000, 83-117.

Oh, Young Keun Strafrecht Allgemeiner Teil, 2. Aufl., 2002.

Ders. Strafrecht Besonderer Teil, 2. Aufl., 2003.

Ders. „Gesetzgeberische Überprüfung über Hirntod und Organtransplantation", Journal of unständigen Forscher Vol. 11, Legal Research and Training Institute, 1997, 3-122.

Ders. „Strafrechtliche Probleme über die Organtransplantation bei Hirntoten", Medizin und Strafrecht: 10. Kriminalpolitik Seminar, The Korean Institute of Criminology, 10. 1993.

Oh, Young Keun/Lee, Sang Yong „Strafrechtliche Forschung über den Hirntod und die Organtransplantation", The Korean Institute of Criminology, 1994.

Paek, Hyung Gu Strafrecht Besonderer Teil, 2002.

Park, Gi Il Hirntod, Journal of the Korean Medical Association Vol. 35 Nr. 3, 1992.

Park, Sang Eun „Bei Abtritt des Inkrafttretten des Transplantationsgesetzes", The Korean Journal of Internal Medicine Vol. 58 Nr. 5, The Korean Association of Internal Medicine, 2000.

Park, Sang Ki Strafrecht Allgemeiner Teil, 5. Aufl., 2003.

Ders. Strafrecht Besonderer Teil, 4. Aufl., 2002.

Parlamentsbibliothek „Hirntodesdiskussion und Organtransplantation: Realität und legislative Richtung", Analyse von anstehende Probleme Nr. 139, 1997.

Ryu, Ki Chon — Geänderte Strafrechtwissenschaft (Lehre vom Allgemeinen Teil), 1989.

Ders. — Strafrecht Besonderer Teil I, neu bearbeitete, 1989.

Shim, Jae Woo — „Rechtliche Probleme über Organtransplantation des Hirntoten", Journal of Sungkok Stiftung e.V. Vol. 27 Nr.3, Sungkok Stiftung e.V., 1996, 909-940.

Shin, Dong Un — Strafrecht Allgemeiner Teil, 2003.

Son, Hae Mok — Strafrecht Allgemeiner Teil, 1996.

Song, Young Min — Legislative Untersuchung über Hirntod und Organtransplantation, Dongah Universität Diss., 1998.

Suh, Il Kyo — Strafrecht Besonderer Teil, 1982.

Won, Hye Wook — „Hirntod und Organtransplantation", in: Lebensschutz im Strafrecht, Journal of the Korean Criminal Law Association Vol. 16 Sondernummer, Korean Criminal Law Association, 2001, 103-115.

III. Webseite

Deutsche Stiftung Organtransplantation — http://www.dso.de/

Eurotransplant — http://www.eurotransplant.nl/

Bundesärztekammer — http://www.baek.de/

Korean Network for Organsharing — http://www.konos.go.kr/

Anhang
Das koreanische Transplantationsgesetz

„Gesetz über die Transplantation von Organen"
Vom 8. Februar 1999 (Gesetz-Nummer 5858)
Geändert vom 7. September 1999 (Gesetz-Nummer 6023)
Geändert vom 26. August 2002 (Gesetz-Nummer 6725)

Erstes Kapitel:
Allgemeine Vorschriften

§ 1. Zweck. Dieses Gesetz zielt auf die Suche der geeigneten Entnahme und Übertragung von Organen und den Dienst der Volksgesundheitsverbesserung, indem es die Regelungen zur Organspende und die nötigen Regelungen zur Entnahme und Übertragung zum Zweck der Wiederherstellung von fremden Organen bestimmt.

§ 2. Grundidee. (1) Die Entnahme und Übertragung von Organen ist nach humanitären Gesichtspunkten durchzuführen.

(2) Die Erklärung zur Organspende des potentiellen Organspenders ist zu beachten. Dabei soll die Erklärung zur Organspende freiwillig sein.

(3) Die Chance, ein Organ eingepflanzt zu bekommen, muss jeder Person, die der Übertragung von Organen bedarf, gleichermaßen gegeben sein.

(4) Die Entnahme und Übertragung von Organen ist gemäß ethischen Maßstäben und medizinischer Kunstgerechtigkeit durchzuführen

§ 2 a. Achtung des Organspenders. Die Nächstenliebe und Opferbereitschaft des Organspenders ist auf Dauer zu achten.

§ 3. Definition. Im Sinne dieses Gesetzes sind/ist

1. Organe:
   welche zu den folgenden menschlichen inneren Organen gehören:
   a) Niere, Leber, Bauchspeicheldrüse, Herz, Lunge
   b) Knochenmark, Augenhornhaut
   c) das durch Präsidentenverordnung Bestimmte, das zum Zweck der Wiederherstellung der fremden Organe zu entnehmen und zu übertragen ist, unter menschlichen Organen oder Geweben.
2. Organspender:
   Person, die die eigenen Organe zum Zweck der Wiederherstellung der fremden Organe ohne Entgelt spendet.
3. Organbedürftiger:

Person, die beim Organspenderegister gemäß § 12 Abs.1 zum Zweck der Wiederherstellung der eigenen Organe registriert ist, um fremde Organe sich übertragen zu lassen.

4. Lebender:
Person, die den Hirntoten vom Menschen ausschließt, dessen nicht behebbarer Ausfall der gesamten Hirnfunktion nach dem Hirntodfeststellungskriterium und Hirntodfeststellungsverfahren dieses Gesetzes festgestellt ist.

5. Familienmitglied oder Angehöriger:
folgende Person des Lebenden, Hirntoten oder Toten. Der Minderjährige unter 14 Lebensjahren ist davon ausgeschlossen.
a) Ehegatten
b) Verwandte in gerader absteigender Linie
c) Verwandte in gerader aufsteigender Linie
d) Geschwister
e) Verwandte bis zum vierten Grad, wenn ein Familienmitglied oder Angehöriger nach obigen Buchstaben a bis d nicht vorhanden ist.

§ 4. Anwendungsbereich. Dieses Gesetz gilt für Organe, die zum Zweck der Übertragung für die Wiederherstellung der fremden Organe vom Lebenden usw. entnommen und übertragen werden.

§ 5. Pflicht des Staates und der Gemeinde. Der Staat und die Gemeinde sollen die Chancengleichheit für alle Menschen, der der Organübertragung bedürfen, gewährleisten und die geeignete Entnahme und Übertragung von Organen durchführen lassen.

§ 6. Verbot des Organhandels usw. (1) Niemand darf für die in folgenden Nummern genannten Handlungen Geld, einen Vermögensvorteil oder eine andere Gegenleistung gewähren, annehmen oder sich versprechen lassen.

1. Lieferung der fremden Organe an Dritte, Erhalten der fremden Organe für An-Dritte-Lieferung oder entsprechende Zusagen.
2. Lieferung der eigenen Organe an Dritte, Erhalten der fremden Organe für Auf-Sich-Übertragung oder entsprechende Zusagen.
3. Anstiftung, Verkaufsvermittlung oder Beihilfe zu den in den obigen Nummern genannten Handlungen.

(2) Niemand darf Anstiftung, Verkaufsvermittlung oder Beihilfe zu den Handlungen entgegen Abs.1 Nr.1 und Nr.2 vornehmen.

(3) Erkennt man die Handlungen entgegen den obigen Absätzen 1 oder 2, darf niemand die damit verbundenen Organe entnehmen oder übertragen.

Zweites Kapitel: Bioethikkommission und Organtransplantationskontrollstelle

§ 7. Bioethikkommission. (1) Im Ministerium für Gesundheit und Wohlfahrt wird eine Bioethikkommission (im folgenden „Kommission“) zur Beratung der Entnahme und Übertragung von Organen und der Hirntodfeststellung usw. gegründet.

(2) Die Kommission ist verpflichtet, über Folgendes zu beraten.

1. Kriterien zur Hirntodfeststellung.
2. Auswahlkriterien des Organempfängers.
3. Bestimmungskriterien des Organspenderegisters nach § 12 Abs.1 und der medizinischen Institution für Organtransplantation nach § 21.
4. Die anderen von Minister für Gesundheit und Wohlfahrt zur Diskussion über Entnahme und Übertragung von Organen usw. gestellten Fragen.

§ 8. Zusammensetzung und Management der Kommission. (1) Die Kommission muss sich aus 15 bis 20 Kommissionsmitgliedern einschließlich eines Vorsitzenden zusammensetzen und die Kommissionsmitglieder müssen vom Minister für Gesundheit und Wohlfahrt aus dem Kreis der Ärzte, der Personen mit der Befähigung zum Rechtsanwalt, der Richter, der Staatanwälte, der Beamten und der Personen mit reicher Gelehrsamkeit und Erfahrung ernannt oder gebeten werden.

(2) Der Vorsitzende ist aus dem Kreise der Kommissionsmitglieder zu wählen.

(3) Die Kommission kann spezielle Fachkommission haben, um die Kommission effizient zu führen.

(4) Die erforderlichen Ausführungen über Zusammensetzung und Management usw. der Kommission und Fachkommission sollen durch Präsidentenverordnung geregelt werden.

§ 9. Nationale Organtransplantationskontrollstelle. (1) Zur angemessenen Kontrolle über die Übertragung von Organen wird eine Organtransplantationskontrollstelle eingerichtet, die durch Ministersverordnung für Gesundheit und Wohlfahrt unter den nationalen bzw. öffentlichen medizinischen Institutionen oder unter den dem Ministerium für Gesundheit und Wohlfahrt zugehörigen Stellen bestimmte Stelle (im folgenden „nationale Organtransplantationskontrollstelle“) bestimmt werden soll.

(2) Zu den Aufgaben der nationalen Organtransplantationskontrollstelle gehören:

1. Die Auswahl des Organempfängers.
2. Datenmanagement über die Personalien des Organspenders und Organbedürftigen und über die Untersuchungsergebnisse.

3. Anleitung und Überwachung des Organspenderegisters nach § 12 Abs. 1, Hirntodfeststellungsstelle nach § 15 Abs. 1 und der medizinischen Institution für Organtransplantation nach § 21.
4. Die Untersuchung und Forschung über die Entnahme und Übertragung von Organen, das Management der Information und die Statistik sowie die Aufklärung.
5. Die anderen durch Präsidentenverordnung bestimmten Aufgaben über die Entnahme und Übertragung von Organen.

(3) Die erforderlichen Ausführungen über Zusammensetzung und Management usw. der nationalen Organtransplantationskontrollstelle sollen durch Präsidentenverordnung bestimmt werden.

Drittes Kapitel: Entnahme und Übertragung usw. von Organen

Erster Abschnitt: Allgemeinen Regelungen

§ 10. Verbot usw. der Entnahme und Übertragung von Organen. (1) Verboten ist die Entnahme oder Übertragung von
1. Organen, die mit einer der Übertragung von Organen entgegenstehenden Krankheitsursache infiziert sind.
2. Organen, die durch Krebszellen befallen sind.
3. anderen Organen, die wegen der mit ihnen verbundenen Gefahr für Leben oder Leib des potentiellen Empfängers durch Präsidentenverordnung bestimmt werden.

(2) Die Entnahme von Organen ist unzulässig, wenn der Organempfänger noch nicht bestimmt worden ist. Eine Ausnahme gilt, wenn die Organe durch Präsidentenverordnung als die für geraume Zeit nach Entnahme zur Verfügung stehenden Organe, wie Augenhornhaut usw., bestimmt werden.

(3) Verboten ist die Organentnahme bei Lebenden von
1. Minderjährigen unter 16 Lebensjahre.
2. Schwangeren, Wöchnerinnen innerhalb von 3 Monaten nach der Entbindung.
3. psychisch Kranken · geistig Behinderten.
4. Drogenabhängigen.

Lediglich bei obigen in Nr. 1 genannten Minderjährigen ist die Entnahme von Knochenmark zulässig.

(4) Die Entnahme von Organen bei lebenden Minderjährigen nicht unter 16 Lebensjahre ist nur zulässig zum Zwecke der Übertragung auf Ehegatten, Verwandte in gerader auf- und absteigender Linie, Geschwister sowie Verwandte bis zum vierten Grad. (Für Knochenmark gilt Abweichendes)

(5) Die Entnahme von Organen bei Lebenden ist beschränkt auf
1. Eine von beiden gesunden Nieren.
2. Teile von Leber, Knochenmark und anderen durch Präsidentenverordnung bestimmten Organen im Rahmen der medizinischen Anerkennung.

§ 11. Einwilligung und Zustimmung zur Organspende. (1) Die Einwilligung des Organspenders und die Zustimmung des Familienmitglieds oder Angehörigen zur Organspende im Sinne dieses Gesetzes ist nur zulässig, wenn
1. die Einwilligung des Organspenders:
   in einer Niederschrift mit seiner Unterschrift oder in Testamentsform nach bürgerlichem Gesetz erfolgt.
2. die Zustimmung des Familienmitglieds oder Angehörigen:
   durch zwei vorrangige Familienmitglieder oder Angehörige (durch einen, wenn das vorrangige Familienmitglied oder der vorrangige Angehörige nur eins ist) nach Reihenfolge des Familienmitglieds oder Angehörigen gemäß § 3 Nr. 5 schriftlich durchgeführt wird. Lediglich neben Minderjährigen müssen auch ein volljähriges nachrangiges Familienmitglied oder ein volljähriger nachrangiger Angehöriger zustimmen, wenn zwei vorrangige Zustimmungsbefugte Minderjährige sind und ein nächsterreichbares nachrangiges Familienmitglied oder ein nächsterreichbarer nachrangiger Angehöriger kann zustimmen, wenn ein vorrangiges Familienmitglied oder ein vorrangiger Angehöriger aufgrund Verschollenheit oder aus anderen zwangläufigen, durch Präsidentenverordnung bestimmten Gründen eine Zustimmung nicht erfolgen kann.

(2) Die Widerspruch des Familienmitglieds oder der Angehörigen zur Entnahme von Organen bei Hirntoten oder Toten gemäß § 18 Abs. 2 Nr. 1 muss durch einen von zwei vorrangigen Familienmitglieder oder Angehörigen nach Reihenfolge des Familienmitglieds oder des Angehörigen gemäß § 3 Nr. 5 Buchstabe a), b), c), d) und e) erfolgen.

(3) Liegen mehr als drei vorrangige Zustimmungsbefugte bei Feststellung der zwei vorrangigen Zustimmungsbefugten nach Abs. 1 Nr. 2 und Abs. 2 vor, sind zwei vorrangige Zustimmungsbefugte
1. bei mehr als drei vorrangigen Zustimmungsbefugten:
   zwei vorrangige Zustimmungsbefugten nach dem Grad und Alter (Der Grad hat Vorrang).
2. bei nur einem vorrangigen Zustimmungsbefugten und mehr als zwei nachrangigen Zustimmungsbefugten:
   ein vorrangiger Zustimmungsbefugter und ein nachrangiger Zustimmungsbefugter nach dem Grad und Alter (Der Grad hat Vorrang).

Zweiter Abschnitt: Registrierung des Organspenders und Organbedürftigen

§ 12. Organspenderegister. (1) Wer den Organspender, Organspendewilligen und Organbedürftigen registrieren will, muss die durch Präsidentenverordnung bestimmten Einrichtungen und Mitarbeiter besitzen und vom Minister für Gesundheit und Wohlfahrt als Organspenderegister (im folgenden „Register") bestimmt werden. Die Bestimmung kann auf bestimmte Arten von Organen, die das einschlägige Register registriert kann, nach Präsidentenverordnung beschränkt werden.

(2) Als Register kann nur bestimmt werden

1. der Staat oder die Gemeinde.
2. das koreanische rote Kreuz, das nach dem „Gesetz über die Organisation des koreanischen nationalen Roten Kreuzes" gegründet wurde.
3. die medizinische Institution nach § 3 des „Gesetzes über den medizinischen Dienst" (im folgenden „medizinische Institution").
4. die nicht wirtschaftliche juristische Person mit dem Zweck des mit Entnahme und Übertragung von Organen verbundenen Geschäfts.

(3) Zu den Aufgaben des Registers gehören

1. Registrierung des Organspenders und Organbedürftigen usw.
2. körperliche Untersuchung desjenigen, der sich als Organspender oder Organbedürftiger registrieren lassen will.
3. Mitteilung über die Registrierungsergebnisse des Organspenders oder Organbedürftigen usw. bei der „nationalen Organtransplantationskontrollstelle".
4. andere durch Präsidentenverordnung bestimmte Geschäft der Registrierung gemäß Abs. 1.

§ 13 Registrierung des Organspenders usw. (1) Wer sich als Organspender oder Organbedürftiger registrieren lassen will, muss sich nach Ministersverordnung für Gesundheit und Wohlfahrt beim Register anmelden. Auch ein Familienmitglied oder Angehöriger kann anmelden, wenn der Organspender der Hirntote oder der Tote ist.

(2) Der Direktor des Registers ist verpflichtet,

1. bei Anmeldung des Organspenders gemäß Abs.1:
   die Registrierung nach der Einwilligung des Organspenders, der Zustimmung des Familienmitglieds oder Angehörigen gemäß § 11 und § 18 und der Geeignetheit als Organspender aufgrund des vom Direktor des Registers (durch die medizinische Institution, die vom Direktor des Registers benannt wird, wenn das Register keine medizinische Institution ist) gewonnenen Untersuchungsergebnisses zu entscheiden. Lediglich die Untersuchung kann wegfallen, wenn ein entsprechendes Untersuchungsergebnis bereits vorliegt.

2. bei Anmeldung der Organbedürftigen gemäß Abs.1:
die Registrierung nach der Geeignetheit als Organbedürftiger aufgrund des vom Direktor des Registers gewonnenen Untersuchungsergebnisses zu entscheiden.

(3) Der Direktor des Registers kann denjenigen als Organspendewilligen registrieren, der die Bereitschaft zur Organspende für die Zukunft erklärt, wobei Nachforschungen ausschließlich mit Einwilligung des Organspenders durchgeführt werden dürfen.

(4) Der Direktor des Registers muss die Speicherung vornehmen, wenn er über die Registrierung nach Abs. 2 und Abs. 3 entschieden hat, und dem Anmeldenden und dem Direktor der nationalen Organtransplantationskontrollstelle die Ergebnisse unverzüglich mitteilen.

(5) Die Art und Weise der körperlichen Untersuchung und anderen erforderlichen Ausführungen zur körperlichen Untersuchung gemäß Abs. 2 werden vom Direktor der nationalen Organtransplantationskontrollstelle mit Zulassung des Ministeriums für Gesundheit und Wohlfahrt geregelt.

(6) Der Direktor des Registers ist verpflicht, die Registrierung unverzüglich zu löschen, wenn der Registrierende die Erklärung zur Organspende widerruft.

Dritter Abschnitt: Feststellung des Hirntodes

§ 14. Medizinische Institution für Hirntodfeststellung und Kommission für Hirntodfeststellung. (1) Die medizinische Institution, die den Hirntod für Entnahme und Übertragung von Organen feststellen will, muss dem Direktor der nationalen Organtransplantationskontrollstelle nach Ministersverordnung für Gesundheit und Wohlfahrt mitteilen.

(2) Die medizinische Institution, die den Hirntod feststellen will, muss Einrichtung, Ausrüstung und Mitarbeiter usw. haben und die Hirntodfeststellungskommission innerhalb dieser medizinischen Institution einrichten bis vor Mitteilung nach Abs. 1.

(3) Der Hirntodfeststellungskommission gemäß Abs. 2 müssen 6 bis 10 Mitglieder einschließlich mindestens drei Fachärzte nach Präsidentenverordnung angehören.

(4) Die erforderlichen Ausführungen über Management der Hirntodfeststellungskommission usw. werden durch Präsidentenverordnung geregelt.

(5) Nur die nach Abs. 1 mitgeteilte medizinische Institution kann Hirntod für Entnahme und Übertragung von Organen feststellen.

§ 15. Anmeldung zur Hirntodfeststellung. (1) Wer sich den Hirntod zur Spende von Organen desjenigen, dessen Hirntod vermutet wird (im folgenden „Als-Hirntot-Vermutete“), feststellen lassen will, muss mit der medizinischen

Institution, die dem Direktor der nationalen Organtransplantationskontrollstelle nach § 14 mitgeteilt hat (im folgenden „Hirntodfeststellungsstelle"), die Hirntodfeststellung mit Untersuchungsergebnissen und Befunden des behandelnden Arztes zum Als-Hirntot-Vermuteten nach Ministersverordnung für Gesundheit und Wohlfahrt anmelden.

(2) Wer die Hirntodfeststellung nach Abs. 1 anmelden darf, ist
1. Familienmitglied des Als-Hirntot-Vermuteten oder
2. behandelnder Arzt, wenn es kein Familienmitglied gibt (nur bei Einwilligung des Als-Hirntot-Vermuteten in die Organspende nach § 13 Abs. 3).

§ 16. Hirntodfeststellung usw. (1) Der Direktor der Hirntodfeststellungsstelle muss die Hirntodfeststellung der Hirntodfeststellungskommission mit den von zwei dafür qualifizierten Fachärzten und einem behandelnden Arzt aufgezeichneten Hirntoduntersuchungsergebnissen nach Ministersverordnung für Gesundheit und Wohlfahrt anfordern, wenn die Hirntodfeststellung nach § 15 Abs. 1 angemeldet wurde.

(2) Die Hirntodfeststellungskommission, bei der die Hirntodfeststellung nach Abs. 1 angefordert wurde, soll den Hirntod bei Anwesenheit von mindestens zwei Dritteln der Mitglieder und einstimmiger Zustimmung der anwesenden Mitglieder einschließlich mindestens zweier dafür qualifizierter Fachärzte als Mitgliedern der Hirntodfeststellungskommission feststellen. Die Hirntodfeststellungskriterien sind die gleichen wie in der gesonderten Tabelle.

(3) Die Hirntodfeststellungskommission kann die die Hirntoduntersuchungsergebnisse aufgezeichnenden Fachärzte und den behandelnden Arzt in der Hirntodfeststellungskommission aussagen lassen, wenn das für die Hirntodfeststellung nötig ist.

(4) Die Hirntodfeststellungskommission ist verpflichtet, das von allen Anwesenden unterschriebene Hirntodfeststellungsergebnis und das Sitzungsprotokoll dem Direktor der Hirntodfeststellungsstelle nach Präsidentenverordnung zu übergeben, wenn sie den Hirntod gemäß Abs. 2 festgestellt hat.

(5) Werden die Hirntodfeststellungsergebnisse und den Sitzungsprotokoll nach Abs. 4 übergegeben, muss der Direktor der Hirntodfeststellungsstelle dem Direktor der nationalen Organtransplantationskontrollstelle die Kopie des Hirntodfeststellungsergebnisses und des Sitzungsprotokolls sowie anderen durch Ministersverordnung für Gesundheit und Wohlfahrt genannten Daten und dem Anmeldenden der Hirntodfeststellung die Kopie des Hirntodfeststellungsergebnisses übermitteln.

§ 16 a. Fachkontrollstelle für Als-Hirntot-Vermutete. (1) Der Direktor der nationalen Organtransplantationskontrollstelle kann die Fachkontrollstelle für Als-Hirntot-Vermutete, die eine Reihe von Diensten der Organspende, Hirntodfeststellung, Entnahme und Übertragung von Organen usw. für den nach § 15 Abs. 1 die Hirntodfeststellung angemeldeten Als-Hirntot-Vermuteten einheitlich durchführen kann, bestimmen.

(2) Die nach Abs. 1 als Fachkontrollstelle für Als-Hirntot-Vermutete zu bestimmende Stelle soll
1. das nach § 12 Abs. 1 bestimmte Register,
2. die nach § 14 mitgeteilte Hirntodfeststellungsstelle und
3. die nach § 21 bestimmte medizinische Institution für Organtransplantation sein.

(3) Die erforderlichen Ausführungen über Bestimmungskriterien und Aufgabe usw. der Fachkontrollstelle für Als-Hirntot-Vermutete sollen durch Ministersverordnung für Gesundheit und Wohlfahrt bestimmt werden.

§ 17. Todesursache des Hirntoten. Ist der Hirntote bei der Organentnahme verstorben, so wird der Tod als durch den Hirntod herbeigeführte Krankheit oder Verletzung angesehen.

Vierter Abschnitt: Entnahme und Übertragung von Organen

§ 18. Entnahmevoraussetzungen von Organen. (1) Die Entnahme von Organen bei Lebenden ist nur zulässig, wenn der Organspender in die Entnahme eingewilligt hatte. Lediglich die Entnahme von Organen bei Minderjährigen nicht unter 16 Jahre und die Entnahme von Knochenmark bei Minderjährigen unter 16 Jahre bedarf neben der Einwilligung des Organspenders zusätzlich der Zustimmung der Eltern (des gesetzlichen Vertreters, wenn keinen Eltern vorhanden sind und man das Knochenmark zum Zweck des Übertragung auf Geschwister entnehmen will).

(2) Die Entnahme von Organen bei Hirntoten und Toten ist nur zulässig, wenn
1. der Organspender zu Lebzeiten in Entnahme von Organen eingewilligt hatte. Ausgeschlossen ist, dass das Familienmitglied oder der Angehörige der Entnahme von Organen ausdrücklich widerspricht.
2. zu Lebzeiten weder eine Einwilligung noch ein Widerspruch des Organspenders vorliegt und das Familienmitglied oder der Angehörige der Entnahme von Organen zugestimmt hat. Lediglich die Entnahme von Minderjährigen unter 16 Lebensjahre bedarf zusätzlich der Zustimmung der Eltern.

Lediglich die Entnahme von Organen bei psychisch Kranken und geistig Behinderten ist nur zulässig, wenn die obige Nr. 1 erfüllt wird.

(3) Wer nach Abs. 1 oder Abs. 2 eingewilligt oder zugestimmt hat, kann die Erklärung zur Organspende vor dem Eingriff jeder Zeit widerrufen.

§ 19. Auflagen bei Entnahme von Organen. (1) Der Arzt, der die Organe entnehmen will, muss

1. die Erklärung zur Organspende nach § 18 nachforschen.
2. den Organspender selbst bei Lebendspende nachforschen und den Organspender und sein Familienmitglied über
   a) den Gesundheitszustand des Organspenders,
   b) den Inhalt der Organentnahmeoperation und Gefahren für die Gesundheit,
   c) den Nachbetreuungsplan nach Organentnahme und
   d) Sonstiges, das der Organspender in Zusammenhang mit der Organentnahme vorher weiß muss, hinreichend aufklären.

§ 20. Vorrang einer Sektion oder Leichenschau. Die Entnahme von Organen zur Übertragung vor einer Sektion oder Leichenschau ist unzulässig, wenn die Sektion oder Leichenschau nach der Strafprozessordnung bzw. Quarantänenrecht durchgeführt werden soll. Lediglich die Entnahme von Organen mit Zulassung des zuständigen Staatsanwalts, des Direktors der Quarantänenstation und Zustimmung des Angehörigen ist zulässig, wenn nach Beurteilung des behandelnden Arztes kein Zusammenhang zwischen Organentnahme und Todesursache besteht und eine Gefahr des Chancenverlusts für die Entnahme bis zur Sektion oder Leichenschau vorhanden ist.

§ 21. Medizinische Institution für Organtransplantation. (1) Eine medizinische Institution für Organtransplantation, die zum Zweck der Übertragung die Organe entnehmen oder übertragen will, muss als eine medizinische Institution für Organtransplantation (im folgenden „medizinische Transplantationsinstitution“) eine entsprechende Bestimmung des Ministers für Gesundheit und Wohlfahrt einholen.

(2) Wer sich als eine medizinische Transplantationsinstitution bestimmen lassen will, muss die durch Präsidentenverordnung bestimmte Einrichtung, Ausrüstung und Mitarbeiter usw. besitzen.

(3) Die Entnahme und Übertragung von Organen zum Zweck der Transplantation darf nur in dafür zugelassenen medizinischen Transplantationsinstitutionen vorgenommen werden.

§ 22. Auswahl des Empfängers usw. (1) Der Direktor der nationalen Organtransplantationskontrollstelle muss den Empfänger unter den Organbedürftigen nach den durch Präsidentenverordnung bestimmten Auswahlkriterien für Organempfänger auswählen, wenn die Registerfolge des Organspenders nach § 13 Abs. 4 mitgeteilt worden ist. Dabei muss der Direktor der nationalen Organtransplantationskontrollstelle diesen dem Direktor des Registers, in dem Organspender oder Organempfänger registriert, und der Direktor des Registers die Auswahl dem registrierten Organspender oder Empfänger sowie dessen Familienmitglied oder Angehörigen unverzüglich mitteilen.

(2) Der Direktor der medizinischen Transplantationsinstitution kann trotz des Abs. 1 den Organempfänger auswählen, wenn eine deutliche Gefahr eines Chancenverlustes für eine Übertragung wie bei Augenhornhaut oder die anderen zwingende Gründe, die durch Präsidentenverordnung bestimmt werden, bis zur Auswahl des Organempfängers vorhanden sind. Dabei muss der Direktor der medizinischen Transplantationsinstitution dem Direktor der nationalen Organtransplantationskontrollstelle die Gründe und das Auswahlergebnis nennen und dem Direktor des Registers, dem Organspender, Organempfänger und dessen Familienmitglied oder Angehörigen das Auswahlergebnis mitteilen.

(3) Der Organspender nicht unter 20 Jahren und Knochenmarksspender unter 20 Jahren bei Lebendspende können trotz des Abs. 1 den Empfänger von eigenen Organen direkt benennen. Dabei ist die Zulassung des Direktors der nationalen Organtransplantationskontrollstelle nach Ministersverordnung für Gesundheit und Wohlfahrt erforderlich.

(4) Die Auswahl des Empfängers ist nach dem Auswahlverfahren der nationalen Organtransplantationskontrollstelle gemäß Abs. 1 vorzunehmen, abgesehen von der Auswahl nach Abs. 2, Abs. 3 und § 10 Abs. 4.

§ 23. Verbot der Organentnahme durch den Hirntod feststellende Ärzte. Weder an der Entnahme noch an der Übertragung von Organen des einschlägigen Hirntoten dürfen sich

1. die das Hirntodergebnis des einschlägigen Hirntoten aufzeichnenden Fachärzte und der behandelnde Arzt beteiligen.
2. der Arzt, der an der Hirntodfeststellungskommission als Kommissionsmitglied anwesend ist, beteiligt.

Fünfter Abschnitt: Dokumentation und Einsicht usw.

§ 24. Dokumentation und Mitteilung usw. der Entnahme von Organen. (1) Der Arzt, der die Organe entnommen oder übertragen hatte, muss nach Ministersverordnung für Gesundheit und Wohlfahrt dokumentieren und diese dem Direktor der medizinischen Transplantationsinstitution aushändigen.

(2) Der Direktor der medizinischen Transplantationsinstitution, dem die Daten ausgehändigt werden, muss diese dem Direktor der nationalen Organtransplantationskontrollstelle nach Ministersverordnung für Gesundheit und Wohlfahrt mitteilen.

(3) Der Direktor der medizinischen Transplantationsinstitution, die Organe von Hirntoten entnommen hatte, muss dem Staatanwalt der zuständigen Gemeinde die Organentnahme unverzüglich schriftlich mitteilen.

§ 25. Aufbewahrung der Dokumentation. (1) Der Direktor der Hirntodfeststellungsstelle muss die Aufzeichnungen zur Feststellung der Untersuchungsergebnisse, zum Sitzungsprotokoll gemäß § 16 Abs. 4 und zur anderen damit verbunden Dokumentation, die durch Ministersverordnung für Gesundheit und Wohlfahrt bestimmt wird, mindestens 15 Jahre aufbewahren.

(2) Der Direktor der medizinischen Transplantationsinstitution muss die Dokumentation über die Entnahme und Übertragung von Organen gemäß § 24 Abs. 1 nach Ministersverordnung für Gesundheit und Wohlfahrt aufbewahren.

§ 26. Dokumentationseinsicht usw. Der Direktor der medizinischen Transplantationsinstitution muss in die Dokumentation zur Entnahme oder Übertragung von Organen Einsicht gewährleisten oder deren Kopie ausstellen lassen, wenn

1. der Organspender oder dessen Familienmitglied oder Angehöriger die Einsicht oder Kopie der Dokumentation über einschlägige Entnahme von Organen verlangt.
2. der Organempfänger oder dessen Familienmitglied oder Angehöriger die Einsicht oder Kopie der Dokumentation über einschlägige Entnahme von Organen verlangt.

Der Direktor der medizinischen Transplantationsinstitution kann ihn ablehnen, wenn eine deutliche Gefahr für die Heilung oder Wiederherstellung des Organspenders oder Organempfängers nach der Beurteilung des behandelnden Arztes besteht, in dem Fall, dass er selbst Kenntnis über den Inhalt der Dokumentation hat.

§ 27. Schweigepflicht. (1) Wer als Mitarbeiter der nationalen Organtransplantationskontrollstelle, des Registers, der Hirntodfeststellungsstelle oder der medizinischen Transplantationsinstitution durch Präsidentenverordnung bestimmt wird, sofern nicht dieses Gesetz besondere Bestimmungen vorschreibt, darf nur demjenigen, der sich mit der Registrierung des einschlägigen Organspenders, der Entnahme oder Übertragung von Organen oder damit verbundenen Diensten beschäftigt,

1. den Organspender und die entnommenen Organe,
2. den Organempfänger und die übertragenen Organe oder
3. den Organspendewilligen und Organbedürftigen mitteilen.

(2) Abs. 1 ist nicht gültig,

1. wenn die Ermittlungsstelle zur kriminalen Untersuchung die Dokumentationen verlangt, die mit Entnahme und Übertragung von Organen verbunden werden.
2. wenn der Richter in Bezug auf Entscheidung befehlen, die mit Entnahme und Übertragung von Organen verbundenen Dokumentationen einzubringen.

Viertes Kapitel: Überwachung

§ 28. Bericht und Untersuchung usw. (1) Der Minister für Gesundheit und Wohlfahrt oder der Direktor der nationalen Organtransplantationskontrollstelle kann dem Direktor des Registers, der Hirntodfeststellungsstelle, medizinischen Transplantationsinstitution und dessen Mitarbeitern die für den Dienst erforderliche Anordnung erlassen, berichten lassen oder die damit verbundenen Dokumentationen einbringen lassen.

(2) Der Minister für Gesundheit und Wohlfahrt oder der Direktor der nationalen Organtransplantationskontrollstelle kann den damit betroffenen Beamten die Dokumentation usw. des Registers usw. nach Abs. 1 überprüfen lassen. Dabei muss der überprüfende Beamte einen Dienstausweis der betroffenen Personen vorweisen.

(3) Der Direktor des Registers, der Hirntodfeststellungsstelle, der medizinischen Transplantationsinstitution und deren Mitarbeiter soll den Abs. 1 und Abs. 2 annehmen, soweit keine angemessenen Gründe dafür vorliegen.

§ 29. Korrekturanordnung. Der Minister für Gesundheit und Wohlfahrt kann den zuständigen Direktor des Registers, der Hirntodfeststellungsstelle und medizinischen Transplantationsinstitution die Verletzungen innerhalb bestimmter Frist korrigieren lassen, wenn

1. die Registrierungsergebnisse des Organspenders usw. gemäß § 13 Abs. 4 nicht mitteilt werden.
2. die Kopie der Hirntodfeststellungsergebnisse und des Sitzungsprotokolls dem Direktor der nationalen Organtransplantationskontrollstelle nicht gemäß § 16 Abs. 5 übermittelt werden.
3. die Dokumentation der Entnahme oder Übertragung von Organen gemäß § 24 Abs. 1 nicht aufgezeichnet werden.
4. die Unterrichtung gemäß § 24 Abs. 2 und Abs. 3 nicht durchgeführt wurde.

§ 30. Bestimmungszurücknahme usw. (1) Der Minister für Gesundheit und Wohlfahrt kann eine Bestimmung zurücknehmen oder innerhalb eines Jahres die Registrierung des Organspenders, Entnahme oder Übertragung von Organen einstellen lassen, wenn

1. keine Einrichtung, Ausrüstung und Mitarbeiter usw. nach § 12 Abs. 1 S. 1 und § 21 Abs. 2 vorhanden sind.
2. die nicht zu registrierenden Organe nach § 12 Abs. 1 S. 2 registriert werden.
3. die Anordnung nach § 28 Abs. 1 nicht erlassen wird oder eine Untersuchung nach Abs. 2 nicht befolgt wird.
4. der Korrekturanordnung nach § 29 nicht nachgekommen wird.

5. die durch die Präsidentenverordnung bestimmten Gründe vorliegen.

(2) Der Minister für Gesundheit und Wohlfahrt kann innerhalb der drei Jahre die Hirntodfeststellung einstellen lassen, wenn die Hirntodfeststellungsstelle

1. keine Einrichtung, Ausrüstung und Mitarbeiter usw. nach § 14 Abs. 2 hat.
2. keine Hirntodfeststellungskommission nach § 14 Abs. 2 bis Abs. 4 organisiert.
3. den Hirntod entgegen § 16 feststellt.
4. die Anordnungen nach § 28 Abs. 1 nicht erlassen werden oder einer Untersuchung nach Abs. 2 nicht befolgt wird.
5. der Korrekturanordnung nach § 29 nicht nachgekommen wird.
6. gegen andere Anordnungen dieses Gesetzes oder nach diesem Gesetz verstoßen wird.

(3) Der Minister für Gesundheit und Wohlfahrt kann die Bestimmung zurücknehmen, wenn das Register oder die medizinische Transplantationsinstitution entgegen der Diensteinstellungsanordnung nach Abs. 1 dient.

(4) Das Register und die medizinische Transplantationsinstitution, für das/die nach Abs. 1 und Abs. 3 die Bestimmung zurückkommen wurde, darf innerhalb eines Jahres nach der Bestimmungszurücknahme als Register oder medizinische Transplantationsinstitution nicht mehr bestimmt wird.

§ 31. Bericht und Mitteilung der Geschäftsaufgabe usw. sowie Datenübertragung. (1) Will das Register oder die medizinische Transplantationsinstitution das Geschäft aufgeben oder mit der Registrierung des Organspenders und Organempfängers oder Entnahme oder Übertragung von Organen zum Abschluss kommen, sind diese dem Direktor der nationalen Organtransplantationskontrollstelle nach Ministersverordnung für Gesundheit und Wohlfahrt zu berichten.

(2) Will die Hirntodfeststellungsstelle das Geschäft aufgeben, muss sie dies dem Direktor der nationalen Organtransplantationskontrollstelle mitteilen.

(3) Der Direktor des Registers, der medizinischen Transplantationsinstitution oder der Hirntodfeststellungsstelle, der das Geschäft nach Abs. 1 und Abs. 2 aufgeben oder zum Schluss kommen will, oder der Direktor des Registers, der medizinischen Transplantationsinstitution oder der Hirntodfeststellungsstelle, der sich die Bestimmung zurücknimmt oder die Registrierung des Organspenders, die Entnahme und Übertragung von Organen oder die Hirntodfeststellung einstellt, soll dem Direktor der nationalen Organtransplantationskontrollstelle die damit verbundenen Daten übertragen.

Fünftes Kapitel: Ergänzende Vorschriften

§ 32. Unterstützung der nationalen Organtransplantationskontrollstelle usw. Der Staat und die Gemeinde kann die nationalen Organtransplantationskontrollstelle, das Register, die Hirntodfeststellungsstelle und die medizinischen Transplantationsinstitution unterstützen.

§ 33. Koordinierungspflicht. Der Minister für Gesundheit und Wohlfahrt und der Direktor der nationalen Organtransplantationskontrollstelle können dem Direktor der betroffenen Stelle die zum Zweck der sicheren und schnellen Entnahme, Beförderung und Übertragung von Organen erforderlichen Maßnahmen anfordern. Dabei muss der Direktor der betreffenden Stelle diesen Anforderungen folgen, soweit für sie angemessene Gründe vorliegen.

§ 34. Verbot der Bezeichnung der nationalen Organtransplantationskontrollstelle usw. Nur die nationale Organtransplantationskontrollstelle, das Register, die Hirntodfeststellungsstelle und medizinische Transplantationsinstitution nach diesem Gesetz darf diese Bezeichnung benutzen.

§ 35. Übertragung der Befugnisse. Der Teil der Befugnisse des Ministers für Gesundheit und Wohlfahrt nach diesem Gesetz kann dem Direktor der zugehörigen Stelle oder Oberbürgermeister oder Bürgermeister der Gemeinde nach Präsidentenverordnung übertragen werden.

§ 36. Anhörung. Der Minister für Gesundheit und Wohlfahrt muss anhören, wenn er eine Zurücknahme nach § 30 Abs. 1 und Abs. 3 erreichen will.

§ 37. Kostentragung für Entnahme und Übertragung von Organen usw. (1) Die bei der Entnahme und Übertragung von Organen entstehenden Kosten trägt der Organempfänger. Lediglich eine andere Regelung tritt in Kraft, wenn der Kosten vom Organempfänger in anderer Weise beglichen werden.

(2) Die Abrechnung der Kosten nach Abs. 1 wird durch das Volksgesundheitsversicherungsgesetz geregelt. Lediglich die nicht durch das Volksgesundheitsversicherungsgesetz geregelten Kosten werden durch eine Ministersverordung für Gesundheit und Wohlfahrt bestimmt.

§ 38. Gebühren. (1) Wer sich als Empfänger eines Organs registrieren lassen will, muss an den Direktor des Registers eine Gebühr entrichten.

(2) Die Regelung über die Höhe der Gebühr nach Abs. 1 wird durch die Ministersverordnung für Gesundheit und Wohlfahrt bestimmt.

Sechstes Kapitel:
Straf- und Bußgeldvorschriften

§ 39. Strafvorschriften. (1) Mit lebenslanger Zuchthausstrafe oder einer

Zuchthausstrafe nicht unter 2 Jahren wird bestraft
1. wer entgegen § 10 Abs. 1 zur Übertragung nicht geeignete Organe, die mit einer Krankheitsursache infiziert sind, Organe, die durch Krebszellen befallen sind, oder durch Präsidentenverordnung bestimmte andere Organe, die eine Gefahr für Leben oder Leib des potentiellen Empfängers bedeuten, entnimmt oder überträgt.
2. wer entgegen § 10 Abs. 2 Organe entnimmt, bei denen der Organempfänger nicht bestimmt ist.
3. wer entgegen § 10 Abs. 3 Organe von einer der in den Nummern genannten Person entnimmt.
4. wer entgegen § 10 Abs. 4 Organe bei Minderjährigen nicht unter 16 Lebensjahre entnimmt.
5. wer entgegen § 10 Abs. 5 von Lebenden nicht zu entnehmende Organe entnimmt.
6. wer entgegen § 16 Organe bei Als-Hirntot-Vermuteten ohne die erforderliche Hirntodfeststellung entnimmt.
7. wer entgegen § 16 den Hirntod feststellt.
8. wer entgegen § 18 Abs. 1 Organe ohne Einwilligung des Organspenders usw. entnimmt.
9. wer entgegen § 18 Abs. 2 Organe bei Hirntoten entnimmt.

(2) Wer entgegen jeder Nr. des Abs. 1 den Tod des Menschen verursacht, wird mit Todesstrafe, lebenslanger Zuchthausstrafe oder einer Zuchthausstrafe nicht unter 5 Jahren bestraft.

§ 40. Strafvorschriften. (1) Wer entgegen § 6 Abs. 1 Nr. 1 oder Nr. 3 die Organe liefert, erhält oder verspricht oder dazu anstiftet, verkaufsvermittelt oder Beihilfe leistet oder entgegen Abs. 3 Organe entnimmt oder überträgt, wird mit Zuchthausstrafe nicht unter 2 Jahren bestraft.

(2) Wer entgegen § 6 Abs. 1 Nr. 2 Organe liefert, erhält oder verspricht, entgegen Abs. 2 die dem Abs. 1 Nr. 1 und Nr. 2 entsprechenden Handlungen anstiftet, verkaufsvermittelt oder Beihilfe leistet, wird mit Zuchthausstrafe bis zu 10 Jahren, mit Geldstrafe bis zu 50 Millionen Won oder mit beidem bestraft.

(3) Wer hinsichtlich der Auswahl des Organempfängers oder der Auswahlgenehmigung nach § 22 Abs. 1 bis Abs. 3 Geld, einen Vermögensvorteil oder andere Gegenleistung annimmt wird mit Zuchthausstrafe bis zu 7 Jahren, mit Geldstrafe bis zu 30 Millionen Won oder mit beidem bestraft.

(4) Ein entgegen Abs. 1 bis Abs. 3 angenommenes Geld oder Vermögensvorteil wird eingezogen. Ist diese Einziehung unmöglich, soll der dieser entsprechenden Geldbetrag verfallen sein.

§ 41. Strafvorschriften. (1) Hat der Facharzt oder der behandelnde Arzt nach

§ 16 Abs. 1 aufgrund der Aufzeichnung des falschen Hirntoduntersuchungsergebnisses den Hirntod bei dem nicht Hirntoten feststellen lassen, wird er mit Zuchthausstrafe nicht unter einem Jahr bestraft.

(2) Wer entgegen Abs. 1 die Körperverletzung des Menschen verursacht, wird mit Zuchthausstrafe nicht unter 2 Jahren bestraft.

(3) Wer entgegen Abs. 1 den Tod des Menschen verursacht, wird mit Todesstrafe, lebenslanger Zuchthausstrafe, oder Zuchthausstrafe nicht unter 5 Jahren bestraft.

§ 42. Strafvorschriften. (1) Hat der Facharzt oder der behandelnde Arzt nach § 16 Abs. 1 durch berufliche Fahrlässigkeit aufgrund der Aufzeichnung des falschen Hirntoduntersuchungsergebnisses den Hirntod bei dem nicht Hirntoten feststellen lassen, wird er mit Gefangenschaft bis zu 5 Jahren oder mit Geldstrafe bis zu 20 Millionen Won bestraft.

(2) Wer durch Tathandlung des Abs. 1 die Körperverletzung des Menschen verursacht, wird mit Gefangenschaft bis zu 7 Jahren oder mit Geldstrafe bis zu 30 Millionen Won bestraft.

(3) Wer durch Tathandlung des Abs. 1 den Tod des Menschen verursacht, wird mit Gefangenschaft bis zu 10 Jahren oder mit Geldstrafe bis zu 50 Millionen Won bestraft.

§ 43. Strafvorschriften. Mit Zuchthausstrafe bis zu 5 Jahren oder Geldstrafe bis zu 30 Millionen Won wird bestraft

1. Der Direktor der medizinischen Institution, der entgegen § 14 Abs. 1 ohne Mitteilung für den Direktor der nationalen Organtransplantationskontrollstelle oder entgegen § 30 Abs. 2 unter Frist der Hirntodfeststellungseinstellung den Hirntod festgestellt hatte.
2. Der Direktor der medizinischen Institution, der keine Einrichtung, Ausrüstung und Mitarbeiter usw. nach § 14 Abs. 2 bis Abs. 3 hat oder ohne Hirntodfeststellungskommission den Hirntod festgestellt hat.
3. Wer entgegen § 18 Abs. 2 Organe bei Toten entnommen hat.
4. Wer entgegen § 21 Abs. 3 Organe entnommen oder übertragen hat.
5. Wer entgegen § 22 Abs. 1 S. 1 nicht nach Auswahlkriterien für Organempfänger den Organempfänger ausgewählt hat.
6. Wer entgegen § 22 Abs. 4 den Organempfänger ausgewählt oder die Organe übertragen hat.
7. Wer entgegen § 23 an Entnahme oder Übertragung von Organen bei Hirntoten beteiligt war.

§ 44. Strafvorschriften. Mit Zuchthausstrafe bis zu 3 Jahren oder Geldstrafe bis zu 20 Millionen Won wird bestraft

1. Wer entgegen § 22 Abs. 2 S. 2 dem Direktor der nationalen Organtransplantationskontrollstelle die Auswahlgründe und Auswahlergebnisse des Organempfängers nicht mitgeteilt hat.
2. Wer entgegen § 24 Abs. 3 dem Direktor der Gemeindestaatsanwaltsschaft die Entnahme von Organen bei Hirntoten in einer Niederschrift nicht mitgeteilt hat.
3. Wer entgegen § 27 eine in einer Nummer des Abs. 1 einschlägige Handlung vorgenommen hat.

§ 45. Strafvorschriften. Mit Zuchthausstrafe bis zu 2 Jahren oder Geldstrafe bis zu 10 Millionen Won wird bestraft
1. Wer entgegen § 10 Abs. 1 durch berufliche Fahrlässigkeit die mit der Krankheitsursache infizierten Organe, die durch Krebszellen befallenen Organe oder die zur Übertragung von Organen nicht geeigneten Organe entnommen oder übertragen hat.
2. Wer entgegen § 12 Abs. 1 ohne Bestimmung des Registers den Organempfänger usw. registriert hat.
3. Wer entgegen § 16 Abs. 5 dem Direktor der nationalen Organtransplantationskontrollstelle die Kopie des Hirntodfeststellungsergebnisses, des Sitzungsprotokols und der damit verbundenen Dokumentation nicht übermittelt hat.
4. Wer entgegen § 20 Organe entnommen hat.
5. Wer entgegen § 22 Abs. 3 ohne Zulassung des Direktors der nationalen Organtransplantationskontrollstelle den Organempfänger bestimmt und die Organe gespendet hat.
6. Wer entgegen § 24 Abs. 1 die Dokumentation der Entnahme und Übertragung von Organen nicht geführt oder falsch aufgezeichnet hat.
7. Wer entgegen § 25 Abs. 1 die mit der Hirntodfeststellung verbundene Dokumentation (etwa Hirntodfeststellungsergebnisse) 15 Jahre lang nicht aufbewahrt hat.
8. Wer entgegen § 25 Abs. 2 die Dokumentation der Entnahme und Übertragung von Organen nicht aufbewahrt hat.

§ 46. Nebenstrafen. Wird derjenige, der gegen dieses Gesetz verstößt, nicht mit lebenslanger Zuchthausstrafe bestraft, kann ihm daneben der Einstellung der Fähigkeiten bis zu 10 Jahren gedroht werden.

§ 47. Beideseitenstrafe Vorschriften. Verstößt ein Repräsentant oder Stellvertreter, Arbeitnehmer und anderer Angestellter der juristischen Person oder natürlichen Person gegen § 40 Abs. 2 und Abs. 3, §§ 42 bis 45, werden nicht nur die Täter, sondern gleichzeitig auch die juristischen bzw. natürlichen Personen nach dem einschlägigen Paragraphen und dessen entsprechender Geldstrafe bestraft.

§ 48. Bußgeldvorschriften. (1) Das Bußgeld 3 Millionen Won wird verhängt
1. Wer entgegen § 13 Abs. 4 dem Direktor der nationalen Organtransplantationskontrollstelle über das Registrierungsergebnis nicht unterrichtet hat.
2. Wer entgegen § 19 die Erklärung zur Organspende oder Organspender selbst nicht nachgeforscht oder die erforderliche Aufklärung nicht durchgeführt hat.
3. Wer entgegen § 22 Abs. 1 S. 2 oder Abs. 2 S. 2 dem Organspender, Organempfänger und dessen Familienmitglied oder Angehörigen die Auswahl des Organempfängers nicht mitgeteilt hat.
4. Wer entgegen § 31 Abs. 3 dem Direktor der nationalen Organtransplantationskontrollstelle die damit verbundenen Daten nicht übertragen hat.

(2) Demjenigen wird ein Bußgeld 2 Millionen Won auferlegt,
1. der die Anordnung nach § 28 Abs. 1 nicht erfüllt oder die Untersuchung nach Abs. 2 verweigert, verhindert oder vermieden hat.
2. der entgegen § 34 den Namen des/der nationalen Organtransplantationskontrollstelle, Registers, Hirntodfeststellungsstelle, Fachkontrollstelle für Als-Hirntot-Vermutete oder medizinischen Transplantationsinstitution verwendet hat.

(3) Demjenigen wird ein Bußgeld von einer Million Won auferlegt,
1. der entgegen § 26 die Anforderungen über die Einsicht der Dokumentation oder die Ausstellung einer entsprechenden Kopie verweigert hat.
2. der Bericht und Mitteilung nach § 31 Abs. 1 und Abs. 2 nicht gemacht hat.

§ 49. Verfahren zur Belegung und Beitreibung des Bußgeldes. (1) Der Minister für Gesundheit und Wohlfahrt, der Direktor der zugehörigen Stelle und der Bürgermeister der Gemeinde (im folgenden „Belegungsbefugte“) soll das Bußgeld nach § 48 durch Präsidentenverordnung belegen und beitreiben.

(2) Wer gegen das Bußgeld nach Abs. 1 widerspricht, kann innerhalb von 30 Tagen nach Mitteilung des Bußgeldes gegen den Belegungsbefugten Einspruch erheben.

(3) Hat der von dem Bußgeld Betroffene nach Abs. 1 Einspruch nach Abs. 2 erhoben, muss der Belegungsbefugte dem zuständigen Gericht dies unverzüglich mitteilen und soll das mitgeteilte zuständige Gericht nach sog. „Gesetz über Verfahren für außergerichtliche Fälle“ entscheiden.

(4) Ist kein Einspruch innerhalb der Frist nach Abs. 2 erhoben und noch kein Bußgeld bezahlt worden, soll das Bußgeld nach dem Verfahren der Staatsabgabeverzugs- oder Landesabgabeverzugsverfügung beigetrieben werden.

Schlussvorschriften:
vom 8. Februar 1999 (Gesetz-Nummer 5858)

(1) (Inkrafttreten) Dieses Gesetz tritt ein Jahr nach seiner Veröffentlichung voll in Kraft.
(2) (Übergangsvorschrift) Auslassung
(3) (Änderung des anderen Gesetzes) Auslassung

Schlussvorschriften:
Geändert am 7. September 1999 (Gesetz-Nummer 6023)

Dieses Gesetz tritt am 9. Februar 2000 in Kraft.

Schlussvorschriften:
Geändert am 26 August 2002 (Gesetz-Nummer 6725)

Dieses Gesetz tritt 6 Monaten nach der Veröffentlichung in Kraft.

Gesonderte Tabelle:
Die Kriterien für die Hirntodfeststellung (Verbunden mit § 16 Abs. 2)

1. Bei Personen nicht unter 6 Lebensjahre

Die folgenden Voraussetzungen und klinischen Symptome müssen zusammen erfüllt sein.

A. Notwendige vorausgehende Voraussetzungen

a. Organische Hirnläsion, deren Ursache feststellbar und unheilbar ist.
b. Ausfall der Spontanatmung als tiefes Koma mit künstlicher Aufrechterhaltung der Atmung.
c. Keine Möglichkeit von heilbaren Intoxikationen (Betäubungsmittel, Schlafmittel, Beruhigungsmittel, Muskelentspannungsmittel oder Vergiftung durch Giftstoffe usw.), oder metabolischen oder endokrinen Störungen [hepatisches Koma, urämisches Koma oder hopoglykämisches Enzephalopathie (encephalophathy) usw.].
d. Kein Unterkühlungszustand (Rektaltemperatur unter 32°C).
e. Kein Kreislaufschock.

B. Klinische Symptome des Ausfalls der Hirnfunktion

a. reflexfreies tiefes Koma
b. irreversibler Ausfall der Spontanatmung
c. Erweiterung und Starre beider Pupillen
d. endgültiger Ausfall des Hirnstammreflexes (muss alles Folgende erfüllen):
  aa) Licht-Reflex
  bb) Korneal-Reflex
  cc) Okulozephaler-Reflex
  dd) Vestibulookulärer-Reflex
  ee) Zilio-spinaler-Reflex
  ff) Würg-Reflex
  gg) Husten-Reflex
e. Ausfall der Spontanbewegung, der Dezerebrationsstarre, Dekortikationsstarre und des Krampfs usw.
f. Feststellung des endgültigen Ausfalls der Spontanatmung aufgrund keiner Bewirkung von Spontanatmung nach Apnoe-Test.

※ Apnoe-Test

Der Apnoe-Test ist ein klinischer Test, in dem geprüft wird, ob eine Spontanatmung nach Verlust einer Spontanatmung nochmalig vorkommt. Die Testmethode funktioniert wie folgt:

Nach Beatmung mit 100%-igem Sauerstoff (O_2) oder 95%-igem Sauerstoff (O_2) mit 5%-igem Kohlendioxid (CO_2) wird das Ventilationsvolumen innerhalb von 10 Minuten auf ca. ein Viertel des Ausgangswertes reduziert, bis der arterielle CO_2-Partialdruck ($PaCO_2$) mindestens 50 Torr (60 mmHg) erreicht hat. Unter Zuführung von Sauerstoffen in den Endotrachealtubus erfolgt dann die Abnahme des Beatmungsgeräts. Treten innerhalb eines bestimmten Zeitraums keine spontanen Atemzüge mehr auf, ist die Apnoe bewiesen. Wenn nicht, oder falls die Untersuchung nicht ausreichend ist bzw. unterbrochen worden ist, muss die Blutzirkulation zusätzlich überprüft werden.

g. Nochmalige Feststellung: Eine Untersuchung, die nach 6 Stunden durchgeführt wird, muss die selben Untersuchungsergebnisse der obigen Buchstaben a) bis f) haben.
h. EEG-Test: Nach einer nochmaligen Feststellung des Nr. 1 Buchstabe B g muss die Null-Linie mindestens 30 Minuten lang kontinuierlich aufgezeichnet werden.
i. anderer durch Präsidentenverordnung bestimmter Test

2. Bei Kindern unter 6 Lebensjahre

Die notwendigen Voraussetzungen und klinische Symptome müssen nach Nr. 1 konkret bestimmt werden und sie nochmalige Feststellungsuntersuchung und der EEG-Test müssen je nach Alter wie folgt durchgeführt werden.

a. Kinder ab 2 Lebensmonate und unter 1 Lebensjahr: Nach 48 Stunden muss eine nochmalige Untersuchung nach Nr. 1 Buchstabe B g wiederholt und EEG-Test nach Nr. 1 Buchstabe B h je vor und nach nochmaliger Untersuchung durchgeführt werden.
b. Kinder ab 1 Lebensjahr und unter 6 Lebensjahren: Nach 24 Stunden muss eine nochmalige Untersuchung nach Nr. 1 Buchstabe g durchgeführt werden.

Kolibri 360 GmbH
Ferdinand-Jühlke-Straße 7
99095 Erfurt, Deutschland
produktsicherheit@kolibri360.de

Druck:
CPI Druckdienstleistungen GmbH
im Auftrag der
Kolibri 360 GmbH
Ferdinand-Jühlke-Str. 7
99095 Erfurt